出土文献
与早期中国思想世界
王中江 主编

出土文献
与早期儒学

梁涛 著

中国人民大学出版社
·北京·

总　　序

　　刻画早期中国文明特征，已有的青铜时代、轴心时代等符号富有象征性。出土的大量简帛文献、文本带来的认识早期中国文明的新契机、新信息，会将人们带到一个具有许多不同可能的想象中。至少从商周到秦汉这一纵贯多个朝代的历史时期，是不是也可以叫作简帛时代呢？客观和公允的回答应说"是"而不应说"否"。这是一个普遍使用竹简、木牍、缣帛进行书写和记载的时代。早期中国的文明、历史、语言、思想等精神创造，除了有限的甲骨文、金石文外，都永恒地留在了简帛和木牍的记忆世界中。

　　相较于甲骨学、敦煌学，简帛学、简牍学因其实物仍源源不断地从地下发现和出土而更加生机勃勃。依据《尚书》记载的"惟殷先人，有册有典"，张政烺先生推测，中国先人将竹简作为书写材料的历史非常悠久。我赞成这一推测，尽管我们发现战国之前的竹简实物还比较少。"册""典"这两个字，清晰地显示了它们的象形身影。

　　从19世纪末特别是从20世纪70年代以来，银雀山汉简、马王堆帛书、定州汉简、睡虎地秦简、郭店楚简、上博楚简、清华藏战国简、北大藏汉简、岳麓书院藏秦简、海昏侯墓汉简等先后问世，至少在扩大和深化早期中国文明（包括文献、政治、法律、语言、古文字、思想及哲学等）的认知上，意义非凡。如果接受默证法，即没有看到的就是不存在的，这些新出土的简帛文献莫非都是无中生有的神话。

简帛文献除了像《周易》、《老子》和《论语》等传世本外，大多数是千古未知的佚文。像《黄帝四经》《五行》，即使有相应的记载，但它们的真面目过去一直是个谜。它们重见天日，完全称得上是奇迹。我不想夸大出土简帛文献的重要性，但也决不认可卑之无甚高论的意识。子学传世文献与简帛佚文之间的关系，也许可以用早期中国哲学、思想的主流与支流的关系来解释。流传下来的一般来说都是重要的，没有流传下来的也许不都是那么重要。除了"六经"，除了《国语》《战国策》《逸周书》等历史性文献，传世的《晏子春秋》、《老子》、《论语》、《礼记》、《墨子》、《孟子》、《公孙龙子》、《庄子》、《管子》、《荀子》和《韩非子》等典籍，代表的可谓是早期中国哲学和思想的主流。而战国简多为佚文，不管多么重要，相对来说它代表的或许主要是早期中国哲学和思想的支流。

对于早期中国子学传世典籍和新出土的文献，用单一的方法，用单一的概念，用单一的理由，用单一的假定，用单一的例子，去判断和定位它们的早和晚、前和后，既草率又傲慢。《老子》一书在春秋晚期就被叔向引用，在战国时代又多被引用，那么多的早期典籍记载着老子、老聃之名，有人仍振振有词，怀疑《老子》其书和老子其人的真实性，不知这是什么实证方法。单凭《史记·老子韩非列传》中记载太史儋、老莱子是当时的一个传说，不管司马迁是不是相信这个传说，也不管《史记》中其他地方对老子（除列传十一处，还有十二处）、老氏（一处）、黄老（十一处）的记载，就将老子其人变成一个传说。说"三十辐共一毂"只是战国时期车辆轮辐的标准，不管车辆的复杂演变和春秋时期二十八辐的车轮已成为车轮的一种基本标准，且在战国时期也很通行，将《考工记》中记载的"轮辐三十"断定为只是指战国时期的车轮，以此判断《老子》只能出于战国时期，不知这是一种什么论证和求证方法。说周秦古书不是一时一地之物，而是不断增加和附益的结果，如果这主要是指书的内容，那么将这一种情形普遍化，就不知这是一种什么推论方法。

对于出土简帛文献的哲学和思想研究，海内外学界已经有许多积累了。不断扩展和深化这一前沿与交叉领域的研究，需要我们借助新视角、新眼光和新方法，需要我们为其中的各种疑问、疑难和疑点寻找解决的突破口。这一丛书是这一追求和努力的一部分，每部著作都独立从不同方面尝试深化这一领域的研究。它是由我主持的国家社科基金重大项目"出土简帛文献与古代中国哲学新发现综合研究"成果的又一系列，是各位同道精心合作和合力的结果。它的出版令人欣慰和愉悦。希望它能成为这一领域研究的新的出发点。感谢中国人民大学出版社刊行这一丛书，感谢王琬莹女士的精心策划和各位责任编辑付出的辛劳。

王中江

2023 年 3 月

目　　录

第一编
出土文献与《论语》研究

第一章　定县竹简《论语》与《论语》的成书问题　　3
　　第一节　从竹简《论语》看《论语》的成书　　3
　　第二节　孔门后学的分化与《论语》的结集　　8
　　第三节　《论语》是孔门弟子集体编纂　　10
第二章　"亲亲相隐"与"隐而任之"　　17
　　第一节　《论语》的"直"与"直在其中"　　18
　　第二节　直道的实现："隐而任之"　　25
　　第三节　"亲亲相隐"：范围、理据和评价　　32
第三章　超越立场，回归学理
　　　　——再谈"亲亲相隐"及相关问题　　43
　　第一节　再论《论语》中的"直"　　44
　　第二节　"父为子隐"的"隐"是纠正吗？　　52
　　第三节　上博简《内礼》与《论语》　　61
　　第四节　经典诠释与"亲亲相隐"的法律化　　68

第二编
出土文献与《学》《庸》新探

第四章 《大学》早出新证 … 79
第一节 《大学》晚出说之检讨 … 79
第二节 《大学》非经、传两部分 … 88
第三节 《大学》出于曾子弟子之手 … 93
　　附：明道先生改正《大学》 … 96

第五章 郭店竹简与《中庸》公案 … 101
第一节 《中庸》成书之谜 … 101
第二节 《中庸》前后部分文体的差异 … 109
第三节 《中庸》前后部分思想的差异 … 115
第四节 《中庸》前后部分的不同影响 … 126
　　附：《中庸》与《诚明》 … 136

第六章 郭店竹简与"君子慎独" … 145
第一节 慎独即"诚其意" … 145
第二节 《大学》朱注质疑 … 149
第三节 《中庸》慎独辨正 … 152

第三编
出土文献与思孟发微

第七章 简帛《五行》新探 … 161
第一节 "德之行"与"行" … 162

第二节　"圣"与"智" 　　167

　　第三节　"形于内"的"德之行" 　　175

　　第四节　"不形于内"的"行" 　　182

　　第五节　《五行》在思想史上的地位 　　190

第八章　郭店竹简《鲁穆公问子思》与早期儒学的政治理念　　195

　　第一节　"士"的政治哲学 　　195

　　第二节　"立君以为民"：政权的合法性基础 　　200

　　第三节　"以义为利"：政治的正义性原则 　　210

　　第四节　"从道不从君"：士的为政原则 　　216

　　第五节　早期儒学政治理念的检讨与反省 　　223

第九章　回到"子思"去
　　　　——儒家道统论的检讨与重构 　　234

　　第一节　从孔子到孟子、荀子 　　234

　　第二节　儒家道统说引述 　　242

　　第三节　儒家道统说试析 　　253

　　第四节　回到"子思"去：儒家道统论的重构 　　258

第十章　郭店竹简《性自命出》与《孟子》"天下之言性"章　　276

　　第一节　《孟子》"天下之言性"章旧注举疑 　　276

　　第二节　《孟子》"天下之言性"章试释 　　281

　　第三节　从"天下之言性"章看孟子性善论 　　289

第四编
出土文献与儒学新知（上）

第十一章　郭店竹简《穷达以时》与早期儒家天人观　　297
　　第一节　《穷达以时》"天人之分"的基本内涵　　297
　　第二节　《穷达以时》"天人之分"的思想来源　　300
　　第三节　《穷达以时》与孟子"性命之分"的联系　　306
　　第四节　《穷达以时》与荀子"天人之分"的区别　　312
　　第五节　"天人之分"与"天人合一"　　319

第十二章　郭店竹简《性自命出》与早期儒家心性论　　326
　　第一节　中国早期思想中的"性"与"心"　　326
　　第二节　《性自命出》的人性论　　336
　　第三节　《性自命出》的"心"与"性""情"论　　345
　　第四节　《性自命出》心性论的特点及影响　　353

第十三章　战国时期的禅让思潮与"大同""小康"说
　　　　　——兼论《礼运》的作者与年代　　358
　　第一节　"大同""小康"释义　　359
　　第二节　竹简所见之战国中期的禅让思潮　　369
　　第三节　《礼运》的思想特征与成书年代　　386

第五编
出土文献与儒学新知（下）

第十四章　清华简《厚父》与中国古代"民主"说　　399

第一节 "民主"：做民之主与为民做主　400
第二节 清华简《厚父》释读　413
　　附：《厚父》译文　424
第三节 "民主"与民本、君本　426

第十五章 清华简《保训》与儒家道统说再检讨　442

第一节 《保训》舜"求中""得中"释义　443
第二节 《保训》上甲微"假中""归中"解读　452
　　附：《保训》译文　460
第三节 先秦儒家"弘道"意识发微　461
第四节 韩愈、朱熹道统说辨疑　470
第五节 中道思想溯源　479
第六节 "仁义—中"与"礼义—中"　490

第十六章 清华简《命训》"大命""小命"释疑
　　——兼论《逸周书》"三训"的成书及学派归属　504

第一节 《命训》"大命""小命"释疑　504
第二节 《命训》"大命""小命"的意义及影响　512
第三节 "三训"的成书与学派归属　521

第六编
出土文献与二重证据法

第十七章 二重证据法：疑古与释古之间
　　——以近年出土文献研究为例　533

第一节 从"二重证明法"到"二重证据法"　534

第二节　二重证据法的应用：证明、证伪与补正　　545

　　第三节　二重证据法理论之建构：原型—意义流变说　　554

第十八章　二重证据法与对古书的反思　　564

　　第一节　"对古书的反思"的提出　　564

　　第二节　顾颉刚古书考证方法检讨　　566

　　第三节　源与流：考证古书的基本方法　　569

　　第四节　古书的体例与演变　　574

第十九章　如何理解"释古"　　576

　　第一节　"释古"还是"正古"？　　576

　　第二节　"释古"的准确含义　　577

第二十章　疑古、释古与重写思想史

　　　　　——评何炳棣《有关〈孙子〉〈老子〉的三篇考证》　　581

　　第一节　《孙子兵法》真伪公案　　581

　　第二节　《孙子兵法》早出新证　　584

　　第三节　《老子》成书问题　　589

第一编

出土文献与《论语》研究

第一章　定县竹简《论语》与《论语》的成书问题

自近代"疑古"思潮兴起以来，围绕《论语》的成书与编纂，学界已有过种种研究和讨论。本章拟根据1973年于河北定县西汉中山怀王刘修墓中出土的竹简本《论语》，对崔述等人依据《论语》中文体、称谓对其年代所做的判断做出检讨，并根据孔子以后孔门后学发生分化的情况，对《论语》的成书做出分析、讨论。

第一节　从竹简《论语》看《论语》的成书

关于《论语》的成书，历史上存在着不同认识和看法。汉唐学者一般均认为《论语》是由孔子弟子及再传弟子编纂而成，编纂的时间当在孔子去世后不久，其中讲得较具体的，是《汉书·艺文志》中的说法：

> 《论语》者，孔子应答弟子时人及弟子相与言而接闻于夫子之语也。当时弟子各有所记。夫子既卒，门人相与辑而论纂，故谓之《论语》。

此外，何晏《论语集解》引"汉中垒校尉刘向言：鲁《论语》二十篇，皆孔子弟子记诸善言也",王充《论衡·正说》说:"夫《论语》者,弟子共纪孔子之言行。敕记之时甚多,数十百篇",赵岐《孟子题辞》说:"七十子之畴,会集夫子所言,以为《论语》",都肯定《论语》是由孔子弟子编纂。汉代学者中还有一种说法,认为《论语》是由某位或几位孔门弟子所编纂。如《经典释文》引郑玄说:"仲弓、子夏等所撰定。"同书《论语音义》又称:"郑玄云:仲弓、子游、子夏等撰。"《论语崇爵谶》称:"子夏六十四人,共撰仲尼微言,以事素王。"《文选·辩命论》注引《傅子》:"昔仲尼既殁,仲弓之徒追论夫子之言,谓之《论语》。"这种看法与前面虽稍有不同,但在肯定《论语》是由孔门弟子编纂,即《论语》成书较早这一点上,则是一致的。古人叙事简略,以上只谈到《论语》的编纂,而没有说明具体的完成时间。唐代柳宗元注意到,《论语》中有曾子临死前与弟子的对话(见《论语·泰伯》),"曾子少孔子四十六岁,曾子老而死,是书记曾子之死,则去孔子也远矣。曾子之死,孔子弟子略无存者矣。吾意曾子弟子之为也",认为《论语》的成书可能要晚至孔子的再传弟子,但"或谓:孔子弟子尝杂记其言,然而卒成其书者,曾氏之徒也"(《柳河东集·论语辨》),实际仍然承认汉人的说法,只是对其做了补充和说明而已。

清代学者崔述则对《论语》的成书提出不同看法,他注意到今本《论语》前后十篇在文体和称谓上存在差异。前十篇记孔子答定公、哀公之问,皆变文称"孔子对曰",以表示尊君,答大夫之问则称"子曰",表示有别于君,"以辨上下而定民志"。而后十篇中的《先进》《颜渊》等篇，答大夫之问也皆作"孔子对曰"。故怀疑"前十篇皆有子、曾子门人所记，去圣未远，礼制方明；后十篇则后人所续记，其时卿位益尊，卿权益重，盖有习于当世所称而未尝详考其体例者，故不能无异同也"。又如，前十篇中孔子一般称"子"不称"孔子"，门人问学也不作"问于孔子"。而后十篇中的《季氏》《微子》多称孔子，《阳货》篇子张问仁，《尧曰》篇子张问政，皆称"问于孔子"，与《论语》其他篇不同，"其非孔氏遗书明甚，盖皆后人采之他书者"（《崔东壁遗书·论语余说》）。受崔述的影响，以后学者继续从《论语》前后十篇用语、称谓的差异对其成书做出判断，有学者甚至认为《论语》最初只有单独的篇，其编定成书，要在汉代以后。①

从现有材料来看，以上看法当以汉唐学者更接近事实。先秦典籍中明确提到《论语》一词的是《礼记·坊记》："《论语》曰：三年无改于父之道，可谓孝矣。"《史记·孔子世家》说："子思作《中庸》。"《隋书·经籍志》引沈约说："《中庸》《表记》《坊记》《缁衣》，皆取《子思子》。"《子思子》一书，唐时仍存，宋以后方才失佚，故沈约所说当有根据。但在"疑古"之风的影响下，学者往往将《坊记》《缁衣》《中庸》等篇看作秦汉时作品，这条材料的可靠性受到了怀疑。然而近年公布的郭店及上海博物馆竹简中均有《缁衣》一篇，内容与今本基本相

---

① John Makeham, "The Formation of Lunyu as a Book",《华裔学志》第 44 卷，1996 年，第 1～24 页。胡志奎：《论语辨证》，联经出版事业公司（台北），1978 年。朱维铮：《〈论语〉结集脞说》，《孔子研究》1986 年第 1 期。

同。据发掘报告，郭店一号楚墓的年代在公元前4世纪中期至前3世纪初，上博简的年代可能与此相差不远，证明《缁衣》确实是先秦古籍。另外，郭店竹简中与《缁衣》同时出土的还有属于子思学派的《五行》篇，记载子思言论的《鲁穆公问子思》篇，说明《缁衣》与失传的《子思子》确实存在着某种联系，沈约说《缁衣》《坊记》等篇取自《子思子》应是可靠的。既然子思在其作品中已提到《论语》，那么至少在子思生活的时代《论语》已经成书。据学者考证，子思的生卒约为公元前483年～前402年，则《论语》成书的下限当在公元前402年以前。①

至于今本《论语》存在称谓和用语的差异，这说明《论语》的编定经历了一个过程，不是短时期完成的，编纂者也可能不只一两个人，而是有多数弟子参与，但这一过程是否如有些学者所说，可以下延至汉代呢？从新出土的材料看，《论语》中孔子称谓的差异，有些可能是在传抄中形成的，并不能作为《论语》成书较晚的证据。1973年，河北定县西汉中山怀王刘修墓中出土《论语》《文子》《太公》等竹简，其中属于《论语》的汉简有620枚，录成释文的共7576字，约为今本的二分之一。由于中山怀王刘修死于汉宣帝五凤三年（前55），故竹简的抄写当在此时之前。用简本与今本做一个比较，可以发现二者在孔子称谓上常

---

① 关于《论语》的成书，参见郭沂：《郭店竹简与先秦学术思想》，上海教育出版社，2001年，第333～369页；张伯伟：《环绕今本〈论语〉的诸问题——兼与朱维铮先生商榷》，《孔子研究》1987年第3期；工铁：《试论〈论语〉的结集与版本变迁诸问题》，《孔子研究》1989年第3期。

常互有差别。今本《论语》后十篇中称"孔子"的地方，竹简本有的称"子"。如《阳货》篇："子张问仁于孔子。孔子曰：'能行五者于天下为仁矣。'"《尧曰》篇："子张问于孔子曰：'何如斯可以从政矣？'子曰：'尊五美，屏四恶，斯可以从政矣。'"在今本《论语》中，门人问于孔子一般称"子"，不称"孔子"，故崔述怀疑上面两章可能是后人的添加，但在简本中以上两章均称"子"："[子]张问仁于子。子曰：'耐五者于天下为仁者。'""子张问于子曰：'何如斯可以从正矣？'子曰：'[尊五美，屏]四恶，可以从正矣。'"说明上面两章在今本中之所以显得特殊，乃是抄写的缘故，与时代的早晚并没有直接关系。还有，《子路》篇："定公问：'一言而可以兴邦，有诸？'孔子对曰：'言不可以若是其几也！……'"今本《论语》记孔子答国君问一般称"孔子"，不称"子"，但简本此章却称"子"："……公问：'一言而兴国，有诸？'子曰：'[言不]可以……'"说明孔子的称谓并不那么绝对，在抄写中常常会出现变化。另外，今本《论语》称"子"的地方，竹简有的称"孔子"，如《先进》篇："颜渊死，颜路请子之车以为之椁。子曰：'才不才，亦各言其子也。……'""子曰：回也其庶乎！屡空；赐不受命，而货殖焉，亿则屡中。"简本均作"孔子曰"。还有，《微子》篇："夫子怃然曰：'鸟兽不可与同群！吾非斯人之徒与而谁与？天下有道，丘不与易也。'"简本作"子抚然曰"。这些都说明，《论语》中关于称谓的规定并不严格，即使有一定的规定，在抄写中也会常常发生变化，以此来判断《论语》的成书，根据并不充分。所以根据现有的材料，《论语》

的编定应该较早，在孔子去世后一百年之内已基本成书，编纂者主要是其弟子和再传弟子。

第二节　孔门后学的分化与《论语》的结集

《论语》成书较早的事实，向我们透露出以下重要信息。一是《论语》的编纂与孔门后学的分化密切相关。二是《论语》一书由孔门弟子共同编纂，反映了孔门弟子的集体意见。我们知道，孔子去世后，儒学内部发生分化，形成不同的派。《论语》既然成书较早，自然与儒学内部的这一变动密切相关，是在其背景下完成的。说到孔门后学的分化，人们往往想到《韩非子·显学》的说法："自孔子之死也，有子张之儒，有子思之儒，有颜氏之儒，有孟氏之儒，有漆雕氏之儒，有仲良氏之儒，有孙氏之儒，有乐正氏之儒。"各派"取舍相反不同"，但都自认为是真孔子。但韩非子所说的"八派"时间跨度较大，其中的孟氏（孟子）、孙氏（荀子）已到了战国中后期甚至晚期，显然不是孔子去世一段时间内儒学内部分化的情况，所以有学者认为是孔子以后儒学内部先后出现的"八大强家"[①]，但更有可能，是韩非对儒学内部分化的一种模糊印象。从现有的史料看，孔门后学的分派应是从有子、曾子开始的。据《孟子·滕文公上》：

> 昔者孔子没，……子夏、子张、子游以有若似圣人，欲以所事

[①] 吴龙辉：《"儒分为八"别解》，《文献》1994年第3期。

> 孔子事之，强曾子。曾子曰："不可，江汉以濯之，秋阳以暴之，皜皜乎不可尚已。"

子夏等人以为"有若似圣人（孔子）"，表明在他们看来，有子思想接近孔子①，是孔子的接班人，他们欲尊奉有子，以有子为孔门正统。值得注意的是，子夏等人在拥立有子时曾"强曾子"，这大概是因为当时曾子在孔门中已颇有影响，并对有子的正统地位不予承认，所以才有子夏等人强迫的一幕。从上述材料看，曾子并不为所动，他的一段表白在赞扬孔子人格高大不可企及的同时，也暗讽了有子等人不自量力。由此可见，当时孔门内部的斗争是十分激烈的。有若立派不久，可能因为学识不高，难以服众，孔门后学又发生分化。据《史记·仲尼弟子列传》，有若弟子向其请教：

> "昔夫子当行，使弟子持雨具，已而果雨。弟子问曰：'夫子何以知之？'夫子曰：'诗不云乎？月离于毕，俾滂沱矣。昨暮月不宿毕乎？'他日，月宿毕，竟不雨。商瞿年长无子，其母为取室。孔子使之齐，瞿母请之。孔子曰：'无忧，瞿年四十后当有五丈夫子。'已而果然。敢问夫子何以知此？"有若默然无以应。弟子起曰："有子避之，此非子之座也。"

---

① 《史记·仲尼弟子列传》："孔子既没，弟子思慕，有若状似孔子，弟子相与共立为师，师之如夫子时也。"认为有若是因相貌与孔子相似而得到尊奉，荒诞不可信，似应有误。

有子无法回答弟子提出的问题，因而遭到弟子的责难，其中"此非子之座也"一语表示对有子"宗师"地位的否定。这样，曾经支持有子的子夏等人可能也纷纷立派，孔门后学再一次分化。据《韩非子·显学》，"八派"中时间较早的有子张氏之儒、颜氏之儒、漆雕氏之儒。《荀子·非十二子》批评的"贱儒"有子夏氏、子张氏、子游氏，也当都曾立过派。荀子还提到子弓，常常将仲尼、子弓并举，看作儒学的正统。如"圣人之不得势者，仲尼、子弓是也"（《荀子·非十二子》），"仲尼长，子弓短"（《荀子·非相》），说明子弓也曾立派。这位子弓一般认为是仲弓，也有认为是孔子传《易》的馯臂子弘。从这些记载来看，孔门弟子中立派较早的有有子、曾子、子夏、子游、子张、颜氏、漆雕氏、子弓等人，儒学内部的分化就是由他们开始的。

第三节 《论语》是孔门弟子集体编纂

既然《论语》形成于孔门后学分化的背景之下，那么它是集体编纂，还是出于个人之手呢？有学者可能会以为，孔子去世后，儒家内部即已分化，并互有攻讦，怎么可能坐在一起"相与辑而论纂"，所以《论语》只可能是出于个别弟子之手。这是以今人眼光看问题，因而并不符合实际。从当时的情况来看，《论语》显然是孔门弟子的集体编纂。首先，根据刘歆、王充等人的记载，《论语》的成书实际经历了一个复杂的过程，最初只是弟子对孔子言行的各种记录，如孔子答"子张问行""子张书诸绅"（《论语·卫灵公》）等，这些记录往往出自不同弟子之手，分散在个人手中。孔子去世后，孔门弟子广泛收集了这些记录，在此基础上"辑而论纂"，编成《论语》一书。所以就《论语》的内容来说，它乃孔门弟子共同记录、编纂的结果，而不可能出于一两个人之手。《论语》中除了以"子曰"形式出现的内容外，还常有与弟子的问答，共涉及弟子有名姓者三十人，这些内容往往就是由这些弟子或其再传弟子记录而成。如："牢曰：'子云：吾不试，故艺。'"（《论语·子罕》）"宪问耻。子曰：'邦有道，谷；邦无道，谷，耻也。'"（《论语·宪问》）"牢"是人名，姓琴，字子开；"宪"是原宪，字子思。他们二人不称姓氏只称名，这种记述方式和《论语》的一般体例不符，故有人推断这两章便是他二人自己的笔墨，编纂《论语》时"直取其所记而载之耳"①。再如："子适卫，冉有仆。子曰：'庶矣哉！'冉有曰：'既庶矣，又何加焉？'曰：'富之。'曰：'既富矣，又何加焉？'曰：'教之。'"（《论语·子路》）孔子适卫，冉有驾车陪伴，这里的"子曰"显然最初是由冉有所传，后来被写成文字。《论语》还有一些"子曰"，往往形成于特殊的背景之下。如："在陈绝粮，从者病，莫能兴。子路愠见曰：'君子亦有穷乎？'子曰：'君子固穷，小人穷斯滥矣。'"（《论语·卫灵公》）据《史记·孔子世家》，当时的"从者"有子贡、子路、颜回等人，故本章内容最早当由他们所记。从《论语》涉及众多弟子的内容来看，它显然是集体的编纂，如果没有弟子的广泛参与，《论语》的成书

---

① 安井息轩：《论语集说》，转引自吴延环：《论语研究》，五南图书出版公司（台北），2001年，第4页。

是难以想象的。

而且,《论语》的编纂是当时孔门的一件大事,它不仅是对孔子思想的一种继承和传播,也关系到个人在孔门中的地位,有哪位弟子愿意置身于此事之外呢? 从当时的情况看,可能孔子去世不久,《论语》的编纂便被提了出来。"以常情而论,孔子殁,'微言'绝,而且弟子中已有不同学派,七十子在聚会治夫子之丧时,能不考虑今后大家离去,'微言'分散,不利以传夫子之道吗? 所以说这时倡议纂辑《论语》,时机最为成熟,汇集资料最为方便。"① 所以《论语》的编纂实际是由孔门弟子集体发起,集体参与的,这种广泛的基础使其具有一种权威的地位,为儒家各派所尊奉。顾炎武《日知录》卷七"《孟子》引《论语》"条指出:"《孟子》书引孔子之言凡二十有九,其载于《论语》者有八。"此外,《孟子》中所记载孔门言行及所述"仲尼之意",在今本《论语》中可以得到印证的还有十条。② 而荀子对《论语》的内容也多有阐述、发挥。③ 孟子、荀子分别属于儒家"八派"中的"孟氏之儒"和"孙氏之儒",但二人都承认《论语》的地位。如果《论语》不是由孔门弟子集体编纂,而是出于某一派之手,它又如何能得到如此普遍的认可呢? 正是基于这一点,汉代学者称"门人相与辑而论纂","弟子共纪孔子之言行",应该说是符合事实的。

---

① 黄立振:《〈论语〉源流及其注释版本初探》,《孔子研究》1987 年第 2 期。
② 张伯伟:《环绕今本〈论语〉的诸问题——兼与朱维铮先生商榷》,《孔子研究》1987 年第 3 期。
③ 杨树达:《论语疏证》,上海古籍出版社,1986 年。

还有，孔子死后，儒家学派内部确实发生了分化，但这种分化更多的是基于思想的分歧，而不是出于派性，并非水火不容、无法调和。《论语》中常有孔门弟子互相攻讦的言论："子游曰：吾友张也，为难能也；然而未仁。"（《论语·子张》）"曾子曰：堂堂乎张也！难与并为仁矣。"（《论语·子张》）孔门以仁为最高理想，"未仁"应该是较严厉的批评，但这并不妨碍子游继续以子张为"吾友"也。子游、子张都是孔门中曾经立派的人物，但他们仍能以朋友相处，为什么不可以对导师的言行"相与辑而论纂"呢？其实，可能正是孔门后学的分化和分歧，才使"共纪孔子之言行"变得紧迫和必要。《论语》中有弟子互相辩驳、争论的内容：

> 子游曰："子夏之门人小子，当洒扫应对进退则可矣。抑末也，本之则无，如之何？"子夏闻之曰："噫！言游过矣！君子之道，孰先传焉？孰后倦焉？譬诸草木，区以别矣。君子之道，焉可诬也？有始有卒者，其惟圣人乎！"（《论语·子张》）

> 子夏之门人问"交"于子张。子张曰："子夏云何？"对曰："子夏曰：'可者与之，其不可者拒之。'"子张曰："异乎吾所闻：'君子尊贤而容众，嘉善而矜不能。'我之大贤与，于人何所不容。我之不贤与，人将拒我，如之何其拒人也！"（《论语·子张》）

子游与子夏、子夏与子张对本末、交友等问题的理解互不相同，而指责对方"异乎吾所闻"的情况，正反映了《论语》是在"取舍各不同"，而皆认为真孔子的背景下形成的。孔子的思想本来就博大、丰富，包含着向不同方面发展的可能，加之其"因材施教"的教学方法，自然会使弟子的认识产生分歧。随着孔子去世，这种分歧不断加剧，并演变为彼此间的争论。"弟子恐离居已后，各生异见，而圣言永灭"(唐陆德明《经典释文·论语序》)，于是通过"相与辑而论纂"，编纂一部各派都认可的著作，以结集的形式确立孔子的基本思想。这样的著作显然只能由集体编纂，而不可能出于一两个人之手。

当然，说《论语》是集体编纂，并不否认个别弟子所起的作用。《论语》的编纂是一个庞大的工程，涉及对孔子言行的收集整理、回忆记录，以及对众多材料——据王充说有"数十百篇"——的辨别、选择等一系列工作，进行这样一项活动自然要有统一的组织领导者，要设立几位总编式的人物，这些组织领导者的地位和作用显然要大于其他弟子，他们是《论语》的实际编纂者；而能成为组织领导者的，自然是孔门弟子中已经立派或影响较大的人物。自宋代以来已有学者提出，《论语》一书实成于有子、曾子门人之手，朱熹《论语集注序说》引"程子曰：《论语》之书，成于有子、曾子门人之手，故此书独二子以子称"。这一说法虽不完全准确，但也道出一部分事实。前面说过，有子是孔门弟子中较早立派者，曾被子夏、子张等人推为孔子的接班人，在儒家内部一度具有重要地位，由于《论语》的编纂开始较早，那么很有可能，有子就是其最早的主持者。曾子也是孔门中颇有影响的人物，由于他在孔门弟子中年龄较轻，去世较晚，曾在编纂的后期起过重要作用，《论语》

一书可能就是完成于其弟子之手。《论语》中孔门弟子一般称名或字，而他二人称子①，可作为其特殊身份的证明。今本《论语·学而》开篇第一章载孔子言："子曰：学而时习之，不亦说乎？有朋自远方来，不亦乐乎？人不知而不愠，不亦君子乎？"第二章载有子言："有子曰：其为人也孝弟，而好犯上者，鲜矣；不好犯上，而好作乱者，未之有也。君子务本，本立而道生。孝弟也者，其为仁之本与！"第四章载曾子言："曾子曰：吾日三省吾身：为人谋而不忠乎？与朋友交而不信乎？传不习乎？"二人的地位由此可见一斑。不过，二程将《论语》的编纂完全归于有子、曾子之门人，也失之片面。有子虽一度被立为孔门传人，但时间较短，而《论语》的编纂则经历了一个较长的时期，其间发挥作用的显然不只有子、曾子二人，其他立派者如子游、子夏、仲弓等可能也参与其中，并发挥过作用。从这一点看，汉代学者认为《论语》成于仲弓、子游、子夏等人的说法，也并非完全没有根据，只是他们只注意到少数组织者，而忽略了多数参与者，在认识上存在偏差而已。

根据以上所论，《论语》的成书乃是孔门内部有统一组织、有专门领导、弟子广泛参与、时间跨度较长（从孔子去世到其再传弟子）的集体编纂活动。这一活动决定了《论语》的特殊性质和地位。首先，《论语》虽然成书于儒学分化的背景之下，但由于是集体编纂，当时的各派

---

① 今本《论语》载有子言论四处，三处称子（有子），一处称名（有若）。但称名者为与鲁哀公问答，故此章为特例，并不与前者矛盾。另外，冉有、闵子骞也偶尔称子，说明他们也是当时较有影响的人物。

都参与其中,故其所反映的乃是众多弟子(包括再传弟子)眼中的孔子,而不是某一人或几人所理解的孔子。这种理解代表了孔门弟子的共同看法,反映了早期儒学的基本价值观。其次,《论语》是由孔门弟子集体编纂,得到孔门后学各派的认可,在孔门内部具有权威的地位。历史上虽然以后不断有人继续编纂孔子的言论,如子思的《缁衣》《表记》《坊记》以及河北定县竹简《儒家者言》《哀公问五义》等等,但影响和地位均不能与《论语》相比,甚至受到当时人们的质疑。① 这虽然在一定程度上与编纂时间的早晚有关,但更重要的,恐怕还是因为没有经过"相与辑而论纂"的过程,因而难以得到人们的普遍赞同和认可吧。

---

① 《孔丛子·公仪》:"穆公谓子思曰:'子之书所记夫子之言,或者以谓子之辞也。'子思曰:'臣所记臣祖之言,或亲闻之者;有闻之于人者,虽非其正辞,然犹不失其意焉。其君之所疑者何?'"可见,子思常常祖述孔子的言论,但遭到当时人们的怀疑。武内义雄曾对《表记》与《论语》中有关仁的言论进行比较,认为前者对后者有所发展;而魏启鹏则指出《坊记》礼、刑并重,不同于孔子重礼轻刑。参见武内义雄:《子思子考》,载内藤虎次郎等著,江侠庵编译:《先秦经籍考》,国家图书馆出版社,2010年;魏启鹏:《〈德行〉校释》,巴蜀书社,1991年。

第二章 "亲亲相隐"与"隐而任之"

学术界围绕"亲亲相隐"的问题,引发了一场如何认识、评价儒家伦理的讨论。批评者指责孔孟等儒者错误地夸大了血缘亲情的地位,"把父慈子孝的特殊亲情置于诚实正直的普遍准则之上","为了血缘亲情不惜放弃普遍性的准则规范",认为儒家伦理中存在着深度的悖论。反批评者则称血缘亲情"是一切正面价值的源头","抽掉了特殊亲情,就没有了所谓的儒家伦理准则","父子互隐"恰恰有着深度的伦理学根据。[①]这一讨论实际涉及如何看待血缘亲情,以及孔孟等儒者是如何处理血缘亲情与仁义普遍原则的关系等一系列问题。对此,学者已发表了不少高见,澄清了一些问题。但总体上看,该次讨论更多的是一场"立场之争"而非"学术之争"。其实对于"亲亲相隐"这一复杂的学术问题,辨明"事实"比做出"评判"更为重要,"立场"应建立在"学术"的基础之上。值得注意的是,近年出土的简帛文献中涉及与"亲亲相隐"相关的内容,为我们理解这一学术公案提供了重要的材料。本章拟结合

---

① 郭齐勇主编:《儒家伦理争鸣集——以"亲亲互隐"为中心》,湖北教育出版社,2004 年。郭齐勇主编:《〈儒家伦理新批判〉之批判》,武汉大学出版社,2011 年。

地下的新出土材料以及前人的讨论,对"亲亲相隐"尤其是儒家对于血缘亲情的态度和认识做一深入、系统的分析和梳理。

第一节 《论语》的"直"与"直在其中"

有关"亲亲相隐"的一段文字见于《论语·子路》篇,其原文是:

> 叶公语孔子曰:"吾党有直躬者,其父攘羊,而子证之。"孔子曰:"吾党之直者异于是。父为子隐,子为父隐,直在其中矣。"

面对"其父攘羊,而子证之"的尴尬局面,孔子的态度如何,主张应如何化解之,其实是个需要分析和说明的问题。这涉及对"直在其中矣"一句中"直"的理解。在《论语》中,"直"凡二十二见,是一个不为人重视但相对较为重要的概念,其内涵也较为复杂,在不同的语境下,有微妙的差异。大致而言,直有直率、率真之意,也指公正、正直。前者是发于情,指情感的真实、真诚;后者是入于理,指社会的道义和原则,《论语》有时也称"直道",而直就代表了这样一种由情及理的活动与过程。直与《论语》中仁、义等其他概念一样,是一个过程、功能性概念,而非实体性概念。在《论语》中,直有时是指直率、真实之意,如《论语·公冶长》说:

> 子曰:"孰谓微生高直?或乞醯焉,乞诸其邻而与之。"

邻人前来借醋,或如实相告家中没有,或向别人家借来以应乞者之求,本身没有是非对错之分,但后一种做法未免委曲做作,不够直率、坦诚,有沽名钓誉之嫌,故孔子认为不能算是直。这里的直主要不是指公正、正直,不是一个品质的问题,而是性情的流露,指坦率、实在。微生高为鲁人,素以直闻,说明其品质正直,能恪守原则。但微生高的直往往生硬、刻板,有惺惺作态之嫌,故孔子对其有所保留。在孔子眼里,直不仅指公正、正直,指乐善好施的品质,同时还指率真、率直,指真情实感的流露,微生高显然没有做到后一点,孔子对其不满也主要在于此。

> 子曰:"狂而不直,侗而不愿,悾悾而不信,吾不知之矣。"(《论语·泰伯》)

"狂而不直"的直是指率直、爽直。钱穆说:"狂者多爽直,狂是其病,爽直是其可取。凡人德性未醇,有其病,但同时亦有其可取。今则徒有病而更无可取,则其天性之美已丧,而徒成其恶。"[①] 又,《论语·阳货》称:

> 子曰:"古者民有三疾,今也或是之亡也。古之狂也肆,今之狂也荡;古之矜也廉,今之矜也忿戾;古之愚也直,今之愚也诈而已矣。"

[①] 钱穆:《论语新解》,三联书店,2002年,第227页。

"愚也直"的"直"指质朴、耿直,古代的人愚笨而纯朴、耿直,远胜于今人的愚蠢而狡诈。不过"愚也直"虽然有其质朴、真实的一面,但并非理想状态,而是三种缺点("三疾")之一。所以仅仅有质朴、率直还是不够的,还需经过学习的提升、礼乐的节文,使德性、行为上达、符合于义,否则便会有偏激、刻薄之嫌。孔子说"好直不好学,其蔽也绞"(《论语·阳货》),又说"直而无礼则绞"(《论语·泰伯》)。绞,急切、偏激之意。邢昺疏:"正人之曲曰直,若好直不好学,则失于讥刺太切。"如果一味地率性而为,不注意性情的陶冶,难免会伤及他人,招人厌恶。故说"恶讦以为直者"(《论语·阳货》)。讦,"攻人之阴私也"(《玉篇·言部》)。当面揭露别人的短处、阴私,似乎是率直、敢为的表现,其实是粗鲁、无礼,根本不能算是直。正确的态度应该是"质直而好义"(《论语·颜渊》),既有率真、真实的本性,又重视义道的节制,发乎情,止乎礼,这才是"达者"所应具有的品质。所以《论语》中的直也常常指恪守原则,公正、正直,实际是对"质直"的"直"(率真、率直)与"好义"的"义"(原则、道义)的结合。

子曰:"直哉史鱼!邦有道,如矢;邦无道,如矢。君子哉蘧伯玉!邦有道,则仕;邦无道,则可卷而怀之。"(《论语·卫灵公》)

史鱼,卫国大夫。他以"尸谏"的形式劝卫灵公进贤(蘧伯玉)退不肖(弥子瑕),尽了为臣的职责,获得"直"的美名。"如矢"即形容史鱼的刚正不阿,忠心耿耿,恪尽职守。这里的直不仅指直率、耿直,

更重要的是指公正、正直。直主要是针对义而言,指直道。在《论语》中,"直道"凡二见:

> 柳下惠为士师,三黜。人曰:"子未可以去乎?"曰:"直道而事人,焉往而不三黜!枉道而事人,何必去父母之邦!"(《论语·微子》)

> 子曰:"吾之于人也,谁毁谁誉?如有所誉者,其有所试矣。斯民也,三代之所以直道而行也。"(《论语·卫灵公》)

前一章中,"直道"与"枉道"相对,直道即公正、正直之道,也就是义道。浊乱之世,不容正直,以直道事人,自然见黜;以枉道事人,又非心之所愿。夫子以柳下惠为喻而感慨系之。后一章中,"斯民"指孔子所赞誉之民,也就是有仁德之民。以往学者释"斯民"为"三代之民"(刘宝楠《论语正义》),或"今此之人也"(朱熹《论语集注》),"即今世与吾同生之民"①,均不准确。其实《论语》中有一段文字,可与此章对读。

> 子曰:"人之生也直,罔之生也幸而免。"(《论语·雍也》)

"人"读为"仁",指仁者;"罔"读为"妄",指妄者,与仁者相对。②仁者生存于世,是因为公正、正直,狂妄者生存于世,则是因为侥幸而

---

① 钱穆:《论语新解》,第441页。
② 此处采用廖名春先生的说法。

获免。所以，三代之所以直道流行，就是因为有这些以直道立身的"斯民"的缘故，正是"人能弘道，非道弘人"（《论语·卫灵公》）。因此，直与仁有一定的关系，是仁的一个德目，有仁必有直，而由直也可以实现仁。

哀公问曰："何为则民服？"孔子对曰："举直错诸枉，则民服；举枉错诸直，则民不服。"（《论语·为政》）

樊迟退，见子夏曰："乡也，吾见于夫子而问'知'；子曰：'举直错诸枉，能使枉者直。'何谓也？"子夏曰："富哉言乎！舜有天下，选于众，举皋陶，不仁者远矣；汤有天下，选于众，举伊尹，不仁者远矣。"（《论语·颜渊》）

两章"举直错诸枉"的"直"都是指直者，即公正、正直之人，如皋陶、伊尹等。若能举正直之人置于枉者之上，则"天下兴仁"，而"不仁者远矣"。明白了《论语》中的直包含了直率、率真，以及公正、正直的含义，那么，颇有争议的"以直报怨"的问题就容易理解了。

或曰："以德报怨，何如？"子曰："何以报德？以直报怨，以德报德。"（《论语·宪问》）

何谓"以直报怨"，曾使注家颇为费解。朱熹云："于其所怨者，爱憎取舍，一以至公而无私，所谓直也。"（《论语集注》）仅仅以"至公"来理解直，未必能揭示出直的真谛。其实直者，真实、率直，情感的自然流露也。别人有德于我，自然报之以德；别人加我仇怨，也应以内心真实的想法和态度回应之。以德报怨表面上似乎温柔敦厚，更有包容性，但因不符合人的本性、常情，故不为孔子所取。但若一味地听从情感的宣泄、流露，又容易走向极端，发展为"以怨报怨"。所以"以直报怨"既从情出发肯定"报怨"的合理性，又基于理对报怨做出种种限制，主张以公正、合理也就是"直"的方式来报怨，直是直道之意。钱穆先生说："直者直道，公平无私。我虽于彼有私怨，我以公平之直道报之，不因怨而加刻，亦不因怨而反有所加厚，是即直。"① 后来儒家在具体的实践中，既肯定复仇的合理性，又对复仇的理由、方式、手段等做出种种规定和限制，正是以直报怨。②

综上所论，《论语》中的直在不同语境下，具体内涵有所不同，既指率真、率直，也指公正、正直，兼及情与理，而直作为一个德目，代表了由情及理的实践过程，亦称直道。直的这一特点，与早期儒家重视情感与理性的统一密切相关。郭店竹简《性自命出》云："苟以其情，虽过不恶；不以其情，虽难不贵。"（第50简）如果是发自真情，即使有了过错也不可恶；如果没有真情，做到了难以做到的事情也不可贵。可见情的重要！既然只讲情可能会导致过错，那么，正确的方式应是"始者近情，终者近义"，既发于情，又止于义（理），"知情者能出之，知义者能内（入）之"（第3—4简），做到情理的统一，这一过程就是道，

---

① 钱穆：《论语新解》，第408页。
② 周天游：《古代复仇面面观》，陕西人民教育出版社，1992年，第7～8页。

故又说"道始于情"。《性自命出》反映的是孔子、早期儒家的情况,《论语》中的许多概念都可以从这一角度去理解。如孔子的仁既指"亲亲",也指"泛爱众"(《论语·学而》),仁道就代表了由孝亲到爱人的实践超越过程。仁不是一个实体性概念,而是一个功能性概念,直也是如此。

搞清了直的特点及其涵义的微妙差异,我们才有可能对"亲亲相隐"章做出更为准确的解读。首先,本章三次提到直——"直躬""吾党之直者""直在其中矣",但具体内涵有所不同。"直躬"①之直主要是公正、正直,但直躬只讲理不讲情,故为孔子所不满。"吾党之直者"代表了孔子理想的直,兼及情与理,其直是指直道。②关键在于"直在其中矣"一句中的直,一般学者往往将其理解为公正、正直,那么,此句就是说父亲为儿子隐瞒,儿子为父亲隐瞒,是公正、正直的,或体现了一种正直,显然是不合适的。其实,这里的直是直道的具体表现,是率真、率直,而不是公正、正直。孔子的意思是说,面对亲人的过错,子女或父母本能、自然的反应往往是为其隐匿,而不是控告、揭发,这一率直、真实的感情就体现在父母与子女的相互隐匿中。因为"亲子之情,发于天性,非外界舆论,及法律之所强"③。故从人情出发,自然应亲亲相隐。孔子的这一表述,只是其对直躬"证父"的回应,而不是对

---

① 据刘宝楠《论语正义》:"躬盖名其人,必素以直称者,故称直躬。直举其行,躬举其名。"直躬即名躬的直者。

② 有学者认为,鲁国直者并非孔子的理想,结合"齐一变,至于鲁,鲁一变,至于道"来看,孔子不是无条件地认可鲁国直者,而是主张应该调整为以礼节直(万光军:《礼与直、道与鲁:孔子未必赞成父子互隐》,《伦理学研究》2009 年第 5 期)。

③ 蔡元培:《国民修养二种》,上海文艺出版社,1999 年,第 38～39 页。

"其父攘羊"整个事件的态度,不等于默认了"其父攘羊"的合理性,或对其有意回避,视而不见。因此如学者指出的,在该章中虽然出现了三个直,但叶公、孔子所说的直内涵其实是有所不同的,叶公是立足于"法的公平性""法无例外"来说直①,而孔子则是从人情之本然恻隐处论直,是人心人情之直。直"不是法律是非、社会正义的含义",而"与情感的真诚性有关"②,是一种发诸情感,未经礼乐规范的率真、真实。这种直虽然为孔子所珍视,但并非最高理想,不是直道,还有待学习的陶冶、礼乐的节文进一步提升之,由情及理,上达直道。孔子对直躬的不满,主要在于其只讲理不讲情,而孔子则希望兼顾情感、理性两个方面。从率真、真实的情感出发,孔子肯定"父为子隐,子为父隐"的合理性,但从公正、正义的理性出发,则必须要对"其父攘羊"做出回应。盖因自私有财产确立以来,几乎所有的民族都将禁止盗窃列入其道德律令之中,勿偷盗几乎是一种共识,孔子自然也不会例外,不会认为"其父攘羊"是合理、合法的。只不过由于情景化的表述形式,孔子点到即止,没有对这一重要问题做出说明,留给后人一个谜团,引起种种误解和争议。

第二节 直道的实现:"隐而任之"

幸运的是,近些年地不爱宝,孔子没有谈到的问题却在地下文献中

---

① 庄耀郎:《〈论语〉论"直"》,《教学与研究》(台北)1995年第17期。
② 李泽厚:《论语今读》,安徽文艺出版社,1998年,第315页。

被涉及，使我们有可能了解，从维护公正的角度，孔子、早期儒家将会对"其父攘羊"之类的问题做出何种回应。2004年公布的《上海博物馆藏战国楚竹书（四）》中，有《内礼》一篇，其内容与《大戴礼记》中的《曾子立孝》《曾子事父母》基本相同。据学者研究，《内礼》应是孔门嫡传曾子一派的作品，其内容一定程度上也反映了孔子的思想。《内礼》说：

> 君子事父母，亡私乐，亡私忧。父母所乐乐之，父母所忧忧之。善则从之，不善则止之；止之而不可，隐而任之，如从己起。（第6、8简）

面对父母的"不善"之行，《内礼》主张"止之"，具体讲，就是要谏诤。由此类推，对于"其父攘羊"，孔子一定也是主张谏诤的。如果说"隐"是一种率然而发的性情之真，是对亲情的保护的话，那么，"谏"则是审慎的理性思考，是对社会正义的维护。在孔子、早期儒家看来，这二者实际是应该结合在一起的。所以儒家虽然主张"事亲有隐而无犯"（《礼记·檀弓》），却一直把进谏作为事亲的一项重要内容。"子曰：事父母几谏，谏志不从，又敬不违，劳而不怨。"（《论语·里仁》）"父有争子，则身不陷于不义。故当不义，则子不可不争于父……从父之令，又焉得为孝乎？"（《孝经·谏诤章》）"父有争子，不行无礼；士有争友，不为不义""从道不从君，从义不从父"（《荀子·子道》）。因此，不好简单地说，儒家错误地夸大了血缘亲情的地位，为了血缘亲情就无原则地放弃了普遍准则。在重视血缘亲情的同时，儒家对于是非、原则依然予以关注，依然主张通过谏诤来维护社会正义。值得注意的是，儒家对于谏诤的态度呈不断强化的趋势。在《论语》中，只说"几谏"，几，微也。微谏，即微言讽谏。在成书于曾子一派的《孝经》中，则说"当不义，则子不可不争于父"，争，读为"诤"，谏诤之意。到了《荀子》，则明确提出"从义不从父"，说明随着时代的发展，"义"的地位越来越凸显，谏诤的作用也不断被强调。但问题是，当子女的谏诤不被父母接受时，又该如何实现直道？又该如何兼顾情理两个方面呢？《内礼》的回答是"隐而任之"，任，当也，即为父母隐匿而自己将责任担当下来。故根据儒家的观点，直躬的根本错误在于当发现父亲攘羊后，不是为其隐瞒而是主动告发，正确的态度则应是，替父亲隐瞒而自己承担责任，承认是自己顺手牵羊。这样情理得到兼顾，亲情与道义得以并存，这才是真正的直，是率真、率直与公正、正直的统一，是直道。所以，为全面反映孔子、早期儒家思想，"亲亲相隐"章应根据《内礼》的内容补充一句：

> 叶公语孔子曰："吾党有直躬者，其父攘羊，而子证之。"孔子曰："吾党之直者异于是。父为子隐，子为父隐，直在其中矣。[隐而任之，则直道也。]"

"亲亲相隐"是对亲情的保护，是率真、率直；"隐而任之"则是对社会道义的维护，是公正、正直，由于兼顾了情与理，故是直道也。二者相结合，才能真正全面地反映孔子、儒家对待"其父攘羊"之类行为的态度。以往学者在讨论该章文字时,由于没有对"直"字做细致的分疏,不了解孔子情景化的表述方式,以偏概全,反而在"亲亲相隐"的是非对错上争论不休,控辩双方恐怕都没有切中问题的实质,没有把握住孔子对于"其父攘羊,而子证之"整个事件的真实态度。

那么,"亲亲相隐"是否有一定的范围、条件呢?是否只要是亲人的过错都一概可以"隐而任之",由己代过呢?这个问题比较复杂,因为儒家内部并非铁板一块,不同派别态度可能并不完全一样。不过一般而言,早期儒家主张"亲亲相隐"是有一定范围和条件的,主流儒家是情理主义,而不是亲情主义,更不是亲情至上论。如简帛《五行》篇就认为,虽然为亲人隐匿是合理、必要的,但并非没有条件的。其文云:

> 不简,不行;不匿,不察于道。有大罪而大诛之,简也;有小罪而赦之,匿也。有大罪而弗大诛也,不[行]也;有小罪而弗赦也,不察于道也。简之为言犹练也,大而显①者也;匿之为言也犹匿匿也,小而隐②者也。简,义之方也;匿,仁之方也。强,义之方;柔,仁之方也。"不竞不絿,不刚不柔",此之谓也。(第38—41简)

---

① "显",帛书本作"罕",竹简本作"晏",意思不明。周凤五先生读为"显",盖显与罕、晏古音相通。参见周凤五:《简帛〈五行〉一段文字的解读》,"简帛文献对思想史研究的方法论启示"工作坊论文,香港中文大学,2012年6月。
② "隐",帛书本作"轸",竹简本作"访",整理者认为是"轸"之讹。周凤五先生读为"隐","二字音近可通"。参见周凤五:《简帛〈五行〉一段文字的解读》。

《五行》提出了处理罪行的两条原则：简和匿。其中"简之为言犹练也"，练，指白色熟绢，引申为实情。《礼记·王制》："有旨无简不听。"孔颖达疏："言犯罪者，虽有旨意，而无诚（情）实者，则不论之以为罪也。"就是作实情讲。因此，简是从实情出发，秉公而断，是处理重大而明显罪行的原则，故又说"有大罪而大诛之，简也"。"匿之为言也犹匿匿也"，"匿匿"的前一个匿是动词，指隐匿，后一个匿应读为"昵"，指亲近。《左传·襄公二十五年》："危不能救，死不能死，而知匿其昵。"杜预注："匿，藏也。昵，亲也。"所以匿是从情感出发，隐匿亲近者的过失，是处理轻微不容易被注意罪行的原则，故又说"有小罪而赦之，匿也"。《五行》简、匿并举，是典型的情理主义。在其看来，论罪定罚的界限不仅在于人之亲疏，还在于罪之大小，不明乎此便不懂得仁义之道。对于小罪，可以赦免；对于大罪，则必须惩处。据邢昺疏，"有因而盗曰攘，言因羊来入己家，父即取之"（《论语注疏·子路第十三》）。可见，"其父攘羊"乃顺手牵羊，而非主动偷羊，显然是属于"小罪"，故是可以赦免的，孝子的"隐而任之"也值得鼓励。只不过前者是法律的规定，后者是伦理的要求而已。但对于"其父杀人"之类的"大罪"，则应依法惩办，孝子自然也无法"隐而任之"，替父代过了。《五行》的作者学术界一般认为是孔子之孙子思，故子思一派显然并不认为亲人的过错都是应该隐匿的，可隐匿的只限于"小而隐者"，即轻微、不容易被觉察的罪行。其强调"不简，不行"，就是认为如果不从事实出发，秉公执法，就不能实现社会的公正、正义。① 又说"不以小道害大道，简也"（第34—35简），《五行·说》的解释是："不以小爱害大爱，不以小义害大义也。"小爱，可理解为亲亲之爱；大爱，则可指仁民爱物之爱。小义、大义之意与此相近，前者指对父母亲人的义，后者指对民众国家的义。故子思虽然简、匿并举，但更重视的是简，当小爱与大爱发生冲突时，当小义与大义不能统一时，反对将小爱、小义凌驾于大爱、大义之上，反对为小爱、小义而牺牲大爱、大义，也就是说，子思虽然也认可"隐而任之"的原则，但又对"亲亲相隐"做了限制，"其父杀人"之类的大罪并不在隐的范围之中，子思的这一主张显然与孟子有所不同，而代表了一种更值得关注的思想传统。

现在回头来看《孟子》中饱受争议的舜"窃负而逃"的故事，就能发现这段文字其实也是可以从"隐而任之"来理解的，只不讨其立论的角度较为特殊而已。据《孟子·尽心上》：

> 桃应问曰："舜为天子，皋陶为士，瞽瞍杀人，则如之何？"孟子曰："执之而已矣。""然则舜不禁与？"曰："夫舜恶得而禁之？夫有所受之也。""然则舜如之何？"曰："舜视弃天下犹弃敝屣也。窃负而逃，遵海滨而处，终身䜣然，乐而忘天下。"

---

① 笔者曾指出，"不简，不行"的"行"乃是针对义而言，荀子曰："唯义之为行"（《荀子·不苟》），下文说："简，义之方也"，正可证明这一点。参见梁涛：《简帛〈五行〉新探——兼论〈五行〉在思想史中的地位》，《孔子研究》2002年第5期；梁涛：《郭店竹简与思孟学派》，第四章第一节《子思〈五行〉新探》，中国人民大学出版社，2008年。

当面对父亲杀了人，儿子怎么办的难题时，舜做出了两个不同的选择：一方面命令司法官皋陶逮捕了杀人的父亲，另一方面又毅然放弃天子之位，背起父亲跑到一个王法管不到的海滨之处，"终身䜣然，乐而忘天下"。可以看到，孟子与子思的最大不同是扩大了"亲亲相隐"的范围，将"其父杀人"也包括在其中。当小爱与大爱、小义与大义发生冲突时，不是像子思那样坚持"不以小道害大道"，而是折中、调和，力图在小爱与大爱、小义与大义之间维持一种平衡。而维持平衡的关键，则是舜的"弃天下"，由天子降为普通百姓，使自己的身份、角色发生变化。郭店竹简《六德》："门内之治恩掩义，门外之治义斩恩。"说明早期儒家对待公私领域是有不同原则的。依此原则，当舜作为天子时，其面对的是"门外之治"，自然应该"义斩恩"，秉公执法，为道义牺牲亲情；但是当舜回到家庭，成为普通的儿子时，其面对的又是"门内之治"，则应该"恩掩义"，视亲情重于道义。故面对身陷囹圄的父亲，自然不能无动于衷，而必须有所作为了。另外，舜放弃天子之位，或许在孟子看来，某种程度上已经算是为父抵过，为其承担责任了。这样，孟子便以"隐而任之"的方式帮助舜化解了情与理、小爱与大爱之间的冲突。这里的"隐"是隐避之隐，而"任之"则是通过舜弃天子位来实现的。

另外，被学者不断提及的石奢纵父自刎的故事，也可以看作"隐而任之"之例。据《韩诗外传》《史记·酷吏列传》等记载，石奢是楚国的治狱官（"理"），任职期间路上有人杀人，他前去追捕，发现凶手竟是自己的父亲。石奢放走了父亲,自己返回朝廷向楚王请罪。虽然楚王表示赦免,但他仍以"不私其父,非孝也;不行君法,非忠也"为由,"刎颈而死乎廷"。可以看到,同样面对"其父杀人",石奢做出了不同选择:一方面以执法者的身份放走了杀人的父亲来尽孝,另一方面又向朝廷自首,并选择了自杀来尽忠。毕竟,杀人是大罪,石奢不能谎称人是自己所杀,去替父抵罪,故严格说来,石奢并非隐匿了父亲的过错,而是隐护、庇护了父亲。但这样一来,在忠孝不能两全的格局下,又使自己陷入不义。石奢的刎颈自杀,表面上似乎是为自己的"徇私枉法"谢罪,但同时也是为杀人的父亲抵罪,是"隐而任之"的表现,"隐"是隐护之隐,"任之"则通过石奢的自我牺牲来完成。由于石奢的自我牺牲,其父杀人已不再是关注的中心,可以不被追究或至少可以减轻罪责了。而这一"隐而任之"的背后,则是石奢悲剧性的命运。

第三节 "亲亲相隐":范围、理据和评价

由上可见,早期儒家内部对于"亲亲相隐"的态度并非完全一致,子思简、匿并举,匿仅限于"小而隐者",而孟子则将"其父杀人"也纳入隐或匿的范围之中。那么,如何看待子思、孟子二人不同的态度和立场呢?

首先,是立论的角度不同。子思《五行》所说的是处理案狱的现实的、可操作的一般原则,而《孟子》则是特殊情境下的答问,盖有桃应

之问，故有孟子之答，它是文学的、想象的，是以一种极端、夸张的形式，将情理无法兼顾、忠孝不能两全的内在紧张和冲突展现出来，给人心灵以冲击和震荡。它具有审美的价值，但不具有实际的可操作性，故只可以"虚看"，而不可以"实看"。因为现实中不可能要求"其父杀人"的天子"窃负而逃"，如果果真如此，那又置生民于何地？这样的天子是否太过轻率和浪漫？生活中也不可能有这样的事例。石奢的故事亦是如此，现实中同样不可能要求执法者一方面徇私枉法，包庇、隐瞒犯法的亲人，另一方面又要求其自我牺牲来维持道义，这同样是行不通的。人们之所以称赞石奢为"邦之司直"，恰恰在于石奢纵父循法的特殊性，在于石奢悲剧性命运引发人们的感慨、喟叹和思索。所以舜和石奢的故事，虽然一个是文学的虚构，一个是真实的事件，其功能和作用则是一样的，都是审美性的而非现实性的，与子思《五行》"有小罪而赦之，匿也"属于不同的层面，应该区别看待。批评者斥责舜"窃负而逃"乃是腐败的根源，予以激烈抨击；而反批评者又极力想将其合理化，给予种种辩护，恐怕都在解读上出了问题，误将审美性的当作现实性的，以一种"实"的而非"虚"的眼光去看待《孟子》文学性、传奇性的文字和记载。有学者强调，中国哲学史研究需要诠释学技巧和人文学关怀[①]，无疑是很有道理的。那么，对于《孟子》象征性、设问式的描写，自然应有相应的诠释学技巧，应更多地以审美的、文学的眼光看

---

① 杨海文：《文献学功底、解释学技巧和人文学关怀——论中国哲学史研究的"一般问题意识"》，载郭齐勇主编：《儒家伦理争鸣集——以"亲亲互隐"为中心》，第 501～517 页。

待之,而不应与客观事实混在一起。

其次,在情与理、亲亲与道义的关系上,子思、孟子的认识存在一定的差异。前面说过,儒家主流是情理主义,而不是亲情主义,更不是亲情至上论,孔子、子思虽对亲亲之情有一定的关注,但反对将其置于社会道义之上,反映在仁、孝的关系上,是以孝为仁的起始和开端,所谓"为仁自孝悌始",而以仁为孝的最终实现和目标,仁不仅高于孝,内容上也丰富于孝;孝是亲亲,是血缘亲情,是德之始,仁则是"泛爱众"(《论语·学而》),是对天下人的责任与关爱,是德之终。因其都突出、重视仁的地位和作用,故也可称为儒家内部的重仁派。那么,儒家内部是否存在着亲情主义,存在着将亲亲之情置于社会道义之上,将孝置于仁之上的思想和主张呢?答案是肯定的,这就是以乐正子春为代表的重孝派。笔者曾经指出,曾子弟子乐正子春在儒家内部发展出一个重孝派,他们以孝为最高的德,孝是"天之经,地之义",孝无所不包,"置之而塞于天地,衡之而衡于四海"(《大戴礼记·曾子大孝》),孝广大而抽象,体现为"全身""尊亲"和"保其禄位,而守其祭祀",而仁不过是服务于孝的一个德目而已,"夫仁者,仁此者也"(《大戴礼记·曾子大孝》),扭转了孔子开创的以仁为主导的思想方向,在先秦儒学上具有特殊的地位和影响。[①]值得注意的是,孟子在其思想的形成过程中,恰恰一度受到重孝派的影响,故思想中有大量宣扬血缘亲情的内

---

① 梁涛:《"仁"与"孝"——思孟学派的一个诠释向度》,载《儒林》第1辑,山东大学出版社,2005年;梁涛:《郭店竹简与思孟学派》,第八章第三节《"仁"与"孝"——思孟学派的一个诠释向度》。

容,如,"孟子曰:事孰为大?事亲为大。守孰为大?守身为大。……事亲,事之本也。孰不为守?守身,守之本也"(《孟子·离娄上》)。认为"事亲"和"守身"是最重要的事情,与他后来突出仁政、民本显然有所不同。又说,"仁之实,事亲是也。义之实,从兄是也"(《孟子·离娄上》)。将仁、义分别理解为"事亲"和"从兄",与他后来"仁,人心也"(《孟子·告子上》)、"亲亲而仁民,仁民而爱物"(《孟子·尽心上》)等说法也有一定区别。还有,"孝子之至,莫大乎尊亲;尊亲之至,莫大乎以天下养。为天子父,尊之至也;以天下养,养之至也"(《孟子·万章上》)。认为最大的尊贵就是身为天子父,得到天下的奉养。甚至说"尧舜之道,孝弟而已矣"(《孟子·告子下》),这些都是受重孝派影响的反映,有些表述就是直接来自乐正子春派,笔者有过详细考证,此不赘述。① 故孟子在先秦儒学史中的地位是比较特殊的,一方面在其早期较多地受到重孝派的影响,保留有浓厚的宗法血亲的思想,另一方面随着"四端说"的提出②,孟子一定程度上又突破了宗法血亲的束缚,改变了"孝弟也者,其为仁之本与"(《论语·学而》)的看法,把仁的基点由血亲孝悌转换到"恻隐""羞恶""辞让""是非"等更为普遍的道德情感中去,完成了一次思想的飞跃,将儒家仁学发展到一个新

---

① 梁涛:《"仁"与"孝"——思孟学派的一个诠释向度》,载《儒林》第1辑;梁涛:《郭店竹简与思孟学派》,第八章第三节《"仁"与"孝"——思孟学派的一个诠释向度》。

② 据笔者考证,孟子"四端"说形成的下限约为孟子第二次来到齐国的齐宣王二年(公元前318年)。参见梁涛:《孟子"四端说"的形成及其理论意义》,《中国社会科学院历史研究所学刊》第1集,2001年;梁涛:《郭店竹简与思孟学派》,第六章第一节《孟子"四心"说的形成及其意义》。

的高度，呈现出新旧杂糅的特点。前面说他在小爱与大爱之间折中、调和，根本原因就在这里。

本来血缘家族是人类最早的组织，每个人都生活、隶属于不同的家族，故当时人们只有小爱，没有大爱，家族之外的人不仅不在其关爱范围之内，杀死了对方也不承担法律责任，而被杀者的家族往往又以怨报怨，血亲复仇，这便是"亲亲为大"的社会基础。然而随着交往的扩大，文化的融合，地缘组织的形成，逐渐形成了族类意识甚至人类意识，人们开始超越种族、血缘的界限去看待、关爱所有的人，这便是孔子"仁者，爱人""泛爱众"（《论语·学而》）的社会背景。儒家仁爱的提出，某种意义上，也是生命权利意识的觉醒。从积极的方面讲，"天生万物，人为贵"，人的生命至为珍贵，不可随意剥夺、伤害。"厩焚，子退朝，曰：'伤人乎？'不问马。"（《论语·乡党》）孟子说："行一不义，杀一不辜，而得天下，皆不为也。"（《孟子·公孙丑上》）就是认为人的生命比外在的"天下"更为重要，与康德"人是目的，不是手段"的精神实质是一样的。从消极的方面讲，则是要求"杀人偿命"，维持法律、道义的公正。因此，在"亲亲为大"和"仁者，爱人"之间，实际是存在一定的紧张和冲突的。是以孝悌、亲亲为大，还是仁义为最高的理想，在儒家内部也是有不同认识的。孔子、子思等重仁派都是以仁为最高原则，以孝悌为培养仁爱的起点、根基，当孝悌与仁爱、亲情与道义发生冲突时，他们主张"亲亲相隐""隐而任之"，但隐匿的范围仅限于"小而隐者"，要求"不以小道害大道"。而孟子的情况则比较复杂,由于其一度受到重孝派的影响,故试图在"亲亲为大"和"仁者,爱人"之间折中、调和,表现出守旧、落后的一面。表面上看,舜"窃负而逃"似乎是做到了忠孝两全,既为父尽孝,也为国尽忠,但在这一"执"一"逃"中,死者的存在恰恰被忽略了,站在死者的立场,谁又为其尽义呢?如果用"推己及人""己所不欲,勿施于人"的原则来衡量的话,显然是不合理、不符合仁道的。所以如学者所说的,"在孟子的思想中,真正害怕的是旧的'亲亲为大'的伦理原则的坍塌,而不是其'杀一不辜而得天下,不为也'的新人道原则的坍塌"[①]。

　　孟子的这种折中、调和的态度在另一段引起争议的文字中也同样表现出来。当孟子的弟子万章问,象是一个非常坏的人,舜却封给他有庳,为什么对别人就严加惩处,对弟弟却封为诸侯时,孟子的回答是:仁者对于弟弟,"亲之欲其贵也,爱之欲其富也;封之有庳,富贵之也。身为天子,弟为匹夫,可谓亲爱之乎?"为了使有庳的百姓不受到伤害,孟子又想出让舜派官吏治代象治理国家,以维持某种程度的公正(见《孟子·万章上》)。孟子生活的战国时期,反对"无故而富贵"已成为社会的普遍呼声,不仅墨家、法家有此主张,即使在儒家内部,荀子也提出"虽王公、士大夫之子孙也,不能属于礼义,则归之庶人;虽庶人之子孙也,积文学,正身行,能属于礼义,则归之卿相、士大夫"(《荀子·王制》)。如果说孟子质疑"身为天子,弟为匹夫,可谓亲爱之

---

　　① 吴根友:《如何在普遍主义与历史主义之间保持适度的张力?》,载郭齐勇主编:《儒家伦理争鸣集——以"亲亲互隐"为中心》,第554页。

乎"是维护亲情的话，那么，荀子主张将王公、士大夫的子孙降为庶民岂不是寡恩薄义了？两者相较，哪个更为合理，哪个更值得肯定？如果不是立足于"亲亲为大"，而是从仁道原则出发的话，我们不能不说，在这一问题上，荀子的主张是合理、进步的，而孟子是保守、落后的。

另外，《孟子》中舜"窃负而逃"的故事虽然是文学性的，但由于后来《孟子》成为经书，上升为意识形态，"窃负而逃"便被赋予了法律的效力。从实际的影响来看，它往往成为当权者徇私枉法、官官相护的理据和借口。据《史记·梁孝王世家》，汉景帝的弟弟梁孝王刺杀大臣袁盎，事发后其母窦太后拒绝进食，日夜哭泣，景帝也十分忧郁。与大臣商议后，决定派精通儒术的田叔、吕季主去查办。田叔回京后，将孝王谋反的证据全部烧掉，空手去见景帝，把全部责任推给孝王的手下羊胜、公孙诡身上，让二人做了孝王的替死鬼。景帝闻说后，欣喜万分，连忙通告太后，"太后闻之，立起坐餐，气平复"。《史记·田叔列传》中还记载了田叔与景帝的一段对话：

> 景帝曰："梁有之乎？"叔对曰："死罪！有之。"上曰："其事安在？"田叔曰："上毋以梁事为也。"上曰："何也？"曰："今梁王不伏诛，是汉法不行也；如其伏法，而太后食不甘味，卧不安席，此忧在陛下也。"景帝大贤之，以为鲁相。

梁孝王擅杀朝臣，犯了大罪，不杀弟弟就破坏了朝廷法律；杀了弟弟，母亲又食不甘味，卧不安席，自己也于心不忍。田叔深知其中的难处，故教景帝装起糊涂，不要过问，而自己随便找两个替死鬼处理了事。值得注意的是，景帝处理弟弟杀人时，大臣曾建议"遣经术吏往治之"，而田叔、吕季主"皆通经术"（《史记·梁孝王世家》）。据赵岐《孟子题辞》，《孟子》在文帝时曾立于学官，为置博士，故田叔所通的经术中应该就有《孟子》，他之所以敢坦然地销毁证据，为犯了杀人大罪的孝王隐匿，其背后的理据恐怕就在于《孟子》。既然舜可以隐匿杀人的父亲，那么景帝为何不能隐匿自己杀人的弟弟呢？在孟子文学性的答问中，还有"弃天下"一说，但田叔明白这种浪漫的说法陈义过高，现实中根本行不通，景帝不可能背着杀人的弟弟跑到海边，"终身䜣然，乐而忘天下"，结果只能是转移罪责，以无辜者的生命来实现景帝的"亲亲相隐"，孟子的答问恰恰成为田叔徇私枉法、司法腐败的理据，这恐怕是孟子所始料未及的吧。

又据《新五代史·周家人传》，周世宗柴荣的生父柴守礼居于洛阳，"颇恣横，尝杀人于市，有司有闻，世宗不问。是时，王溥、汪晏、王彦超、韩令坤等同时将相，皆有父在洛阳，与守礼朝夕往来，惟意所为，洛阳人多畏避之，号'十阿父'"。柴守礼依仗自己是天子的生父，聚集党徒，滥杀无辜，横行市里，使百姓苦不堪言，世宗却不让有司处理，任其为害一方。对于世宗的"亲亲相隐"，《新五代史》的作者欧阳修以《孟子》的"窃负而逃"为之辩护，"以谓天下可无舜，不可无至公，舜可弃天下，不可刑其父，此为世立言之说也"。欧阳修所说的"至公"是"亲亲为大"也就是重孝派的至公，从"亲亲为大"来看，自然是父母为大,天下为轻了。"故宁受屈法之过,以申父子之道","君子之于事,择其轻重而处之耳。失刑轻,不孝重也"(《新五代史·周家人传》)。

对于欧阳修的说法,清代学者袁枚给予针锋相对的批驳。"柴守礼杀人,世宗知而不问,欧公以为孝。袁子曰:世宗何孝之有?此孟子误之也。"他认为,孟子让舜"窃负而逃"不是解决问题的方法,反而使自己陷入矛盾之中。"彼海滨者,何地耶?瞍能往,皋亦能往。因其逃而赦之,不可谓执;听其执而逃焉,不可谓孝;执之不终,逃而无益,不可谓智。""以子之矛,陷子之盾,孟子穷矣。"对于世宗而言,即使没能制止父亲杀人,事后也当脱去上服,避开正寝,减少肴馔,撤除乐器,不断哭泣进谏,使父亲知道悔改,以后有所戒惧,"不宜以不问二字博孝名而轻民命也。不然,三代而后,皋陶少矣。凡纵其父以杀人者,皆孝子耶?彼被杀者,独无子耶?"①显然,袁枚是从"己所不欲,勿施于人"的仁道来立论的。如果世宗纵父行凶为孝,那么被杀者难道没有子女?谁去考虑他们的感受?他们又如何为父母尽孝?如果将心比心,推己及人,以"己所不欲,勿施于人"的仁道原则来衡量的话,世宗的所作所为不仅不能称为孝,反而是不仁不义之举。袁枚将孟子的"窃负而逃"落到实处,未必符合孟子的本意,但他批评世宗非孝,则是十分恰当的。这也说明,是从"亲亲为大"还是"推己及人"来看待

---

① 袁枚:《读孟子》,载袁枚著,周本淳标校:《小仓山房诗文集》四,上海古籍出版社,1988年,第1653、1655页。

"亲亲相隐",观点和态度是有很大不同的。孟子的"窃负而逃"本来是要表达亲情与道义的紧张与冲突,是文学性的而非现实性的,但在权大于法、法沦为权力的工具的帝制社会中却被扭曲为法律的通例。由于"窃负而逃"涉及的是天子之父,而非普通人之父,故其在法律上的指向是特殊的,而非普遍的,实际为王父而非普通人之父免于法律惩处提供了理论根据,使"刑不上王父"成为合理、合法的。普通人犯法,并不会因其为人父便可以逃脱法律的惩处,而天子、皇帝的父亲即使杀人枉法,法律也不应予以追究,中国古代法律虽然有"王子犯法与庶民同罪"的优良传统,却始终没有"王父犯法与庶民同罪"的主张,这不能不说是十分遗憾的。但是,孟子也具有丰富的仁道、民本思想,他主张"杀一不辜而得天下","不为也",认为"民为贵","君为轻",均体现了对民众生命权利的尊重;他的性善论,则包含了人格平等的思想,从这些思想出发,又可以发展出批判封建特权的观点与主张。袁枚的批判思想,其实也间接受到孟子的影响,是对后者思想的进一步发展。这看似吊诡,却是历史的真实。

综上所论,围绕"亲亲相隐"的争论,其核心并不在于亲情是否珍贵,"亲亲相隐"是否合理,而在于儒家是如何看待、处理孝悌亲情的,儒家又是在何种意义、条件下谈论"亲亲相隐"的,尤其是如何看待、理解"窃负而逃"故事中孟子对亲情与道义的抉择和取舍,这些无疑是较为复杂的学术问题,需要具体分析,不可一概而论。根据我们前面的讨论,围绕"仁"与"孝",儒家内部实际是存在不同的观点和主张的。

重孝派以孝为最高原则,通过孝的泛化实现对社会的控制,与重仁派视孝为仁的起点和根基,主张孝要超越、提升为更高、更为普遍的仁,实际代表了儒家内部两种不同观点和流派。孔子虽然也提倡孝,视孝为人类真实、美好的情感,但又主张孝要上升为仁,强调的是"泛爱众""己所不欲,勿施于人"。因此,在面对亲情与道义的冲突时,并不主张为亲情去牺牲道义。孔子讲"父为子隐,子为父隐,直在其中矣",直是率真、率直之直,而不是公正、正直之直。为了维护社会的道义、公正,曾子一派又提出"隐而任之,如从己起",要求子女不是告发,而是代父受过以维护情与理、亲亲与道义的统一。子思一派的《五行》篇则将隐匿的范围限定在"小而隐者",即小的过错,并强调"不以小道害大道","不以小爱害大爱"。孟子的情况虽较为复杂,在亲亲与道义间表现出一定的折中、调和,但其"窃负而逃"的情节设计,主要还是为了展示亲情与道义间的冲突与紧张,更应从文学、审美的眼光看待之,而不可落在实处,进行简单的道德批判或辩护。这样的做法,恐怕都没有理解孟子的本意。况且,孟子也不是为了父子亲情便完全置社会道义于不顾,他让舜下令逮捕父亲瞽叟,让舜"弃天下",便是对道义、法律的尊重,试图维持情理间的紧张、冲突,是"隐而任之"的表现。只不过孟子的这一设计不仅不具有可操作性,从实际的后果看则为"刑不上王父"提供了法理的依据,成为帝王将相转移罪责、徇私枉法的根据和理由。从这一点看,子思强调"有小罪而赦之","不以小道害大道",可能更值得关注,更具有时代进步的意义。

第三章　超越立场，回归学理[*]
——再谈"亲亲相隐"及相关问题

学界围绕"亲亲相隐"与儒家伦理的争论已持续近十年，发表了大量的成果，论文集就出了厚厚两部。尽管辩方之一的郭齐勇先生曾在《儒家伦理争鸣集·序言》中称，"本书的出版，标志着这场争鸣的结束。因为论战各方及其主要参与者要说的话基本上都已说完，再说亦只是重复而已"，"再过十年、三十年、五十年、一百年，后人不会再讨论这些问题，即使要讨论，亦必须通过而不能绕过我们"。① 不过，事情似乎并没有朝郭齐勇先生预期的方向发展，短短的几年内"亲亲相隐"的问题一再被人提及，不断成为争论的热点，且有愈演愈烈之势。这就不能不耐人寻味了，说明以往的讨论可能在文本解读和认知方式上存在着误区，由"亲亲相隐"引发的相关问题非但没有趋于完结，相反，在学理层次上却有进一步深化、提升的必要。

---

　　* 本章与顾家宁博士合著。
　　① 郭齐勇：《儒家伦理争鸣集·序言》，载郭齐勇主编：《儒家伦理争鸣集——以"亲亲互隐"为中心》，第11页。

第一节　再论《论语》中的"直"

"亲亲相隐"之争，起自刘清平先生为代表的部分学者对儒家伦理过分强调血缘亲情的批评，在他看来，儒家"把血亲伦理作为至高无上的唯一本源"，对民族文化心理产生深远影响，某种程度上也构成滋生当今某些腐败现象的温床。① 这一提问方式的最大问题，在于对儒家伦理做了一种简单化的肤浅理解。这一片面倾向，本应在学理上得到充分的反省与批评，然而令人遗憾的是，以郭齐勇先生为代表的儒家伦理辩护方，并没有对这一疑窦丛生的理论前提给予足够的省察，反而是在大体接受上述理论预设的前提下，将论争的焦点局限在血亲伦理是否正当这一狭隘论域中，由此展开反复论辩，不免深陷立场、意气之争而不自察。

《论语·子路》中关于"亲亲相隐"的论述，是引发双方争论的一段重要文献。

> 叶公语孔子曰："吾党有直躬者，其父攘羊，而子证之。"孔子曰："吾党之直者异于是。父为子隐，子为父隐，直在其中矣。"

在这段文字中，"直在其中"之"直"应如何理解，不仅关系到孔子对待"父子互隐"的真实态度，也影响到对儒家伦理的理解。然而在

---

① 刘清平：《论孔孟儒学的血亲团体性特征》，载《儒家伦理争鸣集》，第862页。刘清平：《美德还是腐败？——析〈孟子〉中有关舜的两个案例》，载《儒家伦理争鸣集》，第888～896页。

长期的论辩中，控辩双方似乎对这一基本问题未予以足够重视，做出细致辨析。刘清平先生宽泛地按照现代汉语的习惯，将三个"直"字一并解读为"诚实正直的普遍准则"①。这样，按照刘先生的理解，"父为子隐，子为父隐"就是一种"诚实正直的普遍准则"，或体现了"诚实正直的普遍准则"。刘先生批评儒家将血缘亲情置于社会道义之上，"把父慈子孝的特殊亲情置于诚实正直的普遍准则之上"，"为了血缘亲情不惜放弃普遍性的准则规范"，一个重要的根据就在于此。而作为辩方的郭齐勇先生亦未对"直"做细致分析，竟释其为"正义、正直、诚实"②。这样，在认为儒家维护血缘亲情，将血缘亲情置于社会道义之上这一点上，郭先生与刘先生的认识实际是一致的。所不同者，刘先生认为这是儒家思想的糟粕，是腐败而非美德，在历史和现实中都产生了消极的影响；而郭先生则认为，血缘亲情是美德的基础，"是一切正面价值的源头"，"抽掉了特殊亲情，就没有了所谓的儒家伦理准则"，"父子互隐"恰恰有着深度的伦理学根据。③这样双方便自说自话，陷入立场之争，谁也无法说服另一方，"亲亲相隐"的争论之所以长期悬而不决，根本的原因就在这里。

其实，"直"是《论语》中一个多次出现的重要概念，应根据具体的文本语境对其含义做出细致的考察，而不宜采取一种过于简单、笼

---

① 刘清平：《论孔孟儒学的血亲团体性特征》，载《儒家伦理争鸣集》，第859页。
② 郭齐勇：《也谈"子为父隐"与孟子论舜——兼与刘清平先生商榷》，载《儒家伦理争鸣集》，第15页。
③ 同上书，第14～15页。

统的理解。具体到《论语·子路》章中的"直"字，更是如此。已有学者指出，"直在其中"的"直"字，应从情感的直率、率真意义上来理解。如冯友兰先生认为："直者，由中之谓，称心之谓。其父攘人之羊，在常情其子决不愿其事之外扬，是谓人情。如我中心之情而出之，即直也。"①李泽厚先生亦指出，"直在其中"之"直"，并非法律是非、社会正义的含义，而是与情感的真诚性有关。②冯、李两位先生均不认为"直"是法律、社会层面的公正、正直之意，确乎有见！不足者是尚未对《论语》中的"直"字做整体的把握和说明。正是在这种背景下，梁涛先生在《"亲亲相隐"与"隐而任之"》一文③中，对《论语》中的"直"字做了全面、系统的考察，认为在《论语》一书中，"直"既有直率、率真之意，也指公正、正直。前者是发于情，指情感的真实、真诚，相对于虚伪、造作而言；后者是入于理，指社会的道义、原则，其反面是阿曲、偏私。二者之间既有相通之处，亦明显各有侧重。由直率、率真到公正、正直需经过一个"下学上达"的提升过程，"直"作为一个德目，代表了由情及理的实践过程，亦称直道，"直"是一个功能性概念，而非实体性概念。

然而对于这一试图解开"亲亲相隐"之争死结的看法，郭齐勇先生并不认同，最近在其与弟子张志强博士共同撰写的《也谈"亲亲相隐"

---

① 冯友兰：《中国哲学史》，中华书局，1947 年，第 94 页。
② 李泽厚：《论语今读》，第 315 页。
③ 见《哲学研究》2012 年第 10 期。

与"恶而任"——与梁涛先生商榷》(下简称"郭文",凡引用该文,不再一一注明)一文①,对"直在其中"的最新解读提出了质疑:

> "直在其中"之"直",本来就有"明辨是非"的"直"之本义,只不过孔子认为父子间不主动告发而为对方保持隐默,其实就是在"明辨是非","明辨"人心人情之"直"。

郭先生既然认为"父子相隐""其实就是在'明辨是非'",是一种"'明辨'人心人情之'直'",那么,我们不禁要问,他做出这一判断的理据到底是什么?显然,只能是认为孔子及早期儒家将血缘亲情推到了一个十分重要的地位,甚至凌驾于社会的正义之上,故为亲人的罪行隐匿,就已经算是"明辨是非"了。其实,这本是刘清平等人对孔子、早期儒家思想的误读,是其批判儒家伦理的一个重要理据,郭先生由于没有对"直"字做出细致的辨析,误将其全盘接受过来,并进而为其辩护,其难以自圆其说,始终无法以理服人便不难理解了。

其实,正如冯友兰、李泽厚等先生所说,"直在其中矣"的"直"只能是基于人情的率真、率直,是人情之不免,而不是立足于社会道义的公正、正直,故如梁文所说,"从率真、真实的情感出发,孔子肯定'父为子隐,子为父隐'的合理性,但从公正、正义的理性出发,则必须要对'其父攘羊'做出回应。盖因自私有财产确立以来,几乎所有的

---

① 见《哲学研究》2013 年第 4 期。发表时有删节,全文见"儒家网",http://www.rujiazg.com/detail.asp?nid=3277。

民族都将禁止盗窃列入其道德律令之中，勿偷盗几乎是一种共识，孔子自然也不会例外"。对于我们的说法，郭文认为是"片面论述"，"似是而非，纯属多余之论"。显然在郭文看来，"勿偷盗"在孔子、早期儒家那里并非一种共识，或至少面对亲人是不能成为共识的。那么，这符合不符合孔子、早期儒家的思想呢？这到底是在为儒家伦理辩护，还是在败坏儒家呢？我们想，只要对儒家思想持同情的理解，对儒家经典有基本的了解，是不难做出判断的。而一旦我们承认"勿偷盗"是一条基本的道德规则，孔子、早期儒家也不例外，那么，面对"其父攘羊"的事实，即便承认"子为父隐"具有情感上的合理性，亦不能认为其具有是非曲直意义上的正确性，否则就会陷入道德原则的内在冲突之中。如果我们承认有罪必罚、罚当其罪是构成社会正义的基本要素，那么"父子互隐"即便有某种情感的合理性，然而其所导致的攘羊者未受惩罚，丢羊者未得补偿的状态亦终究不能被视作正义的体现。因此，郭文坚持认为"父子互隐"意味着"明辨是非"，是"灵活处理亲情与正义的典型体现"，甚至视其为"公德之基"，就不能不令人深感困惑了。我们不禁要问，按照郭先生的逻辑，其所欲明辨的究竟是何种"是非"？而经过了"灵活处理"的又是一种怎样的"正义"？换句话说，我们是否可以为了某种先入为主但未必正确的立场预设而不顾基本的逻辑要求，去随意解说和界定概念？

或许是注意到了这一论说的困境，郭文引用了《左传·昭公十四年》中孔子的一段论述，试图说明"直"在孔子那里就是指"明辨是非"的公正、正直。然而，倘若我们细读这段材料，便不难发现它不但不能弥补其论点，反而恰好说明"直"在孔子不同的语境中是有明显差异的。为了便于讨论，不妨先看《左传》原文：

> 仲尼曰："叔向，古之遗直也。治国制刑，不隐于亲，三数叔鱼之恶，不为末减。曰义也夫，可谓直矣。"

叔向在"治国制刑"时，不袒护自己犯罪的弟弟叔鱼，故孔子称其"不隐于亲"的品德为"直"，这里的"直"显然是针对社会正义（"曰义也夫"）的公正、无偏私而言，对此，郭文大概也不会有疑问的。但既然在孔子那里，"不隐于亲"已被界定为一种公正、正直，那么，我们又如何能将与"不隐于亲"截然相对的"父为子隐，子为父隐"同样赋予"是非曲直"乃至"明辨是非"的含义呢？这岂不是自相矛盾，前后不一吗？显然，"不隐于亲"的"直"与"亲亲相隐"的"直"并非同一种含义。"不隐于亲"之直是指公正、正直，而"亲亲相隐"之直，只能在情感的真实、率直的意义上去理解，是无法上升到公正、正直的层面的。

当然，造成上述问题的原因，本不在于孔子的论述本身，而在于郭文未能深入《论语》的具体语境去探究"直"字的准确意涵，而是预先设定了"孔子论'直'，必应在情、理融通的层面上加以理解"这一虚构前提，从而为每一处孔子论"直"的文本解读增添了不必要的额外负担。事实上，倘若留心翻检《论语》中关于"直"的论述，不难发现郭文的这一预设其实并不成立。《论语》论"直",并非皆就情理融通的层面而言,而是大致可分为由浅及深的三个层次。

首先是率性、质朴、朴实之意:

> 好直不好学,其蔽也绞。(《论语·阳货》)
> 直而无礼则绞。(《论语·泰伯》)

这一层面的"直",虽然有其质朴、真实的一面,但尚未经过礼义的节文与性情的陶冶,不免有操切、偏激、粗鲁之病(绞),显然不是情、理融合的理想状态。

其次是公正、正直层面,所谓"质直而好义",是对"直"与"义"的结合:

> 子曰:"直哉史鱼!邦有道,如矢;邦无道,如矢。"(《论语·卫灵公》)
>
> 哀公问曰:"何为则民服?"孔子对曰:"举直错诸枉,则民服;举枉错诸直,则民不服。"(《论语·为政》)

最后是"直道"层面,也就是情、理融合的公正、正直之道:

> 子曰:"吾之于人也,谁毁谁誉?如有所誉者,其有所试矣。斯民也,三代之所以直道而行也。"(《论语·卫灵公》)

可见,《论语》中的直既指情之真诚、率直,也指理之公正、正直,而直作为一个德目，则代表了由情及理的实践过程，其最高层次则在于"直道"，是为情、理融合之理想状态。明白了《论语》中孔子论"直"的上述三层含义，我们则不难对"父子相隐"之"直"的具体内涵有一个比较准确的定位。"父子相隐"之"直"，仅仅是一种基于本然亲情的真诚、率直，是"直行"而未及"直道"。至于从最初的情感"率直"向情、理融合的"直道"之转化，则离不开"学"的提升、"礼"的节文、"义"的规范。我们必须细致分疏孔子论"直"在不同文本、语境中的差异，理解"直"作为一个功能性概念而非实体性概念的特质，认识到从具体情境中的"直行"到由情入理的"直道"所展现的动态发展过程。倘若不顾具体文本、语境，先入为主地预设孔子在关于"直"的任何一处论述中皆体现了"情理融通"的意义，就消解了作为一个动态发展过程的直德本身所具有的层次性，难免以偏概全，陷入自相矛盾的逻辑困境。

郭文还有一个奇怪的说法，认为将"直在其中"的"直"理解为情感流露的率真、率直，客观上容易矮化儒家"情"概念的深层内涵，这同样使人感到迷惑不解。姑且不论郭文中围绕人情、情面展开的大量讨论是否与本论题有关，笔者的最大疑问是，倘若按照郭文的理解，将"直在其中"之"直"解读为公正、正直，而非情感之真诚、直率，岂不是等于承认儒家在亲情伦理这一"最高价值"面前主动放弃了基于社会公正的思考维度？我们不禁要问，如果说以情感率直解"直"有损于儒家"情"概念的深层内涵，那么将"直"强解为公正、正直，岂不是将消解掉儒家对于普遍正义的更大关怀？两相比较，何者才是对儒家伦理的真正矮化，想必不言自明。如梁文指出的，以孔子为代表的儒家主流是情理主义，而不是亲情主义，更不是亲情至上论，孔子、子思虽对亲亲之情有一定的关注，但均反对将其置于社会道义之上，重情而不唯情是其共同特点。具体到"直在其中"的理解上，如果"直"是指发诸情感、未经礼义规范的率真、真实，那就意味着这种直虽然为孔子所珍视，但并非最高理想，不是直道，还需要进一步的提升，故向父母谏诤，甚至"隐而任之"才显得必要了。相反，若是直指公正、正直，那么，"父子互隐"便被绝对化，已经是公正、正直的行为了，还有什么必要向父母谏诤，"从义不从父"呢？郭齐勇先生不是十分重视儒家的谏诤观念吗？如果"父子互隐"已经被视为"明辨是非"的公正、正直，那么谏诤的必要性又何在呢？两相比较，是将"直在其中"的"直"理解为情感流露的率真、率直矮化了儒家思想，还是将"直"理解为"明辨是非"的公正、正直客观上降低了儒家思想的高度，岂不是非常清楚、明白了吗？

第二节 "父为子隐"的"隐"是纠正吗？

近读廖名春先生《〈论语〉"父子互隐"章新证》一文[①]，该文受王弘治观点的影响[②]，认为《论语·子路》篇"父为子隐，子为父隐"之

---

① 见《湖南大学学报》2013年第2期。
② 王弘治：《〈论语〉"亲亲相隐"章重读》，《浙江学刊》2007年第1期。

"隐",应读为"檃栝"之"檃",为"矫正"之意。"父为子隐,子为父隐"是说,"父亲要替儿子矫正错误,儿子也要替父亲矫正错误"。廖名春先生不同意传统上"隐"为隐匿的通训,而改读为"檃",训为"矫正",认为"如果'父为子隐,子为父隐'是父子相互隐匿错误的话,孔子还称之为'直',以为'直在其中矣',那就是以不直为直,以不正为正。这就决不是'直',而只能说是'曲'了"。廖先生注意到围绕"亲亲相隐"的两种意见虽然势同水火,但训诂学的基础却非常一致,是对孔子的误解,有其合理之处。但他误将"直在其中"的"直"理解为公正、正直,忽略了"直"在《论语》中的复杂性和多义性,没有从整体上把握"直"的内涵,反而试图在"隐"字上做文章,其做法是值得商榷的。

前文说过,"直"在《论语》不同的语境下具有不同的含义,需要根据语境做出具体分析,不能一概而论。廖名春先生对此未加分析,径将"直在其中"的"直"理解为公正、正直,故虽然看到了问题所在,却没有找到真正解决问题的方法。其实,《论语》中很多"直"都不能简单理解为公正、正直,如"子曰:'孰谓微生高直?或乞醯焉,乞诸其邻而与之。'"(《论语·公冶长》)微生高从邻人家借来醋以应乞者之求,不能说他不正直,因为其行为不涉及品质的问题,最多只能说是不坦率、不实在,缺乏真情实感的流露。其他如"狂而不直"(《论语·泰伯》),"古之愚也直,今之愚也诈而已矣"(《论语·阳货》)等等,这里的"直"都不能理解为公正、正直。

由于没有对"直"字做出细致辨析，廖名春先生转而在"隐"字上做文章，试图将"隐"读为"檃"，这一做法同样是有问题的。按，《说文·𨸏部》："隐，蔽也。从𨸏，㥯声。"徐灏《注笺》："隐之本意盖谓隔𨸏不相见，引申为凡隐蔽之称。"《玉篇·阜部》："隐，不见也，匿也。"《广韵·隐韵》："隐，藏也。"故隐的本意是隐蔽、隐藏，引申为隐讳、隐瞒之意。《广韵·隐韵》："隐，私也。"《论语·子路》："父为子隐，子为父隐。"黄侃《义疏》引范宁曰："若父子不相隐讳，则伤教破义。"故尽管根据《汉语大字典》，"隐"字有十余种含义，但《论语》中"隐"字凡九见，大致不出隐蔽、隐藏和隐讳、隐瞒之意。如，"子曰：天下有道则见，无道则隐。"（《论语·泰伯》）"隐居以求其志，行义以达其道。"（《论语·季氏》）"隐居放言，身中清，废中权。"（《论语·微子》）以上隐字均为隐蔽、隐藏之意。又如，"子曰：二三子以我为隐乎？吾无隐乎尔。"（《论语·述而》）朱熹《集注》："诸弟子以夫子之道高深不可几及，故疑其有隐，而不知圣人作、止、语、默无非教也，故夫子以此言晓之。"此隐为隐讳、隐瞒之意，即"言及之而不言，谓之隐"（《论语·季氏》）。

再看"檃"字，《说文·木部》："檃，栝也。从木，隐省声。""栝，檃也。从木昏声。"徐锴《系传》："檃，即正邪曲之器也。"段玉裁《注》："檃栝者，矫制衺曲之器也"，"檃与栝互训"。故"檃"与"隐"实际为两个不同的字，含义和用法均不相同。"檃"也可省写为"隐"，但其本字仍是"檃"而非"隐"。故"父为子隐，子为父隐"的"隐"字，是否可以读为"檃"，训为矫正，关键就要看"檃（隐）"在先秦文献中是否有训为"矫正"之例,是否有文字上的根据。对此,廖名春先生主要引典籍中有关"檃栝"的材料予以说明。从其引用的材料看,"檃栝"多为名词,或指檃栝本身——"正邪曲之器",或指其引申义——规则、规范。前者如,"故檃栝之生,为枸木也;绳墨之起,为不直也""故枸木必将待檃栝、烝矫然后直,钝金必将待砻厉然后利"(《荀子·性恶》),"自直之箭、自圆之木,百世无有一;然而世皆乘车射禽者,何也?隐栝之道用也"(《韩非子·显学》)。后者如,"外宽而内直,自设于隐栝之中,直己而不直于人,以善存,亡汲汲,盖蘧伯玉之行也"(《大戴礼记·卫将军文子》),"碬仁虽下,然圣人不废者,匡民隐括,有在是中者也"(《韩诗外传》卷一)。"自设于隐栝之中"即自设于规矩之中;"匡民隐括"即以隐括匡民。用作动词,有纠正之意的似只有一例:"蹊要所司,职在镕裁,檃栝情理,矫揉文采也。"(《文心雕龙·镕裁》)而《文心雕龙》成书于南北朝时期,说明"檃栝"用作动词,作规范、纠正讲,已是较晚的事情了。更重要的是,以上廖先生所举均为"檃栝"而非"檃(隐)",而要证明"父为子隐,子为父隐"的"隐"为纠正之意,还需举出"檃(隐)"用作动词,为纠正之意的材料。廖先生所举先秦文献,主要有以下两段:

《尚书·盘庚下》:"邦伯师长,百执事之人,尚皆隐哉。"

《管子·禁藏》:"是故君子上观绝理者以自恐也,下观不及者以自隐也。"

其实，以上两段材料中，隐均是"隐"字，而非"㥯"字，不可作㥯栝、纠正解，廖先生的理解是有问题的。按，隐有审度之意。《尔雅·释言》："隐，占也。"郭璞注："隐度。"邢昺疏："占者视兆以知吉凶也，必先隐度。故曰：'隐，占也。'"《广雅·释诂一》："隐，度也。"隐之所以有审度之意，可能是因为对于隐蔽、未知的事情人们往往要审度、猜测之，故曰"隐，占也"，"隐，度也"。这里的"隐"与"隐匿"的"隐"是同一个字，而非"㥯栝"的"㥯"字。

《尚书·盘庚下》中的"隐"字，在《熹平石经》中作"乘"。《周礼·天官·宰夫》："乘其财用之出入。"郑玄注："乘，犹计也。"故"乘"即"计"，也就是审或审度之意。孔颖达疏："隐谓隐审也。"①孙星衍《尚书今古文注疏》谓："言当计度之，亦犹云隐度也。"②隐审、隐度也就是审度之意。伪孔安国传："言当庶几相隐括共为善政。"③是误将"隐"作"㥯栝"解，因"隐"又作"乘"，而"乘"是"计""审度"之意，而非㥯栝之意。"尚皆隐哉"一句，学者的理解存在分歧，由于在这段文字前，盘庚强调自己不是不顾大家不愿迁徙的意见，而是在神意的感召下，不敢不依龟卜而迁徙（"肆予冲人，非废厥谋，吊由灵各，非敢违卜，用宏兹贲"）。④故紧接着的"尚皆隐哉"等句，应是盘庚告诫臣下要体会、审度龟卜、神灵之意，这种理解应是比较合适的。廖名

---

① 李学勤主编：《十三经注疏·尚书正义》，北京大学出版社，1999年，第245页。
② 孙星衍：《尚书今古文注疏》，中华书局，1986年，第240页。
③ 李学勤主编：《十三经注疏·尚书正义》，第244页。廖文误以孔安国传为郑玄注。
④ 顾颉刚、刘起釪：《尚书校释译论》，中华书局，2005年，第2册，第927页。

春先生说:"盘庚这是希望'邦伯师长,百执事之人',都要能用'檃栝'来规正自己,都要能遵守规范。"于文字无据,不能成立。

再看《管子·禁藏》,在这句中"下观"与"上观"对应,"自隐"与"自恐"对应。"上观绝理者以自恐",是说要从超过常理的人身上汲取教训,警惕自己;"下观不及者以自隐",则是说要从努力不足的人身上取得借鉴,反省自己。"自恐"指自我警惕、恐惧,"自隐"指自我反省、审视,二者正相对。尹知章注:"隐,度也,度己有不及之事当致之也。"①训"隐"为度,指审视、审度,是正确的。廖名春先生引个别学者的说法,称"自隐:自我纠正"②,并认为"隐"乃"檃"的借字,恐怕是有问题的。因为"下观不及者以自隐",强调的是以德行不足者为戒,反省、审视自身是否也有类似的问题,并通过学习来提升、完善自己。隐为审度、审视之意,而非纠正之意,是很清楚的。至于廖先生称:"《尔雅》郭璞注与《广雅·释诂一》训'隐'为'度',是从'檃栝'的规范、规正义而言的,引申就有了审核义了。"与学界的一般认识相左,只是其个人的推测,未必能成立。因此,"檃"训为纠正,在文献上根据不足。虽然在较晚的文献中,"檃栝"有用作矫正之例,但"檃"字却不见有此用法。出现这种情况,可能是因为"揉曲者曰檃,正方者曰栝"③。檃的本义是"揉曲",而非纠正,是将直变为曲,而不是

---

① 黎翔凤:《管子校注》,中华书局,2004年,第1013页。
② 姜涛:《管子新注》,齐鲁书社,2006年,第386页。
③ 王筠:《说文句读》引《增韵》说,《续修四库全书》第217册,上海古籍出版社,1995年,第444页。

将曲变为直，故仅仅一个"㮶（隐）"字是难以表达纠正之意的，其不见于文献也就不奇怪了。

当然，"父为子隐，子为父隐"的"隐"字究竟作何解？是隐匿之意，还是训为纠正？不应仅从文字上去考察，同时还应考虑到思想因素，还应考察在早期儒家那里，是否存在着应隐匿父母、亲人过错的思想，这同样是一条重要的根据。其实，只要稍微翻阅一下儒家典籍，我们就可发现早期儒家是赞成隐匿父母的过错的。如《礼记·檀弓》称："事亲有隐而无犯……事君有犯而无隐。"这里的"隐"只能是隐匿之意，而非纠正之意。子思主张"匿之为言也犹匿匿（昵）也"，认为"匿，仁之方也"，否则便是"不察于道也"（简帛《五行》），也认为应隐匿亲人的过错。至于《孟子·尽心上》中舜"窃负而逃"的故事，更是隐匿乃至庇护犯法亲人之例。可见孔子之后，从孔门后学到子思、孟子，始终存在着"事亲有隐"的观念，只是对"隐"的范围和具体方式理解有所不同而已。那么，为什么会出现这种情况呢？合理的解释只能是，孔子本人就是肯定"父子互隐"的，"父为子隐，子为父隐"的"隐"字只能作隐匿讲，而不能作纠正讲，故孔门后学包括子思、孟子在孔子思想的基础上做了进一步的探讨和发挥。当然，廖名春先生可以辩称，早期儒学的情况是复杂的，"事亲有隐无犯"等主张恰恰是误解、背离孔子思想的结果。但若真如此，这是孔子的不幸，还是对孔门弟子的讽刺呢？《论语》一书是孔门弟子集体编撰的，反映了多数弟子对孔子思想的理解，若说孔子"父为子隐，子为父隐"的教诲被载入典籍后，人们已不理解其真义，反而发展出"事亲有隐"的思想传统，而"隐"之纠正义却似惊鸿一现，从此淹没在历史的尘埃中，不再被人提及，这又有多少可信性呢？考订文字，恐怕还要从可能性与合理性方面多做考虑，而不可为了立说方便，以实用主义态度处理文字材料吧。

为了证明自己的观点，廖名春先生又称，《论语》关于孔子的记载中并没有"匿过"说，更没有相互包庇错误说；相反，多见的则是改过说。对于"过"，孔子主张的是"改"，反对的是"不改"，故从孔子思想的内在逻辑讲，《论语·子路》篇"父为子隐，子为父隐"章之"隐"不能训为隐匿、隐瞒，而只能作纠正讲。这种说法似是而非，是值得商榷的。其最大的问题，是混淆了儒家对于"己"与"父母"的不同伦理要求，忽视了儒学角色伦理的重要特点。的确，在儒家看来，君子对于自己的错误应严于反省，不可隐匿，"过则勿惮改"（《论语·学而》），甚至在师长、前辈面前坦承过错，故"君子之过也，如日月之食焉：过也，人皆见之；更也，人皆仰之"（《论语·雍也》）。但这是否意味着也可将父母的过错暴露在大庭广众之下，使其蒙羞受辱呢？显然是不能的！孔子对于父母过错的态度是："事父母几谏，见志不从，又敬不违，劳而不怨。"（《论语·里仁》）如果父母听从了子女的进谏，这样固然可以如廖先生所说，"儿子可以规劝父亲，将偷来的羊给人家退回去，向人家赔礼道歉。如果人家不满意，儿子可以代父亲赔偿，可以出更高的价格，做好人家的工作"。但问题是，如果父母对子女的进谏听不进去，那又该怎么办呢？孔子说得很明确，"又敬不违，劳而不怨"，并不主张子女强迫父母去改正错误，更不同意将父母的过错公之于众。这时维护社会道义的责任恐怕只能由子女来承担了，这就是上博简《内礼》篇所说的"隐而任之，如从己起"，即子女隐瞒父母的过错，而自己承担责任。对此，廖先生则提出异议：

> 儿子不但要"替父亲隐瞒"，而且要"自己承担责任，承认是自己顺手牵羊"，这就好心好过了头。纵然"父子有亲"，感情深厚，但也不能指鹿为马，颠倒黑白。感情总得服从理性。自己没有偷羊，替父亲承担责任，承认是自己顺手牵羊，这样"其父攘羊"的错误解决了吗？并没有解决，反而犯下更大的错误，违反了做人的基本原则——诚信。

廖先生此说的最大问题是只考虑到父母接受子女规劝，情理统一的理想状态，而忽略了情理无法统一，甚至冲突的非理想状态，而后者恰恰是儒家伦理所要处理的一个重要内容，更能反映儒家伦理的特征。另外，廖先生对"直"的理解也是不够准确的，是以现代人的公正、正直观念去看待古人更为复杂的"直"的观念，这点只要以古人对"直"的理解与廖先生的看法做一比较，就看得很清楚了。试以《新序·节士》等书记载的石奢纵父自刎为例。作为楚国的治狱官（"理"）的石奢，一方面放走了行凶杀人的父亲，另一方面又返回朝廷向楚王请罪，并以"不私其父，非孝也；不行君法，非忠也"为由，"刎颈而死乎廷"。"君子闻之曰：'贞夫法哉！'孔子曰：'子为父隐，父为子隐，直在其中矣。'《诗》曰:'彼己之子,邦之司直。'石子之谓也。"这里"君子"从两个方面对石奢做了"直"的评价,其引用孔子曰"直在其中矣",是肯定石奢维护亲情的真诚、率直,而引用《诗》曰"邦之司直",则是称赞石奢为维护社会道义而勇于自我牺牲的公正、正直,这两种"直"在石奢身上并没有统一在一起,相反是以一种冲突的形式展现出来的。若以廖先生的正直观视之,石奢的行为恐怕也是情感没有服从理性,是违反了做人的基本原则,但这毕竟是现代人的评价,不能反映古人的观念。我们讨论、研究经典,还是应尽量客观地反映、揭示古人的观念,切不可将自己的思想强加给古人。因此,廖文虽然看到了之前讨论的问题所在,认识到控辩双方可能并没有准确认识、把握孔子、早期儒家对于"其父攘羊"之类问题的真实态度,但他训"隐"为纠正,试图否认孔子有隐匿亲人过错的观念,是不符合事实,不能成立的。

第三节　上博简《内礼》与《论语》

如前所述,以往人们对孔子思想的误读,在于"直在其中"的"直"字,而不在"子为父隐"的"隐"字。"父子互隐"之"直",只能在"直行"而非"直道"的意义上去理解,因此,孔子"直在其中"的表述,只是对"直躬证父"的回应,而不是对"其父攘羊"整个事件的态度,不等于默认了"其父攘羊"的合理性。只有在这样的解释框架下,才能较好地兼顾亲情与公义,展现儒家在情、理冲突情形下所主张的"始者近情，终者近义"(《性自命出》)，发乎情而止于义的完整态度。因此，我们将上博简《内礼》篇"隐而任之，如从己起"一语引入"父子相隐"问题的解读中，试图对早期儒家对于"其父攘羊"之类问题的态度做出完整而合理的还原。

对于上述做法，郭文、廖文都提出了不同意见，涉及上博简《内礼》的编连问题；《内礼》"隐而任之"一语与"亲亲相隐"的关联性问题；增字解经的问题。

关于第一个问题，熟悉出土文献研究的学者都知道，上博简《内礼》篇公布时，其编连是有问题的，主要集中在六、七、八简上。后来学者根据内容做出调整，将第六简与第八简直接编连，读为：

> ……君子事父母，亡私乐，亡私忧。父母所乐乐之，父母所忧忧之。善则从之，不善则止之；止之而不可，隐（䚈）而任【简6】之，如从己起……【简8】[1]

这一编连可与传世文献《大戴礼记·曾子事父母》互为印证："父母之行，若中道则从，若不中道则谏，谏而不用，行之如由己。"清儒王聘珍注："行之，谓父母行之。由，自也。如由己者，过则归己也。"[2] 可见，二者内容一致，故这一编连得到多数学者的认可。郭文却引用了

---

[1] 魏宜辉：《读上博楚简（四）劄记》，简帛研究网，2005-03-10，http://www.jianbo.sdu.edu.cn/info/1011/1715.htm。

[2] 王聘珍：《大戴礼记解诂》，中华书局，1983年，第86页。

早期研究阶段一些学者对于《内礼》编连顺序、文字释读的不同意见，以说明在这些问题上"仍存在较大争议"，就显得很无必要了。众所周知，出土文献材料公布之初，学者对文字的训读、竹简的编连等问题会有不同观点，本是十分正常的事情。不过，随着研究的深入，学者的意见渐趋统一，形成主流的看法。这时即便仍有不同的意见，要判定哪种编连和释读更为合理，一是看是否有传世文献可与之对勘，此即王国维先生揭橥之"二重证据法"；二是要根据内容做出判断。前面说过，第八简接第六简，既有传世文献的"二重证据"，在内容上也是十分通顺、连贯的。试与六、七简的编连比较，就看得很清楚了：

善则从之，不善则止之。止之而不可，怜（矜）而任【简6】不可，虽致于死，从之……【简7】

个别学者维护这一旧的编连，但在文意上往往解释不通，尤其是"任不可"一句，如赞同这一编连的廖名春先生称："'止之而不可'是说提意见制止，但制止不了，'不可'即'不能'。'任不可'，指对这种不能，不能制止父母犯错负责。"此说的最大问题是将前后两个"不可"做不同的解释，前一句"止之而不可"的"不可"是指不能，而后一句"任不可"的"不可"则是代词，指所不能制止的父母过错，这种理解不能不说是十分迂曲的，根本不符合古人的表述习惯，充分说明六、七简编连是有问题的。廖先生之所以主张简七接简六，是因为担心"如果以简八接简六，简七的内容就无法安顿了"。其实，这种担心是不必要的。上博简《内礼》公布时，整理者已表示现存的十支简可能并不完整，故在该十支简之外，还附有一支简，认为"字体与本篇相同"，但无法与其他十支简编连。[①] 有学者甚至提出，《内礼》与上博简中的《昔者君老》竹简形制、字体与内容有相近之处，主张以《内礼》的简九接《昔者君老》的简三。[②] 这些情况都说明，现存的《内礼》十支简关系是复杂的，没有必要非要将其编连在一起，保持适当的存疑，效果可能更好。廖先生又说："'䛭'不是'隐'，因为隐瞒解决不了父母'不善'的问题。读为'怜'，训为爱则是说父母'不善'而子女不能制止时，子女当出于对父母的爱替父母承担责任。"可见，廖先生也是承认子女应为父母的过错承担责任的，认为"如果父母不听劝阻，就是出于对父母的爱担当起父母犯下的错。'虽致于死，从之'，哪怕有牺牲的危险，也要负责到底"。所不同者，是廖先生认为子女虽然应为父母的过错承担责任，但不应隐瞒父母的过错，而应将其公布于众，使其蒙羞受辱，受到深刻的教训。但我们前面已说过，这是根本不符合孔子、早期儒家思想的，除了说明廖先生对儒家伦理缺乏基本的了解，强将自己的观念加于古人，恐怕难有别的解释了。

顺便说一句，郭文、廖文都引用个别学者的看法，对"䛭"字是否可训为"隐"提出不同意见。关于这个问题，可参看李天虹先生的

[①] 马承源主编：《上海博物馆藏战国楚竹书（四）》，上海古籍出版社，2004年，第229页。

[②] 林素清：《上博四〈内礼〉篇重探》，载《简帛》第1辑，上海古籍出版社，2006年，第153～160页。

《〈性自命出〉"睧"、"㥑"二字补释》一文①，该文总结了裘锡圭、李学勤、庞朴等先生的说法，引用古书材料，指出把"睧""㥑"读为"隐"没有音韵上的障碍。这里不做讨论了。

与廖文不同的是，郭文为否认梁文将《内礼》"隐而任之"与"亲亲相隐"问题联系起来的合理性，提出《内礼》可能并非曾子一派的作品，认为上博简《内礼》与《曾子事父母》等篇思想上是有差异的。其理由是"现存曾子文献当中并没有明确提到'隐'字，反而大多说的是父母在不听谏诤的情况下，子女应该如何做"。郭文引《曾子事父母》"父母之行，若中道则从，若不中道则谏，谏而不用，行之如由己"，王聘珍注将"行之如由己"解读为"父母如果不听谏，那么子女就只能任父母所行，并把父母的过错归到自己身上"。那么，我们不禁要问，在郭先生看来，子女将父母的过错归到自己身上的同时，是将父母的过错隐匿下来，还是公之于众呢？如果是前者，那算不算是曾子一派已有了隐匿父母过错的思想呢？如果是后者，既然已将父母的过错公开，那又如何做到"如由己"，如何承担父母的过错呢？可能是意识到问题所在，郭文又引《曾子立孝》中"子曰：'可人（入）也，吾任其过；不可人（入）也，吾辞其罪'"一句，认为"根据《曾子立孝》当中所引孔子的这番话，孔子认为只有在'可入谏'的情况下，才把父母过错归到自己身上，但如果父母不接受谏诤的话，那么我就只能自己在内心里就父母

---

① 载《简帛》第 1 辑，第 54～55 页。

的过错做一辩讼"。那么,我们不禁要再一次问,"吾任其过"的外在承当与"为之辞说,使亲若无罪然"①的内心辩讼是截然对立,不可兼容的吗?它们应被割裂视之,还是理解为一个有机整体?一旦将二者打成两橛,仅仅有内心反省而没有行动上的承担,这符合儒家"诚中形外"的教导吗?郭文的这种论证逻辑,岂不是太过匪夷所思,令人费解了吗?郭文中类似的论述还有很多,如指责梁文"忽视了'如同己起'是设想情形而并非事实的情况,错把设想当成事实上的行动"——试问难道不是事实如此吗?又如,指责梁文在主观上做了"情"与"理"二元对立的错误预设——试问难道不是《论语》的"其父攘羊"、《孟子》的"窃负而逃"在客观上触及了"情""理"的对立和冲突吗?这些混乱的说法实在让人感到难以理解,故不辩也罢。

郭文对梁文还扣了一顶大帽子:增字解经。那么,我们将《内礼》的"隐而任之,如从己起"引入《论语》"亲亲相隐"的解释中,到底是增字解经,还是对经典的合理诠释?看来的确是个需要讨论的问题,这又涉及对"直在其中"一句的理解,以及《论语》特殊的表达方式。如前所述,如果"直在其中"的"直"是指公正、正直,那么,"父为子隐,子为父隐"便被绝对化了,已经是"正义、正直、诚实"的行为,获得了亲情与道义双重的合理性,这时再要谈"隐而任之",自然是画蛇添足,有增字解经的嫌疑了。相反,如果"直"并非

---

① 黄怀信等:《大戴礼记汇校集注》,三秦出版社,2005年,第521页。

指道义的公正、正直，而只是情感的真诚、率直，孔子的言论只是对儿子证父，而不是对"其父攘羊"整个事件的回应，那么，孔子即便从维护亲情的角度，肯定了"父子互隐"的合理性，而从维护社会正义出发，仍需对"其父攘羊"的问题做出回应和说明。即便由于情景化的表达方式，《论语》中没有孔子对此问题的明确记载，即便《曾子事父母》等文献中引用的"子曰"不能完全代表孔子的思想，而包含了曾子等人的发挥，仍不影响对此问题的理解。明代学者吕坤说："发圣人所未发，而默契圣人欲言之心；为圣人所未为，而吻合圣人必为之事。"① 当代西方学者也有"重建的调适诠释学"（reconstructive hermeneutics of accommodation）的说法②，认为诠释的目的不只是要证明古代经典或伦理学中已明确表达或包含了某种思想，而是要证明它有朝此方向发展的可能性和合理性。《论语》"事父母几谏"、《内礼》"止之而不可，隐而任之，如从己起"《曾子事父母》"谏而不用，行之如由己"等论述，不是恰恰证明孔子、早期儒家在肯定"父子互隐"相对合理性的同时，还有出于社会公正、正义的考虑吗？我们说"为全面反映孔子、早期儒家思想"，不妨根据《内礼》的内容补充"隐而任之"一句，何"增字解经"之有？！只要我们承认从直道出发，不仅要隐匿父母的过错，同时还需向其进谏，那就必然有父母接受谏诤和不接受谏诤的不同情况，

---

① 吕坤：《呻吟语·谈道》，载《吕坤全集》下册，中华书局，2008年，第642页。
② 罗哲海：《内在的尊严——中国传统与人权》，载梁涛主编：《美德与权利：跨文化视域下的儒学与人权》，中国社会科学出版社，2016年。

而在"谏志不从,又敬不违"的情况下,如何维护社会道义与公正,便成为摆在子女面前的严峻问题,《内礼》的"隐而任之"不过是顺此思路提出了具体方案罢了。相反,若是像郭先生那样,非要将"直在其中"的"直"理解为"正义、正直、诚实",不仅使自己陷入矛盾之中,也堵住了儒家伦理进一步发展的可能,衡之于儒家伦理的实际发展,显然是不能成立的。

第四节　经典诠释与"亲亲相隐"的法律化

"亲亲相隐"讨论的另一焦点,是关于《孟子》中舜"窃负而逃"与"封象有庳"两个事例的评价。对于上述事例,我们不满意之前控辩双方截然相对的意见和看法,而给出了自己的理解和解读。例如,对于"窃负而逃",我们既不同意控方简单视之为腐败的看法,也不同意辩方将其落到实处,予以种种辩护的做法,而是认为它是桃应与孟子之间的一种特殊的设问与回答。它是文学的、想象的,意在以一种极端、夸张的形式,展现情理无法兼顾、忠孝不能两全的内在紧张冲突,它具有审美的价值,但不具有实际的可操作性。孟子此言,本无为后世立法之意,也不是要找到解决这一道德难题的具体办法,更多的是一种文学化的辩辞,反映了其思想中残留的"亲亲为大"的宗法孝悌思想与"行一不义,杀一不辜而得天下,皆不为也"的新仁学原则之间的紧张,故只可"虚看"而不可"实看"。其之所以成为后世帝王徇私枉法的理据,责任当然不在于孟子本人,甚至不在于其文学浪漫化的表达方式,关键在于后世《孟子》成为经书，上升为统治思想后，专制皇权有意将这一文学化的辩辞扭曲为一种僵化、为己所用的"为世立言之说"。对于我们的说法，郭文却指责为"将孟子论舜和腐败纠缠在一起，跳入以今非古、将经典与现实混为一谈的窠臼中了"，"与'亲亲相隐'论争反方之论调似乎并无二致"。这就不能不让人感到费解和奇怪了。

又如，对于"封象有庳"，我们认为它是孟子思想中相对保守、落后的内容，是孟子早期受儒家重孝派思想影响的结果。因为孟子生活的战国时代，反对"无故而富贵"，主张"谞德而定次，量能而授官"(《荀子·儒效》)，已成为社会的普遍呼声，不仅来自社会底层的墨家高举起"尚贤"的大旗，力行变法的法家主张"食有劳而禄有功"，"宗室非有军功论，不得为属籍"，即使同属儒门的荀子亦提出了"虽王公、士大夫之子孙也，不能属于礼义，则归之庶人"(《荀子·王制》)的主张。故我们认为，"在这一问题上，荀子的主张是合理、进步的，而孟子是保守、落后的"。对于我们的说法，郭文再一次斥之为"片面"。显然在郭文看来，荀子主张将王公、士大夫的子孙降为平民，是薄情寡义，是毁坏了"公德之基"。相反，孟子主张当权者可以恩荫自己的亲人，则是举措得当，是维护特殊亲情的表现。可是，郭文的这种说法，除了那些破格提拔子女的少数贪腐分子会拍手称快外，又会有多少人赞同、接受呢？为了论证自己的看法，郭先生又提出"彼时不是现代社会，不可能有现代社会干部选拔的制度与办法"，"在孟子的时代，做了天子、国君的人却不肯加封兄弟，人们甚至有权怀疑其合法性"①。那么，郭先生的说法是否符合当时的社会背景呢？答案显然是否定的。且不说孟子的时代，周天子已名存实亡，根本不具有分封诸侯的能力，即便当时的列国国君，也无不以"尚贤使能"相号召。近些年公布的郭店简与上博简更是反映出战国中前期社会上出现了一股宣扬禅让的社会思潮，如《唐虞之道》提出"唐虞之道，禅而不传。尧舜之王，利天下而弗利也"，"高扬了儒家'祖述尧舜'、'爱亲尊贤'、'天下为公'、'利天下而弗利'的思想，显示了先秦儒家在战国时期崇尚'禅让'政治理想、反对父子相传之'家天下'的昂扬思想风貌"②。在这样的历史背景下，倘有一国之君任人唯贤而不是分封兄弟，是否真的会如郭先生所想象的那样被人们"怀疑其合法性"，恐怕是要打上一个问号的。即便当时社会上仍残留有"分封亲戚"的做法，显然已落后于时代的主旋律，毕竟，思想家总是要超越其所处时代的。可见，倘若真正回到历史语境中，就会发现古今之间在一些基本理念上的差异其实远不如郭先生想象的大。郭先生所谓"历史背景"云云，更多的是一种拒绝质疑、回避问题的遁词，而非一以贯之的研究方法。

那么，郭先生为什么极力要去为孟子思想中个别明显不合理的主张辩护呢？究其原因，是其自觉不自觉地受到了"旧经学思维模式"的影响，先入为主地认为孟子思想应该是正确、合理的，《孟子》一书的内

---

① 郭齐勇：《也谈"子为父隐"与孟子论舜》，载《儒家伦理争鸣集》，第17～18页。
② 李存山：《读楚简〈忠信之道〉及其他》，载《中国哲学》第20辑，辽宁教育出版社，1999年。

容不会也不应该有不合理、不恰当的内容。由于结论在先,故虽然郭先生一再强调历史化的研究方法,但在实际的研究中却并没有将这一方法真正贯彻到底。相反,由于急于为孟子辩护而陷入非历史化的叙述而不自知。关于旧经学思维模式,《四库全书·经部总叙》中有一段经典论述:

> 经禀圣裁,垂型万世,删定之旨,如日中天,无所容其赞述。①

在这一思维模式中,经书中的每一句话都被认为是圣人之旨,其义理不容置疑、争论,务必要得到完满、正面的解释,如此方能维护其正统意识,保持"圣道"的纯洁性。不难发现,在"亲亲相隐"问题的讨论中,部分为儒家伦理辩护的学者或多或少、自觉不自觉受到了这一经学思维模式的影响。具体表现是,对《孟子》中所涉及的两个事例一味进行合理化辩护,不了解孟子特殊的设问方式("窃负而逃")和认识局限("封象有庳"),从而使立场、态度凌驾于理性、学术之上,陷入立场之争而不自知。在超越旧经学、建构新经学的今天,对于"亲亲相隐"之类的问题,我们似更应以开放的眼光、包容的胸怀看待之,对孔孟的真精神与孔孟的个别论述,对孔孟之"意"与孔孟个别之"言"做一区分,既有历史的态度,又有同情的理解,同时借鉴诠释学的理论和方法,对儒家经典做出更具有创造性的诠释和阐发,这恐怕才是新经学努

---

① 纪昀总纂:《四库全书总目提要》,河北人民出版社,2000年,第49页。

力的目标和方向,而万不可抱残守缺,故步自封。

其实,刘清平先生对孟子的批评和质疑,固然有简单、粗暴的嫌疑,但他指出孟子思想中保留了大量宣扬宗法血缘亲情的内容,却是一个不得不认真思考、对待的问题。的确,与之前的子思和之后的荀子相比,孟子思想的血缘宗法观念无疑是十分突出的。对于这一问题,笔者也曾感到困惑,并做出认真思考。经过反复研究,特别是结合地下出土文献,笔者的看法是,在儒家内部曾经存在过一个"重孝派",他们将孝置于仁之上,使孝取代仁成为其思想的最高概念,改变了孔子以来对于仁与孝关系的理解和看法,使儒学理论出现重大曲折。而孟子早期恰恰受到重孝派的影响,其思想中宣扬宗法孝悌的内容,可能同他早期的经历有关。但随着"恻隐之心,仁之端也"之"四端"说的形成和提出,孟子一定程度上又突破了血缘宗法的束缚,改变了以孝悌为仁之本的看法,把仁的基点由血亲孝悌转换到"恻隐""羞恶""辞让""是非"等更为普遍的道德情感中去,完成了一次思想的飞跃。① 因此,以四端说的形成为标志,孟子的思想实际可分为前后两个阶段。孟子之为孟子,不在于其前期对宗法孝悌之保留,而在于他以"四端之心"这一更加普遍的道德情感,为孔门仁学找到了一个更加坚实的基础,从而将先秦儒家的仁学思想推向顶峰。对于孟子思想中"封象有庳"等问题,恐怕要用这样一种动态、历史的眼光看待之。对于我们的看法,郭文认为

---

① 梁涛:《郭店竹简与思孟学派》,第 496~507 页。

是在"扬思抑孟",斥之为"匪夷所思的论述以及倾向"。这就再一次令人感到疑惑和不解了,除了说明其成见太深,恐怕也与其"思孟一体"的陈旧观念有关。其实,关于子思、孟子之间思想的差异,以及二者之间动态的发展过程,学术界已有不少成果,建议其去补课,这里就不再赘述了。

关于"亲亲相隐"的讨论,郭齐勇先生引以为傲的是,经过他和其他学者的努力,"亲亲相隐"的提案被写进刑事诉讼法中。对于"亲亲相隐"的提案,笔者也持赞同的态度,并对郭先生的付出和努力表示钦佩。另外,笔者也肯定郭先生及其弟子在"亲亲相隐"辩论中纠正了一些人们对儒家伦理的错误认识,这在前一章中也有提及。但这里有一个最根本、最核心的问题被郭先生忽略了,即将"亲亲相隐"写进刑事诉讼法背后的理据是什么?是因为"父为子隐,子为父隐"是一种"正义、正直、诚实"的行为,具有绝对的合理性?还是如夫子所启示我们的,"父子互隐"不过是人性至诚、坦率之表现,是人情之不免,它应受到适当的保护,但不可将其绝对化?如果不对此问题有所思考和回答,我们必然会面临下面的两难选择:当亲人一方有严重危及公共安全的企图或行为时,作为父母或子女的另一方是否要为其隐匿呢?如果隐匿的理据是前者,答案自然是肯定的,但这又将无辜者的生命置于何处?这符合儒家的仁道原则吗?相反,如果理据是后者,那就可能有其他的选择了。其实,正如传统社会中,法律一方面允许"亲亲相隐",另一方面又规定"谋反"等大罪不在隐匿的范围之内,"亲亲相隐"只有相对的合理性,不可超越于"王法"之上。今日对待"亲亲相隐"也应持大致类似的原则,而《刑事诉讼法》第一百八十八条增加不可强制被告人配偶、父母、子女出庭作证的规定,实际也并没有赋予其"正义、正直、诚实"之地位。例如,《刑法》第三百一十条有"窝藏、包庇罪"的规定:"明知是犯罪的人而为其提供隐藏处所、财物,帮助其逃匿或者作假证明包庇的,处三年以下有期徒刑、拘役或者管制;情节严重的,处三年以上十年以下有期徒刑。"其中并没有将亲属排除在外,说明"亲亲相隐"一旦上升为窝藏、包庇的具体行为,是不被法律允许的。另外,《刑事诉讼法》第六十条规定:"凡是知道案件情况的人,都有作证的义务。生理上、精神上有缺陷或者年幼,不能辨别是非、不能正确表达的人,不能作证人。"第一百二十三条关于"侦查人员询问证人"的规定:"询问证人,应当告知他应当如实地提供证据、证言和有意作伪证或者隐匿罪证要负的法律责任。"这里,"不能作证人"和"隐匿罪证"者也均未将亲属排除在外。虽然在今后的法律实践以及法律修订中,如何更好地处理"亲亲相隐"的问题还可以不断地探索和完善,但既保护、维护亲情,又不致使其对社会公共安全造成威胁,应是一条基本原则。的确,一个不允许"亲亲相隐"的社会是可怕的,但对亲人任何过错、罪行都鼓励隐匿的社会同样是无道的。因此,在亲情与道义之间,如何为"亲亲相隐"寻找恰当的位置,如何在伦理和法律实践中对其做出合理的规定,便成为人们需要认真思考的问题。当年夫子以"父为子隐,子为父隐,直在其中矣"一句,开启了对这一问题的思考,

"直"是率真、率直之直,而非公正、正直之直。只不过由于时过境迁,语义变化,今人已不理解夫子的真意,反以直为公正、正直。这样,"父为子隐,子为父隐"便成为正义、正直甚至诚实的行为,并引申出是腐败还是美德的无谓争论,这不能不说是让人遗憾的事情。

第二编

出土文献与《学》《庸》新探

第四章 《大学》早出新证

郭店楚简的发现，引起学者重新探讨曾子（包括子游）、子思、孟子一系思想发展的兴趣，而讨论曾子等人的思想，不能不谈到《大学》。因为按照宋代以来的说法，《大学》乃成于曾子及其门人之手。但近代以来，许多学者又对此提出异议，认为《大学》成书于秦汉之际，甚或在汉武帝之后。那么，实际情况到底如何呢？《大学》是早出还是晚成呢？本章拟在前人研究的基础上，结合新出土的简帛材料，对这一长期悬而未决的问题做出新的探讨。

第一节 《大学》晚出说之检讨

《大学》的作者和年代，学术史上一直存有争论，宋代学者多认为其成书较早，并上溯到孔子、曾子，如程颢认为"《大学》，孔氏之遗书，而初学入德之门也"[①]，并作《大学》定本一卷，对今本《大学》的章次进行了调整。[②] 后朱熹又作《大学章句》一卷，认为《大学》分

---

① 朱熹《大学章句》引，载《四书集注》，中国书店，1994年，第3页。
② 又名《明道先生改正大学》，见《河南程氏经说》卷五，载《二程集》第4册，中华书局，1981年，第1126～1128页。

为经、传两个部分。其中,经"盖孔子之言,而曾子述之",而传则是"曾子之意而门人记之也"。程朱以上的观点并没有详细的论证①,却得到宋明时期学者的普遍认同,有些学者如王阳明等,虽然与朱熹在"格物"等问题上存在较大分歧,但也都承认《大学》是圣贤所传。这可能与当时儒家学者强化道统意识,以与佛、道对抗的现实需要有关。但自清代以来,《大学》出自孔、曾的观点受到普遍怀疑,多数学者认为《大学》成书是在秦汉以后,并提出种种根据予以论证。《大学》原为《礼记》中的一篇,传世文献对其作者和年代没有明确的记载,而《礼记》又是"西汉初年搜集和发现的儒家著作的汇编",来源比较复杂,"绝大多数是先秦古文,个别有汉初成篇的"②。凭此尚无法断定其具体年代,出现争论也属正常。但综观晚出论者的种种论述,其立论并不能令人信服,且不乏武断之处,不仅没有真正解决问题,反而给人们思想带来混乱,故有必要做进一步探讨。

认为《大学》晚出,一个重要根据是认为《大学》与《礼记》中的《学记》有关,是对古代学校制度的反映,而大学制度晚出,故《大学》亦晚出。清代学者陈澧指出,《大学》与《学记》中一段文字相近,二者均论"大学之道",有密切关系。《学记》的这段文字是:

> 古之教者,家有塾,党有庠,术(郑注:当为"遂")有序,

---

① 朱熹《大学或问》有朱熹答某人问,云"无他左验",并云"或出于古昔先民之言也,故疑之而不敢质"。
② 李学勤:《郭店简与〈礼记〉》,《中国哲学史》1998 年第 4 期。

国有学。比年入学，中年考校。一年视离经辨志，三年视敬业乐群，五年视博习亲师，七年视论学取友，谓之小成；九年知类通达，强立而不反，谓之大成。夫然后足以化民易俗，近者说服，而远者怀之，此大学之道也。

陈澧认为，"'知类通达'，物格知至也；'强立不反'，意诚心正身修也；'化民易俗，近者说服，远者怀之'，家齐国治天下平也；其'离经辨志，敬业乐群，博习亲师，论学取友'，则格物致知之事也"①。陈澧将《大学》与大学制度联系在一起，可能是受到了朱熹的影响。朱熹在《大学章句序》中说："《大学》之书，古之大学所以教人之法也。"但他认为大学制度形成较早，"三代之隆，其法浸备，然后王宫、国都以及闾巷，莫不有学。……及其十有五年，则自天子之元子、众子以至公卿、大夫、元士之嫡子，与凡民之俊秀，皆入大学，而教之以穷理、正心、修己、治人之道"。所以他仍能够把《大学》看成先秦古籍。而陈澧以后的学者则根据《孟子·滕文公上》"夏曰校，殷曰序，周曰庠；学则三代共之"的说法，认为周以前仅有"校""序""庠"，未尝有大学，大学制度实形成于秦汉之后。这样，《大学》的成书也被推后，清代学者陆奎勋、日本学者武内义雄甚至认为《大学》作于武帝以后。②

---

① 陈澧：《东塾读书记》，转引自张心澂：《伪书通考》上册，商务印书馆，1939年，第444页。

② 杭世骏《续礼记集说》引。武内义雄：《两戴记考》，载内藤虎次郎等著，江侠庵编译：《先秦经籍考》上册，第195页。

不难发现，陈澧等人的观点实际包含两个前提：一是大学制度出现于秦汉以后；二是《大学》与《学记》一样，均是对古代学制的反映。而实际上，这两点根本不能成立，以上推断是建立在错误的前提之上的。首先，大学制度是否出现于秦汉之后，本身就是有争议的。现在多数学者都认为，大学制度至少在周代已出现，如对古代学校制度进行过深入研究的杨宽先生就认为，"我国古代学校教育，起源很早。大概商代贵族已有学校"，"西周贵族教育子弟的学校，已较完备，有所谓小学和大学"，并说"西周大学不仅是贵族子弟学习之处，同时又是贵族成员集体行礼、集会、聚餐、练武、奏乐之处，兼有礼堂、会议室、俱乐部、运动场和学校的性质，实际上就是当时贵族公共活动的场所"[①]。杨先生的看法有文献做根据，符合古代学校的实际。如《礼记·明堂位》："殷人设右学为大学，左学为小学，而作乐于瞽宗。"《大戴礼记·保傅》："古者年八岁而出就外舍，学小艺焉，履小节焉；束发而就大学，学大艺焉，履大节焉。"《礼记·王制》："天子命之教然后为学。小学在公宫南之左，大学在郊。天子曰辟雍，诸侯曰泮宫。"更重要的，甲骨文中已有"多子其徙学，返不遘大雨"（《龟甲兽骨文字》卷二）的记载。金文中也出现"小学"（《大盂鼎》）、"学宫"（《静簋》）、"辟雍"（《麦尊》）等概念。郭店竹简《唐虞之道》有"太学之中，天子亲齿，教民弟也"，明确提到大学。晚出论者可以怀疑《王制》等篇的可靠性，

---

① 杨宽：《我国古代大学的特点及其起源》，载《古史新探》，中华书局，1965 年，第 197～217 页。

却无法否定甲骨、金文尤其是出土竹简中的材料,而大学晚出一旦被否定,其结论自然就站不住脚。

退一步讲,大学制度即使是秦汉以后才出现,也不意味着《大学》就一定晚出。因为所谓《大学》与《学记》内容相近,均是对大学制度的反映,本身就是后人的一种联想,并没有多少事实根据。相反,如果将二者做一比较,不难发现它们之间实际存在较大差别。《学记》所说的"大学",从上下文来看,应是指具体的大学设施,这种大学是以"离(注:解析)经辨志",也即以经学的传授为中心内容的;而《大学》一文根本就没有提及具体的学校制度,郑玄《礼记目录》说:"名曰《大学》者,以其记博学可以为政也。"郑玄的这个解释与《大学》的中心内容"修、齐、治、平"相符合,应该是《大学》的原意。因此《大学》与《学记》虽然均谈到"大学之道",但二者并不是一回事,这一点连主张《大学》晚出的徐复观先生也不得不承认,他说《大学》"与《学记》等篇,将教学之基础建立于经典之上的也完全不同。《大学》系完全代表儒家之理想。亦即是说,由《大学》所反映的学问内容,未曾受到西汉以经典为学问中心的影响。……固无俟于《学记》与之相发明。且就两书之内容、规模、气象言之,彼此间决无直接之关联"[1]。其实《大学》的"修、齐、治、平"的渊源甚早(详下),固不待于大学制度形成以后才能出现。从孔子的思想来看,他虽然没有直接使用"修、

---

[1] 徐复观:《中国人性论史·先秦篇》,第九章《先秦儒家思想的综合——大学之道》,上海三联书店,2001年,第238页。

齐、治、平"的概念和语言,但他主张"修己以敬""修己以安人""修己以安百姓"(《论语·宪问》),与这一思想显然存在关联,而孔子正生活于旧的学校制度开始瓦解,新的学校制度尚未形成的时代,若按以上的观点,岂不是孔子的思想也要晚出了?晚出论者的逻辑是,只有大学制度形成和完备以后,儒家的"修、齐、治、平"思想才能够出现和产生,而我们认为"修、齐、治、平"作为儒家的一种人生理想和实践原则,与大学制度根本无关;相反,只有当这一理想独立于学校制度之外时,才能保持其生命力和活力,而一旦与学校制度相结合,便意味着它本身的没落和衰竭。这只要将汉代以后的儒生与孔、孟做个简单的比较,便可以看得很清楚。

晚出论者的另一个根据是,《大学》的思想在相关文献中出现得较晚,因而《大学》一书亦形成较晚。《大学》的基本思想是所谓的"三纲领""八条目",而"八条目"中尤以"修身、齐家、治国、平天下"为核心。对于《大学》的"修、齐、治、平",有学者认为"此一有体系之层层推阐,孔子未尝言;于孟子仅发其端"[1]。徐复观先生也说,"《大学》系以个人直通于天下国家,此必在天下为公的强烈观念之下,始能出现"[2]。所谓"孟子仅发其端",是指《孟子·离娄上》的一段话:"孟子曰:人有恒言,皆曰:'天下国家。'天下之本在国,国之本在家,家

---

[1] 胡止归:《〈大学〉之著作年代及其与〈中庸〉之思想同异比较研究》(上),《大陆杂志》(台北)第26卷第9期,1963年。
[2] 徐复观:《中国人性论史·先秦篇》,第238页。

之本在身。"他们认为孟子始将身、家、国、天下联系在一起，故《大学》成书最早也当在《孟子》之后。不难发现，这种说法明显有误，因为孟子明确说到"人有恒言"，表明是对前人言论的引用，而这一言论一定产生较早，流传较广，所以才能够"人有恒言"。其实，在比《孟子》更早的《老子》中，也有一段与此相关的言论。《老子》第五十四章说：

> 修之于身，其德乃真；修之于家，其德乃余；修之于乡，其德乃长；修之于邦，其德乃丰；修之于天下，其德乃普。故以身观身，以家观家，以乡观乡，以邦观邦，以天下观天下。吾何以知天下然哉？以此。

这可以说是《大学》"修、齐、治、平"思想的最早来源。以前由于人们对《老子》的成书年代存在争议，这条材料的可靠性也受到怀疑。郭店竹简《老子》的出土，证明了《老子》一书为老子所著，特别是证实了《老子》一书的早出。而楚简《老子》乙本中正好有这段材料，只是省去了助词"之"，作"修于身""修于家""修于乡"等。目前，学术界虽然在楚简《老子》是今本《老子》的节本还是全本等问题上有一些争论[①]，但上面这段材料为《老子》原来所有，则无可置疑。这就对晚出论者做

---

① 邢文：《论郭店〈老子〉与今本〈老子〉不属一系——楚简〈太一生水〉及其意义》，载《中国哲学》第 20 辑。郭沂：《从郭店楚简〈老子〉看老子其人其书》，《哲学研究》1998 年第 7 期。丁四新：《略论郭店简本〈老子〉甲乙丙三组的历时性差异》，《湖北大学学报》1999 年第 2 期。

出了有力的驳斥，同时也为《大学》的早出提供了一个旁证。另外，在《中庸》中也有多处文字与"修、齐、治、平"的思想相近，如：

> 在下位不获乎上，民不可得而治矣。获乎上有道：不信乎朋友，不获乎上矣。信乎朋友有道：不顺乎亲，不信乎朋友矣。顺乎亲有道：反诸身不诚，不顺乎亲矣。诚身有道：不明乎善，不诚乎身矣。诚者，天之道也。诚之者，人之道也。诚者，不勉而中，不思而得，从容中道，圣人也。诚之者，择善而固执之者也。

"诚身"意近于"修身"，"顺乎亲"近于"齐家"，"信乎朋友""获乎上"近于"治国"，"治民"近于"平天下"，它们之间各以前者为条件，表现为由"诚身"到"治民"的层层推进，这与《大学》的思想也是基本一致的。那么，《大学》与《中庸》的两段文字哪一个更早呢？我们认为应该是《大学》而不是《中庸》，这可以从二者关于"诚"的论述中看出来。《大学》所说的"诚"指"诚其意"，内涵比较简单，而《中庸》的"诚"则是指"不勉而中，不思而得"的道德实践能力，并对其做了"诚者"与"诚之者"的区分，与前者相比，不仅内涵更为丰富，而且更具有哲学深度。从《大学》的"诚其意"到《中庸》的"诚者"，反映了思想的认识发展过程。因此，《中庸》的这段文字可能受到《大学》的影响，并做了进一步发挥。《中庸》作于子思[1]，那么，《大学》的成书

---

[1] 梁涛：《郭店竹简与思孟学派》，第五章第二节《郭店竹简与〈中庸〉》。

至少当在子思之前。以往学者认为《大学》晚出，主要是没有真正理解"修、齐、治、平"产生的历史根源，错把它与不相干的大学制度联系在一起。实际上"修、齐、治、平"的思想乃源于古代宗法社会"家国同构"的社会组织形式，是这种特殊的社会组织形式在人们思想观念上的反映。社会存在决定社会意识。由于古代宗法社会出现较早，与这一社会组织形式相适应的"修、齐、治、平"的社会理想因而也出现得较早，这本身十分自然，没有什么好奇怪的。

除此之外，《大学》其他一些思想也被证明出现较早。《大学》的"止于至善"，以往人们往往认为源于《荀子·解蔽》的"止诸至足"。但郭店竹简《语丛三》中有："善日过我，我日过善，贤者唯其止也以异。""人之性非与？止乎其孝。"说明"止"乃是先秦古义，并非自《荀子》以后才出现，《大学》的"知止"当与此有一定关系。《大学》的"静"，以前由于怀疑《老子》晚出，故往往将其追溯到《荀子·正名》的"虚壹而静"，而郭店竹简《性自命出》有："身欲静而毋羡，虑欲渊而毋伪。"楚简《老子》中也有多处谈到"静"："孰能浊以静者，将徐清"(《老子》甲)，"知以静，万物将自定"(《老子》甲)，"清静为天下定"(《老子》乙)，说明"静"的思想同样出现较早。晚出论者认为《大学》思想出现较晚，是因为他们没有看到或忽略了一些重要材料，其结论自然难以站住脚。

第二节 《大学》非经、传两部分

既然《大学》晚出的结论不能成立，其作者和年代就值得重新考虑。不过在此之前，需要先对《大学》的文本做一番讨论。我们知道，朱熹曾区分《大学》为经、传两个部分，并对传进行了补充。虽然人们对朱熹的《大学》新本存在着一些争议，但其将《大学》分为经、传两个部分却得到多数学者的认可，并成为讨论《大学》必须遵循的基本前提。然而，我们认为将《大学》分为经、传两个部分，疑点颇多，值得进一步商榷。

首先，传的体例不统一。被朱熹当作"传"的主要有两部分，一是所引《诗》《书》及"子曰"，如："《康诰》曰：克明德。""《诗》曰：周虽旧邦，其命惟新。""子曰：听讼，吾犹人也，必也使无讼乎！"朱熹认为这分别是经文"明明德""亲（新）民"及"此谓知本"的传文；二是作者的直接论述，如"所谓诚其意者……""所谓修身在正其心者……""所谓齐其家在修其身者……"等，被分别看作"诚意""正心""修身"的传文。朱熹把这两种不同的文体笼统说成"传"是不合适的。实际上，前者是引文而不是传，后者是对经文的解释和发挥，同样不是传。

其次，传和经无法统一。既然《大学》包括经、传两个部分，其传文就应该与经文统一，而实际上无论怎样对《大学》的章次进行重新编排，也无法做到这一点。如"《诗》云：'瞻彼淇澳，菉竹猗猗。有斐君子,如切如磋,如琢如磨。瑟兮僩兮,赫兮喧兮。有斐君子,终不可谖兮!''如切如磋'者,道学也。'如琢如磨'者,自修也。'瑟兮僩兮'者,恂慄也。'赫兮喧兮'者,威仪也。'有斐君子,终不可谖兮'者,道盛德至善,民之不能忘也。《诗》云:'於戏,前王不忘!'君子贤其贤而亲其亲,小人乐其乐而利其利,此以没世不忘也"一段,原在"故君子必诚其意"下,朱熹将其前调,认为此章是"释止于至善"。但仔细辨析不难发现,此章主要是说"自修""威仪"以及"贤其贤而亲其亲",与"止于至善"并没有直接关系。有学者注意到这一点,故又进行重新编排,认为此章是"释亲民"[1],但同样也解释不通。除此之外,"是故君子先慎乎德""是故君子有大道"等各段同样也存在这样的问题,说明将《大学》分为经、传,值得重新考虑。

还有,《大学》文体前后连贯,不像是经、传两个部分。此点崔述已经指出,其所作《洙泗考信余录》中有《〈大学〉非曾子所作》一篇[2],反对朱熹将《大学》分为经、传两个部分,并说"玩通篇之文,首尾联属,先后呼应,文体亦无参差,其出于一人之手甚明,恐不得分而二之也"。崔述认为《大学》非曾子所作,可以再讨论,但他认为《大学》原为独立的一篇,则值得认真考虑。从以上分析来看,《大学》并不像有经、传两个部分,反而倒像是一个整体。

---

[1] 郭沂:《〈大学〉新论》,载《新儒家评论》第2辑,中国广播电视出版社,1995年,第128～157页。

[2] 崔述撰著,顾颉刚编订:《崔东壁遗书》,上海古籍出版社,1983年。

如果说文本的分析尚不足以说明问题的话，那么，我们不妨将《大学》与帛书《五行》经、传做一比较，用出土材料进一步说明分《大学》为经、传并不能成立。1973 年马王堆汉墓出土的帛书《五行》有经、传两个部分，郭店竹简《五行》有经而无传，说明传与经可能不形成于同一时期，是后人对经的解释和阐发。帛书《五行》经、传前后相抄，第二一四行以前为经，二一五行以后为传，细读《五行》的传文，不难发现其许多特点都与《大学》不同。首先，传的体例较为统一。《五行》的传每章皆是作者对经文的解释，不存在直接引用《诗》《书》作传文的情况。如"圣之思也轻，轻则形……"一章，传文作"'圣之思也轻'：思也者，思天也；轻者尚矣。'轻则形'：形者，形其所思也。酉（柳）下子思轻于翟，路人如斩；酉（柳）下子见其如斩也，路人如流。言其思之轻也……"其中"圣之思也轻""轻则形"是对经文的引用，而以下则是对经文的解释，这种体例贯穿了"传文"的始终。值得注意的是，《五行》经文中多处引用《诗》，如"不仁，思不能清。不智，思不能长。不仁不智，未见君子，忧心不能精长；思不精长，不能悦。《诗》曰：'未见君子，忧心惙惙，亦既见之，亦既观之，我心则悦。'此之谓也"。又如"见而知之，智也。闻而知之，圣也。明明，智也。赫赫，圣也。'明明在下，赫赫在上'（注：《诗·大雅·大明》之文），此之谓也"。从"此之谓也"来看，文中所引《诗》句乃是对前面文字的解释和发挥，但它是经而不是传，这对我们理解《大学》颇有启发。

其次，传与经相对应，不存在有传而无经的情况。帛书《五行》除前面几章外，每段经文皆有传，传文往往先引经文，然后加以解释，且不厌巨细，每句必解。如"不变不悦，不悦不戚，不戚不亲，不亲不爱，不爱不仁"一章，传文作"'不变不悦'：变也者，勉也，仁气也。变而后能悦。'不悦不戚'：悦而后能戚所戚。'不戚不亲'：戚而后能亲之。'不亲不爱'：亲而后能爱之。'不爱不仁'：爱而后仁"。对于一些实在没必要解释的文句也要加上"直也"二字，表示文意自明，毋庸赘言。如"'鸤鸠在桑'：直也"。《五行》的传文之所以每句先要引用经文，是因为经、传被分别抄在前后两个部分，如果不引用经文，就会使人们不知传文对何而发，造成混乱。而《大学》所谓的"经""传"也是抄在前后两个部分，若按传文体例，也当在传文前引用所要解释的经文，而《大学》的几处《诗》《书》文字均没有指明与经文的关系，把它看作"传"显然不合适。那么，《诗》《书》之外"所谓修身在正其心者……""所谓齐其家在修其身者……"等语是否就是经文的注解呢？我们认为同样不是。因为这里的"修身在正其心"乃是对前面"欲修其身者，先正其心""心正而后身修"等语的概括，前文并没有"修身在正其心"一语，所以与其把它看作传文，不如把它看作前文的引申、发挥，"所谓齐其家在修其身者"等句的情况也是一样。更重要的是，《五行》的传基本是围绕经文而发，没有脱离经文之外的议论，而《大学》的有些"传文"很难与经文一一对应，与《五行》有很大不同。如果说，有"经"无"传"还容易理解的话，那么，有"传"而无"经"则不好解释，与传文的体例也不相符，所以把《大学》的几处文字看作

"传"显然不合适。

还有,《五行》经、传文体存在较大差异,很容易看出是两个部分。《五行》经文语言流畅,自成一体,而传文则支离破碎,很不连贯,有些纯粹是为注经而注经。这与《大学》文体首尾连贯,上下呼应也有很大不同。《五行》的传文虽然不一定就是古书的通例,但其反映的基本原则却是普遍的。由此我们断定,《大学》并非是经、传两个部分,而原来就是独立的一篇。

《大学》既然本是独立的一篇,那么,朱熹为什么要将其分为经、传两个部分,并得到多数学者的认同呢?我们认为,这可能与当时学者对经典的理解有关。前面说过,宋代儒家学者出于同佛、道争夺正统地位的需要,往往喜欢把自己的经典说成出自孔子,以抬高地位,增加权威性,程颢认为《大学》为"孔氏之遗书",可能就是出于这个目的。朱熹一方面赞同程颢将《大学》推源于孔子的做法,另一方面又看到笼统说《大学》出于孔子,似乎难以讲通,故提出经"盖孔子之言,而曾子述之",传"则曾子之意而门人记之也"的说法。这样,便将原来是一个整体的《大学》分割为两个部分,而由于朱熹的权威和影响,他所改定的《大学》新本逐渐取代《大学》古本,《大学》分为经、传的说法也以讹传讹,几成定论。然而,既然朱熹的观点并不成立,他的《大学》定本对理解《大学》并没有多少可取之处;相反,值得重视的倒是程颢的《大学》定本。在朱熹之前,程颢、程颐兄弟都曾对《大学》文本做过整理,其中尤以程颢的定本为佳。朱熹在《大学章句》中称:"旧本颇有错简，今因程子所定，而更考经文，别为序次。"说明自己与二程兄弟有一定的继承关系。但与朱熹相比，程颢改定的《大学》也有一些根本不同。首先，程颢将《大学》看作一篇，而不是经、传两个部分。他将"大学之道，在明明德……"等三纲领以及"知止而后有定……"看作第一段，"古之欲明明德于天下者，先治其国……"等八条目看作第二段，然后是"所谓诚其意者……""所谓修身在正其心者……""所谓齐其家在修其身者……""所谓治国必先齐其家者……""所谓平天下在治其国者……"各段，而将"是故君子先慎乎德……""是故君子有大道……"分为独立的两段，看作对以上内容的概括和总结。其次，与此相应，他将《大学》中的《诗》、《书》、"子曰"等文字看作引文而不是"传"。如他将"《康诰》曰：克明德……"等内容放在第一段后，看作对"明明德"等内容的发挥，而将颇有争议的"《诗》云：瞻彼淇澳……"一段放在"所谓平天下在治其国者"一段中，看作对"上老老而民兴孝，上长长而民兴弟"的发挥，不仅合理而且显得颇为通顺。虽然程颢将《大学》看作"孔氏之遗书"有失片面，但他却由此避免了"经传"问题的干扰，因而能得出更符合实际的结论。通读程颢整理的《大学》，全文语气连贯，上下一致，浑然一体，远胜于朱熹的《大学章句》，似更应引起人们的重视（详见本章附文）。

第三节 《大学》出于曾子弟子之手

我们既然否定了《大学》晚出，又证实《大学》并非经、传两个部分,而是一个整体,那么,历史上《大学》成于曾子及其弟子的说法便值得重视。

首先,《大学》一文中明确引用曾子之言,说明其与曾子一派有密切关系。《大学》"所谓诚其意者"一段云:"曾子曰:十目所视,十手所指,其严乎!"李学勤先生指出,古代学者或其弟子在记其言论时,往往直呼其名,此乃当时著书通例,如《孟子》一书为孟子与其弟子公孙丑、万章等所著,而文中则通呼"孟子",《墨子》书中的"子墨子"、《史记》篇末的"太史公",情况也是一样。而《大学》中既然有"曾子曰",那么,"朱子说《大学》系曾子所作,绝非无因"①。虽然《大学》中"曾子曰"仅此一见,能否就此坐实《大学》即曾子所作还可以讨论,但与曾子有一定关系则是可以肯定的。除此之外,《大学》"孝者,所以事君也"一句,又见于《礼记·祭义》,明确肯定是"曾子曰":

> 曾子曰:"身也者,父母之遗体也。行父母之遗体,敢不敬乎?居处不庄,非孝也;事君不忠,非孝也;莅官不敬,非孝也;朋友不信,非孝也;战阵无勇,非孝也。五者不遂,灾及于亲,敢不敬乎?"

孔子有"移孝作忠"的思想,如"子曰:书云:'孝乎惟孝,友于兄弟,施于有政。'是亦为政,奚其为为政?"(《论语·为政》)曾子的"孝者,

---

① 李学勤:《从简帛佚籍〈五行〉谈到〈大学〉》,《孔子研究》1998年第3期。

所以事君也"可能即对这一思想的发展，反映了曾子一派对"孝"的理解。这段材料以往为学者所忽略，然而却是曾子与《大学》关系的重要旁证。

其次，《大学》思想也与曾子有一致之处。曾子以"忠恕"发明孔子"一贯之道"，"忠恕"可以说是其思想的核心。而《大学》多谈"忠恕"，如"是故君子有诸己而后求诸人，无诸己而后非诸人。所藏乎身不恕，而能喻诸人者，未之有也"。又如"所恶于上，毋以使下；所恶于下，毋以事上；所恶于前，毋以先后；所恶于后，毋以从前；所恶于右，毋以交于左；所恶于左，毋以交于右；此之谓絜矩之道"。有学者指出，"曾子曰：'夫子之道，忠恕而已矣。'……子曰：'夫仁者，已欲立而立人，已欲达而达人。能近取譬，可谓仁之方也已。'《大学》一篇之旨尽于此矣"①。陈荣捷先生也说，《大学》之"絜矩方式，从内容论，究竟不外是以忠恕为一贯的仁"②。所以，《大学》出于曾子或其弟子完全可能。

最后，从学术的传承来看，《大学》也与曾子一派有密切关系。《大学》与《中庸》思想上具有一定的联系，表现出前后的承接关系。《中庸》重视"修身"，并由此推向"治天下国家"，显然是受了《大学》"修、齐、治、平"的影响。除了前面引用的一段材料外，还有以下两条：

---

① 任铭善：《礼记目录后案》，齐鲁书社，1982年，第90页。
② 陈荣捷：《初期儒家》，《台湾"中央研究院"历史语言研究所集刊》第47本，1976年，第742页。

凡为天下国家有九经，曰：修身也，尊贤也，亲亲也，敬大臣也，体群臣也，子庶民也，来百工也，柔远人也，怀诸侯也。修身则道立，尊贤则不惑，亲亲则诸父昆弟不怨，敬大臣则不眩，体群臣则士之报礼重，子庶民则百姓劝，来百工则财用足，柔远人则四方归之，怀诸侯则天下畏之。(《中庸》)

子曰：好学近乎知，力行近乎仁，知耻近乎勇。知斯三者，则知所以修身。知所以修身，则知所以治人。知所以治人，则知所以治天下国家矣。(《中庸》)

前面说过，《中庸》的思想比《大学》更为成熟，故《大学》应在《中庸》之前。以前有学者看到《大学》文字较为整齐，便认为《大学》成书较晚，是不正确的。因为文字的整齐与否，往往与文本的性质有关，而与时间的早晚关系不大。我们在前文已说明，曾子、子思上下相承，存在思想的联系，既然《中庸》出于子思，那么，《大学》出于曾子或其弟子的可能性就很大。这一看法虽然与宋儒相同，但由于经过了重新论证，又有新材料为根据，故可称为"新证"。

附：明道先生改正《大学》

大学之道，在明明德，在亲民，在止于至善。知止而后有定，定而后能静，静而后能安，安而后能虑，虑而后能得。物有本末，事有终始。知所先后，则近道矣。《康诰》曰："克明德。"《大甲》曰："顾諟天之明命。"《帝典》曰："克明峻德。"皆自明也。汤之《盘铭》曰："苟日新，日日新，又日新。"《康诰》曰："作新民。"《诗》曰："周虽旧邦，其命维新。"是故君子无所不用其极。《诗》云："邦畿千里，维民所止。"《诗》云："缗蛮黄鸟，止于丘隅。"子曰："于止，知其所止，可以人而不如鸟乎？"《诗》云："穆穆文王，于缉熙敬止！"为人君，止于仁；为人臣，止于敬；为人子，止于孝；为人父，止于慈；与国人交，止于信。

古之欲明明德于天下者，先治其国。欲治其国者，先齐其家。欲齐其家者，先修其身。欲修其身者，先正其心。欲正其心者，先诚其意。欲诚其意者，先致其知。致知在格物。物格而后知至，知至而后意诚，意诚而后心正，心正而后身修，身修而后家齐，家齐而后国治，国治而后天下平。自天子以至于庶人，壹是皆以修身为本。其本乱而末治者，否矣。其所厚者薄而其所薄者厚，未之有也。此谓知本，此谓知之至也。

所谓诚其意者，毋自欺也。如恶恶臭，如好好色，此之谓自谦。故君子必慎其独也。小人闲居为不善，无所不至，见君子而后厌然，掩其不善，而著其善。人之视己，如见其肺肝然，则何益矣。此谓诚于中，形于外，故君子必慎其独也。曾子曰："十目所视，十手所指，其严乎！"富润屋，德润身，心广体胖，故君子必诚其意。

所谓修身在正其心者，身有所忿懥，则不得其正，有所恐惧，则不得其正，有所好乐，则不得其正，有所忧患，则不得其正。心不在焉，视而不见，听而不闻，食而不知其味。此谓修身在正其心。

所谓齐其家在修其身者，人之其所亲爱而辟焉，之其所贱恶而辟焉，之其所畏敬而辟焉，之其所哀矜而辟焉，之其所敖惰而辟焉。故好而知其恶，恶而知其美者，天下鲜矣。故谚有之曰："人莫知其子之恶，莫知其苗之硕。"此谓身不修不可以齐其家。

所谓治国必先齐其家者，其家不可教而能教人者，无之。故君子不出家而成教于国。孝者，所以事君也；弟者，所以事长也；慈者，所以使众也。《康诰》曰："如保赤子。"心诚求之，虽不中不远矣。未有学养子而后嫁者也。一家仁，一国兴仁；一家让，一国兴让；一人贪戾，一国作乱：其机如此。此谓一言偾事，一人定国。尧、舜率天下以仁，而民从之。桀、纣率天下以暴，而民从之。其所令反其所好，而民不从。是故君子有诸己而后求诸人，无诸己而后非诸人。所藏乎身不恕，而能喻诸人者，未之有也。故治国在齐其家。《诗》云："桃之夭夭，其叶蓁蓁。之子于归，宜其家人。"宜其家人，而后可以教国人。《诗》云："宜兄宜弟。"宜兄宜弟，而后可以教国人。《诗》云："其仪不忒，正是四国。"其为父子兄弟足法，而后民法之也。此谓治国在齐其家。

所谓平天下在治其国者，上老老而民兴孝，上长长而民兴弟，上恤孤而民不倍，是以君子有絜矩之道也。所恶于上，毋以使下；所恶于下，毋以事上；所恶于前，毋以先后；所恶于后，毋以从前；所恶于右，毋以交于左；所恶于左，毋以交于右；此之谓絜矩之道。《诗》云："乐只君子，民之父母。"民之所好好之，民之所恶恶之，此之谓民之父母。《诗》云:"节彼南山,维石岩岩。赫赫师尹,民具尔瞻。"有国者不可以不慎,辟则为天下僇矣。《诗》云:"瞻彼淇澳,菉竹猗猗。有斐君子,如切如磋,如琢如磨。瑟兮僴兮,赫兮喧兮。有斐君子,终不可谖兮!""如切如磋"者,道学也。"如琢如磨"者,自修也。"瑟兮僴兮"者,恂慄也。"赫兮喧兮"者,威仪也。"有斐君子,终不可谖兮"者,道盛德至善,民之不能忘也。《诗》云:"於戏,前王不忘!"君子贤其贤而亲其亲,小人乐其乐而利其利,此以没世不忘也。子曰:"听讼,吾犹人也。必也使无讼乎!"无情者不得尽其辞。大畏民志,此谓知本。《诗》云:"殷之未丧师,克配上帝。仪监于殷,峻命不易。"道得众则得国,失众则失国。

是故君子先慎乎德。有德此有人,有人此有土,有土此有财,有财此有用。德者本也,财者末也。外本内末,争民施夺。是故财聚则民散,财散则民聚。是故言悖而出者,亦悖而入;货悖而入者,亦悖而出。《康诰》曰:"惟命不于常。"道善则得之,不善则失之矣。《楚书》曰:"楚国无以为宝,惟善以为宝。"舅犯曰:"亡人无以为宝,仁亲以为宝。"《秦誓》曰:"若有一介臣,断断兮无他技,其心休休焉,其如有容焉。人之有技,若己有之;人之彦圣,其心好之,不啻若自其口出。实能容之,以能保我子孙黎民,尚亦有利哉!人之有技,媢疾以恶之;人之彦圣,而违之俾不通,实不能容,以不能保我子孙黎民,亦曰殆哉!"唯仁人放流之,迸诸四夷,不与同中国。此谓唯仁人为能爱人,能恶人。见贤而不能举,举而不能先,命也;见不善而不能退,退而不能远,过也。好人之所恶,恶人之所好,是谓拂人之性,菑必逮夫身。

是故君子有大道,必忠信以得之,骄泰以失之。生财有大道,生之者众,食之者寡,为之者疾,用之者舒,则财恒足矣。仁者以财发身,不仁者以身发财。未有上好仁而下不好义者也,未有好义其事不终者也,未有府库财非其财者也。孟献子曰:"畜马乘不察于鸡豚,伐冰之家不畜牛羊,百乘之家不畜聚敛之臣。与其有聚敛之臣,宁有盗臣。"此谓国不以利为利,以义为利也。长国家而务财用者,必自小人矣。彼为善之,小人之使为国家,菑害并至。虽有善者,亦无如之何矣!此谓国不以利为利,以义为利也。

第五章　郭店竹简与《中庸》公案

《中庸》在中国学术思想史上占有重要地位，自宋代列入四书以来，其影响更为深远。但对其成书与真伪，历史上一直有争议，成为学术思想史上的一大公案。争论集中在两点：第一，《中庸》是否为子思所作；第二，《中庸》是否为一个整体，是否有后人增饰的成分。围绕这两个问题，人们发表各自不同的看法，笔墨官司打了近一千年，且有愈演愈烈之势。综观以往的争论，由于缺乏对子思思想的整体了解，人们只是就《中庸》谈《中庸》，难免有盲人摸象之感。而郭店竹简中子思佚籍的发现，则彻底改变了这一状况，它不仅使以往模糊不清的子思学派重新浮出海面，而且也为我们重新审视、探讨这一学术公案提供了可能。可以说，对《中庸》一书做出结论的时机成熟了。

第一节　《中庸》成书之谜

《中庸》是否为子思所作，在宋代以前并不成为问题，当时大多数学者对此都持肯定态度。如，司马迁《史记·孔子世家》说"尝困于宋。子思作《中庸》。《孔丛子》也有子思"困于宋",作"《中庸》之书四十九篇"的说法,与《史记》所记载应该是同一件事。郑玄认为《中庸》是"孔子之孙子思伋作之,以昭明圣祖之德"①。朱熹也说《中庸》是"子思子忧道学之失传而作也"②。较早对《中庸》提出异议的是宋代欧阳修,他认为《中庸》中有"自诚明谓之性"等语,与孔子自称"学而知之者"不符,"孔子必须学,则《中庸》所谓自诚而明,不学而知者,谁可以当之欤?"欧阳修看到子思与孔子思想有不一致的地方,是正确的,但他由此怀疑《中庸》"传之谬也"③,则并不可取。清代学者袁枚、叶酉、俞樾等人根据《中庸》中"载华岳而不重""车同轨、书同文"等语,怀疑《中庸》一书晚出,非子思所作。华岳,按照传统的说法,是指华山与吴岳,战国时均在秦国境内,而根据史书记载,子思主要在邹鲁宋齐一带活动,足迹未尝入秦;至于"车同轨、书同文",与《史记·秦始皇本纪》记始皇二十六年"一法度衡石丈尺,车同轨,书同文字"、琅邪刻石"器械一,同书文字"相似,明显是秦国统一后的用语,由此认为《中庸》成书当在秦统一以后乃至西汉时期。④这一观点由于有说服力的材料支持,在当代学者中影响很大。而那些主张《中庸》早出的学者,也往往把上述材料当作最大障碍,试图

---

① 李学勤主编:《十三经注疏·礼记正义》下册,北京大学出版社,1999年,第1422页。
② 朱熹:《中庸章句序》,载《四书集注》,第15页。
③ 欧阳修:《居士集》,载《欧阳修全集》上册,中华书局,2001年,第675~676页。
④ 蒋伯潜:《诸子通考》,浙江古籍出版社,1985年,第332~333页。

对其做出新的解释。① 现在看来，上面两种做法都有欠妥当之处，主要因为他们对古书的形成和流传缺乏了解。李学勤先生说："古书的形成每每要有很长的过程。总的说来，除了少数书籍早已立于学官，或有官本，古籍一般都要经过较大的改动变化，才能定型。那些仅在民间流传的，变动自然更甚。"② 所以，在有各种资料明确记载《中庸》是子思所作的情况下，仅仅根据一两句言论，便断定《中庸》一书晚出，显然难以成立。而那些论证子思作《中庸》的人的做法，也显得过于机械。在他们看来，古书一定是纯正的，不会也不可能有后人的言论，如果有可疑的言论，一定要证明它是古人已有的，他们的出发点同样不足取。

学术史上还有另一种观点，认为《中庸》虽是子思所作（至少是部分），但今本《中庸》却并不是一个整体，而是包括了两个部分。较早提出这一看法的是宋代的王柏③，他在《古中庸·跋》中说：

> 愚滞之见，常举其文势时有断续，语脉时有交互，思而不敢言

---

① 徐复观：《中国人性论史·先秦篇》，第555页，及第五章《从性到命——〈中庸〉的性命思想》，第125～128页。作者引《史记·封禅书》，说明"秦时之华山，不在五岳之数"，为齐国内之山，与今华山无关。陈槃则认为秦以前已有车同轨、书同文。参见陈槃：《中庸辨疑》，《民主评论》1954年第5卷第24期。

② 李学勤：《对古书的反思》，载《简帛佚籍与学术史》，江西教育出版社，2001年，第32页。

③ 北宋晁说之有《中庸传》一卷，其后记云："近世学者以'中庸'为二事，其说是书皆穿凿而贰之。"但他所说的"二事"是指对《中庸》的理解，而与两篇没有关系，故其在传文中说"以是知先儒说用中为常道是也，近世说中庸非所知也"，又说"是一物而不得二名也"。有学者以为晁说之早于王柏提出《中庸》包括两篇，误。

也,疑而不敢问也。一日偶见西汉《艺文志》有曰:"《中庸说》二篇。"颜师古注曰:"今《礼记》有《中庸》一篇。"而不言其亡也。惕然有感,然后知班固时尚见其初为二也。合而乱,其出于小戴氏之手乎?①

按照王柏的意见,《中庸》可以二十一章为界分为"中庸"和"诚明"两个部分,二十一章以下为"诚明",以上为"中庸"。虽然全文以"中庸"为题,但其核心部分则应当为"诚明"。"中庸二字为道之目,未可为纲,诚明二字可以为纲,不可为目。"王柏立论的根据有两点:一是"其文势时有断续,语脉时有交互",即语言风格与思路前后不统一;二是《汉书·艺文志》中有《中庸说》二篇,他认为这与今本《中庸》实际是同一个东西,而今本《中庸》只有一篇,所以它当是糅合了以前的两篇而成。王柏自称自己的观点受到了颜师古的启发,颜师古在《汉书·艺文志》《中庸说》二篇下注曰:"今《礼记》有《中庸》一篇,亦非本《礼经》,盖此之流。"②但颜师古所谓"盖此之流",是说《中庸》与《中庸说》一样,都是《礼经》的传记,属于同一类性质,并不是说《中庸》即等同于《中庸说》。王柏是误解了颜师古的意思,还是有别的什么根据,我们不得而知。但《中庸》是否即等同于《中庸说》二篇,学术史上是存在不同看法的。王鸣盛《蛾术编·说录

---

① 转引自张心澂:《伪书通考》上册,第448页。
② 班固著,颜师古注:《汉书·艺文志》,中华书局,1962年,第1710页。

六》说:"《汉志》《中庸说》二篇,与上《记》百三十一篇,各为一条,则今之《中庸》乃百三十一篇之一,而《中庸说》二篇,其解诂也,不知何人所作,惜其书不传。师古乃云'今《礼记》有《中庸》一篇,亦非本《礼经》,盖此之流',反以《中庸》为说之流。师古虚浮无当,往往如此。"① 王鸣盛认为《中庸》是《艺文志》"《记》百三十一篇"中的一篇,而《中庸说》在《艺文志》中另列一条,二者不应该是同一个东西,且性质也不相同,后者是前者的"说",也即"解诂",所以批评颜师古"虚浮无当,往往如此"。这样看来,王柏在立论上多少有些问题,但由于他的观点来自平时的感受,且有一定的根据,因而得到后人的响应。

冯友兰受王柏启发,也认为《中庸》可分为两个部分。其中《中庸》首章(以朱熹《集注》本为准,下同)"天命之谓性"及二十章下半段"在下位不获乎上"以下是一个部分,此段"多言人与宇宙之关系,似就孟子哲学中之神秘主义之倾向,加以发挥。其文体亦大概为论著体裁"。第二章"仲尼曰:君子中庸"到第二十章上半段"道前定则不穷"是一个部分,此段"多言人事,似就孔子之学说,加以发挥。其文体亦大概为记言体裁"。而传统所说的子思作《中庸》即指这一部分。冯友兰虽然自称受到王柏"不少提示",但他不同意把《中庸》等同于《中庸说》二篇,而是接受王鸣盛的观点,认为后者为《中庸》的解诂,

---

① 王鸣盛:《蛾术编》上册,上海书店出版社,2012年,第98页。

今本《中庸》实包括原始的《中庸》与后来搀入的《中庸说》两个部分，除了子思所作的《中庸》外，"首末二段，乃后来儒者所加，即《汉书·艺文志》'凡礼十三家'中之《中庸说》二篇之类也。'今天下车同轨'等言，皆在后段，更可见矣"①。可见，冯先生怀疑今本《中庸》有后人的搀入，一定程度上考虑到"车同轨"等语句的问题，认为这样正可将其排除在外，实际是综合了王柏与王鸣盛的观点。

后日本学者武内义雄、中国台湾学者徐复观也相继撰文，论证《中庸》包含两个部分。武内义雄认为"《中庸》之原始的部分，想是由第二章仲尼曰起，至第十九章为止"，而《中庸》之首章与下半，乃韩非、始皇之倾，是子思学派之人所敷演之部分，非子思原始的部分"，并认为"《中庸》此等部分，恐即由《中庸说》所搀入"。②徐复观则力证今本《中庸》确由《中庸说》二篇构成，他提出两条证据：第一，钱大昕《廿二史考异》说："《月令》三篇（按外加《明堂位》与《乐记》），小戴入之《礼记》。而《明堂阴阳》与《乐记》，仍各自为书。亦犹《三年问》出于《荀子》，《中庸》、《缁衣》出于《子思子》，其本书无妨单行也。"徐复观由此推论："所谓《中庸说》二篇者，实即《礼记》四十九篇中之一的《中庸》的单行本，二者实为一书。此书若非原书系单行，则当它尚未在思想上特别受到重视时，《史记》及伪《孔

---

① 冯友兰：《中国哲学史》，第448页。
② 武内义雄：《子思子考》，载内藤虎次郎等著，江侠庵编译：《先秦经籍考》上册，第477～478页。

丛子》恐不会单独加以提出。"①第二，王应麟《汉书·艺文志考证》在《中庸说》条下说："孔子之孙子思伋作《中庸》。程氏曰：《中庸》之书，是孔门传授，成于子思，传于孟子。《白虎通》谓之《礼中庸记》。"徐复观认为"是王氏固以三者为一书"，并云"《孔子世家》称《中庸》，《汉志》称《中庸说》，《白虎通》谓《礼中庸记》，古人对传记之称谓，并不严格，三者皆可视作一书之名称"②。徐先生认为今本《中庸》实即《中庸说》二篇，与王柏看法相近，但他在提出自己观点时做了重新论证，并非对前者的简单重复。另外，郭沂也认为《中庸》一书包含两个部分，其中有"子曰"的部分是原始《论语》的佚文，而其余的部分则是子思所作的《中庸》③，与上说稍有不同。

在学术史上，怀疑一部书晚出或有伪常有其事，但怀疑一部书是由两部分组成，则并不多见，也绝非偶然。这说明今本《中庸》确实有其特殊之处，值得认真对待。综观以上各家所说，其观点虽对后人不乏启示，但具体论证并不能让人满意。查其立论的根据，一是《中庸说》二篇的线索。但《中庸说》与《中庸》是一种什么关系，尚不能确定，以

---

① 徐先生的这个推论多少有些问题。钱大昕认为《月令》《明堂位》《乐记》三篇入于《礼记》，但这三篇仍然单行，根据是《汉书·艺文志》于《礼记》外，又别出有《明堂阴阳》三十三篇（班固注：古明堂遗书），《明堂阴阳说》五篇，《乐记》二十三篇，此与《礼记》内所收，当系同一文献。《艺文志》因其单独别行，故又另出其目。但钱氏说"亦犹《三年问》出于《荀子》，《中庸》、《缁衣》出于《子思子》，其本书无妨单行也"，这里所说无妨单行的"本书"，应该是指《荀子》和《子思子》，而不是指《三年问》与《中庸》《缁衣》。徐先生对此理解可能有误。此点郭沂已指出，见郭沂：《〈中庸〉成书辨正》，《孔子研究》1995年第4期。

② 徐复观：《中国人性论史·先秦篇》，第93页。

③ 郭沂：《〈中庸〉成书辨正》，《孔子研究》1995年第4期。

上各家对此的认识也不尽相同。或认为今本《中庸》即《中庸说》二篇（王柏、徐复观），或认为《中庸说》只是今本《中庸》的一部分（冯友兰、武内义雄）（见表5-1）。不论哪一种观点，均只是一种推断。因此，这条线索虽有参考价值，却不能作为最终根据。二是文体、思想线索。以上各家看到今本《中庸》前后部分存在文体和思想的差异，无疑是正确的。但在对子思思想缺乏更多了解的情况下，仅靠文体、思想的差异来推断《中庸》的成书，根据并不充分，而且会产生新的问题。如，今本《中庸》内部的这种差异反映的是子思个人思想的变化，还是子思后学思想的发展？对于这些问题，在没有其他旁证材料的情况下，种种解释只能算是一种猜测和假设。因此，虽经前人的努力，今本《中庸》一书多少显出其庐山真面目，但最后的面纱仍没有被揭开，而要揭开这一学术之秘，了断这一学术公案，获得更多有关子思的材料，显然是一个必不可少的先决条件，而郭店竹简正好为我们提供了这方面的材料。

表5-1 历代学者对《中庸》上下部分的意见

学者	上半部	作者	下半部	作者
王柏	前二十章	子思	第二十一章以下	子思
冯友兰	第二章至第二十章上半段"道前定则不穷"止	子思	首章及第二十章后半段"在下位不获乎上"以下	孟子后学
武内义雄	第二章至第十九章	子思	首章及第二十章以下	子思后学
徐复观	首章至第二十章上半段"道前定则不穷"止	子思	第二十章后半段"在下位不获乎上"以下（部分为礼家杂入）	子思或其后学（孟子之前）
郭沂	有"子曰"的部分	孔子（门人所记）	"子曰"以外的部分	子思

第二节 《中庸》前后部分文体的差异

郭店竹简儒家十四篇中,哪些是属于子思的作品,学术界尚有争论,目前可以确定且意见比较一致的应当有《缁衣》《五行》《子思见鲁穆公》等篇。其中,《缁衣》一篇出于《子思》,史书曾有明确记载。《隋书·音乐志上》引沈约之言:"《中庸》《表记》《坊记》《缁衣》,皆取《子思子》。"唐陆德明《经典释文》则引南齐刘瓛称"《缁衣》是公孙尼子所制"。近代以来由于疑古风气的影响,许多学者对沈约、刘瓛说持怀疑态度,甚至认为《缁衣》等篇为秦汉之际儒生所作。楚简《缁衣》篇的发现,证明《缁衣》等篇的年代要早,基本在子思(前483—前402)生活时代之内。至于刘瓛称"《缁衣》是公孙尼子所制",可能是所谓的"同文重见"现象,由于《缁衣》主要记孔子之言,被子思、公孙尼子同时收入其著作中。不过"重见"的只有《缁衣》一篇,《表记》《坊记》则只见于《子思子》,不见于《公孙尼子》,故《缁衣》《表记》《坊记》三篇应是子思作品中较为特殊的一类。

《五行》篇早在二十年前马王堆汉墓中曾被发现过,在"经"之外还有"说",魏启鹏先生曾根据其思想特点断定为"战国前期子思氏之儒的作品"[①],庞朴先生则指出文中"仁义礼智圣"即荀子在《非十二子》中所批判子思"案往旧造说,谓之五行"的"五行"[②],揭开了思孟五行说之谜。但由于马王堆汉墓年代较晚,又没有更多材料可分别

---

① 魏启鹏:《〈德行〉校释》,第105页。
② 庞朴:《马王堆帛书解开了思孟五行说之谜》,《文物》1977年第10期。

"经""说"的著作年代，故当时学者往往将其作为一个整体看待，倾向于认为是孟子后学的作品，年代约在战国后期，甚或在西汉初期。这次出土的楚简《五行》，与帛书《五行》相比，有"经"而无"说"，说明《五行》"经"的部分成书年代应当更早，将其归为子思的作品是完全可能的。

如果我们把《缁衣》《表记》《坊记》与《五行》均看作子思作品的话，就不难发现这两类作品在文体和内容上存在着较大的差别。① 《缁衣》《表记》《坊记》三篇在形式上主要记述孔子的言论，每章皆冠以"子曰"或"子言之"，体例类似《论语》，每篇除了一个基本主题外，涉及内容往往较为广泛，属于杂记的性质。如《缁衣》篇，郑玄《礼记目录》说"名曰《缁衣》者，善其好贤者也。《缁衣》，郑诗也"。但从内容上看，实际主要讨论君臣关系，以及君民关系、交友之道、言行之要等等，好贤仅为其中一小部分。《坊记》篇主要讨论礼、刑对人们的行为的防范，同时涉及祭祀、交往之道等等。《表记》主要记录有关仁的议论，还涉及君子持身之道、言行之要、卜筮等。另外，篇中多引《诗》《书》《易》《春秋》等，而尤以引《诗》为多，这些都是和《论语》相似的。而《五行》则主要阐发论证作者自己的思想和见解，是一篇独立的哲学论文，全文主要围绕仁义礼智圣"形于内"的"德之行"，与"不形于内"的"行"，步步展开，层层递进，各段之间具有严格的逻辑关系，很少有脱离主题的议论，更没有一处引用"子曰"的地方；文中

---

① 《子思见鲁穆公》为对话体，另当别论，暂不讨论。

虽有引《诗》的地方，但仅限于个别章节，与《缁衣》等篇几乎每章多次引用《诗》《书》的情况有很大不同。另外，《五行》具有很高的理论思辨色彩，与《缁衣》等篇文句简单，多为一些格言、警句，形成鲜明对照，这可以说是二者最大的差别。《五行》与《缁衣》等篇的这种差别不是偶然的，可能是子思思想发展、变化的反映。由此推想，子思的思想可能经历了两个阶段：前一个阶段，他主要祖述孔子的言论，同时加以发挥。① 这在文献中也有反映，《孔丛子·公仪》："穆公问子思曰：'子之书所记夫子之言，或者以谓子之辞。'子思曰：'臣所记臣祖之言，或亲闻之者，有闻之于人者，虽非正其辞，然犹不失其意焉。其君之所疑者何？'"可见，子思常常把自己的言论与孔子混同起来，以致引起当时人们的怀疑。而后一个阶段，他则系统提出自己的观点，与以前相比，具有较高的理论思辨色彩，这一时期可以看作他的成熟时期。耐人寻味的是，上面两类作品的不同特点在今本《中庸》均有所反映。武内义雄说"《中庸》与《累德》②、《表记》、《缁衣》、《坊记》四篇有关系，极当考究，此四篇之文体，与《中庸》上半相似"，可谓抓住了问题的实质。需要补充的是，《五行》一篇与《中庸》下半相似，这一点也同

---

① 武内义雄曾对《表记》与《论语》中有关仁的言论进行比较，认为前者对后者有发展；而魏启鹏则指出子思礼、刑并重，不同于孔子。参见前引二人文、书。

② 《后汉书·王良传论》曰："语曰：同言而信，则信在言前；同令而行，则诚在令外。圣人在上，民迁如化。"注曰："此皆《子思子·累德篇》之言。"《意林》所录《子思子》，亦有此条；而此条前后，又有三条，不知篇名，皆列于所录《表记》文之前。黄以周辑《累德篇》，列于《表记》之前。参见武内义雄：《子思子考》，载内藤虎次郎等著，江侠庵编译：《先秦经籍考》上册，第468～469页。

样"极当考究"。从这一点看,今本《中庸》上下部分在文体、内容、思想等方面确实存在着差别,表现出不同的思想旨趣。

今本《中庸》上半部分应包括第二章到第二十章上半段"所以行之者一也"。这一部分主要记述孔子的言论,除了第十二章外,每章均有"子曰"出现,与《缁衣》等篇体例接近,属于记言体。除第二至第九章论"中庸"外,第十章记孔子答"子路问强",第十一至十五章论"君子之道",第十六至十九章论"鬼神之为德"及舜、文王、武王、周公祭祀宗庙之事,而第二十章则记孔子答"哀公问政",涉及内容较为广泛,应属于杂记性质,这与《缁衣》等篇也是接近的。今本《中庸》下半部分包括第一章以及第二十章"凡事豫则立"以下。这一部分主要记述作者的议论,与《五行》篇体例接近,主要围绕"诚明"的思想层层展开,从"天命之谓性"开始,经过"尽人之性""尽物之性",最后"赞天地之化育","与天地参"。由"天命"而到"性",由"尽性"而回到"天道",是一篇内容完整、逻辑严谨的议论文。除了第二十八章有两处"子曰"外,其余部分均没有"子曰"出现,而第二十八章正好有"生乎今之世,反古之道。如此者,灾及其身者也"及"今天下车同轨,书同文"等文字,因而可能是错简,可以排除不记。以前有学者为论证《中庸》早出,总是想把这处文字说成是战国时的言论,并不可取。可见,今本《中庸》内部存在着文体的差异,而把这两种不同的文体组织在一起显然是不合适的,在先秦古籍中也鲜见其例。前人怀疑今本《中庸》包含两个部分,并非没有根据。

今本《中庸》上半部分也有与《缁衣》等篇体例不同的地方。《缁衣》《表记》《坊记》三篇首章均作"子言之",而首章以下作"子曰"或"子云",间或也有"子言之"的情况出现。而《中庸》上半部分第二章作"仲尼曰",以下到第二十章皆作"子曰"。《中庸》的这个"仲尼曰"仅此一见,在《缁衣》等篇也无其例,值得认真考察。对于《缁衣》等篇"子言之"与"子曰"的差别,有学者认为可能是子思与孔子不同的言论,如顾实《汉书艺文志讲疏》说:"《表记》、《坊记》、《缁衣》,开端皆称'子言之',盖子思语而弟子述之也。称'子云'、'子曰'者,引孔子语也。"① 这种观点忽视了子思思想的特点,难以让人接受。查其立论的根据,是子思或其门人有意要将其言论与孔子区别开来,所以才采取了不同的记言方法。但从《孔丛子》所记子思与鲁穆公的对话看,子思是要强调自己的言论实即来自"夫子",至少是"不失其意焉"。所以《缁衣》等篇的"子言之"应该还是指孔子,它们之所以不同于"子曰"或"子云",并被置于每篇的首章,实际是一种突出、强调的作用。这可以由楚简《缁衣》篇得到证明。楚简《缁衣》首章作"夫子曰",以下皆作"子曰",这个"夫子"显然就是指孔子,它被置于篇首,和"子言之"的作用无疑是相同的。明白了这一点,《中庸》第二章的"仲尼曰"便容易理解了。我们认为,这可能与《中庸》是《子思子》的首篇有关。《孔丛子·居卫》:子思"撰《中庸》之书

---

① 顾实:《汉书艺文志讲疏》,商务印书馆,1924年,第101页。此说本于邵晋涵、黄以周,参见武内义雄:《子思子考》,载内藤虎次郎等著,江侠庵编译:《先秦经籍考》上册,第478~479页。

四十九篇"。清代学者翟灏认为，古书有举首篇代替全书之例，如邹衍所作有四十九篇，而《史记·孟子荀卿列传》仅说作《主运》；屈原有许多作品，但《离骚》为屈原赋的首篇，所以《史记·屈原贾生列传》就说"乃作《离骚》之赋"。同样，《中庸》为《子思子》的首篇，故用来作为全书的称谓，称"《中庸》之书四十九篇"①。这个说法是可信的，因为《中庸》一书另有四十七篇的说法。李翱《复性书》："子思，仲尼之孙，得其祖之道，述《中庸》四十七篇。"晁说之《中庸传》："是书本四十七篇。"郑樵《六经奥论》也说："《中庸》四十七篇。"武内义雄由此推断《子思子》二十三篇，每篇分上下两篇，另加一篇序录，即成《中庸》四十七篇。②可见，"《中庸》四十七篇"不过是《子思子》二十三篇的另一种说法，说《中庸》是《子思子》的首篇是有根据的。因此，《中庸》第二章的"仲尼曰"，可能是子思看到人们对自己的言论表示怀疑，故在"撰《中庸》之书四十九篇"时，特意在其首篇首章标明"仲尼曰"三字，说明自己所记均为孔子之言，具有绝对的权威性，不容怀疑。而在以下《缁衣》等篇，也在其首章专门用"子言之曰"或"夫子曰"予以突出、强调，这或许就是今本《中庸》第二章出现一个"仲尼曰"的原因所在。由此也可以知道，原始《中庸》是从今本的第二章开始的，而第一章及后一部分是后来加上去的。

---

① 翟灏：《四书考异》，转引自蒋伯潜：《诸子通考》，第329页。
② 武内义雄：《子思子考》，载内藤虎次郎等著，江侠庵编译：《先秦经籍考》上册，第466页。

第三节 《中庸》前后部分思想的差异

今本《中庸》上下两个部分在思想上存在着差异，甚至对立，把它们放在一起是不合适的，这是我们怀疑《中庸》原是两个部分最主要的原因。《中庸》上半部分主要讨论"中庸"。关于"中庸"，前人有不同的解释，郑玄《礼记目录》："名为中庸者，以其记中和之为用也。庸，用也。"① 二程则认为中庸是一种方法，"不偏之谓中，不易之谓庸"②。郑玄认为中庸即第一章喜怒哀乐"未发"与"已发"的"中和"，是为了把原来没有直接关系的两个概念联系在一起，并不足取。而二程把中庸仅仅看作一种方法，多少违背了中庸的原义。那么，中庸的本义到底是指什么呢？《说文》："中，内也；从口、丨，上下通。"其中"口、丨"应指礼器一类，有学者将其释为"徽帜""册簿"或"旗鼓"③，都是讲得通的。古时每逢大事，君王需要祭天，执"中"以"通上下"，表示"君命神授""受命于天"。因此，"中"的原义是指沟通天人的礼仪、礼器之类。由于礼在古代社会中具有崇高神圣的地位，有无限威力，它渗透到政治、军事、文化思想的方方面面，成为人们思想行为的准则与标准，而"中"在文献中也具有这一含义。《礼记·仲尼燕居》："子贡越席而对曰：'敢问将何以为此中者也？'子曰：'礼乎礼！夫礼所以制中也。'"《荀子·儒效》："先王之道，仁之隆也，比中而行之。曷谓中？

---

① 李学勤主编：《十三经注疏·礼记正义》下册，第 1422 页。
② 朱熹：《中庸章句》引，载《四书集注》，第 17 页。
③ 胡念耕：《孔子"中庸"新解》，《社会科学战线》1997 年第 2 期。

曰：礼义是也。"《周礼·地官·大司徒》："以五礼防万民之伪，而教之中。"显然，这个"教之中"的"中"即指礼。君王祭天，民众必自四方而至，久而久之，引申出中心的"中"，象征君位所在，所谓"王者必居天下之中，礼也"（《荀子·大略》）。又引申出正中、中间之义。《尚书·大禹谟》："允执厥中。"《论语·尧曰》："允执其中。""中"皆表示正中、中间、不偏不倚。二程说"不偏之谓中"，有一定的道理，但"偏"与"不偏"需要一个标准，这个标准即礼，如果看不到这一点，难免有失片面。"庸"有"常"的意思，《尔雅·释诂上》："庸，常也。"具体指常行、常道。所以，中庸的本义应为中道和常道，也即日用常行。那么，子思生活的时代什么可以称作"日用常行"呢？显然只有礼了。可见，中庸一词实是由礼转化而来，是礼的理论化和哲学化。《汉书·艺文志》记载有"《中庸说》二篇"，列入六艺略礼类，说明中庸与礼有密切关系，乃当时人们的普遍观念。明白这一点，《中庸》这一部分的内容便容易理解了。

今本《中庸》第二章开宗明义提出"中庸"，把它看作君子的一种德行。"仲尼曰：君子中庸，小人反中庸。君子之中庸也，君子而时中；小人之反中庸也，小人而无忌惮也。"以往人们解释此章，往往把它与第一章"天命之谓性""中和"等问题纠缠在一起，认为中庸乃天命所赋人之性，"顺着各人之性所发出来的，即是'中庸'之道"[①]。又认为中庸也即中和："'以性情言之，则曰中和；以德行言之，则曰中庸是也。'

---

① 徐复观：《中国人性论史·先秦篇》，第104页。

然中庸之中，实兼中和之义。"①这样一来，一个本来简单的问题反而被搞复杂了。实际上，所谓"君子中庸"是说君子能够恪守中道，也即恪守礼，而小人不遵守礼仪，故肆无忌惮，与"天命之谓性""喜怒哀乐"之"中和"并没有什么关系。因为从《中庸》第二章到第二十章上半部分没有一处谈到"性"，更没有谈到"中和"。相反，它谈中庸多从外部入手，把中庸看作外在的习俗和规范，表现出由外而内的致思方向：

> 子曰：人皆曰予知，驱而纳诸罟擭陷阱之中，而莫之知辟也。人皆曰予知，择乎中庸，而不能期月守也。（《中庸》第七章）
>
> 子曰：回之为人也，择乎中庸，得一善，则拳拳服膺，而弗失之矣。（《中庸》第八章）

"择乎中庸"说明中庸的客观外在性，而"期月守也"则表明中庸的完成与实现需要经过一定时间的持守，将其由外在规范转化为内在自觉。颜回可以说是这方面的典范，他"择乎中庸，得一善，则拳拳服膺，而弗失之矣"，而一般民众则"鲜能久矣"。在孔门弟子中，颜回以"克己复礼"著称，他"一箪食，一瓢饮，在陋巷"（《论语·雍也》），"非礼勿视，非礼勿听，非礼勿言，非礼勿动"（《论语·颜渊》）。他的这一品格无疑是他能够"择乎中庸"的根本原因，同时也说明中庸乃和礼密切相关的概念，而与"天命之谓性"没有关系。中庸来自礼，礼的一个重要内容即君臣父子人伦关系，而中庸也包含这方面内容：

---

① 朱熹：《中庸章句》，载《四书集注》，第19页。

君子之道费而隐。夫妇之愚，可以与知焉，及其至也，虽圣人亦有所不知焉。……君子之道四，丘未能一焉：所求乎子，以事父，未能也；所求乎臣，以事君，未能也；所求乎弟，以事兄，未能也；所求乎朋友，先施之，未能也。(《中庸》第十二至十三章）

这里的"君子之道"即中庸之道，在作者看来，道并非不可捉摸之物，它内在于普通的人伦关系及日用常行之中，并通过"事父""事君""事兄"与"求乎朋友"的礼仪形式而展现出来，所以它是平凡无奇的，"夫妇之愚，可以与知焉"，"夫妇之不肖，可以能行焉"。但要完全实现它，却是连圣人都难以做到的，"及其至也，虽圣人亦有所不能知焉"。可见，道是既平凡又超越，"极高明而道中庸"的，但这种超越是立足于人伦的超越，是即日用而超越日用，亦即在日用常行中寻找超越，它可以说是一种世俗化的超越，与今本《中庸》后半部分心性的超越有所不同。不仅如此，由于道体现于人伦日用之中，生活的价值、意义需要从人伦日用本身中去发现、寻找，一切超出人伦日用本身的行为都会被视为"素隐行怪"。因此，"庸德之行，庸言之谨；有所不足，不敢不勉，有余不敢尽"(《中庸》第十三章）成为今本《中庸》上半部分的主调。它所要求的，不是积极进取有所作为，"制天命以用之"，改变个人的处境与命运，而是满足现状，自我平衡，安贫乐道。

君子素其位而行，不愿乎其外。素富贵，行乎富贵；素贫贱，行乎贫贱；素夷狄，行乎夷狄；素患难，行乎患难，君子无入而不

自得焉。(《中庸》第十四章）

素，平素，既往。君子身处其位则安于其位，不作本位以外的非分之想。身处富贵就安于富贵，身处贫贱就安于贫贱，身处夷狄就安于夷狄，身处患难就安于患难，这样便无处不安然自得。可见，中庸和礼一样，都是要求人们自我约束、自我限制、自我克制。所不同的是，礼强调的是制度仪节，而中庸反映的则是制度仪节背后的价值观念和思想方法。

> 子曰：道之不行也，我知之矣：知者过之，愚者不及也。道之不明也，我知之矣：贤者过之，不肖者不及也。(《中庸》第四章）

这里的"道"就是指中庸之道，人们之所以违背它，是因为"知者过之，愚者不及也"。可见，"中庸"确实有方法的含义，但这种方法是在日用常行即礼的基础上推衍出来的，起初它只是要求人们"不偏""不易"，避免"过与不及"的错误，逐渐又形成较为丰富的内容，"执其两端，用其中于民""忠恕违道不远"等等。因此，说中庸来自于礼，是对礼的哲学化、理论化，并非面壁虚构，而是有确凿的事实根据。搞清了这一点，以往关于《中庸》上半部分内容的争议也可得到澄清。《中庸》第十七、十八、十九章谈论鬼神祭祀，前人多认为是错简，与《中庸》本文无关。这种观点没有看到中庸与礼的联系，是不足取的。因为祭祀乃礼的一个重要内容，甚至可以说是它的核心，以上三章虽然没有谈到中庸,但却多处谈到礼:"上祀先公以天子之礼。""斯礼也,达乎诸侯大夫,及士庶人。"(《中庸》第十八章)"宗庙之礼,所以序昭穆也。""践其位,行其礼,奏其乐。""明乎郊社之礼、禘尝之义,治国其如示诸掌乎!"(《中庸》第十九章)因此,它们被收录在这里可能正是基于这种考虑。这种表述形式与《缁衣》等篇的情况是一致的,而与《中庸》下半部分有很大差别。

《中庸》下半部分包括第一章及第二十章"凡事豫则立"以下部分,是一篇观点明确、逻辑严谨的议论文。因为它主要谈论"诚明",我们不妨称之为《诚明》篇。它开篇提出了一组富有哲学意味的命题:

> 天命之谓性,率性之谓道,修道之谓教。(《中庸》第一章)

"天命之谓性",是说天所命于人的即性。"率性之谓道",郑玄、朱熹皆注"率,循也",指循性而行即道。但又有学者主张"'率'应训为统率、率领。'率性之谓道'是说统率性的是道。……楚简'长性者,道也。''长'就是率"①。若依前说,则"道"是内在之道,"修道之谓教"是指以后天的修习发明此内在之道;若依后说,则"道"是外在之道,"修道之谓教"是指以此外在之道改造人先天的本性。可见,"率性"是"循性"还是"长性",不仅关系到"修道之谓教"的理解,同时也关系到整个《诚明》的思想。其实,《中庸》第二十一章对以上两句有明确的解释:

---

① 廖名春:《荆门郭店楚简与先秦儒学》,载《中国哲学》第 20 辑。

> 自诚明，谓之性。自明诚，谓之教。

"自诚明，谓之性"是说由内在的诚而达到对是非善恶的明觉，便可称作是发自本性的。这是以功能、作用言性，而不是给性下一定义。"自明诚，谓之教"是说由明觉的认知活动而发明内在的诚，便可称为教。"教"与"性"相对，前者先天自然，后者后天教化，二者出发点虽有不同，但目的则是一样的，故又说"诚则明矣，明则诚矣"。以上两句中，"自诚明，谓之性"显然即"率性之谓道"，因为下面第二十五章接着说"诚者自成也，而道自道也"。"诚"即"道"，与"率性之谓道"是一致的。① 而"自明诚，谓之教"也即"修道之谓教"，因为在作者看来，虽然人们具有内在的"诚"，但并非每个人都能将其直接表现出来，故还需要经过后天的教化培养，这即"自明诚"和"修道"作为"教"的意义所在。可见，作者一方面肯定人具有先天的道德禀赋，另一方面又强调后天教化的重要，这个多少有些矛盾的观点构成了《诚明》的一个基本思想。在第二十章下半段，作者还有与此相关的一段论述：

> 诚者，天之道也；诚之者，人之道也。诚者，不勉而中，不思而得，从容中道，圣人也；诚之者，择善而固执之者也。

以往学者由于受宋明理学家的影响，往往从本体与工夫的角度看待"诚者"与"诚之者"的关系，把"诚者"看作形而上的本体，而把

---

① 杨亶骅《中庸本解》注此章云："道，即'率性之谓道''道'字。"

"诚之者"看作发明此本体的后天实践活动,结果造成理解上的偏差。其实,这里的"诚者"和"诚之者"主要是指两种不同的实践能力和方法。"诚者,天之道"是说"诚者"不借后天的努力和思考而自然而然表现出来,也即"诚者,不勉而中,不思而得,从容中道",是先天自然的,故说"天之道";而"诚之者,人之道"是说"诚之者"需经过对"善"的学习和掌握以发明内在的"诚",是后天人为的,需要经过一个学习实践的过程。所以在上面一段后又接着说:"博学之,审问之,慎思之,明辨之,笃行之。……人一能之,己百之。人十能之,己千之。"因此,"诚者,天之道也;诚之者,人之道也"与"自诚明,谓之性;自明诚,谓之教"二者思想是一致的,均是对第一章"率性之谓道,修道之谓教"的解释和阐发。由此可见,今本《中庸》第一章与第二十章下半段以下具有一种内在的联系,作者先在第一章提出"率性之谓道,修道之谓教"的命题,接着又在第二十章下半段及第二十一章对以上命题做了进一步解释,二者上下呼应,思想连贯。而第二章以下关于"中庸"内容的插入,多少将这种联系打断了,同时也给人们的理解带来分歧和困难;相反,如果将"中庸"的部分拿去,那么原来的思想脉络便清晰可寻。这进一步说明,今本《中庸》是经过后人改动的,"诚明"与"中庸"原来各自独立,并非一个整体。

既然性是诚明之性,是自觉能动之性,那么,"率性"自然就是"循性"了,"率性之谓道"不是外在的道,而是一种内在的道,故作者在"天命之谓性"三句后接着说:

> 道也者，不可须臾离也，可离非道也。是故君子戒慎乎其所不睹，恐惧乎其所不闻。莫见乎隐，莫显乎微，故君子慎其独也。（《中庸》第一章）

"道"内在于性中，循性而行即道，所以它是一刻也不能分离的，如果能够分离，就不能算是道了。这个"道"显然不同于前面所说的中庸之道，而是"自诚"之道，它不是要求人们不偏不倚，恪守既定的常道，而是要求内心时时保持着诚，在闲居、独处时仍能恐惧、戒慎，不敢有一丝的松懈，这样便做到了慎独。以往人们往往根据郑玄的说法，把慎独理解为"慎其闲居之所为"，不完全符合作者的原意。其实，慎独的"独"不仅指独居、独处，它还指内心的"一"。楚简和帛书《五行》说："能为一，然后能为君子，慎其独也。"帛书《五行·说》对此解释道"独然后一，一也者，夫五为一心也，然后得之"。慎独是指仁义礼智圣"五行"统一于心，与心为一。这与《诚明》强调心不可离道的思想是一致的。因此，《诚明》中的慎独不仅指"戒慎乎其所不睹，恐惧乎其所不闻"，更重要的是，它还强调在"不睹""不闻"时内心仍要时时保持着诚，"不可须臾离也"，这才是《诚明》所言慎独的重点所在。诚不仅体现在慎独上，同时，它还体现在"尽性"的实践过程之中：

> 唯天下至诚，为能尽其性；能尽其性，则能尽人之性；能尽人之性，则能尽物之性；能尽物之性，则可以赞天地之化育；可以赞天地之化育，则可以与天地参矣。（《中庸》第二十二章）

"尽"，扩充、发用。"尽其性"也即扩充、发用自己的诚性。在作者看来，诚存在于万物之中，构成万物之性，天地万物本质上乃一道德存在，天地万物的成长也是一道德精神的发育过程，而"至诚"之人在"尽其性"的同时，也感通、作用他人之性，感通、作用万物之性，赞助天地的生化发育，在宇宙间具有与天、地同等的地位，"与天地参"。这样，诚被看作世界意义的体现，"尽性"成为一种准宗教性的精神体验活动，它要求人们自我扩充、自我膨胀，以达到与天地等同的精神境界，而这与"庸德之行，庸言之谨"的中庸所表现出的自我约束、自我克制何其不同！诚不仅能"赞天地之化育"，还表现在具体的事物中：

> 其次致曲。曲能有诚，诚则形，形则著，著则明，明则动，动则变，变则化。唯天下至诚为能化。(《中庸》第二十三章)

"致"，推致。"曲"，一隅，指具体。"致曲"也就是把诚运用到对象化的具体事物之中，使其由内而外逐步显现出来，并转化为具体的行动，感化、影响到他人。这里，诚不是赋予世界以意义，而是主体自觉、能动的道德实践活动；它不是以既有的道德规范为准绳，而是自我规定、自我主宰，"诚则形，形则著，著则明，明则动，动则变"；它不仅完善、成就自我，同时还造就、实现外物，所以说"诚者非自成己而已也，所以成物也。成己，仁也；成物，知也。性之德也，合外内之道也"(《中庸》第二十五章)。而诚的这种自我开拓、积极进取的实践精神与中庸的随众趋俗、安于现状、消极保守多少是不太协调的。这也再一次说明，今本《中庸》中"诚明"与"中庸"在内容上并不是一个整体，把它们组合在一起是后来的事情。

根据以上分析，不难发现"中庸"与"诚明"在许多方面都存在着差异：

首先，二者的内容不同。中庸即日用常行，它是从礼转化而来，是对礼的理论化和哲学化。它要求人们恪守常道，"庸德之行，庸言之谨"，达到行为的程式化、大众化、无个性化。它同时也是一种方法，强调"择其两端"，反对"过与不及"，但归根结底还是要符合常道，关注的是现实社会秩序。而诚明则是主体的一种道德实践能力，反映的是主体的自主、自觉、能动的实践活动。从这一点看，它和仁在内在精神上倒是一致的，是对仁的继承和发展。它夸大道德主体的作用，认为只要内心做到"至诚"就自然可以"从容中道"，甚至"可以前知"（《中庸》第二十四章）。它同样也是一种修养方法，强调"慎独"，即保持内心的诚，因而主要体现为内在的心性活动。

其次，二者都谈到了"道"，但所谈"道"的内容不同。中庸之道是一种外在之道，它体现在人伦关系之中，通过传统和习俗的力量来规范、调节人们的行为，表现出实用、具体、凡俗的特征。而诚明之道则是一种内在之道，它体现在性之中，"率性之谓道"，成为道德实践的内在动力和主宰，表现出自主、自律、自觉的特征。

最后，二者都涉及超越性的问题，但具体内容有所不同。中庸在关注现实的同时，还提出自近而远、自卑而高的超越过程，"君子之道，辟如行远必自迩,辟如登高必自卑"(《中庸》第十五章)。但这种超越是建立在人伦日用之上的,对后者的关注往往弱化了前者,使超越性淹没在世俗性中。而诚明所谈的则是一种内在的心性超越,"故至诚无息。不息则久,久则征,征则悠远,悠远则博厚,博厚则高明。博厚,所以载物也;高明,所以覆物也;悠久,所以成物也。博厚配地,高明配天,悠久无疆"(《中庸》第二十六章)。它通过诚向外的扩充,赋予世界以意义,达到与天地并立的精神境界,最终走向准宗教的神秘体验。

《中庸》与《诚明》的这种差别,可能与《缁衣》等篇与《五行》的情况一样,是子思思想的发展、变化的反映,而由这些差别我们可以肯定,《中庸》与《诚明》原来可能并不是一个整体。

第四节 《中庸》前后部分的不同影响

以上我们从文献和思想两个方面对今本《中庸》的成书进行了分析,认为它应该包括原来独立的两篇:《中庸》和《诚明》。今本《中庸》的这两个部分在以后产生的影响也是不同的。这同样说明,它们被编在一起乃后来的事情。子思之后,最先引用过今本《中庸》的是孟子,如《孟子·离娄上》:

> 孟子曰:居下位而不获于上,民不可得而治也。获于上有道:不信于友,弗获于上矣;信于友有道:事亲弗悦,弗信于友矣;悦亲有道:反身不诚,不悦于亲矣;诚身有道:不明乎善,不诚其身

矣。是故，诚者，天之道也；思诚者，人之道也。至诚而不动者，未之有也；不诚，未有能动者也。

这段文字与《中庸》第二十章下半段，除了少数字句外基本相同，有学者已经论证这段文字晚于《中庸》，是《孟子》引用《中庸》而不是相反。① 除此之外，《孟子》还有多处受到《中庸》的影响，如《孟子·尽心上》：

> 孟子曰：万物皆备于我矣。反身而诚，乐莫大焉。强恕而行，求仁莫近焉。

这段话显然是从《中庸》第二十六章"故至诚无息。不息则久，久则征，征则悠远，悠远则博厚，博厚则高明。博厚，所以载物也"变化而来。以往人们对如何理解孟子的"万物皆备于我"有过种种争论，成为研究中的一个难点。其实，它和《中庸》第二十六章可以相互发明，均是指内在的诚扩充、显现的过程，以及所达到的精神境界，只不过《中庸》交代了其中的具体过程，因而显得清楚、明白，而《孟子》只说明了最终的结果，则多少有些突兀，若能将二者参照起来，则《孟子》的思想就容易理解了。此外，《孟子·离娄下》篇谈论"明"，与《中庸》也有一定的联系：

> 孟子曰：……舜明于庶物，察于人伦，由仁义行，非行仁

---

① 徐复观：《中国人性论史·先秦篇》，第91页。

义也。

"由仁义行,非行仁义也"强调道德行为的自主性、能动性,与《中庸》第二十三章"诚则形,形则著,著则明,明则动,动则变"在思想上也是一致的。不同的只是《中庸》说"诚",而《孟子》说"仁义"。但前面我们说过,《中庸》的"诚"本来就是对孔门仁学的继承和发展,所以它们仍是一致的。

从以上材料看,与孟子思想有关的主要是今本《中庸》的"诚明"部分,而对中庸,整部《孟子》不仅没有明确提及,甚至连与中庸有关的礼也很少谈起。[①]这除了思想倾向的差异外,同时也说明可能此时《中庸》与《诚明》两篇还没有被编撰在一起。人们常说"子思作《中庸》",而孟子又曾"学于子思之弟子",但真正影响孟子的并不是子思所作的《中庸》,而是与此不同的另一篇《诚明》。

孟子之后,荀子所作《不苟》篇与今本《中庸》也有密切关系,但与孟子不同的是,荀子不仅说到中庸而且说到诚,表现出把二者融合在一起的倾向。据学者考证,《不苟》篇是荀子"年五十始游于齐"以前的作品,"在《荀子》诸篇中,当是最早的"[②]。关于"不苟",作者在篇首有一个明确交代:

[①] 孟子所说的礼主要是指由"恻隐之心"所发的礼节仪式,与《中庸》作为习俗、伦理规范的礼有很大不同。

[②] 廖名春:《荀子新探》,第二章《著作年代考》,文津出版社(台北),1994年。

> 君子行不贵苟难，说不贵苟察，名不贵苟传，唯其当之为贵。

可见，"不苟"就是不苟且，也就是要做到"当"，即下文的"礼义之中"。不过，这里的"礼义之中"侧重的是日用常行，而不是制度仪节。以上四句后作者接着说："故怀负石而赴河，是行之难为者也，而申徒狄能之，然而君子不贵者，非礼义之中也。山渊平，天地比，齐秦袭，入乎耳，出乎口，钩有须，卵有毛，是说之难持者也，而惠施、邓析能之，然而君子不贵者，非礼义之中也。"申徒狄、惠施、邓析等人有常人难以做到的行为、言论，但这些行为、言论既没有实际的用途，又违背了生活的常规，因而是君子所不为的。荀子这一思想显然受到《中庸》反对"素隐行怪"的影响。《中庸》第十一章说："子曰：素隐行怪，后世有述焉，吾弗为之矣。君子遵道而行，半涂而废，吾弗能已矣。君子依乎中庸。遁世不见知而不悔，唯圣者能之。"君子应当"遵道而行"，也就是要"依乎中庸"，即使不被理解、重视，也不应哗众取宠，以古怪的行为见闻于世。可见，二者的思想是一致的。因此，荀子所说的"礼义之中"实际也就是中庸。他的这段言论即受到《中庸》的启发，是在后者的基础上发展而来的。

《不苟》第二至第八自然段[①]讨论君子与小人，指出了二者的差别：

> 君子、小人之反也：君子大心则敬天而道，小心则畏义而

[①] 以梁启雄的《荀子简释》（中华书局，1983年）为准，下同。

节,……小人则不然,大心则慢而暴,小心则淫而倾。

这段文字与今本《中庸》第二章"仲尼曰:君子中庸,小人反中庸。君子之中庸也,君子而时中;小人之反中庸也,小人而无忌惮也"的思想是一致的,其中"君子大心则敬天而道,小心则畏义而节"显然即"君子中庸",而"小人则不然"一段明显是对"小人之反中庸也,小人而无忌惮也"的发挥。前面我们已论证,"仲尼曰"一段原为《中庸》的首章,而《不苟》的一个基本思想就是强调君子、小人的对立。除了以上几段外,下面几段仍然反复陈述这一思想,它受《中庸》的影响是十分明显的。在第十一自然段,也有一段与《中庸》有关的文字:

庸言必信之,庸行必慎之,畏法流俗,而不敢以其所独甚,若是,则可谓悫士矣。言无常信,行无常贞,唯利所在,无所不倾,若是,则可谓小人矣。

《说文》:"悫,谨也。"恭谨之意。悫士即诚恳、恭谨之人,其与小人相对,属于作者肯定的对象。这段论述与《中庸》第十三章从思想到文句都十分接近:"庸德之行,庸言之谨;有所不足,不敢不勉,有余不敢尽;言顾行,行顾言,君子胡不慥慥尔。"其中"庸言必信之,庸行必慎之"显然即《中庸》的"庸德之行,庸言之谨","不敢以其所独是"与"有所不足,不敢不勉,有余不敢尽"思想也是一致的,说明荀子确曾看到过《中庸》,并受到其思想的影响。荀子重视礼,他的学说以礼为核心与此也有一定的关系。由此可见,今本《中庸》在思想史上的作用和地位是不同的。其中"诚明"部分影响了孟子,而"中庸"则影响了荀子。如果它们是同一篇作品,为什么会产生如此不同的结果呢?显然答案只能有一个,即它们原来是不同的两部作品,被编撰在一起乃是后来的事情。"中庸"之外,《不苟》第九自然段也有一段关于"诚"的论述:

> 君子养心莫善于诚,致诚则无它事矣。唯仁之为守,唯义之为行。诚心守仁则形,形则神,神则能化矣。诚心行义则理,理则明,明则能变矣。变化代兴,谓之天德。天不言而人推高焉,地不言而人推厚焉,四时不言而百姓期焉,夫此有常,以至其诚者也。君子至德,嘿然而喻,未施而亲,不怒而威,夫此顺命,以慎其独者也。善之为道者,不诚则不独,不独则不形,不形则虽作于心,见于色,出于言,民犹若未从也,虽从必疑。天地为大矣,不诚则不能化万物。圣人为知矣,不诚则不能化万民。父子为亲矣,不诚则疏。君上为尊矣,不诚则卑。夫诚者,君子之所守也,而政事之本也。

这段文字与《诚明》的思想比较接近,有些字句明显就是抄自《诚明》,学者对此已有论述。荀子既然在《不苟》篇中同时提到"中庸"和"诚"两方面的内容,那么,这是否意味着今本《中庸》原来就是一个整体呢?答案是否定的。因为,我们从上面的材料可以看到:第一,荀子写《不苟》篇时,《诚明》和《中庸》尚是两篇独立的著作;第二,荀子虽然提到"中庸"和"诚",但他是在试图把两种不同的思想融合在一起,而不表示它们原来就是一个整体。

首先,从荀子对"慎独"的理解来看,他所看到的《诚明》并非今本《中庸》的一个部分,而是独立的一篇。上引材料中有一段谈到了慎独,其中说"不诚则不独",说明荀子是从内在的"诚"来理解"慎独"的。在他看来,慎独是由诚所达到的一种精神状态,而与外在的行为举止关系不大,所以说"君子至德,嘿然而喻,未施而亲,不怒而威,夫此顺命,以慎其独者也"。相反,只要慎独,保持内心的诚,就可以做到"化万物""化万民",一切矛盾都可以迎刃而解。荀子把慎独看作内心诚,看作内心的专一状态,这种理解和《五行》思想接近,而和后人对《中庸》慎独的理解有很大不同。此外,刘向《说苑·敬慎》也说:"存亡祸福,其要在身,圣人重诫,敬慎所忽。《中庸》曰:'莫见乎隐,莫显乎微,故君子能慎其独也。'谚曰:'诚无垢,思无辱。'夫不诚不思而以存身全国者亦难矣。《诗》曰:'战战兢兢,如临深渊,如履薄冰。'此之谓也。"这里明确提到《中庸》,说明刘向所说的就是《中庸》中的慎独。然而值得注意的是,刘向和荀子一样,都是从"诚"来理解慎独。而今本《中庸》在第一章提出慎独后,除在第十六章说到一个"诚"字外,到第二十章以下才对"诚"展开论述,所以根据今本《中庸》的结构,是很难将慎独与诚联系在一起的。而荀子、刘向能够直接用诚解释慎独,说明他们看到的《诚明》尚没有加入"中庸"的部分,文章原来的理路是清楚的，所以能够把今本《中庸》的第一章与第二十章联系在一起，直接用第二十章的"诚"来解释第一章的"慎独"。而到了郑玄时，由于原来的结构已被打乱，"慎独"与第二章以下有关"中庸"的内容联系在一起，意思也从"不诚则不独"变为"慎其闲居所为"。所以，荀子虽然同时提到"中庸"与"诚"，但并不意味着它们原来是一个整体。相反，仔细分析它们的内容，则可以发现它们原来是各自独立的。

其次，荀子在接受《诚明》思想影响的同时，对其夸大"诚"的作用的内容做了改造，使其与"礼仪之中"的思想统一起来。这说明荀子是在试图把原来对立甚至矛盾的内容结合在一起，而不是照搬同一部作品中的两部分内容。《不苟》论"诚"的一段文字明显受到今本《中庸》第二十三章的影响，但不是对后者的简单重复，而是做了改造、发挥，以往学者只看到二者相同的一面，而没有看到差别的一面，是不全面的。我们不妨将二者做一个对比：

> 君子养心莫善于诚，致诚则无它事矣。唯仁之为守，唯义之为行。诚心守仁则形，形则神，神则能化矣。诚心行义则理，理则明，明则能变矣。变化代兴，谓之天德。(《不苟》)
>
> 曲能有诚，诚则形，形则著，著则明，明则动，动则变，变则化。唯天下至诚为能化。(《诚明》)

不难发现，除了个别文字外，《不苟》与《诚明》最大的差别是，它在描述"诚"的实践过程中加入了"仁""义"两个概念，提出了"唯仁之为守，唯义之为行"的命题。《诚明》篇认为，内在的"诚"经过"形""著""明""动""变""化"等一系列过程，直接表现为由内而外的道德行为，反映的是道德实践的能动性和自主性，孟子将这一思想概括为"由仁义行，非行仁义也"（《孟子·离娄下》）。而荀子则把诚看作实践仁、义的手段，认为"诚心守仁则形"，"诚心行义则理"。这样，荀子的"诚"恰恰是"行仁义也"，而不是"由仁义行"，是他律的道德活动而不是自律的道德行为。我们知道，在荀子那里，仁不具有道德创造性，不能直接表现为道德行为，而只是对外在规范的持守、把持，所以说"唯仁之为守"；义则是一个与礼密切相关的概念，同时又指主体的实践原则。"仁，爱也，故亲；义，理也，故行。"（《荀子·大略》）但荀子的"行义"不同于孟子的"由仁义行"，它不是主体的自我决断、自我发用，而是实践外在的道德规范，用他的话说："行义动静度之以礼。"（《荀子·君道》）"夫义者，内节于人而外节于物者也，上安于主而下调于民者也，内外上下节者，义之情也。"（《荀子·强国》）义既节内又节外，是节内与节外的统一，但它不是以内节外，而是以外节内。所以，《不苟》虽然也使用了与《诚明》相近的"形""著""明""动""变""化"等概念，但二者的思想却不尽相同。后者"诚则形，形则著，著则明，明则动，动则变，变则化"，由内而外，自主自律；而前者则需"唯仁之为守，唯义之为行"，经过一个向外的求索过程，将客观规范内在化，然后才能"诚心守仁则形"，"诚心行义则理"，因而是他律的、由外而内的。荀子对"诚"所做的这种改造，显然是对《诚明》及孟子夸大主观实践能力的否定，他的"唯仁之为守，唯义之为行"可以说是孟子"由仁义行，非行仁义也"的反命题。从这一点看，荀子的思想更接近"自明诚"，而不同于"自诚明"。但在《诚明》那里，"自明诚"是实现"自诚明"的手段，其最终目的还是要发明内在的诚；而荀子则根本否定了"自诚明"，他并非要发明什么内在的"诚"，而是要做到"礼仪之中"。因此，荀子对"诚"的改造并非无意的，而是明显表现出将中庸与诚明这两种本来对立的思想统一起来的意图，使"诚"成为一种修养方法，为君子的"唯其当"也就是"礼仪之中"服务。而从荀子对"诚"的改造来看，"中庸"与"诚"原来并不是联系在一起的。

另外，与此相关，荀子对《诚明》"不诚无物"的命题也做了改造，抛弃了其中精神体验的神秘成分，而走向经验、实证。学者已经指出，《不苟》篇"天地为大矣，不诚则不能化万物。圣人为知矣，不诚则不能化万民。父子为亲矣，不诚则疏。君上为尊矣，不诚则卑。夫诚者，君子之所守也，而政事之本也"一段，是对今本《中庸》第二十五章"不诚无物。是故君子诚之为贵。诚者，非自成己而已也，所以成物也"所做的解释和阐发，但二者相比，又有很大差别。《诚明》的"成物"是在"参赞天地化育"的意义上说的，因而更具形而上意味，而《不苟》则把"诚"看作维护天地、圣人、君臣、父子的手段，显得朴实、平易，更接近日常经验，同时也与前面的"礼仪之中"统一起来，这同样说明，荀子是在试图统一两种不同的思想，而不是征引同一部作品的内容。

需要指出的是，荀子试图将"中庸"与"诚明"统一在一起，并非完全没有根据。因为《中庸》与《诚明》思想上虽然存在较大分歧，但它们终归同为子思的作品，二者也有可沟通的地方。《诚明》在突出由内而外的"自诚明"的同时，又保留了自外而内的"自明诚"，提出要"博学之，审问之，慎思之，明辨之，笃行之"，而儒家一般所说的"学问"往往是以道德行为等"人事"为内容的，这就多少为作为日用常行的中庸留下了位置。《诚明》有一处提到中庸："尊德性而道问学"，"极高明而道中庸"，可能也正是这个原因。但在《诚明》篇中，其核心是"高明"而不是"中庸"，经过荀子的改造，"道中庸"被大大膨胀起来，而"极高明"却被弱化。而从孟子突出内在的"诚明"却很少谈及外在的"中庸"，荀子改造"诚明"以便统一于"中庸"来看，《中庸》与《诚明》原来是单独存在而非完整的一篇。

附：《中庸》与《诚明》

《中庸》

仲尼曰："君子中庸，小人反中庸，君子之中庸也，君子而时中；小人之反中庸也，小人而无忌惮也。"

子曰："中庸其至矣乎！民鲜能久矣！"

子曰:"道之不行也,我知之矣:知者过之,愚者不及也。道之不明也,我知之矣:贤者过之,不肖者不及也。人莫不饮食也,鲜能知味也。"

子曰:"道其不行矣夫!"

子曰:"舜其大知也与!舜好问而好察迩言,隐恶而扬善,执其两端,用其中于民,其斯以为舜乎!"

子曰:"人皆曰予知,驱而纳诸罟擭陷阱之中,而莫之知辟也。人皆曰予知,择乎中庸,而不能期月守也。"

子曰:"回之为人也,择乎中庸,得一善,则拳拳服膺,而弗失之矣。"

子曰:"天下国家可均也,爵禄可辞也,白刃可蹈也,中庸不可能也。"

子路问强。子曰:"南方之强与?北方之强与?抑而强与?宽柔以教,不报无道,南方之强也,君子居之。衽金革,死而不厌,北方之强也,而强者居之。故君子和而不流,强哉矫!中立而不倚,强哉矫!国有道,不变塞焉,强哉矫!国无道,至死不变,强哉矫!"

子曰:"素隐行怪,后世有述焉,吾弗为之矣。君子遵道而行,半涂而废,吾弗能已矣。君子依乎中庸,遁世不见知而不悔,唯圣者能之。

"君子之道费而隐。夫妇之愚,可以与知焉,及其至也,虽圣人亦有所不知焉。夫妇之不肖,可以能行焉,及其至也,虽圣人亦有所不能焉。天地之大也，人犹有所憾。故君子语大，天下莫能载焉；语小，天下莫能破焉。《诗》云：'鸢飞戾天，鱼跃于渊。'言其上下察也。君子之道，造端乎夫妇，及其至也，察乎天地。"

子曰："道不远人，人之为道而远人，不可以为道。《诗》云：'伐柯，伐柯，其则不远。'执柯以伐柯，睨而视之，犹以为远。故君子以人治人，改而止。忠恕违道不远，施诸己而不愿，亦勿施于人。君子之道四，丘未能一焉：所求乎子，以事父，未能也；所求乎臣，以事君，未能也；所求乎弟，以事兄，未能也；所求乎朋友，先施之，未能也。庸德之行，庸言之谨；有所不足，不敢不勉，有余不敢尽；言顾行，行顾言，君子胡不慥慥尔！

"君子素其位而行，不愿乎其外。素富贵，行乎富贵；素贫贱，行乎贫贱；素夷狄，行乎夷狄；素患难，行乎患难，君子无入而不自得焉。在上位不陵下，在下位不援上，正己而不求于人，则无怨。上不怨天，下不尤人。故君子居易以俟命。小人行险以徼幸。"

子曰："射有似乎君子，失诸正鹄，反求诸其身。君子之道，辟如行远必自迩，辟如登高必自卑。《诗》曰：'妻子好合，如鼓瑟琴。兄弟既翕，和乐且耽。宜尔室家，乐尔妻帑。'"

子曰："父母其顺矣乎！"

子曰："鬼神之为德，其盛矣乎？！视之而弗见，听之而弗闻，体物而不可遗，使天下之人齐明盛服，以承祭祀。洋洋乎如在其上，如在其左右。《诗》曰：'神之格思，不可度思！矧可射思！'夫微之显，诚之不可掩如此夫。"

子曰:"舜其大孝也与!德为圣人,尊为天子,富有四海之内。宗庙飨之,子孙保之。故大德必得其位,必得其禄。必得其名,必得其寿,故天之生物,必因其材而笃焉。故栽者培之,倾者覆之。《诗》曰:'嘉乐君子,宪宪令德。宜民宜人,受禄于天,保佑命之,自天申之。'故大德者必受命。"

子曰:"无忧者,其惟文王乎!以王季为父,以武王为子,父作之,子述之。武王缵大王、王季、文王之绪,一戎衣而有天下。身不失天下之显名,尊为天子,富有四海之内。宗庙飨之,子孙保之。武王末受命,周公成文、武之德,追王大王、王季,上祀先公以天子之礼。斯礼也,达乎诸侯大夫,及士庶人。父为大夫,子为士,葬以大夫,祭以士。父为士,子为大夫,葬以士,祭以大夫。期之丧,达乎大夫。三年之丧,达乎天子。父母之丧,无贵贱,一也。"

子曰:"武王、周公,其达孝矣乎!夫孝者,善继人之志,善述人之事者也。春秋修其祖庙,陈其宗器,设其裳衣,荐其时食。宗庙之礼,所以序昭穆也。序爵,所以辨贵贱也。序事,所以辨贤也。旅酬下为上,所以逮贱也。燕毛,所以序齿也。践其位,行其礼,奏其乐,敬其所尊,爱其所亲,事死如事生,事亡如事存,孝之至也。郊社之礼,所以事上帝也。宗庙之礼,所以祀乎其先也。明乎郊社之礼、禘尝之义,治国其如示诸掌乎!"

哀公问政。子曰:"文武之政,布在方策。其人存,则其政举;其人亡，则其政息。人道敏政，地道敏树。夫政也者，蒲卢也。故为政在人，取人以身，修身以道，修道以仁。仁者人也，亲亲为大；义者宜也，尊贤为大。亲亲之杀，尊贤之等，礼所生也。在下位不获乎上，民不可得而治矣！故君子不可以不修身；思修身，不可以不事亲；思事亲，不可以不知人；思知人，不可以不知天。

"天下之达道五，所以行之者三。曰：君臣也，父子也，夫妇也，昆弟也，朋友之交也，五者天下之达道也。知，仁，勇，三者天下之达德也，所以行之者一也。或生而知之，或学而知之，或困而知之，及其知之，一也。或安而行之，或利而行之，或勉强而行之，及其成功，一也。"

子曰："好学近乎知，力行近乎仁，知耻近乎勇。知斯三者，则知所以修身；知所以修身，则知所以治人；知所以治人，则知所以治天下国家矣。

"凡为天下国家有九经，曰：修身也，尊贤也，亲亲也，敬大臣也，体群臣也，子庶民也，来百工也，柔远人也，怀诸侯也。修身则道立，尊贤则不惑，亲亲则诸父昆弟不怨，敬大臣则不眩，体群臣则士之报礼重，子庶民则百姓劝，来百工则财用足，柔远人则四方归之，怀诸侯则天下畏之。齐明盛服，非礼不动，所以修身也；去谗远色，贱货而贵德，所以劝贤也；尊其位，重其禄，同其好恶，所以劝亲亲也；官盛任使，所以劝大臣也；忠信重禄，所以劝士也；时使薄敛，所以劝百姓也；日省月试，既廪称事，所以劝百工也；送往迎来，嘉善而矜不能，所以柔远人也；继绝世，举废国，治乱持危，朝聘以时，厚往而薄来，所以怀诸侯也。凡为天下国家有九经，所以行之者一也。"

《诚明》

天命之谓性，率性之谓道，修道之谓教。道也者，不可须臾离也，可离非道也。是故君子戒慎乎其所不睹，恐惧乎其所不闻。莫见乎隐，莫显乎微，故君子慎其独也。喜怒哀乐之未发，谓之中；发而皆中节，谓之和；中也者，天下之大本也；和也者，天下之达道也。致中和，天地位焉，万物育焉。

凡事豫则立，不豫则废。言前定则不跲，事前定则不困，行前定则不疚，道前定则不穷。在下位不获乎上，民不可得而治矣。获乎上有道，不信乎朋友，不获乎上矣；信乎朋友有道，不顺乎亲，不信乎朋友矣；顺乎亲有道，反诸身不诚，不顺乎亲矣；诚身有道，不明乎善，不诚乎身矣。

诚者，天之道也；诚之者，人之道也。诚者，不勉而中，不思而得，从容中道，圣人也；诚之者，择善而固执之者也。

博学之，审问之，慎思之，明辨之，笃行之。有弗学，学之弗能，弗措也；有弗问，问之弗知，弗措也；有弗思，思之弗得，弗措也；有弗辨，辨之弗明，弗措也；有弗行，行之弗笃，弗措也。人一能之己百之，人十能之己千之。果能此道矣，虽愚必明，虽柔必强。

自诚明，谓之性。自明诚，谓之教。诚则明矣，明则诚矣。

唯天下至诚，为能尽其性；能尽其性，则能尽人之性；能尽人之性，则能尽物之性；能尽物之性，则可以赞天地之化育；可以赞天地之化育，则可以与天地参矣。

其次致曲。曲能有诚，诚则形，形则著，著则明，明则动，动则变，变则化。唯天下至诚为能化。

至诚之道，可以前知。国家将兴，必有祯祥；国家将亡，必有妖孽。见乎蓍龟，动乎四体。祸福将至，善，必先知之；不善，必先知之。故至诚如神。

诚者自成也，而道自道也。诚者物之终始，不诚无物。是故君子诚之为贵。诚者非自成己而已也，所以成物也。成己，仁也；成物，知也。性之德也，合外内之道也，故时措之宜也。

故至诚无息。不息则久，久则征，征则悠远，悠远则博厚，博厚则高明。博厚，所以载物也；高明，所以覆物也；悠久，所以成物也。博厚配地，高明配天，悠久无疆。如此者，不见而章，不动而变，无为而成。天地之道，可一言而尽也。其为物不贰，则其生物不测。天地之道：博也，厚也，高也，明也，悠也，久也。今夫天，斯昭昭之多，及其无穷也，日月星辰系焉，万物覆焉。今夫地，一撮土之多，及其广厚，载华岳而不重，振河海而不泄，万物载焉。今夫山，一卷石之多，及其广大，草木生之，禽兽居之，宝藏兴焉。今夫水，一勺之多，及其不测，鼋、鼍、蛟龙、鱼鳖生焉，货财殖焉。《诗》曰："惟天之命，于穆不已！"盖曰天之所以为天也。"于乎不显，文王之德之纯！"盖曰文王之所以为文也,纯亦不已。

大哉圣人之道!洋洋乎!发育万物,峻极于天。优优大哉!礼仪三百,威仪三千。待其人而后行。故曰:苟不至德,至道不凝焉。故君子尊德性而道问学,致广大而尽精微,极高明而道中庸。温故而知新,敦厚以崇礼。是故居上不骄,为下不倍。国有道,其言足以兴;国无道,其默足以容。《诗》曰:"既明且哲,以保其身。"其此之谓与!

子曰:"愚而好自用,贱而好自专,生乎今之世,反古之道。如此者,灾及其身者也。"非天子,不议礼,不制度,不考文。今天下车同轨,书同文,行同伦。虽有其位,苟无其德,不敢作礼乐焉;虽有其德,苟无其位,亦不敢作礼乐焉。子曰:"吾说夏礼,杞不足征也。吾学殷礼,有宋存焉。吾学周礼,今用之,吾从周。"(此段为衍文,当删去。)

王天下有三重焉,其寡过矣乎!上焉者虽善无征,无征不信,不信民弗从。下焉者虽善不尊,不尊不信,不信民弗从。故君子之道,本诸身,征诸庶民,考诸三王而不缪,建诸天地而不悖,质诸鬼神而无疑,百世以俟圣人而不惑。质诸鬼神而无疑,知天也;百世以俟圣人而不惑,知人也。是故君子动而世为天下道,行而世为天下法,言而世为天下则。远之则有望,近之则不厌。《诗》曰:"在彼无恶,在此无射。庶几夙夜,以永终誉!"君子未有不如此而蚤有誉于天下者也。

仲尼祖述尧舜,宪章文武;上律天时,下袭水土。辟如天地之无不持载,无不覆帱,辟如四时之错行,如日月之代明。万物并育而不相害,道并行而不相悖,小德川流,大德敦化,此天地之所以为大也。

唯天下至圣为能聪明睿知，足以有临也；宽裕温柔，足以有容也；发强刚毅，足以有执也；齐庄中正，足以有敬也；文理密察，足以有别也。溥博渊泉，而时出之。溥博如天，渊泉如渊。见而民莫不敬，言而民莫不信，行而民莫不说。是以声名洋溢乎中国，施及蛮貊。舟车所至，人力所通，天之所覆，地之所载，日月所照，霜露所队，凡有血气者，莫不尊亲，故曰配天。

唯天下至诚，为能经纶天下之大经，立天下之大本，知天地之化育。夫焉有所倚？肫肫其仁！渊渊其渊！浩浩其天！苟不固聪明圣知达天德者，其孰能知之？

《诗》曰："衣锦尚䌹"，恶其文之著也。故君子之道，暗然而日章；小人之道，的然而日亡。君子之道，淡而不厌，简而文，温而理，知远之近，知风之自，知微之显，可与入德矣。《诗》云："潜虽伏矣，亦孔之昭！"故君子内省不疚，无恶于志。君子之所不可及者，其唯人之所不见乎！《诗》云："相在尔室，尚不愧于屋漏。"故君子不动而敬，不言而信。《诗》曰："奏假无言，时靡有争。"是故君子不赏而民劝，不怒而民威于铁钺。《诗》曰："不显惟德！百辟其刑之。"是故君子笃恭而天下平。《诗》云："予怀明德，不大声以色。"子曰："声色之于以化民，末也。"《诗》曰："德輶如毛。"毛犹有伦，上天之载，无声无臭，至矣！

第六章　郭店竹简与"君子慎独"

简帛《五行》出土后,其中有关"慎独"的内容引起学者的兴趣和关注,考虑到《大学》《中庸》中也存在着一个慎独,它便成为思孟学派研究中的一个重要问题。在以往研究中,学者往往侧重于《五行》与《大学》《中庸》慎独的差别,并以此为线索来了解慎独含义的发展变化。其实,简帛《五行》的意义还在于,它为我们理解慎独的原意提供了重要的资料,并由此澄清以往的某些错误认识。与前者相比,后者可能更为重要。

第一节　慎独即"诚其意"

简帛《五行》出土前,人们一般把慎独理解为"在独处无人注意时,自己的行为也要谨慎不苟"[1],或"在独处时能谨慎不苟"[2]。这一看法源于郑玄对《中庸》的注解,在《中庸》"故君子慎其独也"一语后,郑玄注曰:"慎独者,慎其闲居之所为。小人于隐者,动作言语自

---

[1]《辞海》上册,中华书局辞海编辑所,1965年,第1637页。
[2]《辞源》,商务印书馆,1997年,第624页。

以为不见睹、不见闻,则必肆尽其情也。若有佔听之者,是为显见,甚于众人之中为之。"① 在他看来,当个人独居、独处时,由于舆论压力的暂时取消,道德品质不好的人往往容易偏离道德规范的约束,做出平时不敢做的事情来。所谓慎独,就是要求人们在独处之际,仍能保持道德操守,独善其身。郑玄这个理解,合乎逻辑,文字上也讲得通顺,千百年来被广泛接受,很少有人表示怀疑。然而,20 世纪 70 年代出土的马王堆帛书《五行》经传和 90 年代出土的郭店竹简《五行》,都提到慎独,其内容却与人们以往的理解大相径庭。其文云:

"鸤鸠在桑,其子七兮。淑人君子,其仪一兮。"能为一,然后能为君子,君子慎其独也。(《五行》第八章)

对于这个慎独,传文的解释是:"能为一者,言能以多为一;以多为一也者,言能以夫五为一也。""慎其独也者,言舍夫五而慎其心之谓也。独然后一,一也者,夫五为□(疑为"一")心也,然后得之。"这里所说的"五",是指"仁义礼智圣",按照《五行》的规定,它是五种"形于内"的"德之行"。在《五行》的作者看来,仁义礼智圣虽然"形于内",形成于内心,但它还有"多"的嫌疑,还没有真正统一于心,故需要舍弃仁义礼智圣形式上的外在差别,将其看作一个有机整体,使其真正统一于内心,故说"一也者,夫五为㆒心也"。因此,这里的慎独

---

① 李学勤主编:《十三经注疏·礼记正义》下册,第 1422 页。

实际是指内心的专注、专一，具体讲，是指内心专注于仁义礼智圣五种"德之行"的状态。《五行》又说：

> "燕燕于飞，差池其羽。之子于归，远送于野。瞻望弗及，泣涕如雨。"能差池其羽，然后能至哀。君子慎其独也。

传文的解释是："差池者，言不在衰绖。不在衰绖也，然后能至哀。夫丧，正经修领而哀杀矣，言至内者之不在外也，是之谓独。独也者，舍体也。"世间的事情往往是这样，当人们过分关注外在的形式，内心的真情反而无法自然表达，所以真正懂得丧礼的人能够超越丧服（衰绖）的外在形式，而关注内心的真情，"言至内者之不在外也"。在传文作者看来，这即"独"，也即"舍体"。所谓"舍体"，即舍弃身体感官对外物的知觉、感受，回到内在的意志、意念。所以慎独的"独"并非空间上的独居、独处，而是心理上的"未发"或未与外物接触，指内心的意志、意念。"独"的这种含义也见于先秦典籍之中，如《庄子·大宗师》说：

> 参日而后能外天下；已外天下矣，吾又守之，七日而后能外物；已外物矣，吾又守之，九日而后能外生；已外生矣，而后能朝彻；朝彻而后能见独；见独而后能无古今；无古今而后能入于不死不生。

庄子所描绘的"见独"颇类似于现象学中的先验还原，即舍弃对世界的自然态度和固有看法，回到纯粹的先验意识，见独即发现内在、先验的心理状态。这里的"独"与《五行》一样，都是在"舍体"的意义上使用的。所以庄子的"见独"与儒家的"慎独"虽然在内容上有所不同，但就二者是指内心的精神状态而言，则是一致的，这种一致性显然建立在他们对"独"的共同理解之上。"独"也可以做动词，作"内"讲。《五行》传文解释"君子之为德也，有与始，无与终"（第九章）一句时说："有与始者，言与其体始；无与终者，言舍其体而独其心也。"这里的"独"即作"内"讲，"独其心"即内其心。"内心"的说法也见于先秦典籍，并与慎独联系在一起，如《礼记·礼器》说：

> 礼之以少为贵者，以其内心者也。德产之致也精微，观天下之物，无可以称其德者，如此则得不以少为贵乎？是故君子慎其独也。

对于"内心"，郑玄的注释是"用心于内，尚其德在内"①。《礼器》以"内心"理解慎独，与《五行》显然是一致的，这应该即慎独的本来含义。那么，到底什么是慎独呢？《尔雅》云："慎，诚也。"而据《五行》传文，独是指"舍体"，也即内在的意志、意念，故慎独即"诚其意"。只不过慎独在当时已成为一个专用名词，其内涵已广为人知，所以人们往往从不同角度对其进行解释和说明，如《五行》的"能为一"、《礼器》的"内心"等等。但不论是"能为一"还是"内心"，其实都是指诚其

---

① 李学勤主编：《十三经注疏·礼记正义》中册，第734页。

意，只是具体表述上有所不同而已。

第二节 《大学》朱注质疑

《五行》中的慎独是指"能为一"或"诚其意"，这显然与以往人们对《大学》《中庸》慎独的理解有所不同。那么，如何看待这种差别呢？学术界一般认为，它们乃两种不同的慎独，并征引其他文献，认为先秦文献中，慎独具有不同的含义。这种解释在暂时缓解了已出现的矛盾的同时，却在我们内心留下更大的疑团。因为《五行》乃出于子思学派，这为多数学者所认可，而《中庸》也是子思所作，那么，为什么在同一学派甚至同一个人的作品中，会出现两种不同的慎独呢？古代思想家往往会在不同的角度使用同一概念，但却很少会赋予同一个概念以不同的内涵，所以两种慎独的说法很难讲得通。看来，郑玄以来人们对慎独的理解可能存在问题，有必要对其重新做出检讨。先看《大学》中的慎独：

> 所谓诚其意者：毋自欺也，如恶恶臭，如好好色，此之谓自谦，故君子必慎其独也。小人闲居为不善，无所不至，见君子而后厌然，掩其不善，而著其善。人之视己，如见其肺肝然，则何益矣？此谓诚于中，形于外，故君子必慎其独也。

这里出现两个"故君子必慎其独也"，前一个"慎其独"是对"诚其意"而言，显然是指内心的精神状态，而与独居、独处没有关系。后一个

"慎其独"前,由于有"小人闲居为不善"一段,容易使人产生误解,二者关系如何,是理解这段文字的关键。朱熹的解释是:"闲居,独处也……此言小人阴为不善,而阳欲掩之,则是非不知善之当为与恶之当去也,但不能实用其力以至此耳。然欲掩其恶而卒不可掩,欲诈为善而卒不可诈,则亦何益之有哉!此君子所以重以为戒,而必谨其独也。"① 按照朱熹的理解,这段话是说,小人独自一人的时候,常常干出不好的事情来。然而,从他见到君子后试图掩盖自己恶行来看,他并非不知道应该为善去恶,只是一到一人独处,无人监督时,便故态萌发,无力做到这一点。然而,既然伪装并不能真正掩盖自己,那么就应当引以为戒,"慎其独",过好独居这一关。但稍一留意就可发现,朱熹的解释并不正确。在原文中,"小人闲居为不善"并不是"慎其独"的直接原因,而是要说明"诚于中,形于外"。它是说,小人平时喜欢做不好的事情,当他见到君子后,却试图伪装自己,"掩其不善,而著其善"。然而,人们的内心与外表往往是一致的,平时不好的意念、想法总能在行为中表现出来,"人之视己,如见其肺肝然",勉强在形迹上伪装是伪装不了的,只有"诚于中",才能"形于外",所以"慎独"必须落实在"诚于中"上。因此,这里并不是说,因为"小人闲居为不善"而要"慎其独",而是说因为"诚于中,形于外"所以才要"慎其独"。"小人闲居为不善"不过是作为一个例子,用以说明"诚于中,形于外"。所以后面的"慎

---

① 朱熹:《大学章句》,载《四书集注》,第7页。

"其独"应当与前面一样,也是指"诚其意",指内心的精神状态,而与独居、独处没有什么关系。

不仅如此,下文接着说,"曾子曰:'十目所视,十手所指,其严乎!'富润屋,德润身,心广体胖,故君子必诚其意"。朱熹对此的解释是:"言虽幽独之中,而其善恶之不可掩如此,可畏之甚也。"① 这个理解更有问题。"十目所视,十指所指"明明是大庭广众,是舆论关注的焦点,怎么能说是"幽独之中"呢?上面这段话实际是说,我们内在的意志、意念一旦表现出来,就会受到大众舆论的监督、评判,所以更应慎独,更应"诚其意",它与独居、独处不仅没有关系,而且意思正好相反。朱熹由于把"闲居"理解为"独居",先入为主,结果造成误解。其实,在先秦文献中,闲居也并不完全是指"独居",如"孔子闲居,子夏侍"(《礼记·孔子闲居》)。既然有人"侍",显然就不是独居了。所以,文中的"闲居"应当理解为闲暇而居,或平时而居。从上文的内容来看,这样理解可能更合适。

根据上面的分析,《大学》中的慎独主要是对"诚其意"而言,它表现为前后相续的两个阶段:首先是意志对"诚"念念相续的持守、把持,是真实无妄的内心状态;其次是在"诚其意"的基础上而"诚于中,形于外",表现为外在的道德行为。在这两个阶段均没有提到独居、独处,相反,它强调在"形于外"的状态下,由于人们的行为暴

---

① 朱熹:《大学章句》,载《四书集注》,第7页。

露大庭广众之下,受到舆论广泛关注,所以更应该在平时"诚其意","慎其独"。朱熹把慎独的"独"理解为:"独者,人所不知而己所独知之地也。"① 又在注文中略去了"诚于中,形于外"一句,致使原文的含义发生变化。朱熹为何这样理解,可以进一步讨论②,但一点可以肯定,由于朱熹《大学章句》的广泛影响,进一步造成人们对慎独的误解。

第三节 《中庸》慎独辨正

既然《大学》中的慎独与独居、独处没有关系,那么,《中庸》慎独的内容又如何呢？历史上《大学》《中庸》往往被看作具有密切的联系,郑玄、朱熹注释经文时对二者的内容也做了相互参考。因此,《中庸》中慎独的本义如何,便显得十分重要。《中庸》首章云:

> 天命之谓性,率性之谓道,修道之谓教。道也者,不可须臾离也,可离非道也。是故君子戒慎乎其所不睹,恐惧乎其所不闻。莫见乎隐,莫显乎微,故君子慎其独也。

这段文字中,作者提出"道也者,不可须臾离也,可离非道也",下面

---

① 朱熹:《大学章句》,载《四书集注》,第7页。
② 从朱熹与弟子的讨论中看,他对慎独的理解也是十分灵活的,如"问:谨独莫只是十目所视,十手所指处也,与那暗室不欺时一般否？"先生是之。又云:"这独也又不是恁地独时,如与众人对坐,自心中发一念,或正或不正,此亦是独处。"参见《朱子四书语类》,上海古籍出版社,1992年,第983页。

"故君子戒慎乎其所不睹,恐惧乎其所不闻""故君子慎其独也"均是对此的进一步说明。因此,这里的"道"具体是指什么?便成为理解慎独的关键。由于本段以下,文章接着讨论中庸,又有"仲尼曰:君子中庸,小人反中庸。君子之中庸也,君子而时中;小人之反中庸也,小人而无忌惮也"等论述,往往使人们容易认为这里的"道"是指中庸之道,或至少与中庸有关,而慎独就是指在独居时谨慎其所为。但是根据我们前面的论证,今本《中庸》实际包括两个部分,从第二章到第二十章上半段"所以行之者一也"为一个部分,第一章以及第二十章"凡事豫则立"以下为另一部分。前一部分主要谈论中庸,后一部分主要谈论诚明,它们被编纂在一起乃后来的事情。所以第一章"道也者,不可须臾离也"的"道",不应是第二章以下,而应是第二十章以下所谈论的道,也即第二十章"诚者,天之道"的道,第二十一章"诚者自成也,而道自道也"的道,是指诚而言。"道也者,不可须臾离也"就是要时时保持内心的诚,它与《大学》的"诚其意"实际是一个意思。

如果说,上面关于《中庸》慎独内容的讨论,主要还是建立在文本的分析和理解之上,多少带有推测的话,那么,我们不妨再来看先秦及汉代典籍中与《中庸》有关的内容,进一步说明《中庸》中的慎独确实是对诚而言。《荀子·不苟》:

> 君子养心莫善于诚,致诚则无它事矣。……君子至德,嚜然而喻,未施而亲,不怒而威,夫此顺命,以慎其独者也。善之为道

者,不诚则不独,不独则不形,不形则虽作于心,见于色,出于言,民犹若未从也,虽从必疑。天地为大矣,不诚则不能化万物。圣人为知矣,不诚则不能化万民。

有学者已经指出,《荀子·不苟》的这段文字与《中庸》存在密切的关系,有些字句明显就是抄自《中庸》,所以荀子虽然对思孟持批判态度,但也曾受到思孟的影响,《不苟》篇正是这一情况的反映。既然荀子曾看到《中庸》并受其影响,那么,他对慎独的理解,自然能反映出慎独的本来含义。荀子认为"不诚则不独",说明他是从内在的"诚"来理解"慎独"的。在他看来,慎独是诚所达到的一种精神状态,而与外在的行为举止关系不大,所以说"君子至德,嘿然而喻,未施而亲,不怒而威,夫此顺命,以慎其独者也"。相反,只要慎独,保持内心的诚,就可以做到"化万物""化万民",一切矛盾都可以迎刃而解。荀子把慎独看作内心的诚,与《五行》的思想比较接近,而与郑玄以来的理解有很大不同。荀子的时代,可能《中庸》与《诚明》还没有被编纂在一起,文章原有的理路是清楚的,所以他的理解应该更符合慎独的本义。而到了郑玄时,由于原来的结构已被打乱,"慎独"与第二章以下的"中庸"被联系在一起,意思也从"不诚则不独"变为"慎其闲居所为",造成人们的误解。如果说《荀子》还不够有说服力的话,那么,我们不妨再来看刘向《说苑·敬慎》的一段材料:

存亡祸福,其要在身,圣人重诚,敬慎所忽。《中庸》曰:"莫见乎隐，莫显乎微；故君子能慎其独也。"谚曰："诚无垢，思无辱。"夫不诚不思而以存身全国者亦难矣。《诗》曰："战战兢兢，如临深渊，如履薄冰。"此之谓也。

这里明确提到《中庸》，说明它谈论的正是《中庸》中的慎独。然而值得注意的是，这里虽然只引了与独居、独处有关的"莫见乎隐，莫显乎微"一句，而略去了前面的"道也者，不可须臾离也"，但在下面接着引时谚曰："诚无垢，思无辱"，又说"夫不诚不思而以存身全国者亦难矣"，这说明《中庸》中的慎独主要作诚讲，乃当时人所共知的事实，同时也说明我们对《中庸》文本的分析，是确实能够成立的。

因此，《中庸》中的慎独实际同《大学》一样，都是指内心的专一，指内心的诚及外在表现，而与"小人闲居为不善"根本没有关系。所不同的是，《中庸》不是强调大庭广众对慎独的影响，而是提出"莫见乎隐，莫显乎微"，认为在"隐，暗处"（朱熹语）也即独居、独处时个人的修养更为重要，更需戒慎恐惧，"诚其意"。不过，这里虽然提到独居、独处，但它同《大学》的大庭广众一样，均是对慎独的强调和说明，而慎独的主要含义仍然是指"不可离""道"，也即"诚其意"，而不是什么"慎其闲居之所为"。郑玄由于受今本《中庸》的影响，把"诚其意"的内在精神修养理解为"慎其闲居之所为"的外在行为，把作为内在精神的"独"理解为外在的独居、独处，使慎独的含义发生根本改变。而朱熹虽然注意到慎独"诚其意"的一面，并将其分为"未发""已发"

两个阶段，但由于他把慎独的"独"理解为"人所不知己所独知之地"，而在已发的状态下，这种"独"只能是指独居、独处，所以与慎独的本义仍然存在距离。①

由此我们发现了慎独的本义，找到了它们的内在联系。因此，并非如学者所主张的，《五行》与《大学》《中庸》是两种不同的慎独，而是在同一个慎独的基本内涵下，存在不同的侧重和差别而已。这种差别首先表现在，虽然都是指内心的专一，指内心的真实状态，但《大学》《中庸》中的慎独是对"诚"而言，而《五行》则是对"仁义礼智圣"而言。但根据《五行》的规定，"德之行五和，谓之德"（《五行》第一章），"形于内"的五行也就是一种内心之德，它与"诚"在精神实质上仍是一致的。其次，这种差别还表现在，《大学》《中庸》在强调"诚其意"的同时，还注意到特殊景况对慎独的影响，如《大学》的"十目所视，十手所指"，《中庸》的"莫见乎隐，莫显乎微"，而《五行》则只提到"能为一"，或者说它综括了前者的两个方面。最后，《大学》《中庸》在强调精神专一的同时，还注意到慎独的外在效果，《大学》所谓"诚于中，形于外"，《中庸》"笃恭而天下平"等，而《五行》则将慎独更加精神化、内在化了。《大学》《中庸》与《五行》慎独的差别，反映出古代学术思想的变化，使人们对慎独有了一个更具体、更深入的了解。但这种差别乃是学派内部的差别，是同中之异，在指内心的诚、内心

---

① 关于朱熹对于慎独的理解，参见梁涛：《朱熹对"慎独"的误读及其在经学诠释中的意义》，《哲学研究》2004 年第 3 期。

的专一这一点上，它们则是一致的。所以根据《大学》《中庸》《五行》等篇的内容，我们可以将慎独理解为：不论在独处还是在大庭广众之下，均应"诚其意"，保持内心的诚，保持内心的专一。

第三编

出土文献与思孟发微

第七章　简帛《五行》新探

简帛《五行》的出土和发现，是先秦儒学史研究中具有里程碑意义的事件，它不仅使长期遗失的儒家典籍重见天日，在传统的文献之外，为我们提供了新的文本资料，更重要的，它还使一度模糊不清的思孟学派开始重新被人们认识、了解。《五行》属于子思学派，已得到多数学者的认可，尚存有争论的是，《五行》到底是子思本人的作品，还是成于其后学之手，尤为关键的是，它是成书于孟子之前还是孟子之后？由于主张《五行》晚出的学者，多是从分析《五行》的思想出发，认为《五行》"推理的环节很多"、"似过于复杂和抽象"，又"折衷了孟子、荀子的思想"，不像是孟子以前的作品。[①] 这样，《五行》的年代与思想又被密切联系在一起，而后者则是《五行》研究中颇有争议的问题。因此，有必要对《五行》的思想做进一步的探讨，并由此确定它在思孟学派中的地位。

[①] 王葆玹：《郭店楚简的时代及其与子思学派的关系》，载《郭店楚简国际学术研讨会论文集》，湖北人民出版社，2000年，第648页。池田知久：《郭店楚简〈五行〉研究》，载《中国哲学》第21辑，辽宁教育出版社，2000年。

第一节 "德之行"与"行"

竹简、帛书《五行》"经"的部分，虽然内容基本相同，但也存在一些差别。大致说来，二者虽然各有优劣，并可以相互补充，但在结构、次序上却以帛书本为优，帛书根据的应是不同于竹简的另一个本子。为叙述方便，本书将以庞朴先生整理的帛书《五行》为蓝本[①]，同时参照竹简《五行》做适当修订，凡修订之处皆在文中标明，全文共分二十八章。《五行》首章说：

> 仁形于内谓之德之行，不形于内谓之行。义形于内谓之德之行，不形于内谓之行。礼形于内谓之德之行，不形于内谓之行。智形于内谓之德之行，不形于内谓之行。圣形于内谓之德之行，不形于内谓之（德之）行。[②] 德之行五和，谓之德；四行和，谓之善。善，人道也；德，天道也。

正如有的学者所指出的，"这一段文字是《五行篇》全篇思想的总纲"，"是其余各章的思想基础"[③]。而如何理解这段文字，也一直是《五行》研究中的重点和难点。现在学者一般认为"形于内""不形于内"的"内"特指"心"，"形于内"指"仁义礼智圣"形成、存在于内心，而

[①] 庞朴：《竹帛〈五行〉篇校注》，载《庞朴文集》第二卷《古墓新知》，山东大学出版社，2005年，第117～151页。
[②] 帛书本此段次序为仁、智、义、礼、圣。今依竹简本次序改。
[③] 黄俊杰：《马王堆帛书〈五行篇〉"形于内"的意涵——孟子后学身心观中的一个关键问题》，载《孟学思想史论》卷一，东大图书公司（台北），1991年，第501～511页。

"不形于内"指表现于外在行为。对"形于内"分歧较少，对"不形于内"则存在不同的认识。一种观点认为，"不形于内"是指"仁义礼智圣"在"形于内"的基础上又表现于外在行为，如有学者认为，"仁义礼智圣等五种美德皆在人的心中（所谓'形于内'），称为'德之行'；其表现在外在行为者，则称为'行'"①。"这五种德行内在地和谐化了，就是天道之德。其表现在外的仁、义、礼、智之行为，相互和合，就是人道之善。"②按照这种说法，实际是"形于内"的"德之行"表现为"不形于内"的"行"，但既然"行"是来自内在的"德之行"，那么它显然就已经是"形于内"的了，作者为什么还要强调它"不形于内"呢？这种解释显然不可取。

另一种观点认为，"不形于内"是指"仁义礼智圣"在没有"形于内"的情况下而表现于行为之中，如有学者认为，"凡是未经心灵体现出来的道德行为，《五行篇》称之为'行'，意即一般的道德行为，即道德行为尚未经由意识化或内在化的一种社会规范之行为。《五行篇》严格上说来并不是这种作为社会规范的'行'，而是内在化、意识化的'德之行'"③。这种看法同样存在问题。儒家一向反对"行不由衷"，所谓"未经心灵体现出来的道德行为"是让人难以理解的，至于说《五行》

---

① 黄俊杰：《孟子后学对身心关系的看法——以马王堆汉墓帛书〈五行篇〉为中心》，载《孟学思想史论》卷一，第75页。
② 郭齐勇：《郭店儒家简与孟子心性论》，《武汉大学学报》1999年第5期。
③ 杨儒宾：《德之行与德之气——帛书〈五行篇〉、〈德圣篇〉论道德、心性与形体的关系》，载锺彩钧主编：《中国文哲研究的回顾与展望论文集》，台湾"中央研究院"中国文哲研究所，1992年，第417～448页。

"严格上说来并不是这种作为社会规范的'行',而是内在化、意识化的'德之行'",也只是论者个人的理解。从《五行》的内容看,它是"德之行"与"行"并重的。

其实,上文中的"形于内"是指"仁义礼智圣""五行"形成于内心,是一种内在规范,而"不形于内"是指其没有形成于内心,是一种外在规范。按照作者的观点,前者可称为"德之行",后者则为"行"。对于"德""行",学者往往引用《周礼·地官·师氏》郑玄注的解释:"德行,内外之称,在心为德,施之为行。"但《周礼》对"行"还有更明确的说法:"以三德教国子……教三行:一曰孝行,以亲父母,二曰友行,以尊贤良,三曰顺行,以事师长。"这里的"三行"即三种伦理规范,它体现于具体的人伦关系之中,成为人们效法、遵守的准则。《五行》的"行"显然即这种"行",一种规定人我之际、人伦关系的"行",当这种"行"未被人们遵从、实践时,它的确是"尚未经由意识化或内在化"的,而一旦与道德主体发生关系,成为人们的实践对象时,则它已经开始"意识化"和"内在化",并与"形于内"的"德之行"发生联系。所以,"不形于内"的"行",应当用《周礼》的"三行"来理解,二者的差别只是前者较抽象,后者较具体而已,而郑玄注则多少会使人产生误解,以为"行"是由"心"而来,是道德主体由内而外的直接行为。而实际上,"不形于内"的"行"虽然也可以表现为一种行为,但它是道德主体实践外在规范的行为,是由外而内,而不是由内而外的。因此,《五行》的"德之行"与"行"实际是一种双重道德律,前者是内在道德律，是主体自觉，后者是外在道德律，是客观规范。《五行》说："德之行五和，谓之德；四行和，谓之善。善，人道也；德，天道也。""德之行五"是指"形于内"的仁义礼智圣，它所达到的和谐状态称为德；而"四行"是指"不形于内"的仁义礼智①，它所达到的和谐状态称为善。德具有内在的超越性，源自天道；善则具有外在的规范性，主要体现在人道，天道、人道从一个侧面反映了德、善也即德之行与行的差别。

那么，《五行》区分"德之行"与"行"的意义何在呢？它在先秦儒学思想中又居于何种地位呢？其实，《五行》的双重道德律乃是早期儒家的一个基本思想，最早提出这一主张的不是别人，而是儒家的创始者——孔子。我们知道，孔子创立儒学主要提出两个重要概念：仁与礼。孔子提出仁，把仁看作主体自觉，所谓"我欲仁，斯仁至矣"（《论语·述而》），这里的"至"不是由外而至，而是由内而至，是由内向外的显现。因此，由仁出发，便表现为主体的自觉行为，所谓"为仁由己，而由人乎哉？"（《论语·颜渊》），"无终食之间违仁，造次必于是，颠沛必于是"（《论语·里仁》）。同时，孔子又重视礼，把礼看作制度化、习俗化的外在规范，通过实践外在的礼，又可以转化、发明内在的仁，所谓"克己复礼为仁"（《论语·颜渊》）。因此，孔子通过仁、礼实际提出了道德实践中主体自觉与外在规范这一儒学基本问题，以后孔门后学

---

① 庞朴先生注此句为："四行，仁义礼智之不形于内者。"甚是。参见庞朴：《帛书〈五行〉篇校注》，《中华文史论丛》总第12辑，中华书局，1979年，第48页。

基本是从内（仁）、外（礼、义）两个方面继续探索，并各有侧重，直至孟子、荀子分别从仁、礼对此做一总结。《五行》提出"形于内"的"德之行"与"不形于内"的"行"，显然是处于孔子到孟、荀的过渡阶段之中。从这一点看，它与郭店竹简其他篇目中的"仁内义外"说实际表达的是同一个意思。《郭店楚墓竹简·语丛一》："人之道也，或由中出，或由外入。由中出者，仁、忠、信。由外入者，礼、义、？。仁生于人，义生于道。或生于内，或生于外。"《尊德义》："故为政者，或论之，或义之，或由中出，或设之外，论列其类。"从这些材料可以看到，战国时代的"仁内义外"说认为人们的道德规范来自两个方面，"或由中出，或由外入"，"由中出者"有"仁、忠、信"，但主要是仁；"由外入者"原文虽有残损，但从下文看当有"义"，故主要有礼或义。仁、义来源各不相同，仁"生于内"即生于内心，义"生于外"即生成于人们的习俗规范，而在政治和伦理实践中，需要从仁、义两个方面入手，"或由中出，或设之外"。这种"仁内义外"的主张，与《五行》用"形于内"与"不形于内"区分"德之行"与"行"显然具有某种一致性，只不过在《五行》中，由于"仁义礼智圣"被看作一个整体，无法把其中一部分说成内，另一部分说成外，故只好采用目前的表达方式，一方面说它"形于内"，另一方面又说它"不形于内"，前者是德，后者是善，二者具有内、外的差别。应该说，《五行》的这种表述多少也给自己带来困难，因为"仁义礼智圣"性质各有不同，有些主要是"形于内"，有些则侧重"不形于内"，若笼统说它们既"形于内"又"不形于内",则与五行的具体内容多少会产生矛盾,这最明显地表现在"圣"一行上。帛书本"圣"作"圣形于内谓之德之行,不形于内谓之行",而竹简本则改作"圣形于内谓之德之行,不形于内谓之德之行",这个改动明显反映出竹简抄写者的矛盾心理,因为从上文的表述来看,"圣不形于内"显然应该为"行";但从下文内容看,圣主要是"形于内"的"德之行"①,若说它是"行",则与圣的内容明显不符。竹简抄写者显然看到了这一点,故对文字做了改动,但这样一来,此句与前面的表述便无法协调,且与"不形于内谓之行"的主张矛盾,所以同样存在问题。其实,上文只是一种表述形式。它虽然对"仁义礼智圣"分别做了"形于内"与"不形于内"的规定,但主要还是分别将其作为一个整体来看待的,讨论的是"德之行"与"行"的关系,认为二者具有内、外的差别,而这与"仁内义外"说无疑是一致的,只不过《五行》的特殊表述方式多少使这一思想显得不够明确,相反,若是将这一层点破,《五行》整篇的思想脉络便清晰可寻。

第二节 "圣"与"智"

许多学者已注意到,圣、智是《五行》的一个重要内容,从第二章的"中心之智""中心之圣",到第六章的"智之思也长""圣之思也轻",第十三章的"不圣不智",再到第十七、十八、十九章的"闻而知

---

① 下文云:"四行和,谓之善。"四行不包括"圣"一行,正说明"圣"是"形于内"的"德之行"。

之""见而知之",圣、智之论贯穿于《五行》前半部分,构成了《五行》的一个重要内容。从思想史的角度看,《五行》突出圣、智不是偶然的,而是与它双重道德律的思想密切相关。如果说,《五行》的"德之行"与"行"主要是就实践对象而言的话,那么,圣、智无疑属于实践主体,圣、智分别以"德之行""行"为对象,体现为两种不同的认知、实践方法。不过在《五行》中,作为圣、智的实践对象,"德之行""行"更多的是用另一种表述方法:君子道与贤人。按照《五行》的规定,"德之行五和,谓之德;四行和,谓之善"。"德之行"是"得之于天"而具于心者,是内在的德,它构成君子的内在品格,引发君子的道德行为,故《五行》又称其为"君子道","五行皆形于内而时行之,谓之君子,士有志于君子道,谓之志士"(《五行》第三章)。"行"是"不形于内"而体现于人伦关系之中的善,是人们普遍遵守的礼仪规范。《五行》常常通过贤人来谈论这种"行",认为贤人的行为即体现了这种"行"。《五行》说:

> 智之思也长,长则得,得则不忘,不忘则明,明则见贤人,见贤人则玉色,玉色则形,形则智。
>
> 圣之思也轻,轻则形,形则不忘,不忘则聪,聪则闻君子道,闻君子道则玉音,玉音则形,形则圣。(《五行》第六章)

智是一种经验之知,具体表现为"见贤人"。"见贤人"并非一般地与贤人相见,而是见贤人的行为举止,见贤人之所以为贤人的本质所在。

在《五行》中，贤人主要是指遵从礼仪规范、体现一般社会价值取向的人。贤人的这一规定，在先秦典籍尤其是《荀子》中屡有所见："礼之生，为贤人以下至庶民也，非为成圣也。"（《荀子·大略》）"古之贤人，贱为布衣，贫为匹夫，食则馇粥不足，衣则竖褐不完；然而非礼不进，非义不受。"（《荀子·大略》）"所谓贤人者，行中规绳而不伤于本……如此则可谓贤人矣。"（《荀子·哀公》）因此，《五行》提出贤人正是要说明"不形于内"的"行"，见贤人即学习、实践外在礼仪规范的认知活动。

圣与智不同，它是一种直觉之知，具体表现为"闻君子道"。所谓"闻君子道"乃《五行》的特殊表述方式，它源于圣、耳相通的传统说法。《说文·耳部》说："圣，通也。从耳，呈声。"据学者考证，甲骨文中圣"像人上着大耳，从口，会意。圣之初谊为听觉官能之敏锐，故引申训为'通'……听、声、圣三字同源，其始当本一字"[①]。因此，圣的本义就是一种神秘的听觉，它可以聆听神意，掌握宇宙的本质，起到沟通神人的作用。不过，《五行》中的"圣者、聪者不再是巫觋，也不是用音乐使神人交通的乐嬖，而是受人尊敬、文质彬彬的君子了"[②]。圣不再是用来"通神"，而是对内在道德禀赋的省察、体认，"闻君子道"即发明、扩充内在"德之行"的过程。因此，圣、智的功能和作用是不同的，前者向内体认，后者向外求索，前者是"聪"，后者是"明"：

---

① 李孝定：《甲骨文字集释》第十二卷，台湾"中央研究院"历史语言研究所专刊之五十，1974年，第3519页。

② 魏启鹏：《〈德行〉校释》，第95页。

> 未尝闻君子道，谓之不聪。未尝见贤人，谓之不明。闻君子道而不知其君子道也，谓之不圣。见贤人而不知其有德也，谓之不智。见而知之，智也。闻而知之，圣也。明明，智也。赫赫①，圣也。"明明在下，赫赫在上"，此之谓也。（《五行》第十七章）

圣是"闻而知之"，表现为某种超凡的听觉——聪，以及对君子之道的了解、实行；智是"见而知之"，表现为某种直观的视觉——明，以及对贤人的效法、模仿。"未尝闻君子道""未尝见贤人"固然不能算是聪、明，而"闻君子道而不知其君子道也""见贤人而不知其有德也"，同样也不能算是"圣""智"。"不知其君子道也"，《说》的解释是"不知天之道也"，即不知"君子之道"是天所赋予，生而具有的，用孟子的话说就是"我固有之也，弗思耳矣"（《孟子·告子上》）。因此，"闻君子道"不是向外求索，而是发明内在主体，这样才算真正"知其君子道"。"不知其有德也"，《说》的解释是"不知其所以为之"，它要求通过贤人之行而发现其内在之德，实际提出了转善成德的问题。不过这种德是通过后天努力，通过实践外在礼仪获得的。在这种意义上，它与荀子的"积善成德"（《荀子·劝学》）倒有些相近。圣、智之所以能够"知其天之道也""知其有德也"，与其自身的特点是密切相关的。按照《五行》的说法，智是"明明"，是"由所见知所不见也"（《说十七》）的逻辑推理和理性判断，它由已知到未知，由外在伦理到内在德性，实现

---

① 帛书本作"赫赫"。本之《诗·大明》："明明在下，赫赫在上。"

德、善的统一；圣是"虩虩"，应是指对天道的体悟和超越，它从道德主体出发，同时上达天道，实现对形而上意义的追求。前者以人事为对象，是形而下的，后者以天道为归宿，是形而上的，"'明明在下，虩虩在上'，此之谓也"。

圣、智的功能、作用不同，地位也不同，《五行》分别以五行、四行对其做了论述。按照《五行》的规定，五行和谓之德，四行和谓之善。五行、四行除了"形于内"与"不形于内"的差别外，其内部关系也是不同的，五行的核心是圣，四行的关键则是智：

> 闻君子道，聪也。闻而知之，圣也。圣人知天道也。知而行之，义[①]也。行之而时，德也……圣[②]，智、礼乐之所由生也，五行之所和也。和则乐，乐则有德，有德则邦家兴。文王之见也如此。"文王在上也，于昭于天"，此之谓也。（《五行》第十八章）

"闻而知之"是知君子之道，是发明内在主体，这是圣特有的功用；而"圣人知天道也"表明，具有圣的品质的圣人不仅要闻君子道，而且要使之上达天道，使内在的君子之道形而上化、普遍化，使其由一己的道德潜质上升为世界的普遍意义，实际是对道德主体的提升和张扬，用孟子的话说，这乃是由尽心到知天的过程。圣不仅上达天道，而且外显为具体的道德行为，"知而行之，义也"。义是行，是道德主体的自觉行为。

[①] 帛书本《经》作"圣"，《说》作"义"，今据竹简本改。
[②] 帛书本此句脱漏，但《说》中有"仁气，礼乐所由生也。言礼乐生于仁义"等。

行符合时宜,称为德,儒家一向重视"时",有所谓"时中""时行",孔子更是被称作"圣之时者也"。《五行》的"行之而时"显然与此有关。圣与其他三行的关系,《五行》虽没有具体论述,但从"圣,智、礼乐之所由生也"可以看出,五行实以圣为核心,义、智、礼等皆由圣派生而出,即圣→义→智→礼乐,这一动态的过程即是"和","和则乐,乐则有德,有德则邦家兴"。这样,由内圣又走向外王。与五行不同,四行表现为另外一种"和":

> 见而知之,智也。知而安之,仁也。安而行之,义也。行而敬之,礼也。仁,义、礼之所由生也①,四行之所和也。和则同,同则善。(《五行》第十九章)

"见而知之"是见贤人之行,它不是发明内在主体,而是认知外在对象,这正是智的特点所在。"知而安之"是安于所知的对象,在《五行》看来,这就是仁。对仁的这种规定,在以后荀子那里也可以发现,荀子说:"唯仁之为守,唯义之为行。"(《荀子·不苟》)所谓"守"即是主观情感对外在规范的收敛、把守、操持,故"仁者,仁此(注:指礼)者也,义者,分此者也"(《荀子·君子》)。荀子以"守"理解仁,与《五行》的"知而安之,仁也"显然是一致的。"安而行之"是在"安"的基础上进一步实践所安的对象,这属于义。需要指出的是,"安而行

---

① 帛书本此句作"仁义,礼智之所由生也"。

之"与上面五行中的"知而行之"虽然都是行，但性质却不同。"知而行之"是道德主体的自觉行为，同于孟子的"由仁义行，非行仁义也"（《孟子·离娄下》），而"安而行之"是实践外在规范的行为，类似荀子的"唯义之为行"，"行义动静度之以礼"（《荀子·君道》）。所不同的是，荀子的"行义"主要是对礼而言，而《五行》则是对贤人之行。但我们前面已经说过，这二者的内容实际是一致的。"行而敬之，礼也"是说行义的同时又能保持敬，这便是礼了。因此，四行的关系为：智→仁→义→礼。其中，智是四行的关键，因为只有"见而知之"，仁、义、礼才能发生作用，否则后者便无从谈起，而"见而知之"之后，仁便显得十分重要，它是由外而内的转化者，只有通过仁，外部的"所知"才能转化为内部的"所安"。从这一点看，仁乃"四行和"的主要原因，所以说"仁、义、礼所由生也，四行之所和也。和则同，同则善"。

因此，《五行》圣、智的差别不仅表现在"闻君子道"与"见贤人"上，而且也反映在五行与四行"之所和"上，前者反映了圣、智的不同作用和特点，后者则揭示了圣、智的不同实践过程，具体讲即"为德"与"为善"的过程。按照《五行》的规定，德内在于心，是一种内在原则，善形成于外，是一种外在规范，"善弗为无近，德弗志不成"（《五行》第四章），为德、为善是道德主体自主自律与外在他律的两种不同实践活动。

> 君子之为善也，有与始，有与终也。君子之为德也，有与始，无与终也。金声而玉振之，有德者也。金声，善也；玉音（振），圣也。善，人道也；德，天道也。唯有德者，然后能金声而玉振之。（《五行》第八、九章）

为善是针对具体的"善"而言，是在一定的时空内实践、完成的，因而是"有与始，有与终也"；为德则是针对抽象的"德"而言，此德虽然形、具于内心，但真正实现、完成它，却是一个向天道的无限超越过程，因而是"有与始，无与终也"。为善、为德虽有不同，但又是相互补充、相互联系的，《五行》以"金声玉振"对二者的关系进行了说明。孟子说："金声也者，始条理也；玉振之也者，终条理也。"（《孟子·万章下》）古人奏乐往往始之以金声，终之以玉振，故金声玉振代表音乐的起始和终结，这里则比喻道德实践的整个过程。"金声，善也"说明善是道德实践之始，而"玉音（振），圣也"[①]则表明圣乃道德实践之终，不过这种"终"是以不断自我超越为特征的，因而又是有始而无终。善不包括圣一行，主要指人伦规范，故是人道；德则可以通过圣上达天道，实现心灵的超越，故是天道。而道德实践就是从为善到为德，从人道到天道的整个过程，做到这一点，才能真正称为有德，"唯有德者，然后能金声而玉振之"。不过这种德显然已不是一般的德，不仅仅

---

① "玉音"从上下文看，应作"玉振"，但帛书与竹简此句均作"玉音"（一说帛书作"王言"，参见李学勤：《帛书〈五行〉与〈尚书·洪范〉》，《学术月刊》1986年第11期），故这段文字仍有讨论的余地。

是"德之行五和，谓之德"的德，而是打通德、善，沟通天、人，上下同流，物我一体的自由精神境界。

第三节 "形于内"的"德之行"

圣、智虽然在《五行》中占有重要地位，但毕竟不是五行的全部，所以《五行》在突出、强调圣、智的同时，对其他诸行也做了论述。这种论述与前面的"五行和""四行和"不同，它不是讨论五行与四行的内部相互关系，而是侧重于"德之行"与"行"的不同特点。如果说，前者主要揭示了《五行》二元的实践方法的话，那么，后者则反映了《五行》"德之行"与"行"的哲学性质和特点，这在关于"德之行"的论述中，表现得尤为突出。

在《五行》中，圣、智虽然也被作了"不形于内"的规定，但从具体内容来看，它们无疑主要还是"形于内"的，《五行》并没有说明圣、智如何可以"不形于内"，以及"不形于内"的圣、智究竟具体何指。因此，就圣、智而言，所谓"不形于内"只是一种表述形式，本身并没有太大意义。然而，值得注意的是，圣、智虽然是"形于内"的，但似乎还只是一种潜在的存在，只有在一定的条件下才能充分表现出来：

> 君子无中心之忧则无中心之智，无中心之智则无中心之悦，无中心之悦则不安，不安则不乐，不乐则无德。
>
> 君子无中心之忧则无中心之圣，无中心之圣则无中心之悦，无

中心之悦则不安，不安则不乐，不乐则无德。①（《五行》第二章）

这里"无中心之智""无中心之圣"并不是说圣、智不存在于内心之中，而是说如果没有中心之忧为条件，圣、智便无法由"形于内"的状态表现出来。《五行》突出、强调中心之忧，乃古代忧患意识的反映，此点学者已多有论述。不过，《五行》在重视忧的同时，也突出了乐，它是由忧转乐，忧乐圆融的。②忧是内心的焦虑与不安，是某种欲以己力突破困难而尚未突破时的心理状态，或者说是一种坚强的意志与奋发的精神，是人对自己行为的谨慎与努力，没有这种中心之忧，圣、智便无法真正表现出来，无法获得中心之悦，无法得到内心的安与乐。与忧不同，乐是内心的满足与快乐，是己力突破困难实现既定目标后的心理状态，是一种充实自信的感受和勃勃向上的信念，同时还预示着内心的"和"，"和则乐，乐则有德"，故由忧转乐才能有德，"不乐则无德"。而圣、智只有在这一具体的转化过程中才能真正实现自己，才能有"德"。《五行》又提出"思"，通过"思"对仁、圣、智做了进一步论述。《五行》的思乃是一种反思，是一种内在体验性思维，是思其在己者而不是在外者，是以内在道德禀赋为对象的，故"不仁，思不能清。不智，思不能长……不圣，思不能轻"（《五行》第五章）。没有"形于内"的仁、圣、智，思便不能得到清、长、轻的心理体验，便不能发挥作用，而通

---

① 竹简本无此段。
② 庞朴：《忧乐圆融——中国的人文精神》，载《一分为三》，海天出版社，1995年，第295～322页。

过思,"形于内"的仁、圣、智则可以呈现、表现出来:

> 仁之思也清,清则察,察则安,安则温,温则悦,悦则戚,戚则亲,亲则爱,爱则玉色,玉色则形,形则仁。
>
> 智之思也长,长则得,得则不忘,不忘则明,明则见贤人,见贤人则玉色,玉色则形,形则智。
>
> 圣之思也轻,轻则形,形则不忘,不忘则聪,聪则闻君子道,闻君子道则玉音,玉音则形,形则圣。(《五行》第六章)

"仁之思"的仁显然是指"形于内"的仁,它是生而具有,形于内心的,仁通过思即反求诸己可以体验到清、察、安、温、悦、戚、亲、爱等一系列的心理活动和心理感受,并由内而外,形成所谓的"玉色"。古人常以玉比喻德,玉色也即道德生命圆润通透而在容貌颜色中的显现,"玉色则形,形则仁"。因此,这里所表达的乃仁自我扩充、发展、实现的具体过程。其中,"仁之思"与"形则仁"中的仁虽然都是仁,但具体内容显然是不同的,前者是仁潜存的、"形于内"的状态,后者是仁已实现,"形"也即彰显于外的状态,而在这一过程中,仁的内容无疑得到充实和丰富,用符号可表示为:仁(A)→思→……→爱→仁(B)。所以,这里的仁不是抽象的概念,而是动态的活动,是道德生命扩充、完善、实现的过程。与仁一样,圣、智也要从活动和过程去理解。智虽然是一种经验认知,是"见贤人",但它同样要首先经过思的过程,使"形于内"的智充分表现出来,获得长、得、不忘、明的精神体验,然后"见贤人","见贤人则玉色,玉色则形,形则智"。因此,智同样表现为自我扩充、发展、实现的具体过程。其中,"智之思"是智的开始,它不仅是一种认知活动,还包含了内在的精神体验,而"形则智"则是智的完成、实现以及外在表现。这一过程可表示为:智(A)→思→……→见贤人→智(B)。圣是直觉之知,是"闻君子道",它本身就是以内在体验为特征的,但它同样要经过思的过程。可以说,思使圣的实践过程更加具体化了,可表示为:圣(A)→思→……→闻君子道→圣(B)。

《五行》对于仁、圣、智的理解显然是对孔子思想的一种继承,同时又影响到以后的孟子。在孔子那里,仁就是道德生命发展、实现的全体和过程,是要通过内在体验去把握、理解的。《五行》继承了仁的这一思想,把它运用到"德之行"的理解中来。在《五行》那里,仁、圣、智等不是抽象的概念和实体,而是道德生命具体的实践过程和活动,它不仅是"形于内"的,同时还是"形",即彰显、表现于外的[①],因此,仁、圣、智实际就是由潜存状态到实现状态的发展过程,而且只有在它们实现、完成的意义上,才能真正算是有"德",否则便是"无德"。以后孟子把仁、义、礼、智看作自身扩充、实现的过程,而不是抽象的概念和实体。孟子重视"思",认为"仁义礼智,非由外铄我也,

---

① 但这里的"表现于外"与前面所说的"不形于内"并不是一回事,"形于内""不形于内"的"形"是就存有的意义而言的,是指仁义礼智圣五行的具体存有状况;而"形则仁""形则圣""形则智"的"形"是就作用、表现而言的,是由内而外的显现,以往学者往往把这二者混同起来,因而造成对《五行》思想的误读。

我固有之也，弗思耳矣"(《孟子·告子上》)。"人人有贵于己者，弗思耳。人之所贵者，非良贵也。"(《孟子·告子上》)"心之官则思，思则得之，不思则不得也。"(《孟子·告子上》)显然即受到《五行》的影响。对于仁、义、礼，《五行》则做了稍有不同的另一种表述：

>不变不悦，不悦不戚，不戚不亲，不亲不爱，不爱不仁。(《五行》第十章)

>不直不肆，不肆不果，不果不简，不简不行，不行不义。(《五行》第十一章)

>不远不敬，不敬不严，不严不尊，不尊不恭，不恭无礼。(《五行》第十二章)

在古代汉语中，"不……不……"的句型往往表示一种条件关系，即以前项为后项的先决条件，它也可以改为"有……方可……"，故上面第一句实际是说：有变方可有悦，有悦方可有戚，有戚方可有亲，有亲方可有爱，有爱方可有仁。下面两句也是如此，其所表达的乃由变、直、远分别到仁、义、礼的内在情感扩充、发展的过程。其中变、直、远是先决条件，仁、义、礼则是最终结果，是由变、直、远分别开始的一系列情感活动的完成和实现。那么，什么是变、直、远呢？《五行》说："颜色容貌温，变①也，以其中与人交，悦也。"(《五行》第十四章)

---

① 帛书本作"颜色容貌恋恋"。

应该说"颜色容貌温"本身并不是变,而是变的外在表现,但由"颜色容貌温"又可体会到内在的变,二者又是一致的。变通恋,帛书本即为恋①,乃是一种顾恋不舍之情。这种顾恋不舍之情内在于心,由此层层外推,便可达到仁。《五行》对这一过程做了具体说明:"中心悦焉,迁于兄弟,戚也。戚而信之,亲也。亲而笃之,爱也。爱父,其继爱人,仁也。"(《五行》第十四章)可表示为:变→悦→戚→亲→爱→仁。

直,《五行》的解释是"中心辩然而正行之"(《五行》第十五章),指内心的判断以及行为,《说》形象地把它解释为"中心弗迷"、不食吁嗟之食,由直层层外推,就可达到义。②《五行》说:"直而遂之,肆也。肆而不畏强御,果也。不以小道害大道,简也。有大罪而大诛之,行也。贵贵,其等尊贤,义也。"(《五行》第十五章)可表示为:直→肆→果→简→行→义。

远是"以其外心与人交"(《五行》第十六章),俗话说距离产生敬畏,远即与人交往中的距离感和敬畏感。这种远显然不是空间上的,而是心理上的,是一种内在的情感和态度。在《五行》看来,礼即这种远的扩充和外显:"远而庄之,敬也。敬而不懈,严也。严而畏之,尊也。尊而不骄,恭也。恭而博交,礼也。"(《五行》第十六章)可表示为:

---

① 关于"变""恋"字形的关系,参见荆门市博物馆编:《郭店楚墓竹简》,文物出版社,1998年,第152页注26;国家文物局古文献研究室:《马王堆汉墓帛书(壹)》,文物出版社,1980年,第25页注16。

② 庞朴先生对"直"与义的关系做了很好的说明,参见庞朴:《帛书五行篇研究》,齐鲁书社,1988年,第115~120页。

远→敬→严→尊→恭→礼。

可以看出，这里的论述与前面的仁、圣、智形式上稍有不同。它不是说"仁之思""义之思""礼之思"，把仁、义、礼看作通过"思"的自我扩充、发展过程，而是提出了作为内在情感、心理活动的变、直、远，由变、直、远推出仁、义、礼。出现这种差别，可能是因为义、礼在人们的观念中往往是指外在对象而不是内在主体，若说"义之思""礼之思"多少不符合常理。至于仁一行，可能在《五行》看来，其性质本身就既具有与圣、智相同的一面，也具有与义、礼相近的一面，故放在两个部分来论述，同时也可能是出于表述形式的考虑，用仁、义、礼与前面的仁、智、圣相对应。但如果抛开这种形式上的差别不论，我们不难发现二者仍具有某种一致性。[①]《五行》虽然不是把仁、义、礼描述为自身扩充、发展过程，而是通过变、直、远予以说明，但变、直、远与仁、义、礼显然是密切相关的，是后者"形于内"的状态。借用孟子的话，我们不妨说它是仁之端、义之端、礼之端，《说》分别称其为"仁气也""义气也""礼气也"，实际也是这个意思。因此,《五行》对仁、义、礼的论述与前面的仁、圣、智实际是一致的，都是将其看作道德生命扩

[①] 有学者认为义、礼"无附加思、忧、中心等字眼，是否意味着……仁、圣、智三行，尤其是圣、智二行的源生与修成，较诸义、礼二行更为由'内'？"（陈丽桂：《从郭店竹简〈五行〉检视帛书〈五行〉说文对经文的依违情况》，载《本世纪出土思想文献与中国古典哲学研究论文集》上册，辅仁大学出版社，1999年；又见《哲学与文化》第26卷第5期，1999年）这种看法虽有一定道理，但并不准确。义、礼虽具有"外"的特点，这主要是由其自身性质决定的。从《五行》的论述来看，依然是把它们作为"形于内"看待的，认为是由内而外的显现。这与圣、智基本是一致的，只是具体论述方式稍有差别而已。

充、发展、实现的具体过程，看作由内而外的显现。另外，仁、义、礼虽然没有谈到"思"，但其由变、直、远的外推过程实际也是建立在内在情感体验之上的，这与前面的仁、圣、智也具有一致性。

值得注意的是，《五行》对仁、义、礼的理解同样对孟子产生了深远影响，尤其表现在孟子的"四端"说上，孟子把仁、义、礼、智看作恻隐、羞恶、是非、辞让之心的扩充、显现过程，与《五行》由变、直、远推出仁、义、礼在思想上是一致的。孟子的"四端"说实际是综合了《五行》仁、圣、智与仁、义、礼二者的内容，是对后者的进一步理论概括。在《五行》这里，仁、圣、智与仁、义、礼的不同表述方式表明其思想还处在尝试、探索之中，而孟子"四端"说在理论形态上则更为成熟、更为精致，说明《五行》的成书应该是在孟子之前，是孟子发展了《五行》而不是相反。

第四节 "不形于内"的"行"

《五行》前半部分主要从"形于内"的角度对仁、圣、智与仁、义、礼分别做了论述后，又在第二十章对仁、义做了进一步阐发，将其看作处理案狱的方法和原则。与前面相比，《五行》的这一部分显现出不同的风格和特点。

> 不简，不行；不匿，不察于道。有大罪而大诛之，简也；有小罪而赦之，匿也。有大罪而弗大诛也，不行也；有小罪而弗赦也，

不察于道也。

简之为言犹练①也，大而显②者也；匿之为言也犹匿匿也，小而隐③者也。简，义之方也；匿，仁之方也。强，义之方；柔，仁之方也。"不竞不絿，不刚不柔"，此之谓也。(《五行》第二十章)

对于"简",《五行》的解释是"简之为言犹练也"，练的本义是白色熟绢，引申为实情。《礼记·王制》："有旨无简不听。"孔颖达疏："言犯罪者，虽有旨意，而无诚（情）实者，则不论之以为罪也。"④就是作实情讲。故简是从实情出发，秉公而断，"有大罪而大诛之"，这是大的一般原则。而"行"应是针对义而言，荀子说："唯义之为行。"(《荀子·不苟》) 下文又说："简，义之方也。"正可证明这一点。故"不简，不行"乃是说，不从实情出发，就不能真正行义，不能保证义的公正性。对于"匿"，《五行》的解释是"匿之为言也犹匿匿也"，其中前一个匿指隐匿，而后一个匿庞朴先生认为通"慝"，指邪恶。⑤故匿是从人情出发，隐匿别人的过错，"有小罪而赦之"，这是小的具体原则。在《五行》看来，做不到这一点，同样是不懂得道，这个道显然是

---

① 帛书本作"贺"，而《说》解释为"衡"。
② 竹简本作"晏"，帛书本作"罕"。周凤五先生读为"显"，盖显与罕、晏古音相通。参见周凤五：《简帛〈五行〉一段文字的解读》。
③ 竹简本作"访"，整理者认为是"诊"字讹形。诊，借作"袗"，帛书本即作"袗"。帛书整理者认为："《楚辞·惜诵》：'心郁结于袗'，王逸注：'袗，隐也。'"［国家文物局古文献研究室：《马王堆汉墓帛书（壹）》，第 25 页注 26］周凤五读为"隐"，"二字音近可通"，参见周凤五：《简帛〈五行〉一段文字的解读》。
④ 李学勤主编：《十三经注疏·礼记正义》上册，第 414 页。
⑤ 庞朴：《帛书五行篇研究》，第 78 页。

指仁道。儒家自孔子起即有重视仁道反对刑罚的特点，如"子为政，焉用杀？"（《论语·颜渊》）"道之以政，齐之以刑，民免而无耻；道之以德，齐之以礼，有耻且格。"（《论语·为政》）甚至主张"父为子隐，子为父隐，直在其中矣"（《论语·子路》）。孔子这一思想虽然保留了古代仁道精神，但却是以牺牲义的公正性为代价的。所以到了思时，一方面继承了孔子的仁，认为"仁者，天下之表也"（《礼记·表记》），另一方面也不完全排斥刑，而是主张礼、刑并用，"君子礼以坊德，刑以坊淫，命以坊欲"（《礼记·坊记》）。子思这一看法显然与《五行》关于简、匿的思想是一致的，同时也说明《五行》与子思一派确实存在密切关系。

需要指出的是，这里的"不简，不行"在《五行》第十一章也出现过，但二者的表达各有侧重，内涵并不完全相同。在第十一章中，"不简不行"是"直"，也即"中心辩然而正行之"的一个外推、显现过程，是由内而外的表现，具体内容是"不以小道害大道，简也。有大罪而大诛之，行也"。而这里的"不简，不行"是指从事实出发，对客观、公正原则的贯彻实行。故《五行》又提出"简，义之方也；匿，仁之方也"，以为匿、简是实行仁、义的方法和原则。这种对仁、义的理解显然与前面有所不同，它不是将仁、义看作内在情感自我扩充、发展的过程，而是理解为某种具体的方法和原则，用《五行》的话说，显然更具有"不形于内"的特点。由于仁、义被外在化、对象化，《五行》的下半部分不再突出、强调"思"，而是提出类比、推理的判断方法。

目而知之，谓之进之。喻而知之，谓之进之。譬而知之，谓之进之。① 几而知之，天也。"上帝临汝，毋贰尔心"，此之谓也。(《五行》第二十三—二十六章）

这里的"知之""进之"显然是针对仁、义而言，提出了认知仁、义的不同方法。目，庞朴先生认为借为"侔"。② 从《说》"目之也者，比之也"的解说来看，显然是正确的。《墨子·小取》："侔也者，比辞而俱行也。"孙诒让《墨子间诂》："《说文·人部》：'侔，齐等也。'谓辞义齐等，比而同之。"③ 用今天的学术语言说，侔即对原判断的词项附加比词，从而构成一个推论形式，相当于直接推理的一种形式。《说》专门举出例证："循草木之性，则有生焉，而无好恶。循禽兽之性，则有好恶焉，而无礼义焉。循人之性，则巍然知其好仁义也。"通过与草木之性、禽兽之性的比较，就可以发现人的独特之处是有仁义之性，这种推论方式便是侔。侔不同于思，它不是向内反求，而是注意经验观察，注意类比推理。值得注意的是，侔的方法同样为荀子所重视："水火有气而无生，草木有生而无知，禽兽有知而无义，人有气、有生、有知，亦且有义，故最为天下贵也。"(《荀子·王制》) 这里除了个别字句外，与前者基本

---
① 帛书本此两句次序相反。
② 庞朴：《帛书五行篇研究》，第85页。
③ 孙诒让：《墨子间诂》，载《诸子集成》第4册，上海书店，1986年，第251页。

相同。而荀子与《五行》后半部分之所以都重视侔①，显然与其将仁、义客观化、对象化有关，共同的对象决定了共同的方法，同时也说明《五行》后半部分对仁、义的理解确实与前面存在着差异。

喻，是一种类推法。《说》的解释是"自所小好喻乎所大好"，如"'窈窕淑女，寤寐求之。'思色也。'求之弗得，寤寐思服。'言其急也"，而"由色喻于礼，进耳"，就是一种喻的类推法。譬，同"辟"，是与侔接近的类比、比较方法。《墨子·小取》："辟也者，举他物而以明之也。"《说》举了个很形象的例子："譬丘之与山也，丘之所以不名山者，不积也。舜有仁，我亦有仁，而不如舜之仁，不积也。舜有义，而我亦有义，而不如舜之义，不积也。譬（比）之而知吾所以不如舜，进耳。"丘不如山高大，是因为它不能积土成山，而我不如舜，同样是因为不能积累仁、义，通过譬明白这一点，便可由此进达仁、义。值得注意的是，"谓之进之"的"进"又见《荀子》，是表示后天积习的概念，"身日进于仁义而不自知也者，靡使然也"（《荀子·性恶》），"君子敬其在己者，而不慕其在天者，是以日进也"（《荀子·天论》），"非礼不进，非义不受"（《荀子·大略》）。这说明荀子与《五行》确实具有某种联系和一致性，正如《五行》"形于内"的"德之行"影响了孟子一样，其"不形于内"的"行"同样被荀子发展和继承。不过在荀子那里，"身

---

① 孟子虽然也重视类比，但主要用在说明仁政等内容，对于仁义还是以"思"为主要方法。参见侯外庐等：《中国思想通史》第一卷，第十一章第七节《思孟学派的"无类"逻辑》，人民出版社，1957年，第399～414页。

日进于仁义"仅仅是"化性起伪",且与天道无关,而《五行》的"进"于仁、义,是为了转善成德,并且上达天道,故又提出"几而知之,天也"。对于"几"的哲学内涵,学者已多有讨论①,最一般的解释是:"几者,动之微,吉凶之先见者也。"(《易传·系辞》)所以几不同于侔、譬等经验认知活动,而是一种理性推理,它可以见微知著,由表及里,由内心仁、义的萌动而直达天道。《五行》又提出"集大成":

> 君子集大成。能进之,为君子,弗能进也,各止于其里。大而显者,能有取焉。小而隐者,能有取焉。胥肤肤②达诸君子道,谓之贤者。(《五行》第二十一章)

"集大成"显然即前面的"金声而玉振之",《说》解释此句"大成也者,金声玉振之也",正是这样理解的。它乃德善同流、天人一体的精神境界。能达此境界,是为君子,不能达此境界,则只能停留于其所处的某一层次和阶段。③需要指出的是,《五行》第八、九章中,集大成主要是

---

① 丁四新认为,"'几'的深沉内蕴当是指在尚未揭蔽的状态下,隐藏于事物、事件自身或其发展过程中的本质性规定……不但物有几,天地亦有几;不但天地有几,天之所命亦有几"。参见丁四新:《郭店楚墓竹简思想研究》,东方出版社,2000年,第144页。

② 帛书本作"索卢卢",魏启鹏认为,"犹古汉语之'赫矑矑'也,言贤者臻于'集大成'之境界,故有显威而光明之貌也"。参见魏启鹏:《〈德行〉校释》,第23页。

③ 池田知久认为,"关于'仁'称为'里',同样的文献又见《荀子·大略篇》"。按,《荀子》原文为,"仁有里,义有门。仁,非其里而处之,非仁也;义,非其门而由之,非义也"。参见池田知久:《〈马王堆汉墓帛书五行篇〉所见的身心问题》,载杨儒宾主编:《中国古代思想中的气论与身体观》,巨流图书公司(台北),1993年,第327~353页;又载湖南省博物馆编:《马王堆汉墓研究文集——1992年马王堆汉墓国际学术讨论会论文选》,湖南人民出版社,1994年。

针对善和德也即四行和五行而说的，而这里则是针对实行仁、义而言，认为"大而显者，能有取焉。小而隐者，能有取焉"，即在大的原则和小的灵活性方面能分别遵守简、匿的原则，便可由外而内，由善及德，"胥肤肤达诸君子道"。二者出发点虽有不同，但最终目的是一致的，都是要发明内在君子之道，所以《五行》后半部分也由实践仁、义开始，而由"闻道"结束："闻道①而悦者，好仁者也。闻道而畏者，好义者也。闻道而恭者，好礼者也。闻道而乐者，好德者也。"

如前面分析的，《五行》的思想是"德之行"与"行"也即德、善的二元论，而这两部分内容又分别体现在有关圣、智的论述以及《五行》前后两个部分中，明白这一点，有关《五行》心身问题的争论也可迎刃而解。马王堆帛书《五行》出土后，学术界曾就《五行》的心身观的性质展开争论，提出不同的看法。②其实，《五行》的心同样具有二元的倾向，需要具体分析，区别对待。前面已指出，《五行》前半部分的"中心"和"外心"乃一种道德本心，类似于孟子的四端之心，它不仅由内而外分别表现为义、礼，同时，心的活动也可以在身上"形"也，即彰显、表现出来，体现出心身不二、心身一如的特点。而《五行》的后半部分，由于过分强调心对身的支配作用，表现出与中心、外心不同的特点。

---

① 帛书本作"君子道"。
② 黄俊杰认为，"《五行篇》虽受荀学影响，但是它基本上所继承的仍是孟子心学传统"。参见黄俊杰：《马王堆帛书〈五行篇〉"形于内"的意涵——孟子后学身心观中的一个关键问题》，载《孟学思想史论》卷一，第504页。而岛森哲男则认为，《五行》强调心对身的支配关系，受到荀子"心者，形之君也，而神明之主也"的影响。参见岛森哲男：《马王堆出土儒家古佚书考》，《东方学》（东京）第56辑，1978年7月，第17～36页。

耳目鼻口手足六者，心之所役也。心曰唯，莫敢不唯；心曰[①]诺，莫敢不诺；心曰进，莫敢不进；心曰退[②]，莫敢不退；心曰深，莫敢不深；心曰浅，莫敢不浅。和则同，同则善。(《五行》第二十五章)

我们知道，孟子、荀子虽然都重视心，但在具体理解上却有所不同。孟子的心乃道德本心，可以由内而外，表现为自觉的道德行为。所以孟子虽然区分了大体、小体，但并不将心身分为两截，而是以心摄身，心身一如。如学者所指出的，"孟子不认为身体与意识是异质的，身心毋宁是一体的两相"。在孟子看来，心的活动可以"在人的形体上显现征兆，使形体化为精神流贯区域"[③]。下面这段言论，形象地反映了孟子对心身关系的理解："君子所性，仁义礼智根于心，其生色也睟然，见于面，盎于背，施于四体，四体不言而喻。"(《孟子·尽心上》)在心的作用下，身被精神化、意识化，心身的界限被打破，二者成为有机的整体。与此不同，荀子的心基本上是认知心或理智心，心不能自我立法，不能直接表现为道德行为，而主要是认识、实践外在礼仪规范。所以荀子对心身做了严格的区分，心是实践能力，身是被改造的对象，礼

[①] 竹简本无"心曰"二字，下同。
[②] 竹简本作"后"。
[③] 杨儒宾：《儒家身体观的原型——以孟子的践形观及荀子的礼义身体观为核心》，载李明辉主编：《孟子思想的哲学探讨》，台湾"中央研究院"中国文哲研究所，1995年，第224页。杨儒宾：《论孟子的践形观——以持志养气为中心展开的工夫论面向》，《清华学报》1990年6月新20卷第1期。

仪是完美身体的形式和法则，而通过这种"天人之分"，心对身处于支配、主导的地位，并通过实践礼仪而达到统一。

所以从思想史的系统看，上面讨论心的文字显然与孟子联系不大，而更直接影响了荀子。《荀子》中就有一段类似的言论："心者，形之君也，而神明之主也。出令而无所受令，自禁也，自使也，自夺也，自取也，自行也，自止也。故口可劫而使墨（默）云，形可劫而使诎申，心不可劫而使易意，是之则受，非之则辞。"（《荀子·解蔽》）除了表达稍有区别外，两段文字的思想基本一致，学者认为《五行》的心身观更接近荀子一系，并非完全没有根据。在荀子那里，心对身的支配是通过礼完成的，而上面《五行》论心的文字，又出现在讨论"不形于内"的"行"的后半部分，这绝非偶然，可以说正是这种相同的思想倾向，决定了二者的某种一致性。在《五行》那里，心的两种倾向尚处在混而不分的状态，而以后的孟子、荀子则兵分两路，各取一端，《五行》中所蕴含的不同思想倾向也由此分化。

第五节 《五行》在思想史上的地位

通过前面的分析，我们可以对《五行》的年代及其在思想史上的地位有进一步认识。

首先，《五行》提出"德之行"与"行"，实际是延续着孔子以来仁、礼关系这一儒学基本问题的讨论，并试图在理论上做出说明。因此，从思想的发展脉络来看，它显然是处在孔子以后孟、荀以前的儒学分化、过渡阶段。与孟、荀相比,《五行》的思想也明显具有过渡时期的二元倾向,如它一方面提出"形于内"的"德之行",另一方面又提出"不形于内"的"行";一方面提出自主、自律的道德实践活动——为德,另一方面又提出外在、他律的道德实践活动——为善;一方面提出直觉之知的圣,另一方面又提出经验之知的智等等。而这些相对的方面,在《五行》那里多少存在着某种矛盾:既然人具有先天的道德禀赋——"德之行",并可以由内而外,直接表现为道德行为,"五行皆形于内而时行之",那么,为什么还要由外而内,去实践作为外在规范的"行"呢?既然圣可以"闻而知之",可以直接发明内在君子道,为什么还要通过智去"见贤人",集善成德,并上达君子道呢?这些《五行》均没有做出说明,或在它看来根本就不成其为问题。于是这些在后儒眼里矛盾甚至对立的方面,在《五行》这里却相安无事,和平相处。而以后孟子提出四心说,认为"仁义礼智根于心",实际是主要从内在的方面发展了"形于内"的"德之行",而不再关注"不形于内"的"行";荀子突出、强调礼,主张"隆礼义而杀《诗》《书》",则是从外在的方面继承了"不形于内"的"行",而舍弃了"形于内"的"德之行",《五行》的不同思想倾向也由此得以分化。认为《五行》的思想比孟子复杂,不像是孟子以前的作品,可能更多是出于主观的感受。而一旦真正深入到《五行》思想的内部,理解了其思想特点,就不得不承认,与《五行》相比,孟子的思想要更为成熟、更为精致。那么,《五行》有没有可能是孟、荀的折中调和派呢?答案同样是否定的。因为从荀子对思孟的批判来看，战国后期，孟、荀两派激战正酣，形同水火，断不至于在这时出现一个折中调和派来。虽然西汉初年思想界出现了融合孟、荀的倾向，但出土竹简《五行》的乃一战国墓，其考古年代虽可以有一定的伸缩，也绝不至于可以下拉到汉代。所以把《五行》看作孟、荀之后的折中派，同样缺乏事实根据。

其次，与思想的二元倾向相应，《五行》在先秦儒学思想史中实居于过渡、分化的特殊地位，对以后的孟子、荀子均产生过影响。孟子受《五行》的影响是多方面的，如孟子提出四心说，将仁义礼智内在化，显然即对"形于内"的"德之行"的进一步发展。孟子重视思，把思看作反求诸己的方法和手段，与《五行》也是一致的。另外，孟子提出良知、良能，与《五行》的圣也有一定联系，至少在都是一种直觉之知上，二者是一致的。在《五行》中，圣通过"闻君子道"而可以上达天道，而孟子也提出"尽心，知性，知天"，认为发明内在道德禀赋，便可上达天道，孟子与《五行》确乎表现出某种一致性来。同样，《五行》对荀子的影响也十分明显，荀子思想以礼为核心，与《五行》"不形于内"的"行"显然具有某种联系。需要指出的是，《五行》是通过"贤人"来说明"不形于内"的"行"，"见贤人"即学习、实践"不形于内"的"行"的过程，而荀子也有同样的思想："学莫便乎近其人。礼乐法而不说，《诗》《书》故而不切，《春秋》简而不速。方其人之习君子之说，则尊以遍矣，周于世矣。故曰：学莫便乎近其人。学之经莫速乎好其人，隆礼次之。"（《荀子·劝学》）礼乐、《诗》《书》虽各有优点，但不如"近其人"来得方便，这里的"人"显然不是一般的人，而是精通礼仪、《诗》《书》的人，也即《五行》所说的贤人。此外，荀子重视智，认为"凡以知，人之性也。可以知，物之理也"（《荀子·解蔽》），并把智的范围限定在人事尤其是礼之中，显然是对《五行》圣智之论中"智"的继承和发展。学术史上虽然不存在一个思荀学派，但从思想的联系来看，子思的《五行》同样对荀子产生过启发和影响。人们津津乐道的思孟学派，其实只是孔子以后儒学思想分化、演变的一个方面，并不能概括历史的全部。实际情况是，子思以后儒学的分化乃是复合的，而不是单一的。

当然，从《五行》的内容来看，子思主要还是属于孔门后学中的主内派，与孟子的联系显然要更为密切。这不仅因为《五行》中"德之行"的内容要更为突出，更能反映其思想特点，同时还在于，《五行》的"行"与"德之行"是互相联系、互为转化的，"见贤人"与为善也是为了要进一步"闻君子道"与为德，这与荀子主张"化性起伪"，完全否定先天道德禀赋，便有相当的距离。因此，前人思孟并称，将其看作前后相续的同一学派，并非没有根据，思孟学派在历史上确实存在。

另外，从《五行》用"形于内""不形于内"来规定"德之行"与"行"来看，它与郭店竹简中的仁内义外说实际表达的是同一个意思，只不过表达方式稍显特殊而已。由此可知，子思这位一向披着神秘面纱的人物，原来是仁内义外说的倡导者，郭店简中出现大量仁内义外的论述不是偶然的，某种意义上可能与子思一派的主张有关，同时也是儒学分化时期的思想反映。目前学术界讨论郭店简仁内义外问题时，往往倾向于将其与告子联系起来，并由此否定思孟学派的存在，是值得商榷的。其实，从《五行》以及《六德》《尊德义》等篇的内容来看，郭店简的仁内义外说主要讨论的是仁内与义外的联系，认为道德实践需要从仁内与义外，也即"行于内"的"德之行"与"不形于内"的"行"两方面入手，做到二者的统一。而告子的仁内义外说则突出、强调仁内与义外的对立，认为"吾之弟则爱之，秦人之弟则不爱也"(《孟子·告子上》)，以一种悖论的形式将仁内义外说的内在矛盾揭示出来。而孟子可能正是受到与告子辩论的启发，才对曾经被儒家学者广泛接受的仁内义外说进行了否定，并提出自己的仁义内在说。这样，从子思的仁内义外说到孟子的仁义内在说便呈现出一种思想上的前后联系，不过它并不是什么一成不变的"道统"传授，而是学派内部思想的发展、变化。

第八章　郭店竹简《鲁穆公问子思》与早期儒学的政治理念

早期儒学的政治理念如何，在历史上发挥了怎样的作用，一直是颇有争议的问题。有学者斥之为"王权至尊"和"圣人至上"，认为儒家政治思想"大体上便是围绕着这两大观念怪物或以这两大观念怪物为中心形成的"。亦有学者认为，"内圣外王"乃儒家整个政治思想的核心，它既是"一种特殊的政治思维方式，又是一种现实的政治实践模式"，"对中国政治哲学、政治制度的演变产生了相当大的负面影响"。然而1998年公布的郭店竹简中有《鲁穆公问子思》一篇，其中有子思曰："恒称其君之恶者，可谓忠臣矣。"由此产生的问题是："恒称其君之恶"的精神动力何在？所谓"忠臣"具体何指？围绕这些问题，又可对早期儒学的政治理念做出哪些检讨与反省？这些无疑是早期儒学特别是思孟学派研究中不可回避的重大理论问题。

第一节　"士"的政治哲学

儒家政治思想脱胎于周人的宗教天命观，是在后者的基础上进一步发展起来的。周人以"小邑周"灭了"大邑商"之后，为适应形势的变化，在宗教观念上进行了变革：一是提出天命靡常，认为"天不可信"；二是突出了民的地位，主张敬德、保民。原来在殷人的观念中，天乃神秘的外在力量，是历史与命运的主宰，它赐予并决定人世王朝的统治权力和政治寿命。当初殷人灭夏，就是遵行天的意志，"有夏多罪，天命殛之"(《尚书·汤誓》)，"予畏上帝，不敢不正"(《尚书·汤誓》)。殷人获得天命后，便会受到天的恩宠，并长久地保持之。"天其永我命于兹新邑。"(《尚书·盘庚》) 所以当纣王身陷内外交困，不是及时自我反省，而是感慨，"呜呼！我生不有命在天？"(《尚书·西伯戡黎》) 周人汲取了殷人的教训，不再一味地依赖天命，而是认为"皇天无亲，惟德是辅"(《左传·僖公五年》引《周书》)，"天不可信，我道惟宁王（注：文王）德延"(《尚书·君奭》)。天不可能长久地眷顾一族一姓，天曾降命、眷顾于夏人、殷人，但因其"惟不敬厥德，乃早坠厥命"(《尚书·召诰》)。所以，"我不可不监于有夏，亦不可不监于有殷"(《尚书·召诰》)，只有像文王一样敬德，才能保住天降于周人的大命。可见，获得天命的关键在于敬德，而敬德又主要体现为保民。在周人看来，"天惟时求民主"(《尚书·多方》)，"天佑下民，作之君，作之师，惟其克相上帝，宠绥四方"(《尚书·泰誓》)。也就是说，天赋予了君管理、统治民的权力，但这种"为民之主"的政治权力又主要体现为"保民""佑民"的责任义务。这是因为"惟天惠民"，"天矜于民，民之所欲，天必从之"，"天视自我民视，天听自我民听"(《尚书·泰誓》)。天是民意的代表，是根据民意主张、行事的。既然天惠顾、同情民，那么，天所选立的君主自然也应该根据天的意志——实际也就是民的意志来进行统治，否则，便得不到天的认可，不具有统治的合法性。

与殷人的宗教观相比，周人在前者天、君的二分结构中增加了民这一因素，突出了民意在宗教、政治中的作用，故陈来先生称之为"民意论"的天命观，认为是世界文化史上十分独特的现象。"在这样一种类似泛神论结构的民意论中，殷商以前不可捉摸的皇天上帝的意志，被由人间社会投射去的人民意志所型塑，上天的意志不再是喜怒无常的，而被认为有了明确的伦理内涵，成了民意的终极支持者和最高代表。"① 对于周人天、君、民的三分结构，李存山先生曾这样认为："因为天的意志代表民的意志，而王又须按照天的意志来执政，那么民似乎具有立法权，王则行使行政权，而对王的选举、监督和罢免权则属于天。……在此结构中，人民并没有真正的政治权利，其意志的实现要靠统治者对'天'的敬畏、信仰或尧、舜、禹、汤、文、武等'圣王'的道德自觉。"② 这无疑是有一定道理的。所以与殷人相比，周人的天命观表现出一定的进步性，主要是突出了民的地位和作用，将殷人的自然宗教发展成了伦理宗教。但随着时代的发展，周人的天命观也逐渐暴露出其不足：一是周人的天主要被少数统治者垄断，是其统治合法性的根据，而没有与个人发生联系，没有成为个人的终极信仰和精神动力；二是周人

---

① 陈来：《古代宗教与伦理——儒家思想的根源》，三联书店，1996年，第184页。
② 李存山：《儒家的民本与人权》，《孔子研究》2001年第6期。

虽然突出了民意，但民还是一消极、被动的存在，不具有政治上的独立地位，其意志、意愿要靠神秘莫测的天来表达。特别是随着春秋战国的"礼崩乐坏"，周天子的权威名存实亡，天的观念逐渐受到怀疑甚至否定，统治者的私欲越发膨胀，民虽然逐渐成为一支重要的社会力量，但并没有获得相应的政治权利，其生命、财产因诸侯间的连年征战而受到极大威胁。这时，周人的天命观已难以为继，在天、君、民的结构之外，一种新的社会力量出现了，这就是以孔子儒家为代表的"士"。作为新生的社会力量，一方面，他们承继周人的天命观，将其中的"敬德""保民"转化为明确的政治理念——"仁"，将周人的政治伦理宗教转化为人生伦理宗教；另一方面，他们以"仁"的思想启发、教导君主，"以不忍人之心，行不忍人之政"（《孟子·公孙丑上》），希望通过"格君心之非"，做到"君仁莫不仁，君义莫不义，君正莫不正。一正君而国定矣"（《孟子·离娄上》）。同时为民的利益大声呐喊、呼吁，对暴君污吏的种种"残民""害民"等不义之举进行猛烈的抨击和抗议。可以说，孔子儒家在神权衰落、王纲失序、君与民日益分离乃至对立的情况下，试图倡导仁政德治，将君、民重新联系在一起。对于君，他们是"师"也是"臣"；对于民，他们则是其代言人，是维护其利益的"民之父母"。由于孔子儒家是以"士"的身份登上政治舞台，是从"士"的角度思考、理解政治问题的，故儒家政治哲学也可以称为"士"的政治哲学。

关于"士"，学术界已有了很多讨论，如余英时先生认为，"士"阶层的出现,"一个最重要的方面是起于当时社会阶级的流动,即上层贵族的下降和下层庶民的上升。由于士阶层适处于贵族与庶人之间,是上下流动的汇合之所,士的人数遂不免随之大增。这就导使士阶层在社会性格上发生了基本的改变"。余先生特别强调,孔子儒家所代表的士,绝不仅仅只是一特殊的社会阶层,是一群"劳心者",更重要的是,他们以道自任,能够超越个人的私利去关注国家、民众的普遍利益。[①]"无恒产而有恒心者,惟士为能。"(《孟子·梁惠王上》)士"传食"于诸侯之间,没有固定的财产来源,但并不因此便为他人所"御用",而是肩负着超越其个人利益的价值理念和人生理想。孔子首先揭示的"士志于道",便已规定"士"是基本价值的维护者,是"社会的良心"。曾参发挥师教,讲得更明白:"士不可以不弘毅,任重而道远。仁以为己任,不亦重乎,死而后已,不亦远乎。"(《论语·泰伯》)孟子明确肯定,士应该"尚志",而"尚志"就是"仁义而已矣"(《孟子·尽心上》)。这些都说明,在儒家心目中,"士"首先代表一种精神信仰,一种责任担当,他们关注于人间的政治秩序和普遍利益,具有类似于近代"知识分子"的基本性格。当然,作为一个阶层,"士"也有其特殊身份与角色,"士者,事也,任事之称也"(《白虎通·爵》)。士有自己的事业,他们以"仕"显身,成为职业的政治家、管理者,故"士之仕也,犹农夫之耕也"(《孟子·滕文公下》)。

---

① 余英时:《士与中国文化》,上海人民出版社,1987年,第12~13页。

士人出仕如同农夫耕田，都是一种职业。但是，"君子之仕也，行其义也"（《论语·微子》），君子对于出仕，又有着自己的道义与原则，他们"见危致命，见得思义"（《论语·子张》），"危邦不入，乱邦不居。天下有道则见，无道则隐"（《论语·泰伯》），自由地游走于庙堂与江湖之间，"在本朝则美政，在下位则美俗"（《荀子·儒效》）。这样，士又不仅是一种职业，一种谋生的手段，同时还代表一种政治理念、社会理想，而士人选择出仕，不过是要将这一理念付诸实践而已。

第二节 "立君以为民"：政权的合法性基础

士是"道"、政治理念的维护者，这种政治理念主要包括政权的合法性基础、政治的正义性原则以及士的为政原则等。原来在周人的天命观中，一方面认为"天佑下民，作之君"，另一方面又主张"民惟邦本"（《尚书·五子之歌》），认为"后（注：君）非众，罔与守邦"（《尚书·大禹谟》），突出了民在国家政治中的地位与作用。在此基础上，儒家进一步提出，"天之生民，非为君也；天之立君，以为民也"（《荀子·大略》）。明确肯定设立政权、"立君"的最终目的是为了民，从"天下为公"与"民为贵"两个方面，对政权的合法性基础做出了规定和说明。

从人类的历史经验出发，儒家不否认"立君"的合理性，孔子主张"天下有道，则礼乐征伐自天子出"（《论语·季氏》），便是肯定一个统一的王权对于维护社会秩序的巨大作用。孟子将"禹抑洪水""周公兼夷狄,驱猛兽"(《孟子·滕文公下》)看作文明史上的大事,也是着眼于君在领导民众应对自然灾害、抵御外族入侵中的作用与贡献。但孔孟等儒者也清楚地看到,君的"无道"同样会给人民生活、社会秩序造成巨大危害,所以他们虽然主张设立君,但又站在民的立场来限制君,规定了立君的根据与目的,体现了对政治问题的独特思考。自人类有君以来,立君的形式大致有两种:尧舜的禅让和禹汤文武的世袭,这种差别一定程度上反映了权力共有与私有的不同。"仲尼祖述尧舜,宪章文武"(《礼记·中庸》),似乎对于这种差别并没有给予特别的强调,而孔子之后的子游一派,则极力强调这种立君形式的不同,并以此对政权的合法性基础做出思考。成书于子游一派的《礼运》篇云:

> 大道之行也,天下为公,选贤与能,讲信修睦。……是故,谋闭而不兴,盗窃乱贼而不作,故外户而不闭,是谓大同。

这里的"天下"指天子位,也就是最高政治权力。"为公"的"公",郑玄的解释是,"公犹共也"①,就是公共的,而非私有的。所以"天下为公"就是最高政治权力归天下人共有,而非个人私有,"天下非一人之天下也,天下之天下也"。那么,如何实现权力共有呢?《礼运》主张"选贤与能",即选择贤能之人,授予天子之位,由其代天下人民行使最

---

① 李学勤主编:《十三经注疏·礼记正义》上册,第 658 页。

高权力。"选贤与能"的主体，文中虽没有明说，但从当时的情况看，应是指天子，即由天子来选贤与能，但也包含着人民可以选贤与能，人民的意见应得到充分重视的意思。下一句"讲信修睦"，王夫之认为"'讲信'者，讲说期约而自践之"①，也就是最高权力按期约有秩序地交替。《礼运》虽只说到天子之位，但"天位尚不为己有，诸侯、公卿、大夫之位灼然与天下共之"②，也就是一切政治权力归天下人共有，一切公共职位均由选贤与能产生。《礼运》讲"大道之行也"，即表示"天下为公"、权力共有是公正、合理的，是符合"道"的理想政权形式。与之相对，《礼运》又提出："今大道既隐，天下为家，各亲其亲，各子其子，货力为己，大人世及以为礼。……是谓小康。"显然是认为"天下为家"、权力私有、传子不传贤是"大道既隐"后次一等的、非合理的政权形式。而通过"大同""小康"的对比，《礼运》的作者强调，天下为公、权力公有是公正、合理的，而天下为家、权力私有则是不公正、不合理的。

《礼运》篇的成书与战国中前期兴起的禅让思潮密切相关③，反映了子游一派对于政权形式的思考。他们以"天下为公"为政权的合法性基础，主张权力公有，天子之位为天下人之公器，最高权力属于天下人

---

① 王夫之：《礼记章句》卷九，载《船山全书》第4册，岳麓书社，1996年，第537页。
② 李学勤主编：《十三经注疏·礼记正义》上册，第660页。
③ 梁涛：《战国时期的禅让思潮与"大同""小康"说——兼论〈礼运〉的作者与年代》，载《中国哲学与文化》第6辑，广西师范大学出版社，2009年。梁涛：《郭店竹简与思孟学派》，第三章第四节《〈礼运〉与子游后学的"大同""小康"说》。

民,实行选贤与能的制度,选择贤能之人,授予最高政治权力,天子之位传贤不传子,最高政治权力按期约有秩序地交替等等。故天下为公的"大同"社会虽设有天子,但天子是由选贤与能而产生,并按期约让位传贤,所以虽有天子之名,而无君主专制、世袭之实,天子不过是最高领袖和管理者而已。《礼运》称:

> 故君者所明也,非明人者也;君者所养也,非养人者也;君者所事也,非事人者也。故君明人则有过,养人则不足,事人则失位。故百姓则君以自治也,养君以自安也,事君以自显也。故礼达而分定,故人皆爱其死而患其生。

自郑玄以来,学者往往释"明"为"尊",认为"'君者所明也'者,'明'犹'尊'也。谓在下百姓所尊奉君,使之光显尊明人君"①,迂腐不堪。其实《礼运》是说,君是被别人教导、明白的,而不是去教导别人,使别人明白的;君的身份、地位不同于民,君是专门的管理者,是被别人奉养的,不必参加具体的生产劳动;君是领袖,是被别人服事的,而不应去服事他人。如果君去教导别人,就会产生过错;去奉养别人,就会财物不足;去服事别人,就会失去君位。所以人民效法君主的样子,是为了自己管理自己;奉养君,是为了使自己生活安定;侍奉君,是为了使自己显贵。可见,民是主而君是客,民虽然奉养、服事

---

① 李学勤主编:《十三经注疏·礼记正义》上册,第687页。

君,但并不是君的奴仆、使役,君应虚心纳谏,听从人民的意见、建议。《礼运》对君、民关系的理解,显然与其"天下为公"的政治理念是密切相关的。

如果说《礼运》是在战国中前期禅让思潮的背景下,从"天下为公""选贤与能"对"立君以为民"做了规定和说明的话,那么,随着禅让思潮的退去,孟子则主要从民本、仁政对政权的合法性基础做出了探讨,提出了著名的"民贵君轻"说:

> 孟子曰:"民为贵,社稷次之,君为轻。是故得乎丘民而为天子,得乎天子为诸侯,得乎诸侯为大夫。诸侯危社稷,则变置。牺牲既成,粢盛既洁,祭祀以时,然而旱干水溢,则变置社稷。"(《孟子·尽心下》)

"民为贵"的"贵",是贵重、尊贵之意,相当于今天所说"最为重要""最有价值"。故以上是说,人民与社稷、君主相比是最为重要、最有价值的。孟子提出"民贵君轻",首先是从国家治理的重要程度来讲的,是对"水能载舟,亦能覆舟"的概括总结。孟子从长期的历史经验中认识到"得乎丘民而为天子",民心的向背往往决定着政权的兴衰得失,故认为得民心者得天下,民心对于国家政权是最为重要的。孟子说:"桀、纣之失天下也,失其民也;失其民者,失其心也。得天下有道,得其民,斯得天下矣;得其民有道,得其心,斯得民矣;得其心有道,所欲与之聚之,所恶勿施尔也。民之归仁也,犹水之就下,兽之走圹也。"(《孟子·离娄上》)同时，孟子的"民贵"说也包含了对政权合法性的思考，认为人民的利益构成君主权力的基础，人民的生命、财产是最为珍贵的，是设立国家、君主的唯一理由与根据，君主应尽职保障人民的生命与财产，否则便不具有合法性。"民贵"说的前一个方面，是对历史经验的概括和总结，可称为"民心"说，主要是针对君主、统治者而讲的；后一个方面，则是在长期历史发展中形成的人道主义思想，是对"争地以战，杀人盈野；争城以战，杀人盈城"(《孟子·离娄上》)兼并战争的否定，是对"庖有肥肉，厩有肥马，民有饥色，野有饿莩"(《孟子·梁惠王上》)的不合理现实的抗议，是一种价值理念与信仰，是孟子抨击暴政，"处士横议"的精神根源和动力，也是孟子政治思想中最核心、最有价值的部分。

与"民为贵"相应，孟子提出了"仁政"说，主张"制民之产"，施行仁政，结束战乱，使人民过上安定、富裕的生活。具体讲，就是要"正经界"，均井田；"薄税敛"，"省刑罚"；"去关市之征"，废除市场税等。孟子说："人皆有不忍人之心。先王有不忍人之心，斯有不忍人之政矣。以不忍人之心，行不忍人之政，治天下可运之掌上。"(《孟子·公孙丑上》)"不忍人之心"即"恻隐之心"，也就是人皆生而即有的仁爱、同情心。"先王"指尧舜和三代之王，孟子认为"先王"将生而即有的"不忍人之心"施之于社会政治中，于是就有了"不忍人之政"，即"仁政"。今之君主与古之"先王"一样，也都有仁爱、同情之心，故也应当像古之先王一样推行仁政。孟子将仁政寄托在君主的不忍人之心上，似天真、不切实际，如后人所批评的，是"迂远而阔于事情"。但孟子以不忍人之心启发君主，不过是一种进言的策略，是在当时历史条件下的无奈之举。孟子提倡仁政，其根本原因并不在于相信君主的不忍人之心，而在于坚信"民为贵"，认为人民的生命、财产是最为珍贵的，故以人民代言人的身份登上当时的政治舞台，要求统治者放下屠刀，实行仁政，解民倒悬，救民水火，并告诫统治者只有实行仁政，才能得到人民的拥护、爱戴，其政权才具有合法性。

由于目睹了燕王哙"让国"失败的惨状，孟子不再主张君主应选贤与能，实行禅让。当弟子万章问："尧以天下与舜，有诸？"孟子回答："否。天子不能以天下与人。"认为天子之位是"天与之"（《孟子·万章上》），这样便回到了传统的"君权天授"思想。孟子说："唐、虞禅，夏后、殷、周继，其义一也。"（《孟子·万章上》）表明他不再看重禅让与世袭的差别，在《礼运》那里，被认为存在根本差别且分别是"大同""小康"的政治原则，却被孟子说成是"其义一也"。这说明，出于现实的考虑，孟子一定程度上放弃了"选贤与能"的政治理想，不再主张权力公有，只强调"民本""民为贵"，主张实行仁政，而仁政的实现，又要靠君主的"不忍人之心"，靠君主的道德自觉，而始终缺乏制度的保障。从这一点看，孟子的政治思想与《礼运》相比，无疑是一个退步。不过孟子虽然不再坚持"选贤与能"的政治理想，但仍肯定人民在国家中的主体地位，肯定"民为贵"，认为人民的好恶决定政治的具体内容，君主在治理国家的过程中，应充分考察民意，认为君主的权力根本上仍是由人民赋予的。孟子通过舜继尧位说明,天子之位既来自天,也来自民,是"天与之""人与之"。

> (孟子)曰:"天子能荐人于天,不能使天与之天下;诸侯能荐人于天子,不能使天子与之诸侯;大夫能荐人于诸侯,不能使诸侯与之大夫。昔者尧荐舜于天而天受之,暴之于民而民受之。故曰:'天不言,以行与事示之而已矣。'"
>
> 曰:"敢问:'荐之于天而天受之,暴之于民而民受之',如何?"
>
> 曰:"使之主祭而百神享之,是天受之;使之主事而事治,百姓安之,是民受之也。天与之,人与之。故曰:'天子不能以天下与人。'"(《孟子·万章上》)

"天子能荐人于天,不能使天与之天下",从这一点看,最高权力是掌握在天的手里,给谁不给谁应由天说了算,而不能由天子私自决定。但"天不言,以行与事示之而已矣",天是根据人们的行为和事件表示天命授予的。尧使舜"主祭而百神享之,是天受之;使之主事而事治,百姓安之,是民受之也"。所以舜的天子之位既是天赋予的,也是人民给予的。天只是形式,人民的意志、意愿才是最高目的,真可谓"天视自我民视,天听自我民听"。孟子认为"天子不能以天下与人",而应经过天与人民的认可,表明天下并非天子个人的私有物,"这种区分的内在含义,在于肯定天下非天子个人的天下,而是天下之人或天下之民的天下"①。故在孟子看来,天子不过是受"天"与"民"委托的管理者,只具有管理、行政权,而不具有对天下的所有权。以官吏的任免而言,其进其退,都不能仅仅听取少数人的一面之词,而应以人民的意志、意愿为根据。"左右皆曰贤,未可也;诸大夫皆曰贤,未可也;国人皆曰贤,然后察之,见贤焉,然后用之。"(《孟子·梁惠王下》)更进一步,君主自身的统治,也应当得到"民"的认可。虽然孟子并不认为君主的权力是直接来自于民,而是保留了"君权天授"的形式,但其思想中显然也包含了对君主统治合法性的思考,认为唯有被"民"接受和支持,君主的统治才具有合法的形式。换言之,民众的认可和接受,构成了判断、衡量君主统治合法性的尺度。正因为如此,孟子肯定了汤武革命的合理性,不认为君主的地位是绝对的,如果君主不能保民、"施仁政于民",便可易位,甚至诛之、杀之。

可以看到,在肯定"立君以为民"、以民为国家之主体上,孟子与《礼运》无疑是一致的。但孟子不是将民的主体地位落实在"天下为公""选贤与能"的政治原则上,而是体现为"民贵君轻"的价值原则以及仁政王道的政治实践上。故在孟子那里,民虽然是国家的价值主体,但非政治的权利主体。孟子主要强调的是人民的生命权、财产权,也就是生存权以及受教育权,而不是直接的政治参与权。诚如梁启超所言:"孟子仅言'保民',言'牧民',言'民之父母',而未尝

---

① 杨国荣:《儒家政治哲学的多重面向———以孟子为中心的思考》,《浙江学刊》2002年第5期。

言民自为治，近世所谓 Of the people、For the people、By the people 之三原则，孟子仅发明 of 与 for 之两义，而未能发明 by 义。"① 本来"天下为公""选贤与能"与民本、仁政是相辅相成、缺一不可的。只有坚持"天下为公"、权力公有，才可逐渐发展出主权在民的思想，才可在 Of people（民享）、For people（民有）之上，进一步发展出 By people（民治），人民才可以由价值主体进一步上升为政治主体，民本政治也才有可能转化为民主政治。同时，也只有肯定"民为贵"，倡导仁政王道，"天下为公"、权力公有才可能具有实质的内容，而不是流于外在的形式。然而令人遗憾的是，早期儒学的两大政治理念，不是相互促进，协同发展，而是相互背离，分道扬镳。结果不仅"天下为公""选贤与能"不可能得到真正的落实和发展，民本、仁政也由于缺乏前者的支持，由于缺乏主权在民、权力公有这重要一环而无法得到真正的实现，只能成为一种政治期望和说教。所以，虽然"民为贵"，但人民不能直接参与国家的政治管理，不具有监督、节制和罢免君主的权利。虽然"君为轻"，但君主又具有种种特权地位，天子即位之后，除非残暴"若桀、纣者"，否则也不会轻易被废弃。而一般的人想要成为天子，"德必若舜、禹，而又有天子荐之者"（《孟子·万章上》），才可以实现。结果所谓"民为贵"，实际只是一种价值理想，是孟子等儒者站在"士"的立场对民的关爱和同情，它是风行草上之德，而非草根小民之权，孟子

---

① 梁启超：《老孔墨以后学派概观》，载《饮冰室合集》第 8 册，原《饮冰室专集》第四十卷，中华书局，1989 年，第 37 页。

治思想中还存在着有待克服的不足和局限。这说明,早期儒学的两大政治理念在实际的历史发展中出现了"错位",这种"错位"不仅是儒家政治思想,也是中国政治文化的一大不幸,对中国古代政治实践产生了极大的消极影响。不过历史的"错位"是由具体的历史环境以及时代因素造成的,属于以往的事实,而早期儒学所孕育出的"天下为公""选贤与能"和民本、仁政两大政治理念则具有超越性,在逻辑上也具有相结合的必要与可能。故在新的历史条件下,早期儒学的两大政治理念如何由"错位"走向"融合",如何去吸收、借鉴西方民主政治思想的精华,如何为民在国家中的主体地位——政治主体和价值主体——做出合理的论证和说明,又向我们展现出儒家政治思想发展的广阔前景。

第三节 "以义为利":政治的正义性原则

朱子说:"义利之说,乃儒者第一义。""义利之辨"之所以在儒学中占有如此重要的地位,不仅是因为涉及伦理学上道德与利益这一普遍问题,更重要的是,它还关涉政治学上权力与正义的问题。具体讲,就是政治权力(包括制度与行为)是应追求公正、正义,还是物质利益。孔孟等儒者认为,政治权力当然应当首先追求"义"而不应是"利",但其所谓"义"实际又落实于民众的"利",认为凡符合于民众的"利"才是真正的"义"。反之,若只是为了少数执政者的"利",则是不"义",故"义利之辨"某种意义上也就是公利与私利之辨。《孟子》

开篇的一段文字，对这种关系做了生动的说明。

> 孟子见梁惠王，王曰："叟！不远千里而来，亦将有以利吾国乎？"
>
> 孟子对曰："王何必曰利，亦有仁义而已矣。王曰，'何以利吾国？'大夫曰，'何以利吾家？'士庶人曰，'何以利吾身？'上下交征利而国危矣。万乘之国，弑其君者，必千乘之家；千乘之国，弑其君者，必百乘之家。万取千焉，千取百焉，不为不多矣。苟为后义而先利，不夺不餍。未有仁而遗其亲者也，未有义而后其君者也。王亦曰仁义而已矣，何必曰利？"（《孟子·梁惠王上》）

这段文字被置于《孟子》的开篇，可能不是偶然的①，一定程度上是当时社会趋"利"若鹜，而孟子却独树一帜，倡导仁义的反映。孟子主张"何必曰利，亦有仁义而已矣"，此语被后人做抽象理解，成为儒家"重义轻利"的罪证。但问题是，孟子"何必曰利"的"利"并非一般意义上的利，而是具体的利，实际也就是梁惠王"欲辟土地，朝秦楚，莅中国，而抚四夷也"的"大欲"，是一己之私利。孟子认为如果执政者都追求这种利，"上下交征利"，那么，必然发生弑君、篡国的悲剧，危

---

① 如在《史记》中，司马迁多次提到孟子与梁惠王间的这段著名对话，《史记·孟子荀卿列传》："（孟子）适梁，梁惠王不果所言，则见以为迂远而阔于事情。"《史记·六国年表》魏惠王三十五年："孟子来，王问利国，对曰：'君不可言利。'"《史记·魏世家》："邹衍、淳于髡、孟轲皆至梁。梁惠王曰：'……叟不远千里，辱幸至弊邑之廷，将何以利吾国？'孟轲曰：'君不可言利若是。夫君欲利则大夫欲利，大夫欲利则庶人欲利，上下争利，国则危矣。为人君，仁义而矣，何以利为！'"

及公正、正义与政治秩序。更重要的是，这种"利"乃君之利而非民之利，是利于君而害于民的。"孟子曰：今之事君者皆曰：'我能为君辟土地，充府库。'今之所谓良臣，古之所谓民贼也。君不乡道，不志于仁，而求富之，是富桀也。"（《孟子·告子下》）所以为君的关键在于仁义，如果君主不向往道、志于仁，却为其"辟土地，充府库"，那么实际便是在帮助桀纣，只能算是民贼而已。对于他们，最好的选择便是"何必曰利，亦有仁义而已矣"。这里的"仁义"既是一种道义原则、道德品质，同时还关涉着天下的公利，包含着对政治正义性的思考。《孔丛子》中子思与孟轲的一段"对话"，对义、利的这种关系讲得更为清楚。

> 孟轲问牧民何先，子思曰："先利之。"
>
> 曰："君子之所以教民，亦仁义，固所以利之乎？"
>
> 子思曰："上不仁则下不得其所，上不义则下乐为乱也，此为不利大矣。故《易》曰：'利者，义之和也。'又曰：'利用安身，以崇德也。'此皆利之大者也。"（《孔丛子·杂训》）

这段文字可能出自子思后学之手，不一定有事实的根据，但其思想却是符合早期儒家的一贯主张的。孟子主张"何必曰利"，这里"子思"却教导其"先利之"，固然是要回答人们对于"君子之所以教民，亦仁义，固所以利之乎"的疑问，更重要的是，它强调"义"和"利"本来就是统一的。《孟子》上文中的"利"是指君主的"大欲"，故孟子主张"何必曰利"，而此段文字中的"利"是指民众的利益，故"子思"主张

"先利之"。① 在早期儒家学者看来,"夫王人者,将导利而布之上下者也"(《国语·周语上》)。在上的执政者本来就是要为天下百姓创造、谋取利的。若执政者奉行仁,遵守义,百姓安居乐业,各得其所,"此皆利之大者也";若执政者放弃了仁,违背了义,百姓的生活得不到保障,流离失所,甚至铤而走险,"此为不利大矣"。所以,义和利实际是统一的,或者说应该是统一的,"义"是指道义原则和公正、正义,"利"则是指社会的整体利益,百姓民众的利。早期儒家的义利统一观并非子思、孟子等儒者的天才发明,而是来自古代先哲的政治实践,是对后者政治智慧的概括和总结。翻开《左传》《国语》等古籍,不难发现古代先哲关于义、利的精辟论述。如,"德、义,利之本也"(《左传·僖公二十七年》),"礼以行义,义以生利,利以平民,政之大节也"(《左传·成公二年》),"义以建利"(《左传·成公十六年》),"利,义之和也"(《左传·襄公九年》),"夫义所以生利也"(《国语·周语中》),"言义必及利"(《国

---

① 对于《孟子》与《孔丛子》两段文字的关系,学术界存在不同的看法,司马光《资治通鉴》卷二引上面两段文字后,评述说:"子思、孟子之言,一也。夫唯仁者为知仁义之为利,不仁者不知也。故孟子对梁王,直以仁义而不及利者,所与言之人异故也。"(《周纪二》显王三十三年)李明辉先生则认为,"子思的观点有异于孟子的观点,因为子思并未正视'义'与'利'之异质性。……就现实经验而言,义、利之间未必始终一致;一旦两者之间有所冲突时,我们应当如何抉择呢?子思似乎未考虑到这种现实的可能性,而在理论上假定义、利之间必然一致。……反之,孟子则视义、利为异质的,强调'先义后利'"。李先生更重视"义利之辨"对于凸显人格尊严的意义,认为"人格尊严之维护亦属于'义'的范围。否定了义利之辨,则人格之尊严与现实的利害便可按照同一尺度去衡量,尊严也就不成其为尊严了"(李明辉:《儒家视野下的政治思想》,北京大学出版社,2005年,第60、62页)。按,儒家"义利之辨"涉及不同的面向,不可一概而论。上面两段文字主要讨论物质利益与正义、道义的问题,子思、孟子立论的不同,是由于他们针对"民"与"君"不同的对象,从深层看,二人的观点仍是一致的。

语·周语下》),"义以生利,利以丰民"(《国语·晋语一》),"义以导利,利以阜姓"(《国语·晋语四》),"利而不义,其利淫矣"(《国语·周语下》),"夫义者利之足也……废义则利不立"(《国语·晋语二》)。这些论述一方面强调"言义必及利",反对脱离了"利"(主要指百姓民众的利)去谈抽象的"义",另一方面又主张"义以导利",要求以"义"去节制、引导"利"(主要指执政者的利)。在这些真知灼见的基础上,曾子一派提出了"以义为利",对义、利在政治中的关系做了明确的说明。

> 未有上好仁而下不好义者也,未有好义其事不终者也,未有府库财非其财者也。孟献子曰:"畜马乘,不察于鸡豚;伐冰之家,不畜牛羊;百乘之家,不畜聚敛之臣。与其有聚敛之臣,宁有盗臣。"此谓国不以利为利,以义为利也。(《大学》)

"未有上好仁而下不好义者",强调的是执政者对于建立道德伦理秩序的重要性,用荀子的话说,是"上重义则义克利,上重利则利克义"(《荀子·大略》),其伦理道德的意味较浓,而"未有府库财非其财者",则涉及利益的分配问题。君主不把府库中的财物看作一己的私有,而是拿出来与民共享,以获得民众的拥护,这样天下的财物都可为其所用、归其所有。它实际强调的是与民同利,而不与民争利。故"不察于鸡豚""不畜牛羊""不畜聚敛之臣",就是要从制度上对利益分配关系进行调整,防止执政者对利益的独占。荀子对此说得更为明白,"有国之君不息牛羊,错质之臣不息鸡豚,冢卿不修币,大夫不为场园,从士以上皆羞利而不与民争业，乐分施而耻积臧"（《荀子·大略》）。可见，义利之辨的政治学含义实际源自执政者的私利与百姓民众的公利的紧张，它表达的是对制度（君主行为）之"私利"化、"专利"化趋势的否定。曾子一派主张"国不以利为利，以义为利也"，就是要求国家、执政者不应垄断、独占天下之利，而应与百姓民众共享之。这里的"义"是指公正、正义，而在早期儒家看来，关注民众的利益就是公正、正义的。

综上所论，"义利之辨"中的"义"实际具有政治学中公正、正义的含义，而"利"指物质利益或功利、效果，包括执政者的私利和百姓民众的公利等。儒家"义利之辨"强调，政治制度和行为只有符合民众的普遍利益才是公正、合理的，反之，若只是满足少数执政者的私利，则是不公正、不合理的。它一方面对君主提出了基本的政治责任和道德要求，告诫其应关注民众的普遍利益，只有与民众同利、同欲，"民之所好好之，民之所恶恶之"（《大学》），"乐民之乐者，……忧民之忧者，……乐以天下，忧以天下"（《孟子·梁惠王下》），这样，才能获得"王"天下的大利，"今王与百姓同乐，则王矣"（《孟子·梁惠王下》）。另一方面则对民的利益表示了极大的关注，以其是否得到实现作为衡量政治制度与行为正义性的标准，但主要是物质利益，而不是政治权利。而作为特殊身份的士，则是"义利之辨"价值原则的倡导者和维护者，故应超越自身的物质利益，对任何不"义"的行为进行批判、抗议，维护儒家政治理念的尊严与神圣性。明白了这一点，便可对子思"恒称其君之恶"的主张有更深一步的理解。

> (鲁穆)公曰:"乡者吾问忠臣于子思,子思曰:'恒称其君之恶者,可谓忠臣矣。'寡人惑焉,而未之得也。"成孙弋曰:"噫,善哉言乎!夫为其君之故杀其身者,尝有之矣;恒称其君之恶,未之有也。夫为其[君]之故杀其身者,效禄爵者也。恒称其君之恶者,远禄爵者[也]。为义而远禄爵,非子思,吾恶闻之矣。"(竹简《鲁穆公问子思》第3—8简)

"为其君之故杀其身者",效忠的对象是君主,目的是爵禄;而"恒称其君之恶者",则是为了更高的"义",为了政治的公正、正义,为了民众的普遍利益,所以即使牺牲了个人的物质利益乃至生命也在所不惜。而子思乃这一批判精神的倡导者,乃身体力行儒者人生信念与政治理想的典范与代表。

第四节 "从道不从君":士的为政原则

孔孟等儒家学者不仅是儒家政治理念的倡导者,同时还是其积极的实践者。不过从孔子开始,儒家不是自己建立组织,并依托此组织以伸张其思想主义,而是选择了"仕",希望通过出仕将其思想主张贯彻到政治实践中去。这样,儒家与当时的政权、执政者之间便存在着一种特殊的依附关系。儒者一旦进入官场,便已不是纯粹的士子、读书人,而成为一臣子,与君主之间存在着"君臣之义",需要承担相应的责任与义务。故孔子主张"事君,能致其身"(《论语·学而》),要求"事君尽礼""事君以忠"(《论语·八佾》)。对于君,亦抱有极大的敬意,"君在,踧踖如也,与与如也""君召使摈,色勃如也,足躩如也。……宾退,必复命,曰:'宾不顾矣。'""入公门,鞠躬如也,如不容"(《论语·乡党》)。不过,儒者选择仕,不是为了个人的利禄,而是"行其义也"(《论语·微子》),是为了实现其政治理念与人生理想,故在"君"之上,他们还安置了更高的"道",以道为人间的价值原则和政治理想,而自视为道的维护者和实践者。在君与民之间,他们亦不因为受雇于前者,便无条件地为其俯首效忠,而是自觉地以民众利益代言人自居。所以从孔子起,便主张"以道事君,不可则止"(《论语·先进》),要求"勿欺也,而犯之"(《论语·宪问》),体现了"以仕行道"的价值取向。

不过儒家的政治选择,也使其陷入一种不可避免的两难境地:一方面,他们虽然遵循"不仕无义"的政治理想,希望通过出仕来改造"无道"的政治秩序和社会现实,但另一方面,"以仕行道"又必须以"得君"为条件,如果昏君当道,明主不遇,不仅"行道"无法实现,自己的人格乃至生命还会受到威胁和伤害。面对这一困境,孔子提出"天下有道则见,无道则隐"(《论语·泰伯》),"邦有道,则仕;邦无道,则可卷而怀之"(《论语·卫灵公》),"道不行,乘桴浮于海"(《论语·公冶长》)。在"仕"之外,又保留了"隐",主张"隐居以求其志,行义以达其道"(《论语·季氏》)。"仕"是积极意义上的推行、实现道,而"隐"是消极意义上的坚守、维护道,故"行道"才是儒者的最高目标和理想,而

"出仕"不过是实现这一目标的手段而已；如果"行义"不得，宁可"隐居"以保持意志的独立，亦不可为了利禄而放弃儒者的原则与理想。做不到这一点，便不配做一名儒者，便会受到孔门的抨击和讨伐。"季氏富于周公，而求（注：孔子弟子冉有）也为之聚敛而附益之。子曰：'非吾徒也，小子鸣鼓而攻之可也！'"（《论语·先进》）正说明了这一点。不过，"隐"虽然一定程度上缓解了"出仕"与"行道"之间的紧张，使儒者在"行道"不得时，可以暂时从官场中脱身而出，以不合作的方式维护人格的完整，同时表达对执政者的抗议，但它终归是在消极的意义上寻求解决之道。更重要的是，如果"出仕"是为了"行道"，而它本身又必须以"天下有道"为条件，否则只能退隐，这不能不说是一个矛盾，也是"以仕行道"需要克服的局限。所以当"天下无道"时，儒者应采取什么样的态度和选择，仍是一个需要探索的问题。

孔子之后，曾子一派一方面继承了"以仕行道"的思想，主张"国有道，则突若入焉；国无道，则突若出焉，如此之谓义"（《大戴礼记·曾子制言下》），另一方面则提出"循道而行""直言直行"，试图以士的独立人格和批评精神来对抗"天下无道"。"曾子曰：天下有道，则君子䜣然以交同；天下无道，则衡言不革；诸侯不听，则不干其土；听而不贤，则不践其朝。"（《大戴礼记·曾子制言下》）"君子直言直行，不宛言而取富，不屈行而取位。……天下无道，循道而行，衡涂而偾，手足不揜，四支不被。……此则非士之罪也，有士者之羞也。"（《大戴礼记·曾子制言中》）当"天下无道"时，他们不是"卷而怀之"（《论语·卫灵公》),而是"衡言不革""循道而行",坚持主张,不会改变,遵从道义,身体力行,甚至牺牲了生命也在所不惜,体现了以身殉道的大无畏精神。子思一派也提出,"事君可贵可贱,可富可贫,可生可杀,而不可使为乱"(《礼记·表记》),"故君命顺则臣有顺命,君命逆则臣有逆命"(《礼记·表记》),主张"与屈己以富贵,不若抗志以贫贱。屈己则制于人,抗志则不愧于道"(《孔丛子·抗志》),甚至"恒称其君之恶"。与曾子学派一样,他们也是将"道"置于"君"之上,"为社会大群建立理想,悬为奋斗目标",并以一种知其不可为而为之的"宗教热忱"来维护、实现"道"。由于曾子、子思主要试图以士的道德精神来面对"天下无道",故他们的主张可称为道德解决方案。

与曾子、子思不同,子游一派则提出了"大道"的概念,在他们看来,道不仅仅是一种政治秩序和道德原则,更重要的,它还指政治制度和权力归属。所以天下的"有道""无道"主要不在于君主个人品性的好坏,而在于实行什么样的制度,在于是权力公有还是私有。他们认为,"天下为公"、权力公有才是符合"大道"的,其具体的制度是"选贤与能",即根据贤能推举产生天子乃至各级执政者。只有在"大道之行"的条件下,"男有分,女有归",人们各得其所,积极地从事政治、经济活动,才可以实现政治清明和共同富裕的"大同"社会。反之,在"大道既隐"、"天下为家"、权力私有的条件下,虽然通过"礼义以为纪","以正君臣,以笃父子,以睦兄弟,以和夫妇"(《礼记·礼运》),亦可达到"小康",但终归是次一等的、非理想的社会。而"大同""小康"之分的潜在含义是，要想真正实现"大道"，就必须从政治制度入手，实行权力公有、"选贤与能"，故它所揭示的是一套政治解决方案。

子游一派不是将"行道"寄托于君主身上，而是着眼于政治制度本身，一定程度上超出了"以仕行道"的局限，其思想无疑更有深度。然而令人遗憾的是，随着燕王哙"让国"的失败，这一倡导"天下为公"、权力公有的思想暂时遭到了挫折，没有得到进一步的发展。故此后的孟子主要是回到了曾子、子思的道德解决方案，并对其做了进一步的发展。"孟子曰：天下有道，以道殉身；天下无道，以身殉道。未闻以道殉乎人者也。"（《孟子·尽心上》）"以身殉道"表明，道才是儒者所追求的最高理想，具有比君主更高的地位，所以抵死也要维护、坚守之。孟子说："君子之事君也，务引其君以当道，志于仁而已。"（《孟子·告子下》）认为出仕的目的就是要引导君主服从道，而不可使其违背道。又称"惟大人为能格君心之非。君仁莫不仁，君义莫不义，君正莫不正，一正君而国定矣"（《孟子·离娄上》），认为君主的行为决定国家的治乱，"一正君而国定矣"。这表明孟子主要是从"格君心之非"，而不是从政治制度本身来思考"天下无道"的。从这一点看，与子游一派相比，孟子在思想深度上似有所不足，但他发展了儒家的批判、抗议精神，肯定人民的革命权、反抗权，则是一大贡献。在孟子看来，士一旦选择出仕，便进入了既定的等级秩序中，便会产生君臣的上下关系。但是士既然是"志于道也"，是为了"行道"，那么他同时又具有"道"与"德"上的优越地位。"以位，则子君也，我臣也，何敢与君友也？以德，则子事我者也,奚可以与我友?"(《孟子·万章下》)既然"道"高于"位",当君违背了道,或与道发生冲突时,士就应坚定地站在"道"的一边,以道抗位。所以,他反对对君主一味顺从,认为"以顺为正者,妾妇之道也"(《孟子·滕文公下》),主张"说大人,则藐之,勿视其巍巍然"(《孟子·尽心下》)。他向齐宣王进言,"君之视臣如手足,则臣视君如腹心;君之视臣如犬马,则臣视君如国人;君之视臣如土芥,则臣视君如寇仇"(《孟子·离娄下》)。臣不应无条件地服从于君,对于"贵戚之卿"来说,"君有大过则谏,反复之而不听,则易位";对于"异姓之卿"来说,"君有过则谏,反复之而不听,则去"(《孟子·万章下》)。与君位相比,士更应关注人民的利益与福祉,应该"守先王之道"(《孟子·滕文公下》),"乐其道而忘人之势"(《孟子·尽心上》),直言进谏,为民请命。而对于桀纣之类的暴君来说,杀之、诛之亦完全合理。

  齐宣王问曰:"汤放桀,武王伐纣,有诸?"孟子对曰:"于《传》有之。"曰:"臣弑其君可乎?"曰:"贼仁者谓之贼,贼义者谓之残;残贼之人,谓之一夫。闻诛一夫纣矣,未闻弑君也。"(《孟子·梁惠王下》)

诚如学者所言,"孟子之政治思想,遂成为针对虐政之永久抗议","专制时代忠君不二之论,诚非孟子所能许可"[①]。而孟子倡导的"富贵不能淫,贫贱不能移,威武不能屈"的"大丈夫"(《孟子·滕文公下》)精

---

① 萧公权:《中国政治思想史》第1册,辽宁教育出版社,1998年,第87~88页。

神,"穷不失义,达不离道"(《孟子·尽心上》)的独立人格,也成为批判专制、抗议暴政的强大精神力量。正是在此基础上,荀子将"从道不从君"看作"人之大行也"(《荀子·子道》),看作儒者为政的基本原则。主张面对不同素质的君主,采取不同的臣道,"事圣君者,有听从无谏争;事中君者,有谏争无谄谀;事暴君者,有补削无挢拂"(《荀子·臣道》)。在出仕、为政的态度上,荀子与孔子、曾子、子思、孟子基本上仍是一致的。

可以看到,面对"天下无道",早期儒家学者不论是选择"循道而行""以身殉道",还是寻求制度的根本变革,他们都不是把君看作最高的,而是认为君之上还有更高的道,并把"行道"看作儒者的终极使命和理想。在曾子、子思、孟子那里,道主要体现为政治秩序和仁道原则;而在子游一派那里,则体现为政治制度,体现为"天下为公,选贤与能"的权力公有。二者虽有层次的差别,但也存在融合、互补的可能。因为君臣有义、博施济众同样是"天下为公"的目标,甚或可以说,只有在"大道既行""天下为公"的条件下,君臣有义、博施济民才有可能得到真正的实现。儒者关注人间的政治秩序,希望通过积极的出仕来改变"无道"的社会现实,亦有其积极意义。所以无论是曾子、子思的道德解决方案,还是子游学派的政治解决方案,都凝结了古代儒者为"殉道""行道"所做的种种尝试和努力,是他们政治智慧和道德人格的反映和写照,在历史上自有其不可否认的价值和意义。但道德和政治解决方案只有结合在一起,才能走出"以仕行道"的困境和局限,才能在未来儒家政治文化的重建中发挥积极作用。

第五节　早期儒学政治理念的检讨与反省

根据前面的分析,我们可对早期儒学的政治理念做出分析、批判、检讨、反省,并对学术界的有关论点做出辨析和澄清。一些学者从主观印象出发,将儒学等同于专制主义,视为君主驯化民众的工具,认为"王权至尊"乃儒学政治思想的核心。然而如我们前面分析的,不论是周人的宗教天命观,还是后来的儒家思想,都不是将君看作最高的,孔孟等儒者都坚持在人君的上面,另外还要拿出一个"天"或"道"压在他头上,使人君不能自有其意志,必须以"天"或"道"——实际也就是民的意志为意志,否则不配做人君,而可对其"革命"和"易位"。诚如徐复观先生所言,"人君上面的神,人君所凭藉的国,以及人君的本身,在中国思想正统的儒家看来,都是为民的存在……可以说神、国、君,都是政治中的虚位,而民才是实体","即就是从统治者的角度来看,不仅那些残民以逞的暴君污吏没有政治上的主体地位,而那些不能'以一人养天下',而要'以天下养一人'的为统治而统治的统治者,中国正统的思想亦皆不承认其政治上的地位"[①]。也就是说中国传统政治中不仅存在着君这样的政治主体,而且还存在着超越其上的以"天意""民心""道"所表现出来的道德主体与人民主体。这种主体

---

① 徐复观:《儒家对中国历史命运挣扎之一例——西汉政治与董仲舒》,载徐复观:《学术与政治之间》,学生书局(台北),1985年,第51～52页。

虽然隐而不显，但实际上却是历史观念的真正主宰，也是历史评价的真正标准。儒家肯定、承认君在政治中的地位，在当时的历史条件下应属正常，并不奇怪；特殊的是他们在肯定君的地位的同时，又拿出民置于君之上，认为"立君""置君"都是为了民，君如果不能"保民""养民""安民"，便不具有合法性。这，才是儒家政治思想中特别值得关注的地方。中国历史上的政治之所以没有完全走向由申、韩等法家所代表的极权政治，之所以没有完全漆黑一团，不能不说与儒家的这一政治理念密切相关，是儒家以其道德主体性与人民主体性相抗衡的结果。给儒学贴上专制主义、"王权至尊"的标签，如果不是有意歪曲，也是极大的误解。

亦有学者认为，儒家政治思想的核心是圣王崇拜，由此发展出"内圣外王"的政治思维模式，"开创了一种崇拜圣王统治的政治文化传统"，使中国古代政治走上了与近代民主法治完全不同的道路。他们提出，儒家的圣王理想使其错误地以为，"政治权力可由内在德性的培养去转化，而非由外在制度的建立去防范"，"因为原始儒家从一开始便坚持一个信念：既然人有体现至善，成圣成贤的可能，政治权力就应该交在已经体现至善的圣贤手里，让德性与智能来指导和驾驭政治权力。这就是所谓的'圣王'和'德治'思想，这就是先秦儒家解决政治问题的基本途径"。[①] 孔孟的确崇拜尧舜圣王，圣王崇拜也是早期儒学的一个重要内容，但尧舜在儒家那里，乃一价值理想而非一实有

---

① 张灏：《幽暗意识与民主传统》，新星出版社，2006年，第40～41页。

存在，其地位类似于 idea，类似于道，是可以表达不同的政治理念与思想的。他们既可以用来宣扬禅让，表达儒者寻求制度变革的努力和尝试（如竹简《唐虞之道》），也可以被描述为平治水土、关注父子人伦的德治形象（如孟子）。所以儒家虽崇拜尧舜圣王，但绝少将现实的君主等同于古代圣王。孔子修订《春秋》，对其中的君主非"刺"即"贬"，而称为圣贤者寥寥无几；子思有"傲世主之心"，主张"恒称其君之恶"；"孟子三见宣王，不言事。……曰：'吾先攻其邪心。'"（《荀子·大略》），"见梁襄王。出，语人曰：'望之不似人君。'"（《孟子·梁惠王上》）。这些都说明，在现实君主与古代圣王之间，孔孟等儒者实际是存有一分界的。所以，与其说圣王崇拜是相信君主可以成圣成贤的结果，不如说是孔孟等儒者看到现实君主的不理想、不完满，对其有深刻的"幽暗意识"，故抬出尧舜圣王，对其予以政治批判的结果。尧舜圣王的存在，一方面使君王们意识到在他们之上还有一个更高的权威，一个不得不努力追求的目标与榜样；另一方面也使其如芒在背，时时感到道义的权威与压力，不得不保持必要的敬畏之心，而不至于残民以逞、肆意妄为。而且儒家也并非不重视制度对君主的规约，子游一派的最高政治理想便是"天下为公""选贤与能"，便是要从政治制度本身解决"天子位"的问题。孔子讲"正名"，讲"君君、臣臣"，要求君要像个君、臣要像个臣；主张"克己复礼"，这里的"礼"就是一种制度，只不过它不同于近代的民主制度。但既然民主制度是"近代"的，又怎么能要求"古代"的孔孟等儒者呢？生活在古代的儒家学者，何尝不知道现实政治的种种弊病，何尝不清楚现实政治距离其圣王理想相去甚远。只是在寻求制度变革失败之后，他们对于君王所能施加的影响，除了造成一种道义的力量，力求其尽可能的开明一些，已别无选择。

所以，早期儒学政治思想的根本问题既不在于所谓的"王权至尊"，也不在于"圣王崇拜"或"内圣外王"的思维方式，而在于孔孟生活的时代，虽然有"士"的自觉，但还没有经过一个"民"的自觉阶段，民没有成为独立的政治力量，无法在政治舞台上表达自己的意见、主张。在君、士、民的关系中，虽然"民贵君轻"，但民没有实际的政治权利，其利益、要求要靠士来维护、主张，统治权则完全掌握在君的手中。这一状况造成儒家政治思想，一是缺乏政治上的平等观念，二是缺乏普遍的权利思想。所以早期儒家虽然倡导民本，主张"民为贵"，但其"劳心""劳力"说又否定了民（"劳力者"）的政治权利，肯定了人在政治上的不平等。孟子云："劳心者治人，劳力者治于人；治于人者食人，治人者食于人，天下之通义也。"（《孟子·滕文公上》）如果说"劳心""劳力"只是经济学意义上的劳动分工以及彼此间的"通功易食"——"治于人者食人，治人者食于人"，这种划分尚有合理之处的话，那么，孟子将其与政治学意义上的社会等级混同在一起，并用前者论证后者的合理性，则走向了偏差。按照这样的规定，"治人"或政治管理就成了少数"劳心者"的特权，而广大的"劳力者"则只能"治于人"，而不能积极地去"治人"，不能参与到社会的管理决策中去。而现代民主政治的基本原则之一,便是肯定每一个合乎法定要求的社会成员都具有参与社会决策的权利,它的前提是,承认每一个社会成员在社会政治结构中具有平等的地位。在这一点上,儒家政治思想显然存在着历史的局限。与之相关,儒家没有建立起普遍的权利思想。对于民,只重视其生存权、财产权以及受教育权,而不承认其有参政、议政权,以及其他一些权利;对于士,肯定其有参政、议政权,言论、批评权,而不重视或超越了其财产、经济权;对于君,则肯定其有管理、统治权,以及生活中的某些特权(如"寡人好色"等)。君、士、民不是被看作抽象的"人"而具有相同的权利,而是因为身份不同,分配的权利也不同,这也不同于近代意义上的主权在民,法律(权利)面前人人平等。

早期儒家倡导民本、仁政,重视民的生存权、财产权,在当时无疑有积极的意义,但"就文化全体而论,究竟缺少了个体自觉的一阶段。而就政治思想而论,则缺少了治于人者的自觉的一阶段"。因此民不能提出政治上的独立要求,不能真正掌握自己的命运,而只能被动地接受执政者的同情和怜悯。诚如梁启超所言:"我先民极知民意之当尊重,惟民意如何而始能实现,则始终未尝当作一问题以从事研究。故执政若违反民意,除却到恶贯满盈群起革命外,在平时更无相当的制裁之法。此吾国政治思想中之最大缺点也。"①孔孟等儒者虽然始终站在民的立场上,要求统治者"以不忍人之心行不忍人之政",但因政治的主体未立,

---

① 梁启超:《先秦政治思想史》,东方出版社,1996年,第39页。

政治的发动力,完全在朝廷而不在社会,他们所祖述的思想,"总是居于统治者的地位来为被统治者想办法,总是居于统治者的地位以求解决政治问题,而很少以被统治者的地位,去规定统治者的政治行动,很少站在被统治者的地位来谋解决政治问题"。从道德的角度看,"其德是一种被覆之德,是一种风行草上之德。而人民始终处于一种消极被动的地位:尽管以民为本,而总不能跳出一步,达到以民为主"。①鲁迅先生曾以悲愤的心情将中国的历史划分为"想做奴隶而不得的时代"和"暂时坐稳了奴隶的时代",认为"中国人向来就没有争到过'人'的价格,至多不过是奴隶"②,可以说正是对"民"在中国两千年历史上政治地位的真实概括。同样,孔孟等儒者虽然怀抱"士志于道"的政治理想,试图通过"以仕行道"改变"滔滔者天下皆是"的无道现实,但由于没有可以依靠的社会力量,无法对君权形成抗衡、制约,只能成为民的利益代言人,而不能成为民的政治代表。他们对君主的批判,也只限于精神和道义方面,而无法对其形成制度、权力的制衡。他们所能成就的,也只是"忠臣义士"而已。从这一点看,"我国历史,也可以说是一部忠臣义士的流血流泪史。这些忠臣义士,一方面说明了他们以生命坚持了天下的是非;另一方面,则是汉以后'君臣之义'的牺牲品"③。所以虽有一代代儒者的不懈努力,中国古代政治仍陷入了一治一乱的恶性循

---

① 徐复观:《儒家政治思想的构造及其转进》,载《学术与政治之间》,第 51~55 页。
② 鲁迅:《灯下漫笔》,载《鲁迅全集》第 1 卷,人民文学出版社,1981 年,第 197 页。
③ 徐复观:《儒家对中国历史命运挣扎之一例——西汉政治与董仲舒》,载《学术与政治之间》,第 387 页。

环;虽有无数儒者的呼吁、呐喊,依然没有为民争到做人的资格,没有创造出鲁迅所期待的"中国历史上未曾有过的第三样时代",儒学政治理念确乎从一开始就存在着局限与不足。

这样讲,并不是要苛求古人,而是从现代性的角度对古人思想的一种反省和检讨;孔孟政治思想的局限与不足,也并非孔孟个人的品质和智力的问题,而是源自时代因素,是时代因素限制了儒学政治思想的进一步发展。如,孟子倡导"民贵君轻",要求"格君心之非",端正君主的思想与行为,按照正常的逻辑,自然就应该赋予民参政、议政的权利,对君主的思想、行为予以限制与监督,使其不得不为善而不敢为恶。孟子没有这样做,而是着眼于对君主的道德熏陶与教化,主要是因为当时还没有出现实行民主政治的历史条件[①],维护民众的基本生存才是时代的主要任务,思想的逻辑不能超越历史的条件。但从思想的发展来看,早期儒家"立君以为民""从道不从君"的政治理念客观上又需要一个民主政治制度,或者说只有在民主政治制度的框架下,孟子"民贵君轻""格君心之非"的政治主张才能得到真正的落实和实现。早期儒家将"天下为公""选贤与能"看作最高的政治理想,并投身到当时宣传禅让的政治思潮中去,一定程度上也是朝着这个方向努

---

① 有学者提出,民主政治的产生需要有一系列横向的现实条件和纵向的历史条件,横向的现实条件包括:(1)血缘纽带的冲破;(2)公共领域的形成;(3)市民社会的诞生。纵向的历史条件包括:(1)从农业经济向商业经济的过渡;(2)交通工具或者信息传播工具的发达;(3)新型公共权威的形成。认为在这些条件尚未到来的情况下,即使是再高明的思想家也不可能把民主当作政治制度的理想。参见方朝晖:《民主、市民社会与儒学社会政治思想的现代意义》,《中国思想史研究通讯》2005 年第 3 辑。

力,只是由于政治实践的失败,这一努力遭到了挫折而已。所以早期儒家的政治理念虽然与现代民主政治存在一定的距离,甚至个别主张还存在着矛盾和对立,但二者之间并不是完全的排斥关系,随着历史条件的成熟,早期儒学的政治理念又存在着向民主观念转化的趋势。余英时先生曾指出,清朝末年,康有为、王韬等深受儒家思想熏陶的读书人,当他们接触到西方民主政治的实践思想时,立即大表赞美,并认为是早期儒家尤其是孟子思想中已有的观念①,一定程度上就说明了这一点。

早期儒家的政治理念本身也存在着向民主政治思想转化的基础与可能,孔孟倡导"民本""民为贵",把人民看作国家的价值主体,把"保民""安民""养民"看作政治的最高目的,把人民答应不答应、同意不同意看作判断国家治理的政治标准,认为只有符合这样的价值、政治法则,统治才具有合法性。"正是基于这样的合法性观念,儒家得以通过义利之辨来抑制统治者的特权利益,在王霸之争上贵王贱霸,在君臣之际上提倡从道不从君。"②子游一派把"大道之行也,天下为公"看作最高的政治理想,更是进一步涉及了权力公有与"选贤与能"的制度安排。早期儒学的两大政治理念虽然还不完全等同于后世的民主政治思想,但在精神上与后者又是相通的,所以将二者相结合,并在一定的历史条

---

① Ying-shih Yu, "Democracy, Human Rights and Confucian Culture," *The Fifth Huang Hsing Foundation Hsueh Chun-tu Distinguished Lecture in Asian Studies*, Oxford: Asian Studies Centre, St. Antony's College, University of Oxford, 2000, p. 6.

② 夏勇:《中国民权哲学》,三联书店,2004年,第7~8页。

件下，确乎存在着向民主政治思想转化的可能。

更重要的是，早期儒学虽然在社会、政治的层面肯定"劳心者""劳力者"的不平等，但同时又在哲学的层面提出一套人性平等的心性论思想，后者在儒学思想中占有更为基础和重要的地位，这便为政治上的平等、权利之论提供了宗教与道德的保障。众所周知，西方近代自由民主思想的形成与基督教、斯多葛主义的道德观念密切相关，有了宗教与道德方面的平等基点，乃有西方近代推出政治社会上的平等，以及人的基本权利。儒家心性道德之论与其情况应该相似。① 据学者研究，孔子的"性相近"，郭店竹简的"四海之内，其性一也"（《性自命出》）已蕴含了人性平等的思想②，而子思的"天命之谓性"则将其提升到一个新的高度，它不仅为人性提供了一个超越的、普遍的终极依据，同时，"使人感觉到，自己的性，是由天所命，与天有内在的关连；因而人与天，乃至万物与天，是同质的，因而也是平等的。天的无限价值，即具备于自己的性之中，而成为自己生命的根源，所以在生命之自身，在生命活动所关涉到的现世，即可以实现人生崇高的价值"③。在此基础上，孟子进一步提出性善说，肯定人皆有恻隐、羞恶、辞让、是非之心，人皆有善性。此善性乃天颁给人的爵位，是天爵；而"公卿大夫"不过是人颁给

---

① 何信全：《儒学与现代民主》，中国社会科学出版社，2001 年，第 116～117 页。

② 关于早期儒学人性平等的问题，参见 Ning Chen（陈宁），"The Ideological Background of the Mencian Discussion of Human Nature," in *Mencius Contexts and Interpretations*, edited by Alan Chan, Honolulu: University of Hawai'i Press, 2002, pp. 1–17.

③ 徐复观：《中国人性论史·先秦篇》，第 103 页。

人的爵位,是人爵。天爵是先天的、内在的、不可剥夺的人的价值与尊严,而人爵则是后天的、外在的、可以剥夺的"价值"与"尊严"。从人爵来看,人与人是不平等的,存在着权力、身份、地位的差别;但从天爵看,人与人又是绝对平等的,存在着相同的价值与尊严。所以"舜,人也;我,亦人也"(《孟子·离娄下》),"尧舜与人同耳"(《孟子·离娄下》),"人皆可以为尧舜"(《孟子·告子下》)。诚如学者所言,"原始儒家人性思想的核心,是人性源于天道、天赋人性本善、天赋人性平等。这一思想的实践意义,是肯定人的内在价值、尊严、及其平等、及其不可剥夺,并为之提供形上的终极依据"[①]。正因为如此,"原始儒家的人性平等、人格平等的思想,乃是涵盖人类全体,而不分阶级差别,不分男女差别。'四海之内皆兄弟',表示人道面前人人平等。'有教无类',表示教育面前人人平等,而不分阶级。……'人皆可以为尧舜',表示道德面前人人平等。这些思想,皆潜在地和显性地表示人类平等而不分阶级"[②]。早期儒学的人性平等、人格平等虽然主要是就个人的成德而言的,但也包含了权利的思想,因为既然"人皆可以为尧舜",那么自然也就意味着人皆具有参政、议政的权利。而且根据我们的研究,早期儒家包括孟子人性论与古代即生言性的传统存在密切联系,其"性"非抽象的本质,而是动态的活动与过程,是形式与材质的统一,

---

[①] 邓小军:《儒家思想与民主思想的逻辑结合》,四川人民出版社,1995年,第239页。
[②] 同上书,第233页。

是理性与情感的统一。^①由于"性"有"生","性"在"生"的过程中产生种种需要,如自然生命的"生"可以引出财产的需要、交往的需要、健康快乐的需要,而道德生命(四端之心)的"生"可以引出不食嗟来之食、维护人格尊严的需要、"处士横议"、社会批判的需要,乃至"尽心、知性、知天"、实现终极关怀的需要,这些需要在一定的条件下就可表达为权利的诉求,早期儒家心性论中实际也存在着权利的萌芽与种子,只是囿于时代的因素没有得到充分发展而已。^②所以在早期儒家政治理念的基础上,如何由"士"的自觉走向"人"的自觉,如何由德性主体发展出权利主体,便成为儒学在当代面临的一大挑战,也是儒学需要解决的重大理论问题。

---

① 梁涛:《郭店竹简与思孟学派》,第六章第二节《即生言性的传统与孟子性善论》。
② 邓小军先生认为,"儒家思想在从人性思想到政治思想的核心逻辑中,缺少了天赋人权这一关键环节,缺少了权利观念。这正是儒家思想未能开出民主的关键所在。这同时并表明,儒家思想自身亦缺乏足够产生和运用权利观念的知性理性思维模式、知性理性方法"(邓小军:《儒家思想与民主思想的逻辑结合》,第421页)。这是有一定道理的。但也应注意,即使在西方,权利作为一个明确的概念也是近代的产物,天赋人权的观念亦是如此。早期儒学中存在着权利思想的萌芽,其之所以没有得到发展,主要是历史条件的限制。

第九章　回到"子思"去
——儒家道统论的检讨与重构

第一节　从孔子到孟子、荀子

德国思想家雅斯贝斯的"轴心时代"理论揭示了古代文明发展的一个普遍现象，即在公元前 500 年左右的时期内，和公元前 800 年至公元前 200 年的思想发展过程中，在世界范围内集中出现了一些不平常的历史事件。这就是，"在中国，孔子和老子非常活跃，中国所有的哲学流派，包括墨子、庄子、列子和诸子百家都出现了。和中国一样，印度出现了《奥义书》和佛陀，探究了从怀疑主义、唯物主义到诡辩派、虚无主义的全部范围的哲学的可能性。伊朗的琐罗亚斯德传授一种挑战性的观点，认为人世生活就是一场善与恶的斗争。在巴勒斯坦，从以利亚经由以塞亚和耶利米到以塞亚第二，先知们纷纷涌现。希腊贤哲如云，其中有荷马、哲学家巴门尼德、赫拉克利特和柏拉图、许多悲剧作者，以及修昔底德和阿基米德。在这数世纪内，这些名字包含的一切，几乎同时在中国、印度和西方这三个互不知晓的地区发展起来"①。这一时期几大文明同时经过了"超越的突破",奠定了人类自我理解的普遍框架,使其成了世界历史的"轴心"。从此以后,"人类一直靠轴心时代所产生的思考和创造的一切而生存,每一次新的飞跃都需回顾这一时期,并被它重燃火焰。自那以后,情况就是这样,轴心期潜力的苏醒和对轴心期潜力的回归,或曰复兴,总是提供了精神的动力"②。

雅斯贝斯突破了欧洲中心论的藩篱,以平等的眼光看待古代中国、印度、希腊的文明成就,指出几大古代文明几乎是在同时达到了其高峰,一反其同胞黑格尔将中国、印度、希腊看成精神从低级到高级递进序列发展的看法。其理论为历史学提供了一个新的视野,成为推进晚近古代文明研究的重要动力,"轴心时代"也成为频繁见于报纸、杂志的重要概念。不过雅氏的理论虽然显示出种种魅力,但也存在一些不足。首先,雅斯贝斯虽然注意到"轴心时代"的事实,但却没有说明这一事实是如何产生的。对于这一点,倒是国内的一些学者道出了其中的原委。他们认为,"轴心时代"的到来同生产力的进步是密不可分的。公元前6世纪到公元前4世纪,几大古代文明几乎同时进入了铁器时代,正是铁器时代的繁荣,爆发了一次世界性的能量释放,这就是轴心时代的到来。雅斯贝斯虽然正确揭示了轴心时代的根本特征,却没有看到它背后的基础,即与铁器时代的联系,这是他的不足。其次,雅斯贝斯虽

---

① 卡尔·雅斯贝斯:《历史的起源与目标》,魏楚雄、俞新天译,华夏出版社,1989年,第8页。
② 同上书,第14页。

然注意到"轴心时代"之前还有一个"前轴心时代","古代文化的某些因素进入了轴心期,并成为新开端的组成部分",但由于受西方传统的影响,雅氏主要关注的是"轴心时代"对之前文化传统的超越和突破,对"前轴心时代"到"轴心时代"的过渡,特别是"前轴心时代"的地位和作用却重视不够。

从中国文化的角度看,其与西方,特别是欧洲的一个最大不同,便是中国不仅有一个灿烂的轴心时代,同时还有一个漫长的前轴心时代。在中国,轴心时代相当于春秋战国,在此之前还有漫长的前轴心时代即尧舜夏商周三代。尧舜三代的文化积累是六经,其核心内容是"祈天永命""敬德保民",在尧舜三代的文化基础上才产生了春秋战国百家争鸣的诸子文化。由于中国前轴心时代的文化积累深厚,而且没有经过扰乱和打断,在现实中,活文化含量大,因此,中国文化的发展,对轴心时代的依赖,远不如西方。每一次新的飞跃,不仅需要回到轴心时代,而且也可能需要回到前轴心时代。

作为中国文化主流的儒家学说,本身既是轴心时代的产物,同时也是前轴心时代文明的最全面继承者,因而具有深厚的历史传统和文化积累。儒学的创立者孔子生当"礼崩乐坏"的春秋末年,他顺应了"学移民间"的历史潮流,创立私学,"有教无类",打破了"学在官府"的旧格局,使古代学术思想进入一个新的发展阶段。"孔子以诗书礼乐教,弟子盖三千焉,身通六艺者七十有二人。"诗书礼乐本属于三代王官之学,其传授也限于贵族之间。至孔子之时,"周室微而礼乐废,诗书缺"

(《史记·孔子世家》），于是孔子对其进行了编订、整理，并运用于教学之中，使其由贵族的学问垄断一变而成为一般民众的知识修养。孔子晚年对《周易》产生浓厚兴趣，又根据鲁国历史整理、编纂了《春秋》一书。这样，《诗》《书》《礼》《乐》《易》《春秋》经孔子的整理、解释和阐发，乃成为一套新的知识系统。可以说，尧舜三代的六经（六艺）是经过孔子儒家才得以传播，它在汉代以后被定为一尊，成为中国文化的主流。

不过孔子创立儒学，绝不仅仅是因为对古代文献做了整理和解释的工作。孔子生当"礼乐征伐自诸侯出""陪臣执国命"的乱世，却向往上下有序的"有道"社会。他倡导仁，重视礼，以仁、礼为解决人生困境和社会矛盾的良方，建立起包括人生修养、伦理政治等内容的思想体系。仁在《诗》《书》中已经出现，但内涵较简单，孔子对其进行了创造性发挥，赋予其不同于以往的含义，使其成为儒家的终极信念和人生理想，"孔门之学，求仁之学也"。礼在孔子之前也已出现，且表现为三代的礼乐文化，但孔子对礼进行了理论总结和概括，探讨了礼变化形式下不变的精神实质。如果说仁主要是孔子的生命感受和思想创造的话，那么礼更多的是孔子对三代之礼尤其是周礼的继承和联系，"郁郁乎文哉，吾从周"（《论语·八佾》）。不过，孔子所复之礼与其向往的周礼仍有所不同，周公制礼乃天子之事，是古代帝王的政规业绩，其落脚点在具体的制度礼仪，是自上而下，由天子、诸侯以至于士；孔子复礼则是以布衣之身试图恢复社会秩序的努力，其关注的是礼的价值和意义，更多地落实在个人修养上,探讨的是礼在社会组织和个人社会化中的作用和地位。通过仁、礼,孔子提出了关于社会人生的系统学说。这样从孔子开始,儒学实际包括两方面内容:一为六艺之学,一为社会人生之学。

六艺之学是关于《诗》《书》《礼》《乐》等古代文献的学说,包括文本的整理、意义的阐释等等,主要为对前轴心文化的继承,属于孔子的学术思想。汉代以后"独尊儒术",这套学问便称为"经学"。社会人生之学则是孔子对社会人生的见解和看法,是孔子改革社会政教的主张和方案,是轴心时代的文化创造。由于孔子是以新兴"诸子"的身份提出自己的思想主张,故社会人生之学又称作"子学"。只不过作为一个社会大变革时代的思想家,孔子主要关注的不是典籍、知识的问题,而是思想信仰或"道"的问题,是如何解决社会和人生困境的问题。故在早期儒学那里,子学是一条主线,而六艺之学或者早期经学则是一条辅线。孔子之后,孟子主要发展了孔子的仁,"夫子以仁发明斯道,其言浑无罅缝。孟子十字打开,更无隐遁"[①]。而荀子则继承了孔子的礼,并援法入礼,建立起"隆礼重法"的思想体系。同时,孟子"序《诗》《书》,述仲尼之意"(《史记·孟子荀卿列传》),荀子则对毛、鲁、韩《诗》,《左传》《穀梁》,《礼记》(大小戴礼)等大部分经典进行了传授[②],子学与六艺之学得到进一步发展。汉代以后独尊儒术,"诸不在六

---

① 陆九渊:《陆九渊集》卷三十四《语录上》,中华书局,1980年,第398页。
② 汪中:《荀卿子通论》,见王先谦:《荀子集解》,载《诸子集成》第2册,上海书店,1986年,第14~17页。

艺之科，孔子之术者，皆绝其道，勿使并进"（《汉书·董仲舒传》），实际是推重经学，发展的是孔子的六艺之学，而把子学降到附属的地位，看作经学的附庸或传记。故是以六经看孔子，而不是以孔子的思想创造看孔子，视孔子为"述而不作""信而好古"者，某种意义上也可以说是回到了前轴心时代，而不是轴心时代，所以由汉至唐，周孔并称，孔子辅翼于周公之后。

就孟、荀而言，他们虽然均传授六艺，但由于荀子差不多活到"六王毕，四海一"的战国后期，六经多是由他才传到后代，汉初的经师，如毛公、申公、穆生、白生、张苍、贾谊、大小戴等，直接或间接都是出于荀子之门，所以与汉代经学有着更密切的关系。清人汪中云："荀卿之学出于孔氏，而尤有功于诸经。……盖自七十子之徒既殁，汉诸儒未兴，中更战国、暴秦之乱，六艺之传赖以不绝者，荀卿也。周公作之，孔子述之，荀卿子传之，其揆一也。"[①] 梁启超亦称："汉世六经家法，强半为荀子所传，而传经诸老师，又多故秦博士，故自汉以后，名虽为昌明孔学，实则所传者仅荀学一支派而已。"[②] 汉代儒学除经学外，亦包括子学，而荀子"隆礼重法"，注重外王事功，对汉代诸子亦影响颇深。"汉世儒者，非仅浮丘伯、伏生、申公一辈博士经生，大部出自荀卿之学；即其卓称诸子，自陆贾以下，如扬雄、王符、仲长统，及荀悦之伦，亦莫非荀卿之传也。盖两汉学术，经学固云独盛，然因承先

---

① 汪中：《荀卿子通论》，第 14～15 页。
② 梁启超：《论中国学术思想变迁之大势》，上海古籍出版社，2001 年，第 80 页。

秦诸家之余风，子学述作亦复不少，其列属儒家者，大抵为荀卿之儒也。吾人读其书，荀卿之色彩颇浓，申、韩之绪余，亦往往杂出乎其间。……此其所谓儒，盖荀卿之儒耳。"① 故由汉至唐，荀子的影响似远在孟子之上，而彼时所谓儒学，大抵缘饰以经学，阴染有法意，"霸王道杂糅之"，实由荀学发展而来。"三代以下之天下，非孟子治之，乃荀子治之。"

宋代以后，经学衰落，理学兴起，儒学形态再次发生变化：一是由六经转向四书，二是由章句训诂转向性命义理。四书中《论语》《孟子》固然为孔子、孟子言行的记录，是轴心时代的思想创造，而《大学》《中庸》虽出自《礼记》，但实际与曾子、子思有关，亦为子学作品，所以就思想资源而言，宋明理学是回到了轴心时代，是以《论语》、以孔子的思想创造看孔子，而不是以六经看孔子。继承孔子者为曾子、子思、孟子，其言性命天道，功绩反在尧舜周公之上。故唐宋以后，孔孟并称，孟子的地位大大提升。"孟子有功于道，为万世师。""孟子有功于圣门不可言。如仲尼只说一个仁，孟子开口便说仁义；仲尼只说一个志，孟子便说出许多养气来。只此二字，其功甚多。"② "古之学者便立天理，孔孟而后，其心不传，如荀、扬皆不能知。"③《孟子》一书也"升格"为经，与《论语》一样具有与六经同等的地位。"自孔子没，群弟

---

① 徐平章：《荀子与两汉儒学》，文津出版社（台北），1988年，第179页。
② 程颢、程颐：《河南程氏遗书》卷五、卷十八，见《二程集》第1册，第76、221页。
③ 张载：《经学理窟·义理》，载《张载集》，中华书局，1978年，第273页。

子莫不有书，独孟轲氏之传得其宗，……故求观圣人之道，必自《孟子》始。"①"夫《孟子》之文，粲若经传，……其文继乎六艺，光乎百氏，真圣人之微旨也！"②"学者当以《论语》、《孟子》为本。《论语》、《孟子》既治，则六经可不治而明矣。"③"《论》、《孟》如丈尺权衡相似，以此去量度事物，自然见得长短轻重。……今人看《论》、《孟》之书，亦如见孔孟何异？"④故宋代以后，孟子的影响又有压倒荀子之势。

由于儒学自孔子始，不仅继承了前轴心时代的文化成果，发展出一套六艺之学，同时也包含了儒者在轴心时代的思想创造，形成社会人生之学或子学，前者发展为汉唐时期的章句训诂之学——经学，后者衍化为宋明时期义理心性之学——理学，而孟子、荀子分别与这两个时期的学术存在密切联系，故学术界有孟子传"道"，荀子传"经"之说。其言云："孔子定三代之礼，定六经之书，征文考献，多识前言往行，凡《诗》、《书》六艺之文，皆儒之业也；衍心性之传，明六艺之蕴，成一家之言，集理学之大成，凡《论语》、《孝经》诸书，皆师之业也。曾子、子思、孟子皆成一家者也，是为宋学之祖；子夏、荀子皆传六艺者也，是为汉学之祖。"⑤"汉唐注疏之学，乃荀子之流衍；宋明心性之学，乃孟子之流衍。汉宋之别，亦犹荀孟之别也。"⑥此说以为儒学内部存在

---

① 韩愈：《送王秀才序》，载《韩愈全集》，上海古籍出版社，1997年，第212页。
② 皮日休：《请孟子为学科书》，《皮子文薮》卷九，四库文渊阁本。
③ 程颢、程颐：《河南程氏遗书》卷二十五，载《二程集》第1册，第322页。
④ 程颢、程颐：《河南程氏遗书》卷十八，载《二程集》第1册，第205页。
⑤ 刘师培：《国学发微》，载《刘申叔先生遗书》，江苏古籍出版社，1997年，第478页。
⑥ 徐平章：《荀子与两汉儒学》引阮元说，第113页。

"师"与"儒"的区分,"师,以贤得民","儒,以道得民"(《周礼·天官·太宰》)。凡传《诗》《书》六艺之文,皆师之业;衍心性之传,明六艺之蕴,皆儒之业。曾子、子思、孟子皆衍心性之传,是宋学之祖;子夏、荀子皆传六艺之文,是汉学之祖。虽有一定道理,但并不准确。实际情况是,孔子不仅传六艺之文,亦明社会人生之道,而"孟子、荀卿之列,咸遵夫子之业,而润色之"(《史记·儒林列传》),故一方面"序《诗》《书》","隆礼义",影响了以后的汉唐经学,不过荀子与其关系更为密切;另一方面又弘扬了孔子的社会人生之道,不过孟子主要发展了仁,荀子更多地继承了礼,所以孟子与以后喜言性命天道的宋明理学联系更为直接。这样,孔子思想中的不同倾向,在孟子、荀子那里进一步分化,不仅表现为仁学与礼学的对立,还衍化为以后汉学与宋学的分歧。孟子与荀子,如双峰并峙,两军对垒。后世学者从这种对立看儒学,故或尊孟而抑荀,或崇荀而黜孟,孔子承前启后、整全丰富的思想学说竟分化出不同的派别、门户之争。

第二节 儒家道统说引述

儒学自本自根,源远流长,内涵丰厚,其内部不仅有子学、经学之分,也有汉学、宋学的对立,每一学术形态下又有不同之派系,故后世有所谓"道统"说,以对其内容做出判别、衡定、分析。盖一种学术思想,虽极复杂,而不可无一中心,道统即表示居于中心地位的思想传统。儒家的道统观念由来已久,孔子见夏、殷、周礼之相因,而确信

"其或继周者，虽百世可知也"（《论语·为政》）。孟子主张"五百年必有王者出，其间必有名世者"（《孟子·公孙丑下》），并详列由尧、舜、禹、汤、文王而至孔子的序列（《孟子·尽心下》），均表现出承前启后、继往开来的续统意识。不过系统表述道统思想的是唐代中期的韩愈，其《原道》云：

> 博爱之谓仁，行而宜之之谓义，由是而之焉之谓道，足乎己无待于外之谓德。其文《诗》、《书》、《易》、《春秋》，其法礼乐刑政，其民士农工贾，其位君臣、父子、师友、宾主、昆弟、夫妇……斯道也，何道也？曰：斯吾所谓道也，非向所谓老与佛之道也。尧以是传之舜，舜以是传之禹，禹以是传之汤，汤以是传之文武周公，文武周公传之孔子，孔子传之孟轲，轲之死，不得其传焉。①

韩愈认为儒家道统始于尧、舜、禹、汤，而不是孔子，表明其所理解的儒学乃全面继承了前轴心时代的文化，而不是仅限于轴心时代，无疑是有历史根据的。不过他将荀子排斥在道统之外，认为"轲之死，不得其传焉"，则可能与他对道的理解有关。在韩愈看来，"博爱之谓仁，行而宜之之谓义，由是而之焉之谓道，足乎己无待于外之谓德"，"仁与义，为定名；道与德，为虚位。……凡吾所谓道德云者，合仁与义言之也，天下之公言也"。故他所谓道的本质内容为仁义，其经典之文献为《诗》

---

① 韩愈：《原道》，载《韩愈全集》，第120页。

《书》《易》《春秋》，其表现于客观社会政治之制度为礼乐刑政，其民有士农工贾。尧、舜、禹、汤、文、武、周公、孔子一脉相传者即此仁义之道，孔子之后，真正发扬仁义者为孟子，孟子死后，荀子虽然与孟子一样，"吐辞为经"，"优入圣域"①，"要其归，与孔子异者鲜矣！"②但对于仁义，"择焉而不精，语焉而不详"，"大醇而小疵"，故不得不被排除于道统之外。韩愈道统说是在"儒门淡薄"的颓势下，辟佛老，明仁义，重新确立儒学的正统地位，故对后世影响甚大，其观点也为同样有弘道意识的理学家所接受。南宋集理学大成者朱熹云：

> 孔子传之孟轲，轲之死，不得其传。此非深知所传者何事，则未易言也。夫孟子之所传者何哉？曰：仁义而已矣。孟子之所谓仁义者何哉？曰：仁，人心也；义，人路也。曰：恻隐之心，仁之端也；羞恶之心，义之端也。如斯而已矣。然则所谓仁义者，又岂外乎此心哉？尧舜之所以为尧舜，以其尽此心之体而已。禹、汤、文、武、周公、孔子传之，以至于孟子，其间相望有或数百年者，非得口传耳授密相付属也。特此心之体，隐乎百姓日用之间，贤者识其大，不贤者识其小，而体其全且尽，则为得其传耳。虽穷天地，亘万世，而其心之所同然，若合符节。③

---

① 韩愈《进学解》，载《韩愈全集》，第131页。
② 韩愈：《读荀》，载《韩愈全集》，第128页。
③ 朱熹：《李公常语上》，《朱子全书》第24册，上海古籍出版社，安徽教育出版社，2002年，第3525页。

朱熹认为如果不能真正理解孔孟所传者为仁义，则不容易对其解释、说明韩愈何以主张"轲之死，不得其传"，表明他对韩愈的道统说颇为认同，且深有同感。不过朱熹将仁义进一步落实在"心之体"上，认为尧、舜、禹、汤、文、武、周公、孔子以至于孟子所传者"特此心之体"。在《中庸章句序》中，朱熹继承了程颐"《中庸》乃孔门传授心法"的思想，将尧、舜、禹相传之道统具体化为《古文尚书·大禹谟》中的"十六字心传"："其见于经，则'允执厥中'者，尧之所以授舜也；'人心惟危，道心惟微，惟精惟一，允执厥中'者，舜之所以授禹也。""十六字心传"中，"允执厥中"是核心，舜所增人心、道心等三句乃对此句的进一步阐释。在朱熹看来，"心者，人之知觉，主于身而应事物者也。指其生于形气之私者而言，则谓之人心；指其发于义理之公者而言，则谓之道心"[①]。故道心是符合仁义之理之心，人心指生于形气之私之心，而"允执厥中"就是要省察"危而不安"的人心，持守"微而不显"的道心，时时以仁义之心即道心为标准，"执中"，无过不及。所以在以仁义为道的本质内容上，朱熹与韩愈是一致的，不过朱熹将仁义与道心、人心的区分联系在一起，将仁义形而上化、哲学化。这样，朱熹所言之道便更具有超越性、抽象性，从前轴心时代的尧、舜、禹到轴心时代的孔、孟相传的都是此一永恒、普遍的道，而与具体的历史时代无关。道统之"传"亦非事实层面的前后相续或师徒传授，而是

[①] 朱熹：《尚书·大禹谟》，《朱子全书》第23册，第3180页。

超越层面的心灵感悟,心心相契。圣人相传虽然是仁义之道,但仁义之道离不开心而存在,传道与传心密不可分,欲了解圣人相传之道,就要了解尧、舜、禹相传之"十六字心传",舍此无以了解圣人之道。孟子之后,荀子以及汉唐诸儒未能领悟这个"心法"和"密旨",结果使得"尧、舜、禹、汤、文、武以来转相授受之心不明于天下",直到宋代周敦颐、二程兄弟奋起于"百世之下","以兴起斯文为己任,辨异端,辟邪说,使圣人之道焕然复明于世"。朱熹本人也以承继道统自命,欲将二程等人接续的道统进一步发明光大。

韩愈道统说不仅被多数宋明理学家接受,在当代新儒家那里也得到回响。当代新儒家代表人物牟宗三先生称:"自韩愈为此道统之说,宋明儒兴起,大体皆继承而首肯之。其所以易为人所首肯,因此说之所指本是一事实,不在韩愈说之之为'说'也。"[①]认为韩愈道统说之所以被接受,就在于它反映了一客观事实,而不是因为韩愈的个人主张。不过,牟宗三虽然也将道统溯源于前轴心时代的尧、舜、禹,但他更强调孔子立仁教对"道之本统"再建的积极意义,强调孔子的生命形态与生命方向之独特性。他说:"然自尧舜三代以至孔子乃至孔子后之孟子,此一系相承之道统,就道之自觉之内容言,至孔子实起一创辟之突进,此即其立仁教以辟精神领域是。……此一创辟之突进,与尧舜三代之政规业绩合而观之,则此相承之道即后来所谓'内圣外王之道'(语出《庄

---

① 牟宗三:《心体与性体》第 1 册,正中书局(台北),1993 年,第 191 页。

子·天下篇》)。此'内圣外王之道'之成立即是孔子对于尧舜三代王者相承'道之本统'之再建立。内圣一面之彰显自孔子立仁教始。……自孔子立仁教后,此一系之发展是其最顺适而又最本质之发展,亦是其最有成而亦最有永久价值之发展,此可曰孔子之传统。"① 在牟先生看来,尧舜三代所传之道乃"政规业绩"之道,是文制之道,此是"外王"之道,而非内圣之道。内圣之道自孔子始,此即孔子所立之仁教,将孔子之仁教与尧舜三代之政规业绩合而观之,方有完整意义的"内圣外王之道",故孔子对于"道之本统"是创辟之突进,是再建立。这样看来,儒家道统当自孔子讲,而非自尧、舜、禹、汤、文、武、周公讲。可见,牟宗三强调的是孔子对前轴心时代文化的超越和突破,而不是对其的继承和联系。从这种意义上说,牟宗三眼里的孔子乃"截断众流"的孔子。牟宗三亦承认,"孔子既习六艺,亦传经",对于前轴心时代的文化有一种继承关系,但在他看来,"对于《诗》、《书》、礼乐、《春秋》,无论是删、定、作或只是搜补,有述无作,皆不关重要。要者是在仁。仁是其真生命之所在,亦是其生命之大宗。不在其搜补文献也。有了仁,则其所述而不作者一起皆活,一切皆有意义,皆是真实生命之所流注。然则唐虞三代之制度之道与政规之道惟赖孔子之仁教,始能成为活法,而亦惟赖孔子之仁教,始能见其可以下传以及其下传之意义"②。故他反对汉唐儒者以传经看孔子,因为"传经以教是一事,孔子之独特

---

① 牟宗三:《心体与性体》第1册,第192~193页。
② 同上书,第245页。

生命又是一事，只习六艺不必真能了解孔子之独特生命也。以习六艺传经为儒，是从孔子绕出去，以古经典为标准，不以孔子生命智慧之基本方向为标准，孔子亦只是一媒介人物而已"①。基于这种认识，他将汉唐诸儒排除于道统之外，而肯定宋明儒学接续道统的两点贡献：一是"对先秦之庞杂集团、齐头并进，并无一确定之传法统系，而确定出一个统系，藉以决定儒家生命智慧之基本方向"。具体说是确立了"以曾子、子思、孟子及《中庸》《易传》与《大学》为足以代表儒家传承之正宗"。二是改变了汉人"以传经为儒"的观念，"直接以孔子为标准，直就是孔子之生命智慧之方向而言成德之教以为儒学"。故宋以前是"周孔"并称，宋以后是"孔孟"并称，"周孔并称，孔子只是尧、舜、禹、汤、文、武、周公之骥尾，对后来言，只是传经之媒介"，"孔孟并称，则是以孔子为教主，孔子之所以为孔子始正式被认识"。②

牟宗三强调仁为道统的主要内容，与韩愈、朱熹等人无疑是一致的。不过他并不认为仁是由尧、舜、禹、汤、文、武、周公到孔孟一脉相传，而是孔子创辟之突进，是孔子独特的生命方向，这一看法无疑更符合历史实际，一定程度上使其道统说带有了历史的因素，而不像韩愈、朱熹等人的仁义超绝、孤立。另外，对于道统本质内容的仁，牟宗三不像韩愈将其理解为伦理原则，也不像朱熹将其具体化为"十六字心传"的"密旨""心法"，而是通过与康德哲学的会通，着力阐发其"性

---

① 牟宗三：《心体与性体》第1册，第12页。
② 同上书，第13～14页。

与天道"、道德形而上学的哲学意蕴,反映了他对孔子仁教的理解和认识。对于孔子仁教的承继和发展,牟宗三认为儒学的发展实际可分为三期:孔子创立仁教,传至孟子,"轲之死,不得其传焉",是为第一期。在经历了中国文化生命长期歧出,至唐末五代道德沦丧、儒家伦理扫地之后,宋明理学家继承孔子仁教,挺立道德主体,发扬内圣心性之学,是为第二期。自明末刘宗周死后,有清三百年又失道统之传,直到熊十力出来,传至牟宗三、唐君毅等人,才又光大,是为第三期。在牟先生看来,儒学第三期的任务就是要由儒家内圣心性之学开科学、民主的新外王。①

以上由唐代韩愈提出、多数宋明理学家所接受、当代新儒家进一步阐发的道统说乃儒学史上的主流观点,其影响也最深、最大。但与此相对的还有另一种道统说,似也值得注意。如唐代杨倞提出:"昔者周公稽古三五之道,损益夏殷之典,制礼作乐,以仁义理天下,其德化刑政存乎《诗》。……故仲尼定礼乐,作《春秋》,然后三代遗风,弛而复张。而无时无位,功烈不得被于天下,但门人传述而已。……故孟轲阐其前,荀卿振其后,……真名世之士,王者之师。……盖周公制作之,仲尼祖述之,荀孟赞成之,所以胶固王道,至深至备。虽春秋四夷交

---

① 关于儒家道统问题的论述,参见蔡方鹿:《中华道统思想发展史》,四川人民出版社,2003年;郑家栋:《当代新儒家的道统论》,载《原道》第1辑,中国社会科学出版社,1994年;李明辉:《当代新儒家的道统论》,载《鹅湖月刊》第224期,1994年,又载李明辉:《当代儒学的自我转化》,中国社会科学出版社,2001年,第137～159页。

侵，战国三纲弛绝，斯道竟不坠矣。"①杨倞认为，周公所承继的三皇五帝之道，在内容上包括礼乐、仁义、德化刑政以及记录先王德化刑政的《诗》《书》等，此道显然是一种广义的道，道不仅是观念形态，还体现为德化刑政，故又称"王道"。此道由周公、孔子、孟轲、荀卿一脉相传，虽经春秋战国"四夷交侵"，伦常废弛，也未有中断。可见此道统说的特点，一是扩大了道的内容，道不仅限于仁义，也包括礼乐等，二是与此相应，不是将荀子排斥在道统之外，而是看作道统传播的一个重要环节。

杨倞这种广义的道统论在宋明理学家那里也有表现，如宋初三先生之一的孙复称："吾之所谓道者，尧、舜、禹、汤、文、武、周公、孔子之道也，孟轲、荀卿、扬雄、王通、韩愈之道也。"②三先生之另一位石介亦称："道始于伏羲而成终于孔子。……伏羲氏、神农氏、黄帝氏、少昊氏、颛顼氏、高辛氏、唐尧氏、虞舜氏、禹、汤、文、武、周公、孔子者，十有四圣人，孔子为圣人之至。噫！孟轲氏、荀况氏、扬雄氏、王通氏、韩愈氏，五贤人，吏部（注：指韩愈）为贤人而卓。不知更几千万亿年复有孔子？不知更几千百数年复有吏部？"③孙复将尧、舜、禹、汤、文、武、周公、孔子、孟轲、荀卿等均列于道统之中，石介虽对伏羲氏、神农氏、黄帝氏、周公、孔子与孟轲、荀况、扬雄等做

---

① 杨倞：《荀子注序》，见王先谦：《荀子集解》，载《诸子集成》第2册，第2页。
② 孙复：《孙明复先生小集·信道堂记》，四库文渊阁本。
③ 石介：《尊韩》，载《徂徕石先生文集》卷七，四库文渊阁本。

了圣人、贤人的区分，但仍肯定他们是处于同一道统序列之中，只不过前者是创造、开拓者，后者是继承、传播者，其所主张的都是一种广义的道统说，而这种道统说的提出显然与其对道的理解密切相关。如石介称："周公、孔子、孟轲、扬雄、文中子、韩吏部之道，尧、舜、禹、汤、文、武之道也，三才、九畴、五常之道也。"①认为尧、舜、禹、汤、文、武、周公、孔子、孟轲、荀况之道是三才（天、地、人）、九畴（出自《尚书·洪范》）、五常之道。又说："道者，何谓也？道乎所道也。……道于仁义而仁义隆，道于礼乐而礼乐备，道之谓也。"②认为道的本质内容为仁义、礼乐。孙复亦说："仁义、礼乐，治世之本也，王道之所由兴，人伦之所由正。"③与石介的看法是一致的。由于不是将道的内容仅仅限定在仁义，而是将礼乐也包括其中，孙复、石介均将荀子列入道统之中，肯定荀子在道统传播中的贡献。"道大坏，由一人存之；天下国家大乱，由一人扶之。周室衰，诸侯畔，道大坏也，孔子存之；孔子殁，杨、墨作，道大坏也，孟子存之；战国盛，仪、秦起，道大坏也，荀况存之。"④并由肯定荀子进一步肯定汉唐诸儒中的扬雄、王通等，这也可以说是这种广义道统说的一个特点。

近代历史学家钱穆由于反对牟宗三等人突出心性论，以心性为标准取舍儒家传统，故通过批评韩愈、宋明理学家的道统说，而提出以整个

---

① 石介：《怪说中》，载《徂徕石先生文集》卷五，四库文渊阁本。
② 石介：《移府学诸生》，载《徂徕石先生文集》卷二十，四库文渊阁本。
③ 孙复：《孙明复先生小集·儒辱》，四库文渊阁本。
④ 孙复：《孙明复先生小集·信道堂记》，四库文渊阁本。

文化大传统为道统。在他看来，由韩愈提出、宋明两代争持不休的道统，"只可称之为是一种主观的道统，或说是一种一线单传的道统。此种道统是截断众流，甚为孤立的；又是甚为脆弱，极易中断的；我们又可说它是一种极易断的道统。此种主观的单传孤立的易断的道统观，其实纰缪甚多。若真道统则须从历史文化大传统言，当知此一整个文化大传统即是道统。如此说来，则比较客观，而且亦决不能只是一线单传，亦不能说它老有中断之虞"①。当代学者李泽厚针对牟宗三等人的儒学"三期说"而提出"四期说"，即"孔、孟、荀为第一期，汉儒为第二期，宋明理学为第三期，现在或未来如要发展，则应为虽继承前三期、却又颇有不同特色的第四期"。他认为"三期说"至少有两大偏误：一是以心性——道德理论来概括儒学，失之片面，相当脱离甚至背离了孔孟原典。二是"三期说"抹杀荀学，特别抹杀以董仲舒为代表的汉代儒学，而后者在制度创设和作用于中国人的公私生活上，更长期支配了中国社会及广大民众，至今仍有残留影响。②钱穆所谈，已不限于儒家，故是一种更为广义的道统说。李泽厚虽然没有明确提到道统，但他认为三期、四期的分歧，关系到如何理解中国文化特别是儒学传统，从而涉及下一步如何发展这一传统的根本问题，一定程度上也反映了他对儒家道统的认识和理解。

---

① 钱穆：《中国学术通义》，学生书局（台北），1993年，第94页。
② 李泽厚：《说儒学四期》，载《原道》第6辑，贵州人民出版社，1999年。

第三节　儒家道统说试析

综观以上两种道统说，其内部虽然有种种分歧甚至是较大差异，但大体而言，前者可称为即"道"而言"统"，后者可称为即"统"而言"道"。即"道"而言"统"就是先确立何为儒家的道，并以此道为标准来判别、确立儒家的谱系；凡合此道者即列于道统序列之中，凡不合此道者则排斥于道统序列之外。所以，首先，它是一种哲学、超越的道统观，而不是历史、文化的道统观；它关注的不是儒学历史、社会层面的发展、演变，而是社会、历史背后某种超越的精神、价值或理念。其次，与之相应，它具有判教的性质，需要区分儒门正统与非正统。由于韩愈、朱熹以及牟宗三等均将仁义看作道的本质内容，而仁义又表现为心性义理，所以他们认为孔子之后继承道统的是孟子、宋明理学，而将荀子以及汉唐儒学排斥在道统之外。最后，道统之"传"并非一般意义上的师徒传授，而是"深造自得"，心灵感悟。因而，它可以承认道统有一时的中断，天地无光，一片黑暗，亦相信道统在中断多时后又被重新接续，前圣后圣，心心相契。与此不同，即"统"而言"道"则着眼于儒学的整个大传统，凡在此儒家统绪中的都可看作道。如杨倞将仁义礼乐、德化刑政、诗书六艺都归于道，石介提出的三才、九畴、五常之道。钱穆的道统论虽然不限于儒家，但若具体到儒家，也可说是以整个儒家大传统为道统，正是典型的即"统"而言"道"。李泽厚肯定荀子与汉唐儒学，理由是后者在创设制度与塑造民众心理上曾产生过重大影响，与即"统"言"道"说可谓有异曲同工之妙。所以即"统"而言"道"主要是一种历史、文化的道统观，它更多关注的是儒学实际的发展、演变，而不是某种超越的价值理念；它不要求在儒门内部做出正统与非正统的区分，或至少它的重点不在这里，而是要对儒学的观念体系、内部结构、社会功能做一整全的把握。同样，它也不强调道统的中断，价值理想的迷失，而是着眼于儒学传统生生不息，前后相续。

那么，如何看待以上两种道统说，如何对其进行分析、检讨、评判，并面对现在、当下重构儒家的道统说，这无疑是关涉儒学未来发展的重大理论问题。要回答这一问题，以下几点无疑需要做出反省和思考。

首先，是道统与学统、政统的区别。儒学内涵丰富，源远流长，其中《诗》、《书》、《礼》、《乐》、六艺可称为学，此学在历史上的传授可称为学统，而非道统。因为六艺乃寓道者也，包括、蕴含了道，而本身并非道。礼乐刑政可看作政，此政在历代的实施、转让可称为政统或治统，亦非道统。因为礼乐刑政源于道，是道在现实政治的落实，但其本身并不可等同于道。儒家道统只能是其核心的价值观念、思想体系，此观念、体系落实于历史文化传统之中，随历史文化的发展而演进，体现为某种超越的、历久常新、一脉相承的文化精神（文化生命），而肯定此种文化精神、文化生命的存在，正是儒家道统观念最本质的内涵。杨倞将诗书六艺、德化刑政都归于道统，忽略了道统、学统、政统的区别，并不可取。以历史文化传统为道统亦存在这样的问题，因为历史文化传统本身不可为道统，历史文化传统的价值和意义方可为道统。同样，对于道统亦不可只从历史上的影响去衡量，因为影响之大小乃经验事实，而道统不属于经验事实的层面，而属于价值意义的层面。即"统"而言"道"说突出了儒学的整体性、连续性，将道统与具体的历史过程联系在一起，有其合理之处，但对二者的区别缺乏明确的自觉，则是其不足。相比较而言，即"道"而言"统"说突出儒家的核心价值观念，并以此观念的传承来理解儒家道统，无疑更为合理，其不足之处，是将道的内容仅仅理解为仁义，失之片面。

其次，是前轴心时代与轴心时代文化的差异。具体讲，儒家道统是当自尧、舜、禹、汤讲，还是自孔子讲？历史上，韩愈、杨倞、孙复、石介、朱熹等均认为儒家道统始于尧、舜、禹、汤、文、武，而不是孔子，从前轴心时代的尧、舜、禹、汤到轴心时代的孔、孟，道一以贯之，一脉相传。这种看法在突出道统根源性的同时，却忽略了前轴心与轴心两个时代的差异。韩愈、朱熹一定程度上注意到这种差异，如韩愈称："由周公而上，上而为君，故其事行；由周公而下，下而为臣，故其说长。"① 朱熹亦称："若吾夫子，则虽不得其位，而所以继往圣，开来学，其功反有贤于尧舜者。"② 认为周公以上与周公而下，前者有位为君，后者无位为臣；前者重政规业绩，后者重思想学说，但所传仍是同一个道。不过，思想学说虽可说是在政规业绩的经验上凝练而出，但二者终归并

---

① 韩愈：《原道》，载《韩愈全集》，第120页。
② 朱熹：《中庸章句序》，载《四书集注》，第15页。

非一回事，而是有提升、有抽象、有升华、有发展。从这一点看，牟宗三先生提出孔子创立仁教，对"道之本统"是创辟之突进，是再建立，儒家道统当自孔子讲，而非自尧、舜、禹、汤、文、武、周公讲，注意到了前轴心时代与轴心时代文化的差异，其观点无疑更深入一步。另外，牟先生不是将道统看作可以脱离时代的抽象理念与原则，而是根源的文化生命，"凡由此'根源的文化生命'（即根源的心灵表现之方向）所演生的事相，无论是在构造中的或是在曲折中的，都已成陈迹，让它过去。然而那根源的文化生命并不过去，亘万古而长存"①。文化生命超越于历史之上，又落实于历史之中，其生生不息即道统之所在，这种看法也更为合理。所以儒学作为一个文化传统，其道统当自尧、舜、禹、汤、文、武、周公讲起；作为一个思想学派，又当自孔子讲起。因为尧、舜、禹、汤、文、武、周公的贡献在于政规业绩，而"我们从尧、舜、禹、汤、文、武、周公、孔子，一代代传下来的，不是那些业绩，而是创造这些文化业绩的那个文化生命的方向以及它的形态"②。此文化生命虽然已孕育于尧、舜、禹、汤、文、武的时代，但其自觉和被点醒则无疑是自孔子始。所以突出孔子在道统中的地位，认为道统当自孔子讲起，而非自尧、舜、禹、汤、文、武、周公讲起，自有其合理之处。

不过，牟宗三认为儒家道统即内圣心性之学，此内圣心性之学又即孔子之仁，则显得不够全面。因为孔子对于"道之本统"的再建，不仅

---

① 牟宗三：《生命的学问》，三民书局（台北），1984年，第66～67页。
② 牟宗三：《政道与治道》，学生书局（台北），1991年，第18～19页。

在于发明仁，亦在于倡导礼，后者与前轴心时代文化有着更为复杂的联系。前面已说，孔子复礼与周公制礼有所不同，"周公及其所代表者，多半贡献在具体创造上，如礼乐制度之制作等。孔子则是于昔贤制作，大有所悟，从而推阐其理以教人"，"礼乐之制作，犹或许以前人之贡献为多；至于伦理名分，则多出于孔子之教。孔子在这方面所做功夫，即《论语》上所谓'正名'"。① 所以孔子一方面以仁释礼，另一方面以礼落实仁，仁与礼才是孔子重建"道之本统"的核心内容，仁与礼的关系才是道统的核心问题。孔子论礼虽是结合着当时具体的礼仪讲，但又不同于后者，其所论实际是礼的精神、价值、意义。具体的礼仪可以过去，成为陈迹，而礼的精神、价值、意义则具有超越性，随时代的发展而演进。

最后，孟子、荀子在道统中的地位。孔子之后，孟、荀双峰并立，两军对峙，谁更能代表儒家道统，一直是颇有争议的问题。韩愈、朱熹、牟宗三等人由于将道的内容限定为仁义，故尊孟而排荀，认为孟子才是孔子之后的嫡传，并进而将汉唐儒学排斥于道统之外，固然可被视为"单传孤立的易断的道统观"。而杨倞、孙复、石介等人扩大了道的内容——其中，孙复、石介肯定道的内容为仁义、礼乐，尤为可取——将孟、荀都包容于道统之内，表面上似乎化解了以上争论，但问题实际依然存在。因为即使将孟、荀都纳入道统中，也不能消除二者的分歧，

---

① 梁漱溟：《梁漱溟全集》第3卷，山东人民出版社，1990年，第103～104、115页。

相反还需说明，不同如孟、荀者究竟在何种意义上分别承继道统。历史地看，从孔子到孟子、荀子实际是儒学内部的分化过程，这种分化又间接地影响了以后的汉唐经学与宋明理学，所以如果不是持一种主观、单传、易断的道统观，就不应从孟、荀的分歧与对立看道统，从儒学以后的分化看道统，而应从根源的丰富性看道统，就需承认，根源的文化生命生生不息，前后相续，此即道统之所在。但道统并非一线单传，一成不变，而是有曲折，有回转，亦有创辟，有突进。道的某个方面可能会被遮蔽、掩盖，因而在某个时期隐而不显，道体不全，但如果道的其他方面依然延续，甚至得到丰富、发展，那么，道统就并未真正中断。道统的承继亦不应感慨于道体不全，并以此被遮蔽的方面为正统，而是要通过"去蔽"，使其澄明、敞亮，使道不同的方面重新融合、汇聚。这样，从孔子到孟子、荀子的具体分化过程便值得深入考察，孔子到孟子、荀子之间的过渡人物子思的思想和地位也因此突显出来。韩愈、朱熹等肯定孟子，将其列入道统内，是因为提出曾子—子思—孟子的传道谱系，孟子经子思而上接孔子。但荀子与这一儒门"正统"、与子思是否没有任何联系？是否与其仅仅是一种对立的关系？仅仅是一"别子"而已？回答这些问题，全面、客观地了解子思的思想及那个时代的儒学发展便显得十分必要，而新近出土的地下文献正好为此提供了可能。

第四节　回到"子思"去：儒家道统论的重构

1993 年湖北荆州郭店村一号楚墓中出土一批竹简，墓葬年代约为公元前 4 世纪中期至公元前 3 世纪初，属于战国中期偏晚，竹简的写作应该更早，基本在孔子之后，孟子之前，为了解这段"考古者为之茫昧"的历史提供了重要的文献材料。尤为珍贵的是，这批竹简中涉及子思的作品，为我们了解子思思想以及子思时代的儒学提供了难得的机缘。

通过这批竹简，我们改变了一些固有的看法，对这一时期的儒学有了新的认识和理解。例如，传统上学术界认为，"仁内义外"说乃告子的观点，是儒家批评和反对的，根据就在于《孟子·告子上》中孟子与告子的辩论。但郭店竹简中有大量有关"仁内义外"的论述，表明"仁内义外"曾经是被儒家学者普遍接受的观点。郭店竹简的"仁内义外"内涵虽然比较复杂，包含了不同的含义，但其中一种含义是针对内在道德律和外在道德律而言，认为道德原则有些是"生于内"，有些是"生于外"；仁是生于内，义是生于外。而道德实践就是要从"仁内"和"义外"两方面入手，做到二者的统一。这种"仁内义外"说与告子强调仁内与义外的对立显然是有所不同的，从郭店竹简的"仁内义外"说到告子的"仁内义外"说，再到孟子的"仁义内在"说，实际经历了曲折、复杂的思想发展过程，也是儒学理论的一个探索过程。① 更为重要的是，郭店竹简的"仁内义外"说是子思也可以接受的，或者说子思亦有类似的思想主张。郭店竹简中有属于子思的《五行》一篇，其中提到"形于内"的"德之行"和"不形于内"的"行"，实际就是内在和外在

---

① 梁涛：《郭店竹简与思孟学派》，第六章第一节《孟子"四心"说的形成及其意义》。

道德律，与"仁内义外"说表达的是一个意思。《五行》论述"德之行"的前半部分直接影响了以后的孟子，而论述"行"的后半部分则与以后的荀子存在更多的联系。所以孟、荀虽然看似对立，但却都与子思的思想有着直接或间接的联系，子思以后儒学的发展是多向的，而不是单向的，孟、荀不过代表了这一分化过程的不同方面而已。[①]

又例如，传统上学术界认为孟子讲天人合一，荀子讲天人之分，二者是对立的。但是郭店竹简中有《穷达以时》一篇，明确提出一种天人之分，通过天人之分探讨了人与命运的关系。这种天人之分与以后孟子的思想是非常接近的，只不过孟子把它发展为一种"性命之分"。[②]《穷达以时》属于子思一派的作品，通过这一新发现的作品，我们认识到，古人谈论的天人关系实际有着不同的层面。所谓天人之分与天人合一也不是截然对立的，而是可以在这些不同层面分别展开的。虽然孟子主要谈论人与命运天的关系，荀子更多地谈人与自然天的关系，但他们也都谈论到其他的层面。所以谈论儒家的天人观，就不应停留于其中的某个层面，以及孟子、荀子对其的具体理解，而应对这些不同的层面以及孟、荀的观点进行统合，发展出完整、丰富的儒家天人思想。

还有，郭店竹简尤其是《性自命出》一篇，有大量论"情"的言

[①] 梁涛：《郭店竹简与思孟学派》，第四章第一节《子思〈五行〉新探》。
[②] 梁涛：《郭店竹简与思孟学派》，第八章第二节《竹简〈穷达以时〉与早期儒家天人观》。

论,挑战了我们形成已久的成见。传统上学术界认为,凡自超越层面以言性,自天命以言性,"天命之谓性",其一定是善性,这是一个新传统,区别于自生理欲望以言性、"生之谓性"的老传统。然而《性自命出》提出"性自命出,命自天降"后,又说"喜怒哀悲之气,性也","好恶,性也",虽然是自天命以言性,自超越层面以言性,但所谈的却是自然人性,而非道德人性。传统上学者还认为,情是没有道德性的,是与伦理原则相违背的,故往往从负面去理解情。例如,荀子认为"顺情性则违礼义",情性没有自身的规定性,会与礼仪规范产生冲突,所以要"化性起伪",善是伪,与性、情恰恰是对立的。宋明理学把情放在形而下,属于气质之性,"气质之性君子不以为性也",所以不是真正意义上的性。然而《性自命出》却不是如此,它赞美情,肯定情,"凡人情为可悦也","苟以其情,虽过不恶",从正面去理解情。这说明,我们以前的解释框架可能并不合理,并不能解释古代人性论的真实情况,中国古代还存在着自超越层面以言情的传统,它不只是从人的经验层面来谈情,而是联系到天地来谈情,从天地之六气来理解情,天地有六气,六气赋予人身上,产生了喜怒哀乐之情。这一传统主要不是讨论性善与性恶的问题,而是性和谐的问题。它认为,天地是一个有机的和谐的存在,天地赋予了我们性,产生了情,我们最初得到的性必然是一个先天的和谐状态。

以往学者喜欢谈道德形而上学,要为善寻找形而上根据,而根据《性自命出》以及其他古代文献,似乎还应提出情感形而上学,为情感寻找形而上的根据。不只是从经验层面去谈情，而是联系到超越层面，联系到天地的根本来谈情。正是在这一点上，古人包括《性自命出》对性、情的理解，特别是对自然情感的理解，与后人显示出不同之处。因为后来的学者往往是从负面去理解情，故喜欢谈节性，只谈到了"节"的一面，而忽略了"顺"的一面。《性自命出》则提出"道始于情""礼作于情"，礼恰恰是来自于情，要以情为本。主张"始者近情，终者近义"，要在情与礼（义）之间达到一种平衡。《性自命出》为子游一派的作品，反映了该派对礼乐、性情的认识和理解，其论情的思想对以后子思也有影响，这即《中庸》的"中和"思想。《中庸》提出"喜怒哀乐之未发谓之中"，认为"天命之谓性"，性来自天，是上天的赋予，喜怒哀乐之未发即性未与外界接触，是恰到好处、先天的和谐状态。又说，"中也者，天下之大本也"，认为人性中先天的和谐是天下最大的根本，礼乐教化都应从情出发，符合情的需要，这和竹简"道始于情""礼作于情"表达的正是同一个意思。《中庸》还提到，"致中和，天地位焉，万物育焉"，所谓"致中和"就是一种双重的和谐，既要符合人性，又要符合现实秩序，符合礼仪，所以关系到"天地位""万物育"，具有重大的意义。而"致中和"与竹简的"始者近情，终者近义"实际表达的也是同一个意思，它们都承认有一个先天之情，有个"中"，有个恰好的状态；都强调既要照顾到情，又要顾及现实的秩序，所以《中庸》的"中和"说与《性自命出》的思想恰好是可以打通的，是受了后者的影响。然而令人遗憾的是，这一论情的传统，在孟子那里反而意外中断，不见了踪影。以后荀子虽提出性恶论，也就是情恶论，与以上论性的传统有所不同，但其思想中也存在与后者一致的地方。如荀子提出"生之所以然者谓之性，性之和所生，精合感应，不事而自然谓之性"（《荀子·正名》），其中"生之所以然"之性即是先天之性，超越之性，实际是生之理；"不事而自然"之性则是前面超越之性在和谐状态下所产生的生理经验之性，主要是情。又如，荀子认为"辟耳目之欲"只能达到"浊明外景"，是一般的精神境界；而圣人"纵其欲，兼其情"，顺着情感欲望而动，又能自然符合理，所达到的是"清明内景"，是更高的精神境界（见《荀子·解蔽》）。这说明，荀子也曾联系到超越层面来谈情，对情曾做出正面的理解和肯定，荀子思想似存在前后两个不同的阶段。

再如，郭店简中有《唐虞之道》一篇，"高扬了儒家'祖述尧舜'、'爱亲尊贤'、'天下为公'、'利天下而弗利'的思想，显示了先秦儒家在战国时期崇尚'禅让'政治理想、反对父子相传之'家天下'的昂扬思想风貌"①。另外上海博物馆藏竹简《子羔》《容成氏》也都是鼓吹、宣扬禅让思想的作品，结合相关的历史记载以及传世文献如《礼运》等，可以发现，战国中期社会上曾出现过一股宣扬禅让的思潮，儒家学者是其中的积极参与者，子思等人都有鼓吹禅让的思想。这表明，儒家不仅有仁政、王道的政治理想，同时还有"天下为公"、权力公有

---

① 李存山：《读楚简〈忠信之道〉及其他》，载《中国哲学》第20辑。

的政治主张，在权力的授受和分配上，还提出过更为激进、大胆的主张，将"选贤与能"的政治原则贯彻到君主的选立之上。然而自燕王哙"让国"失败后，孟子等儒家学者面对复杂的社会政治形势，不得不放弃了禅让的政治主张，认为"唐、虞禅，夏后、殷、周继，其义一也"（《孟子·万章上》）。只讲仁政、王道，突出人民主体性，"民为贵"，不再坚持权力的公共性。而仁政、王道的实现，又需要通过"格君心之非"，寄希望于君主的道德觉悟，结果仁政、王道只能成为一种理想，而始终缺乏制度的保证。战国中期这场轰动一时的禅让思潮，也逐渐淹没于历史的尘埃之中。

以上材料表明，子思不仅是早期儒学的关键人物，其所代表的时代在早期儒学发展中也处于一种枢纽的地位。子思之前，孔子吸收、总结尧舜及三代的礼乐文化并加以创造、发展而形成的以仁、礼为核心的儒学思想，汇聚到子思这里，得到较为全面的继承；子思而下，这一丰富的儒学传统开始分化，出现向不同方向发展的趋势。从子思到孟子、荀子，是儒学内部深化同时也是窄化的过程，孟子、荀子分别从不同方面发展了孔子以来的儒学传统，使儒学的某些方面得到充分发展，变得深刻而精致，但对儒学的其他方面或有所忽略或出现偏差，因而并没有真正全面继承孔子以来的儒学传统。所以站在儒家道统的立场上，以仁、礼为道的核心内容，就需承认，在道统的传承中，孟子是有所"失"，即由于主要关注内在、心性的一面，发展了儒家的仁学，而忽略了外在、礼仪的一面，对儒家的礼学继承不够，有所缺失；荀子是有所"偏",即主要发展了外在制度、礼仪的一面,并援法入礼,出现儒法结合的趋势,但对儒家仁学重视不够,没有真正把握仁的精神,使仁平面化、窄化,在发展上出现偏差。故面对孟、荀的分歧,就不应尊彼抑此,在谁更能代表儒家道统上争论不休,而应回到"子思"去——并非历史学、发生学意义上的回到,而是诠释学意义上的回到,即恢复根源文化生命的丰富性,在此丰富性的基础上重建儒家道统。"子思"也不仅仅指子思本人及其思想,而是代表儒学一个思想丰富的时代,以及一种合理的思想结构。如果说从子思到孟子、荀子是儒家整全的思想开始分化,但又在局部得到深化的话,那么,从孟子、荀子回到"子思"去,则是要在此深化的基础上,对孟子、荀子各自的思想创造进行统合,进行再创造,重建儒家道统。

所以回到"子思"去,首先要对仁、礼的关系进行重新理解和阐释,使儒家仁学和礼学有机地结合在一起。本来孔子提出仁与礼,就是着眼于二者的统一,想要以仁说明礼,以礼落实仁。但是由于孔子的礼是一个含义复杂的概念,特别是包含了身份等级的内容,内在、主体性的仁如何与外在、等级性的礼相统一,便成为孔子着力探索,也是孔门后学不断争论的问题。在七十二子那里,形成"主内"与"务外"的分歧,到了子思的时代,则出现了"仁内义外"说,试图在承认内外差别的基础上将仁、义(礼)统一在一起。然而此后孟子主要发展了"仁内"的思想,提出"仁,人心也"以及"养浩然之气"、民本、仁政等思想学说,使先秦儒学中人民性、主体性、抗议精神得到了弘扬;荀子则主要继承了"义（礼）外"的思想，提出"隆礼重法""合群""明分""化性起伪"等命题，探讨了礼在国家、社会以及个人修身中的作用和地位。从此孟子、荀子兵分两路，各取一端，"孟子多言仁，少言礼"，"荀子多言礼，少言仁"①。儒家仁学与礼学不是得到统合，而是进一步分化。然而竹简"道始于情""礼作于情"的命题提示我们，礼不仅仅是外在的习俗和规范，同时还有人性的内在根据，是源自于情，产生于情；礼的作用不仅仅在于"明分""别异"，同时还在于使社会中不同身份的人达到和谐、有序，即"礼之用，和为贵"也。所以如何继承孟子思想的积极成果，借鉴荀子思想的合理内核，突出仁的主体性、内在性，剔除礼等级、尊卑的内容，保留其差序、和谐的积极形式，发展仁学，改造礼学，建立仁、礼统一的思想学说，便成为儒学在当代发展中面临的重大课题。

回到"子思"去，在实践和功夫论的层面上，则是要处理内在扩充和外在培养，也就是"为德"与"为善"或"自诚明"与"自明诚"的关系。与提出仁、礼的道德原则相应，孔子在道德实践上也是内在体验与外在培养并重，他说"我欲仁，斯仁至矣"，便是说从内心思考、体验仁，便会得到仁；他说"克己复礼为仁"，则是强调内在德性的获得需要通过实践外在的礼仪。本来内在扩充与外在培养是一体之两面，是相辅相成的，但如何从理论的高度对二者关系做出说明，道德实践是应

---

① 康有为:《万木草堂口说·礼运》，载《康有为全集》第 2 册，中国人民大学出版社，2007 年，第 317 页。

从"洒扫、应对、进退"入手,还是"守约",首先确立道德主体意识入手,仍是个有待深入探讨的问题。这一问题在子游、子夏那里,演变为关于"本""末"的争论;子思则提出"为德"与"为善"以及"自诚明"与"自明诚"二元的实践方法,并试图将二者结合在一起。然而此后孟子主要侧重内在扩充,主张"先立其大者","自仁义行,非行仁义也",主要发展了"为德"与"自诚明"的思想;而荀子则注重外在培养,提出"化性起伪","积礼义",主要发展了"为善"的思想。孟、荀虽然从不同的方面深化、发展了儒学的实践方法,但由于其各执一偏,使得儒学的全面性、丰富性大有减损。所以发展儒学,重构儒家道统,就必须孟、荀并重,内外并举,统合孟、荀的实践方法。而通过对竹简以及《孟子》"天下之言性"章的解读[①],可以发现这种统合的可能性本来是实际存在的。这就必须回到古代即生言性的传统,把性不是看作非抽象的实体和本质,而是动态的活动和过程,是生命之成长的倾向、趋势和活动,此性虽是先天之性,是生之理,但需要经过后天的塑造和培养,需要"动性""逆性""节性""厉性""出性""养性""长性";同时后天的塑造、培养也必须顾及先天本性,需要"始者近情""终者近义""知情者能出之""知义者能入之",在先天的性情与后天的塑造之间达到一种平衡。而孟子主张"顺杞柳之性而以为桮棬",反对"戕贼杞柳而后以为桮棬",实际上正是延续了这一传统。孟子也不是不要

---

① 梁涛:《郭店竹简与思孟学派》,第七章第一节《竹简〈性自命出〉与〈孟子〉"天下之言性"章》。

后天的塑造与培养，而是主张后天的塑造与培养应当"以利为本"，应当以顺应、有利于先天的本性为根本。只不过孟子多谈道德人性，少谈自然人性，所以在修养、实践方法上，也是较重视内在扩充，而对外在礼仪、后天培养重视不够，有所欠缺。荀子虽重视礼义，重视外在践履与培养，但他把情性看作消极、负面的，与礼义对立。后天教育并非顺情性，而是"化性起伪"，是"矫饰人之情性而正之"，"扰化人之情性而导之也"，所以恰恰是"戕贼杞柳而后以为桮棬"。因此，如何弥补孟子思想方法的缺失，纠正荀子思想方法的偏差，统合孟、荀，创立内外兼备的功夫论与实践方法，便成为儒学创新、发展面临的另一个重大课题。

回到"子思"去，在人性论的层面，则是要统合仁性、知性、情性（"性之好恶喜怒哀乐谓之情"，"何谓人情？喜怒哀惧爱恶欲"），建构丰富、完整的人性论结构。孟子重仁性，以恻隐、羞恶、辞让、是非之心为性，故肯定人性积极向上，"万物皆备于我"，"人皆可以为尧舜"，"反身而诚，乐莫大焉"，着力讴歌人性的至真至善至美。荀子重情性，尤重其中之欲性，更进而发现人生而"好利焉""疾（注：同'嫉'）恶焉""好声色焉"，视此为社会争夺、暴乱的根本原因，故倡性恶，揭示了人性之消极、阴暗面，要求"化性起伪"，"矫饰其情性"。孟、荀所论，是针对人性的不同层面甚至是不同的问题，不仅不矛盾，而且可以互补。如学者所言，"孟言性善，欲人之尽性而乐于善；荀言性恶，欲人之化性而勉于善。立言虽殊，其教人以善则一也"①。所以孟子虽言性善，认为"仁义礼智，我固有之"，但"我固有之"的善性可以陷溺、流失，故又有"求放心"之说；荀子虽倡性恶，认为"人情甚不美"，但又说"凡以知，人之性"，肯定人有知性，人依靠"可以知仁义法正之质"，学习先王"仁义法正之理"，便可"化性起伪"，"涂之人可以为禹"。孟、荀言性虽殊，但又有相通、互补之处。既然孟子性善论是以善为性论，在理论上便不应反对人性中同样也有恶。相反，只有承认人性中还有向下、堕失的力量，也就是"陷溺其心者"，其人性论才能更为完备。孟子没有对此展开深入论述，给予充分关注，"但见人有恻隐辞让之心，不知人亦有残暴争夺之心也"②。只强调了人性积极、向上的方面，对人性消极、堕失的方面重视不够，其论性不能不说是"不备"。荀子虽正视了人性的消极、阴暗面，强调了"礼义法正"以及"累德积义""积善成德"的重要性，是其可取之处，但忽略了人性的丰富、完整性，忽略了人还有仁义之性，特别是放弃了古人自超越层面以言情性的传统，其论性不能不说是"不明"。所以合理地安排仁性、知性、情性，统合孟子性善论与荀子性恶论，建构完备的人性学说，才是儒学发展的康庄之路。

回到"子思"去，在天人关系上，则是要处理人与道德或义理天、命运天、自然天的关系，特别是突出超越性的道德或义理天，建构完

---

① 钱大昕：《荀子笺释跋》，见王先谦：《荀子集解》，载《诸子集成》第2册，第10页。
② 康有为：《万木草堂口说·荀子》，载《康有为全集》第2册，第374页。

备、多层次的天人学说。孔子创立儒学,承继了周代以来的天命观念,提出"天生德于予",视天为外在的超越者,是德性、价值的根据和源头。同时,孔子又提出"下学上达",认为通过实践仁即可上达天道,打破了自重黎"绝地天通"以来少数贵族对天命的垄断,使天与个人发生联系,为个人的成圣提供了可能。这样,一方面天降德于人,另一方面人修德可上达天道。天与人不是直接的同一关系,二者之间存在一定的距离。此后,子思提出"天命之谓性",将天命与性联系在一起,天既内在于性,又是外在的超越者,是既内在又超越的,由人(性)到天还需经过"尽其性""尽人之性""尽物之性""赞天地化育""与天地参"的"上达"的实践活动。在道德、义理天之外,子思还重视命运天,并提出"天人之分"的思想,通过外在限定与内在自由的区分,凸显了人的价值与尊严。此外对于自然天,子思也有一定的论述。子思之后,孟子主要突出了义理天与命运天,并提出"性命之分",发展了子思的天人之分思想,是其有贡献之处。但由于孟子强调了心的地位,使天的客观性、外在性有所削弱,到了孟子后学所著的《五行》说文那里,则明确提出"天道也者,己有弗为而美者也",认为生而具有的"仁义礼智圣"五行自然、自发的和谐状态就是天道,天完全被内在化了,内在的德也就是天,天不再是超越目标和理想,不再需要"上达"的实践过程,内在的君子道本身就是天道,"销天以归人",与以后的阳明后学实际走的是同样的路向。荀子则重视自然天与命运天,提出"天行有常,不为尧存,不为桀亡",天是自然、客观的存在与活动,不为人的意志所改变，人应遵循天之法则，"制天命以用之"，对儒学思想是一个很大的发展。但荀子的天主要还是经验、实存天，而非超越、价值天①，无法为儒家的道德原则尤其是仁提供超越的根据，无法为儒家的性命天道提供合理的论证，故只能以"圣人""先王"为礼义等道德原则的制定、颁布者，"礼义者是生于圣人之伪，非故生于人之性也"（《荀子·性恶》），主张"学者以圣王为师"（《荀子·解蔽》），要求人们"师云而云"（《荀子·议兵》），推崇权威，反对"不是师法而好自用"，以致后人有"乡愿"之讥。所以如何保持道德、义理天的超越、独立性，贯通性命天道——既非孟子后学式的"销天以归人"，亦非荀子式的自然主义，而是在天、人的对立、统一中，凸显人的主体性，确立人生的信念与方向，同时，重视自然天，"制天命以用之"，开出知性主体；承认命运天，以"天人之分"看待人生的穷达祸福与"己"应尽的职分，妥善处理多层次复杂的天人关系，便成为儒学发展中值得重视的另一个问题。

回到"子思"去，在政治思想上，则是要统合儒家的"天下为公""选贤与能"与民本、仁政思想，同时吸收西方的民主政治理念，去粗存精，发展出新型的儒家民主政治思想。早期儒家的政治理念大约有二：一曰言"天下为公""选贤与能"而主张权力公有；二曰言民本、仁政而肯定民之特殊地位，以民为国之价值主体，是君主、国家得以设

---

① 荀子有"礼有三本"之说："天地者，生之本也；先祖者，类之本也；君师者，治之本也。无天地恶生？无先祖恶出？无君师恶治？"（《荀子·礼论》）但这里的"天地者，生之本"似只有描述的意义，不具有真正的价值内涵。

立的原因和根据。此二者本如鸟之双翼、车之双轮，相辅相成，缺一不可。只有肯定"天下为公"，坚持权力公有，民众才可以由价值主体进一步上升为政治主体，民本政治也才有可能转化为民主政治。然而令人遗憾的是，战国前期，虽有子思、子游后学等一批儒者极力倡导"天下为公"，并逐步影响到当时的政治实践，形成宣扬禅让的思潮，然而由于燕王哙"让国"失败，这一中国式的民主之路最终遭到挫折，此后孟子虽突出民本、仁政，但不是在"选贤与能"的框架下寻找出路，而是寄托于君主的恻隐、不忍人之心，同时以革命说作为补救，早期儒家的两大政治理念不是相得益彰，协同发展，而是相互离异，蔽于一曲。后来以叔孙通、董仲舒、韩愈、二程、朱熹为代表的一批"后儒"，进一步违背早期儒学的政治理念，为君主专制张目，以君本代替民本，以"家天下"代替"公天下"，使儒学经历了一个由扶民向抑民政策的蜕变，致使"在下者不胜其苦"。所以，在充分吸收、借鉴西方民主政治思想及实践的基础上，如何统合"天下为公""选贤与能"与民本、仁政，接续明清之际的早期启蒙思想，解开儒家政治思想的死结，发展出儒家民主政治思想，便成为每一个关心儒学复兴与中国民主政治建设的学者需要认真思考的问题。

回到"子思"去，从文化的承继来看，则是要处理前轴心时代与轴心时代文化的关系，具体讲，也就是五经与四书的关系。五经本乃前轴心时代的文化积累，但孔子在创立儒学时对其进行了整理、诠释，并用于教学之中，使其成为儒学的一个重要内容。《论语》《大学》《中庸》

《孟子》等则是孔、曾、思、孟的个人言行记录或著述，是其对社会人生的见解与主张，是轴心时代的思想创造。子思等儒家学者继承了孔子的思想传统，不是抛开六艺或五经等基本经典，而是对其进行自由、开放的诠释，视其为思想的源头活水，通过引述《诗》《书》，为自己的观念、学说寻找合理性的说明，在思想突破、创造的同时，并没有割断与前轴心时代的联系，使儒学具有了强大生命力。在早期儒学那里，既存在着子学这样一条主线，也存在着早期经学或六艺之学这样一条辅线。汉代以后推重经学，实发展了孔子的六艺之学，而把子学降到附属的地位，看作经学的附庸或者传记，故是以五经看孔子，视孔子为五经的整理者或"微言大义"的阐发者。宋代以后理学兴起，则是回到孔子所创立的社会人生之学或子学，但是又升"子"为"经"，提高了《论语》《孟子》等书的地位，故特重四书，以此为儒家的基本经典，同时又承认五经的地位。从儒学的发展、演变来看，宋明理学可能更接近早期儒学的形态，其吸收、借鉴佛老理论思维，对儒学进行重新诠释，也使儒家的心性义理学说得到进一步发展。不过宋明儒推重四书虽有其积极意义，但其所谓四书未必能涵盖、反映早期儒学的精神内涵，而不过是为了服务于其道统说，对早期儒学的一种"损益"而已。在我们看来，如果不是立足于狭隘、"一线单传"的道统观，而是视道统为根源的文化生命，为生生不息、历久常新的文化精神、文化生命，则真正能代表、反映早期儒学文化精神与生命的应是《论语》《礼记》《孟子》《荀子》四部书，其中《论语》《孟子》《荀子》分别是孔、孟、荀精神文化生命的记录与反映,而《礼记》是汉代学者对所搜集、发现的七十二子及其后学(包括曾子、子游、子思等)的部分作品,以及讨论礼节仪式文字的编订、整理,故郭店、上博竹简中的有关内容也可归入其中。①这样《论》《记》《孟》《荀》实涵盖了早期儒学的文化生命与精神内涵,可合称"新四书"。对于《论》《记》《孟》《荀》,我们也不是视其为"一以贯之",传递着相同的道,而是儒家文化生命生生不息,成长、发展,乃至曲折、回转的过程。所以无论孟子还是荀子,都无力独自承担儒家道统,面对儒家道统,面对生生不息的文化生命,他们都存在着"所失"或"所偏",只有统合孟、荀,相互补充,才能重建道统,恢复儒学的精神生命与活力。孟、荀思想中的某些对立与分歧,恰使其相互融合与补充成为必要,故读《孟子》需兼《荀子》,读《荀子》需归于《孟子》(尤其在人性论上),"万物并育而不相害,道并行而不悖"(《礼记·中庸》)。

如果说当年宋明儒者是以回到早期儒学、回到孔孟为目标,以借鉴、学习佛老的形而上思维和理论成果为手段,"出入佛老数十载,然后返之于六经(广义的)",通过对四书的创造性诠释而完成了一次儒学的伟大复兴的话,那么,郭店简及上博简的发现,则使我们有可能更为真切地了解孔子到孟、荀的思想发展,感受到早期儒学文化生命的脉

---

① 陈来教授有"荆门礼记"之说,细推敲起来,可能并不严谨,因为战国时并不存在《礼记》一书。但若说我们也可以像汉代学者那样,对新发现的郭店、上博简中儒家典籍进行整理、归类,则将其归入《礼记》无疑是合适的。

动，重新发现、挖掘早期儒学的思想资源。故学习宋儒的做法，重新出入西学（黑格尔、康德、海德格尔、罗尔斯等）数十载，然后返之于六经，以新道统说为统领，以新四书为基本经典，"六经注我"，"我注六经"，以完成当代儒学的复兴与重建，便成为我们面临的一项重要职责与使命。一方面，六经的价值、意义注入"我"的生命中，滋润了"我"，养育了"我"，是谓"六经注我"；另一方面，"我"的时代感受，"我"的生命关怀，"我"的问题意识又被带入六经中，是谓"我注六经"。正是在这种意义上，我们可以说"六经皆史"——六经是一部民族成长、发展的历史，是精神的历史，自由的历史。此精神、自由之历史才是儒家道统之所在，是孔、曾、游、思、孟、荀精神之所在，也是郭店竹简与思孟学派研究给我们的最大启示。

第十章　郭店竹简《性自命出》与《孟子》"天下之言性"章

《孟子·离娄下》"天下之言性"章是孟子讨论人性的一段重要言论，但是由于个别文字难以训释，其内容一直不被人们理解，影响了孟子研究的进一步深入。新近出土的郭店竹简《性自命出》中，一些文句与"天下之言性"章有可沟通之处，为我们破解该章内容提供了重要材料。本章拟结合新出土的竹简材料对《孟子》该章文字进行训释，并由字义训释进一步对孟子性善论做出探讨。

第一节　《孟子》"天下之言性"章旧注举疑

读过《孟子》的人都知道，其《离娄下》"天下之言性"章非常难解，千百年来使注疏者费尽了心力。其文云：

> 孟子曰："天下之言性也，则故而已矣。故者，以利为本。所恶于智者，为其凿也。如智者若禹之行水也，则无恶于智矣。禹之行水也，行其所无事也。如智者亦行其所无事，则智亦大矣。天之高也，星辰之远也，苟求其故，千岁之日至，可坐而致也。"

此章难解,就在"天下之言性也,则故而已矣"这一"故"字。此章下文又说,"苟求其故,千岁之日至,可坐而致也"。此两个"故"字应为同义,所以以往学者往往根据"苟求其故"的"故"字来推测"则故而已矣"这一"故"字的含义。如汉赵岐《孟子章句》说:"天虽高,星辰虽远,诚能推求其故常之行,千岁日至之日,可坐知也。"① 了解了星辰过去的运行,千年之内的日至都可以推算出来。释"故"为"故常之行",即星辰自身的运动规律。与此相应,释"故而已矣"的"故"为性的常态和特点:

> 言天下万物之情性,常顺其故则利之也。改戾其性则失其利矣。若以杞柳为桮棬,非杞柳之性也。恶人欲用智而妄穿凿,不顺物之性而改道以养之。禹之用智,决江疏河,因水之性,因地之宜,引之就下,行其空虚无事之处。如用智者不妄改作,作事循理,若禹行水于无事之处,则为大智也。②

顺从性的常态和特点则有利,穿凿妄为,改变性的常态和特点则失其利。所以下面又说:"能修性守故,天道可知;妄智改常,必与道乖。性命之旨也。"③ 赵岐注释此章时,联系到孟子"顺杞柳之性以为桮棬"的观点,是其可取之处,对我们理解该章极有参考价值。不过从"天下

---

① 焦循:《孟子正义》,载《诸子集成》第 1 册,上海书店,1986 年,第 346 页。
② 同上书,第 344~345 页。
③ 同上书,第 349 页。

之言性也"一句看，孟子是引述当时人们的观点，并加以评论，而赵岐注显然没有反映出这一点。另外，其对"故"字的训释也显得含混、不够明确。

宋代以后，理学兴起，《孟子》因列入"四书"而备受关注，故理学家对此章多有讨论。如朱熹《孟子集注》说：

> 性者，人物所得以生之理也。故者，其已然之迹，若所谓天下之故者也。利犹顺也，语其自然之势也。言事物之理，虽若无形而难知；然其发见之已然，则必有迹而易见。故天下之言性者，但言其故而理自明，犹所谓善言天者必有验于人也。然其所谓故者，又必本其自然之势，如人之善，水之下，非有所矫揉造作而然者也。若人之为恶，水之在山，则非自然之故矣。①

朱熹释"性"为"人物所得以生之理"，而释"故"为"已然之迹"。按照朱熹的看法，理属于形而上，是"若无形而难知"，但它可以在具体事物中表现出来，"然其发见之已然，则必有迹而易见"，所以天下讨论性的人，根据性的"已然之迹"就可以了解到性本身，就像从星辰的"已然之迹"，就可以知其运行规律一样。朱熹的这个解释是建立在他"理""气"、"未发""已发"的理学观念之上，更多的是一种哲学创造，它与孟子思想存在着一定距离，是学界公认的事实。

---

① 朱熹：《四书集注》，第274页。

宋代著名理学家、心学派代表人物陆九渊对《孟子》此章亦有解释，其《象山语录》云：

> "天下之言性也，则故而已矣"，此段人多不明首尾文义。中间"所恶于智者"至"智亦大矣"，文义亦自明，不失《孟子》本旨。据某所见，当以《庄子》"去故与智"解之。观《庄子》中有此"故"字，则知古人言语文字必常有此字。《易·杂卦》中"《随》无故也"，即是此"故"字。当孟子时，天下无能知其性者。其言性者，大抵据陈迹言之，实非知性之本，往往以利害推说耳，是反以利为本也。夫子赞《易》"治历明时，在《革》之象。"盖历本测候，常须改法。观《革》之义，则千岁之日至，无可坐致之理明矣。孟子言："千岁之日至，可坐而致也"，正是言不可坐而致，以此明不可求其故也。①

陆九渊释"故"为"陈迹"，是取"故旧"之义。但这样一来，下文"苟求其故"的"故"字便不好理解。所以陆九渊实际是把上面一章分为三个不同的部分，认为前面是孟子对当时人性论的评论，批评当时之人据陈迹言性，以利害相推算，忘记了性的根本；中间一段是孟子关于"智"的观点，并认为其"文义亦自明"；后面则是讲"治历明时，在《革》之象"，并根据"历本测侯，常须改法"，改"千岁之日至，可坐而致也"为"不可坐而致"。陆九渊素以不读书自诩，且主张"苟得于心，

---

① 陆九渊：《陆九渊集》，中华书局，1980年，第415页。

《六经》皆我注脚",故常常妄改经义,此章即是一例。

清代考据学流行,许多学者对孟子此章进行解释,如毛奇龄释"故"为"智",认为"是以孟子言,天下言性不过智计耳。顺智亦何害,但当以通利不穿凿为主。夫所恶于智者,为穿凿也。如不穿凿,则行水治历,智亦大矣"①。焦循认为"孟子此章自明其道性善之旨",并将"故"释为"已往之事",认为"当时言性者,多据往事为说","孟子独于故中指出利字,利即《周易》元亨利贞之利。……利以能变化,言于故事中,审其能变化,则知其性之善"。② 当代学者中也有对此章进行注释者,如杨伯峻先生译此章云:

> 孟子说:"天下的讨论人性,只要能推求其所以然便行了。推求其所以然,基础在于顺其自然之理。我们厌恶使用聪明,就是因为聪明容易陷于穿凿附会。假若聪明人像禹的使水运行一样,就不必对聪明有所厌恶了。禹的使水运行,就是行其所无事,[顺其自然,因势利导。] 假设聪明人也能行其所无事,[不违反其所以然而努力实行,] 那聪明也就不小了。天极高,星辰极远,只要能推求其所以然,以后一千年的冬至,都可以坐着推算出来。"③

---

① 毛奇龄:《四书賸言补》,见焦循:《孟子正义》卷八引,载《诸子集成》第1册,第344页。
② 焦循:《孟子正义》卷八,载《诸子集成》第1册,第344页。
③ 杨伯峻:《孟子译注》上册,中华书局,1960年,第196页。关于该章的训释,参见徐圣心:《〈孟子〉"天下之言性"章异疏会诠及其人性论原则》,《成大中文学报》(台南)第13期,2005年12月。

杨注《孟子》以简洁、明了著称，但此章却很难说做到了这一点，这也反映了"故"字理解上的难度。《孟子》一书谈论性的地方很多，但系统发表对性的看法，却仅此一章，是理解孟子人性论不可多得的重要材料。但由于"故"字得不到训释，此章的含义也就含混不清。"天下之言性也，则故而已矣"到底表达了什么意思？它与孟子是一种什么关系？是孟子赞同的，还是要批判的？对于这些存在着不同的理解，且一直难有定论。所以一方面，尽管此章内容十分重要，但另一方面，在以往讨论孟子尤其是其人性论的著作中，却很少有引用这段材料的①，这不能不说是一种遗憾。这种局面，直到郭店简的出土才有所改变。

第二节 《孟子》"天下之言性"章试释

郭店竹简《性自命出》中有大量讨论人性论的内容，其中明确提到"节性者，故也"，将"性""故"联系在一起，并对"故"字做了专门解说。《性自命出》年代在孟子以前，反映的正是当时"天下之言性也"的情况，为破解《孟子》"天下之言性"章提供了重要材料。竹简说：

　　凡性，或动之，或逆之，或节之，或厉之，或出之，或养之，

---

① 据台湾"中央研究院"院士黄彰健先生告知，傅斯年先生当年写《性命古训辨证》时，就因为读不懂此章的内容，而没有将其收入。黄先生后写有《释〈孟子〉"天下之言性也则故而已矣"章》[收入《经学理学文存》，商务印书馆（台北），1976年]，释"故"为"有所事，有所穿凿"，认为此章是孟子批评杨朱"全性葆真"的自利思想，受到傅先生的赞赏。当黄先生得知我准备写作此文时，主动将其著作赠送于我。读黄文后，我获益匪浅，但在对该章的理解上，我与黄先生仍存在较大分歧，这也从一个侧面反映了学者对该章的艰难探索过程。

或长之。凡动性者，物也；逆性者，悦也；节性者，故也；厉性者，义也；出性者，势也；养性者，习也；长性者，道也。(《性自命出》第 9—12 简)

如学者指出的，重视"学""教"对人性的塑造、培养，是竹简的一个重要特点，竹简提出"动性""逆性""节性""厉性""出性""养性""长性"，正反映了这一点。值得注意的是，竹简中有"节性者，故也"一句，与孟子"天下之言性也，则故而已矣"显然有某种联系，故需要重点讨论。其中"节性"的"节"，郭店简整理者曾释为"交"，有学者认为同"教"，意为"使"；也有学者引《小尔雅·广诂》："交，更也"，认为"交"可以训为"更"。① 裘锡圭先生则认为，上博简《性情论》中与"交"相应的字，实作"室"下加"心"之形，可知"交性"应改释为"室性"。因"交""室"形近，被郭店简抄书者写走了样，致使误释。这个可加"心"旁的"室"字，裘先生认为应读为与"室"音近的"实"。② 后又在《由郭店简〈性自命出〉的"室性者故也"说到〈孟子〉的"天下之言性也"章》(下简称《"天下之言性也"章》)一文中提出，"'室'是书母质部字，'节'是精母质部字，上古音的确相当接近。……它们所代表的那个词，有可能是音、义都跟节制的'节'非常相近的一

---

① 刘昕岚：《郭店楚简〈性自命出〉篇笺释》，载《郭店楚简国际学术研讨会论文集》，第 334 页。陈宁：《〈郭店楚墓竹简〉中的儒家人性言论初探》，《中国哲学史》1998 年第 4 期。
② 裘锡圭：《谈谈上博简和郭店简中的错别字》，载《新出楚简与儒学思想国际学术研讨会论文集》，清华大学，2002 年 3 月。

个词，也有可能就是节制的'节'"①。从文意看，"节性"的说法可能更合理，裘先生的论证也较为充分，故暂从其说。关于该字的训释，文字学家还可做进一步讨论，但不论最终结论如何，它都是指塑造、培养性的活动和行为，所以对我们以下的讨论影响不会太大。至于"故"字，下文说"有为也之谓故"。所谓"有为也"就是指有特定的目的或用意，这里的"为"读去声（第四声）。竹简说："《诗》、《书》、礼乐，其始出皆生于人。《诗》，有为为之也；《书》，有为言之也；礼乐，有为举之也。"（第15—16简）就是指《诗》、《书》、礼乐是根据一定的意图和目的创造出来的。"故"也可以作名词，指有意识、有目的的行为。如，"牛马四足，是谓天；落马首，穿牛鼻，是谓人。故曰：无以人灭天，无以故灭命"（《庄子·秋水》），"真其实知，不以故自持"（《庄子·知北游》），这里的"故"就是指有意的人为。值得注意的是，当时人们谈论这种"故"时，常常与"知"（智）联系在一起。如，"去知与故，遁天之理"（《庄子·刻意》），"恬愉无为，去智与故"（《管子·心术上》）。这可能是因为，有意的人为总是和思虑、谋划联系在一起，所以有"故"也就

---

① 载《第四届国际中国古文字学研讨会论文集》，香港中文大学，2003年10月。笔者曾在2002年清华大学"新出楚简与儒学思想"国际学术会议上宣读本章文字，时裘锡圭先生在座。不久裘先生写出《由郭店简〈性自命出〉的"室性者故也"说到〈孟子〉的"天下之言性也"章》一文，是对拙文的一个回应。裘文认为笔者联系竹简《性自命出》有关文字解读《孟子》"天下之言性"章很有见地，非常正确，肯定了笔者对"故"字的解释，但对《孟子》该章文字提出了不同的理解。读裘文后，其对"故"字的训释使我大获其益，虽然仍坚持自己的观点，但对原文做了较大修改，后正式发表于《中国哲学史》2004年第4期。裘先生写作其文时，曾托其学生向我借阅上引黄彰健《经学理学文存》一书（据笔者查阅，国图、北大图书馆均未收藏该书），其严谨的治学态度令人敬佩，裘先生于我可谓"一字之师"。

有"智"。

裘锡圭先生在《"天下之言性也"章》一文中曾引《荀子·性恶》中的"圣人积思虑，习伪故，以生礼义而起法度"一语，指出"'习伪故'与'积思虑'为对文。'思'、'虑'义近，'伪'、'故'之义亦应相近。……'故'字在古书中的用法，跟'伪'颇有相似之处"，是很有道理的。不过"伪"和"故"除了裘先生所强调的"人为"的意思外，似乎还有积习、习惯等一层意思。如，"情然而心为之择谓之虑。心虑而能为之动谓之伪。虑积焉，能习焉，而后成谓之伪"（《荀子·正名》）。这里前一个"伪"是指"人为"，后一个"伪"则是指经过"人为"而形成的能力、积习等。荀子讲"性伪之分"，也主要是针对后一种"伪"而言。"不可学，不可事而在人（注：或疑当为'天'）者，谓之性；可学而能，可事而成之在人者，谓之伪。是性伪之分也。"（《荀子·性恶》）所以在荀子看来，性与伪虽然不同，但二者又是相互依赖的，"无性则伪之无所加，无伪则性不能自美。性伪合，然后成圣人之名"（《荀子·礼论》）。所以主张"化性起伪"，要求以"礼义法度"改造先天本性。"人之性恶，其善者伪也。"（《荀子·性恶》）而先天的本性之所以能形成"伪"，主要是由于后天的环境和"人为"的影响。"居楚而楚，居越而越，居夏而夏，是非天性也，积靡使然也，故人知谨注错，慎习俗，大积靡"（《荀子·儒效》）。人们所处的环境不同，所形成的积习、习惯也不同。这种习惯不是出于天性，而是靠"积靡"（注：靡，借为"摩"，指切磋、研究）后天形成的。所以荀子主张性恶，但又认为"涂之人可以为禹","身日进于仁义而不自知也者,靡使然也","圣人者,人之所积而致也"(《荀子·性恶》)。他所说的仁义就是指后天的积习、习惯。"故"与"伪"相近,所以也有积习、习惯的含义。《庄子·达生》云:

> 吾生于陵而安于陵,故也;长于水而安于水,性也;不知吾所以然而然,命也。

对于"故"字,成玄英疏云:"我初始生于陵陆,遂与陵陆为故旧也。"①不可取。其实这里的"故"就是指在具体环境下形成的能力、积习等,曹础基释为"习惯"是正确的。②这种"故"虽然是后天形成的,但又"习而成性",与性成为一个有机整体,并达到"不知吾所以然而然"的精妙境地,故说"吾始乎故,长乎性,成乎命"。可见,道家虽然反对"伪"与"故",但这主要是针对"落马首,穿牛鼻"之类的"有为也"而言的,如果能"循天之理",从事物的本性出发,这样的"故"他们同样是肯定的。

"故"由"有为也"又可引申出成例、规范、制度等含义,这就是典籍中所说的"故事""旧典""故俗"等,它们是古人"有为为之",所以也称为"故"。对于"节性者,故也",现在学术界一般即取"故"的这种含义,认为是指合乎儒家思想的各种礼制和伦理道德规范。但作为外在规范的"故"之所以能够"节性",显然是靠"化性起伪",是靠积习、

---

① 郭庆藩:《庄子集释》,中国书店,1988年,第288页。
② 曹础基:《庄子浅注》,中华书局,2000年,第278页。

习惯的力量来实现的。"故"成例、规范的含义，与积习、习惯的含义其实是联系在一起的。《性自命出》这一段翻译过来就是：对于人性来说，感应、触动它的是外在之物；迎合、顺应它的是欢悦之事；节制、完善它的是礼义典故；磨砺、锤炼它的是行为之义；使它表现、展示出来的是客观情势；培养、塑造它的是后天的修习；增长、统率它的是人之道。

竹简如此看重性的塑造、培养，不是偶然的，而是古代人性论的一个基本特征。古人即生言性，性并非抽象的实体和本质，而是动态的活动和过程，是生命之成长的倾向、趋势和规定，此性需要经过后天的塑造和培养，养性乃古人的一个重要观念。作为儒学的创始者，孔子提出"性相近，习相远"（《论语·阳货》），认为人的性相近，而后天的积习却相差很远，将"性"与"习"的问题明确提了出来。竹简在此基础上做了进一步探讨，其文云："牛生而长，雁生而伸，其性使然，人而学或使之也。凡物无不异也者，刚之树也，刚取之也；柔之约也，柔取之也。四海之内，其性一也；其用心各异，教使然也。"（第7—9简）在竹简看来，人不同于动物的地方在于，动物只能听命于性的支配，而人却是因为学而成其为人。四海之内，人的性是一致的，但由于教育的缘故，每个人的性——通过心——的表现却各不相同。因此，孟子以前，人们往往是将"性"和"习"联系在一起的，认为虽然"性自命出，命自天降"，性是上天的赋予，先天的禀赋，但还需要经过后天的塑造和培养，这可以说是当时的一个普遍观念，为儒、道各家所认可。孟子说"天下之言性也，则故而已矣"，应当正是对此而言。不过孟子所说的

"故",似乎不应简单地根据"节性者,故也"一句,"理解为人为的规范、准则"①。性与"人为的规范、准则"是完全不同的东西,思想史上也没有人将性理解为规范、准则的。"故而已矣"的"故"只能是规范、准则"节性"的结果,是指积习、习惯而言,上引竹简就是将"习"看作"性"的。所以"天下之言性者,故而已矣"是说,人们谈论的性不过是指积习、习惯而言。这是当时人们的看法。

"故者,以利为本"一句,向来有两种不同的理解,一种理解为孟子的正面言论,释"利"为有利,赵岐、朱熹、焦循等持这种看法;一种与此相反,理解为孟子反对的言论,释"利"为自利、利害,陆九渊、黄彰健等持这种看法。裘先生同意后一说,并批评笔者释"利"为"顺"是有问题的。但经过仔细思考,笔者认为,"以利为本"的"利",可能还是应释为有利或顺,因为下文"禹之行水也,行其所无事也""苟求其故",讲的都是顺应事物的本性、规律的问题,"利"如何训释,显然应该根据这些内容做出判断。相反,如果将"利"释为自私自利,"故者,以利为本"一句便与下文无法发生联系,势必将文意完整的一章内容,分割为互不关联的三个部分,这是取"自私自利"说者始终无法回避的困境所在。在这一点上,裘先生也不例外。另外,从上引竹简的内容看,似乎也可找到训"利"为"顺"的旁证:"刚之树也,刚取之也;柔之约也,柔取之也。"刚物树立为柱,柔物用于缠束,是顺应事

---

① 裘锡圭:《由郭店简〈性自命出〉的"室性者故也"说到〈孟子〉的"天下之言性也"章》,载《第四届国际中国古文字学研讨会论文集》。

物本性的结果。竹简的比喻正是要说明，后天的加工、塑造要顺应先天本性。"故者，以利为本"与其应是同一个意思。它是说，积习的塑造、培养要顺从人的本性也即仁义之性为根本。这是孟子的观点和看法。

由于谈到"故"或"习"，必然要涉及"智"，所以下面又有关于"智"的论述。不过孟子这里所谓的"智"，不同于他平时所说的"是非之心，智也"之"智"，不是指良知判断，而是指经验认知。因为"有为也"的"故"总是和认知活动联系在一起的，上引竹简在"道者，群物之道"一段后说，"凡道，心术为主"，认为道虽然客观存在，但只有通过心才能认识、实践道，并进一步增长、培养性。这里的"心术"就是指心的认知能力，同于这里所说的"智"。孟子生活的时代存在着这样一种观点，认为智是不利于性的。所谓上古之世，"人虽有知，无所用之，此之谓至一"，"逮德下衰"，"然后去性而从于心，心与心识，知而不足以定天下"（《庄子·缮性》）。智本身是道德衰落的产物，过分运用智会导致人失去本性，故主张"去知与故，循天之理"（《庄子·刻意》），"以恬养知，知生而无以知为也"（《庄子·缮性》）。孟子则认为，问题并不在于智本身，而在于人们如何看待、运用智。人们之所以厌恶智，是因为有人穿凿附会，不从事物本身出发，如果能像大禹治水一样，根据水的习性采取相应的治理办法，"行其所无事"，那么智就不仅不应该被反对，而且作用是非常大的，就像了解了星辰的运行，千年之内的日至可以轻易推算出来一样。可见，从事物本身出发，顺应事物的本性才是运用智的关键所在。此章前后两个"故"字，前一个是指积习、习惯,后一个是指星辰的习惯,也就是固有的运行规律,二者文意虽有细微的差别,但基本内涵是相同的。今试将《孟子》"天下之言性"章翻译如下:

> 人们所谈论的性,往往不过是指积习、习惯而已。积习、习惯的培养要以顺从人的本性为根本,人们之所以厌恶智,是因为用智的人往往穿凿附会,[不从事物本身出发。]如果用智的人能像大禹治水一样,那么人们就不会厌恶智了。大禹治水,[顺从水的本性,采用疏导的办法,]不有意多事。如果用智的人也不有意多事,那么智的作用就大了。天极高,星辰极远,如果了解它们运行的习惯或规律,千年之内的日至,坐着都可以推算出来。

第三节 从"天下之言性"章看孟子性善论

《孟子》"天下之言性"章的解读,使我们对孟子人性论有了更深一层的理解。我们知道,孟子"道性善"是儒学发展史上的重要事件,而如何理解孟子性善论,也一直是儒学研究中具有挑战性的重大课题。从孟子的有关论述来看,他是即心言性,认为恻隐、羞恶、辞让、是非之心可以表现为具体的善行,所以是善的,并进一步由心善论证性善。不过孟子虽然认为恻隐、羞恶、辞让、是非之心在"体"上、"理"上与仁义礼智具有内在的一致性,具有发展为仁义礼智的全部可能,但在"相"上、作用上,还有一个具体的发展过程,故说:"恻隐之心,仁之端也；羞恶之心，义之端也；辞让之心，礼之端也；是非之心，智之端也。"(《孟子·公孙丑上》)一个"端"字道出孟子思想的奥秘。端，在古文中写作"耑"，像幼苗初生之形。《说文》云："耑，物初生之题（段注：题者额也，人体额为最上，物之初见即其额也，古发端字作此）也，上象生形，下象其根也。"换言之，"端"即事物的萌芽、开始。"端"表明恻隐、羞恶、辞让、是非之心并非既定、完成的事实，而是有待充实、发展的。从恻隐、羞恶、辞让、是非之心到仁、义、礼、智有一个生长、发展的过程，正如树苗到树木有一个生长、发展的过程一样。由于孟子即心言性，其性就不是一种抽象的本质，而表现为动态的活动与过程：

> 君子所性：仁义礼智根于心，其生色也睟然，见于面，盎于背，施于四体，四体不言而喻。(《孟子·尽心上》)

在古汉语中，"所"常常用在动词的前面，组成"所"字结构，在句子中充当主、谓、宾、补等各种成分。据学者对《易经》《尚书》《诗经》《左传》等二十一部先秦古籍的考察，在共出现的 6484 例"所"字中，用作"所"字结构的有 6252 次之多。"需要特别指出的是，与'所'字相结合的词，动词自不必说，即使非动词的其他各类词，一旦与'所'相结合以后，都可具备动词的性质。"所以有学者主张，凡与"所"相结合的词，一律可称作动词。① 因此，"君子所性"的"性"用作动词，

---

① 王克仲：《关于先秦"所"字词性的调查报告》，载《古汉语研究论文集》，北京出版社，1982 年，第 69~102 页。李人鉴：《略谈"所"字结构和有关的一些问题》，《中国语文》1982 年第 6 期。朱德熙：《自指和转指》，《方言》1983 年第 1 期。

指性的活动。在上面一段中,"君子所性"与"仁义礼智根于心……"一段是同位语,后者是对性的解释和说明。所以孟子所说的"性",实际是由四端之心到仁义礼智,并进一步表现于形色和行为的整个实践过程,一个"根"字形象地道出孟子性的特点。

由于孟子将性看作动态、发展的过程,而不是固定的抽象本质,其人性论与修习论便具有一种内在的联系,二者构成一个有机整体。《荀子·性恶》说:"孟子曰:人之学者,其性善。"杨倞注:"孟子言人之有学,适所以成其天性之善,非矫也。与告子所论者是也。"① 大凡一个人的观点,往往在他的批评者那里最能真实反映出来。荀子在人性论上与孟子针锋相对,对孟子思想有过认真研究,他的概括应该是准确的。根据荀子所说,孟子的人性论实际是一种性善修习论,认为"学"和"性善"具有一种因果联系,因为"性善",所以要"学";或者说,"学"促使了"性善"的完成,就好比树木的成长需要灌溉培养,而灌溉培养适促成树木的生长一样。所以孟子虽然"道性善",但并不意味着他所说的善性仅仅是先天的,与后天积习无关,相反,只有经过不断的塑造、培养、完善,性善才能真正实现。

《孟子》"天下之言性"章,显然正是针对性的这一特点而发。学术界有一种看法,认为孟子"道性善",故只重视内省,重视"思",而不重视后天的积习,不重视经验认知,这显然有失片面。从"天下之言

---

① 王先谦:《荀子集解》,载《诸子集成》第 2 册,第 290 页。

性"章的内容来看，孟子对后天积习也是很重视的，他所说的"故"，就是一种积习、习惯，这种积习是和"学"等认知活动密切相关的。在《孟子》一书中，也不乏有关"学"的论述，如孟子认为"夫人幼而学之，壮而欲行之"，如果有人说"姑舍女所学而从我"（《孟子·梁惠王下》），那一定是办不到的，说明一个人的所学对其是十分重要的。孟子又说："汤之于伊尹，学焉而后臣之，故不劳而王。桓公之于管仲，学焉而后臣之，故不劳而霸。"而当今的君主"好臣其所教，而不好臣其所受教"（《孟子·公孙丑下》），认为"学"是区别君主贤明与否的一个重要标准。还有，"滕文公问为国"，孟子的一个重要主张就是要"设为庠序学校以教之"，认为学校"三代共之，皆所以明人伦也"（《孟子·滕文公上》）。又说"上无礼，下无学，贼民兴，丧无日矣"（《孟子·离娄上》）。"学"关系到一个国家的兴亡，可见其在孟子思想中的重要。孟子还引孔子曰："圣则吾不能。我学不厌而教不倦也。"引子贡曰："学不厌，智也；教不倦，仁也。仁且智，夫子既圣矣。"（《孟子·公孙丑上》）认为"学"乃成圣的重要一环。甚或生而所具之善端的呈现，也往往需要以闻见"善言""善行"为机缘："孟子曰：舜之居深山之中，与木石居，与鹿豕游，其所以异于深山之野人者几希；及其闻一善言，见一善行，若决江河，沛然莫之能御也。"（《孟子·尽心上》）这些都说明，"学"在孟子思想中占有重要地位，认为孟子不重视经验认知显然有失片面。

不过由于孟子即心言性，性具有自身的规定性，具有自身的生长过程,所以他强调后天积习的塑造、培养必需"以利为本",以顺从性的发展为根本。他提出"所恶于智者",也主要是针对有人穿凿附会,不顺从事物的本性而发。在《孟子》一书中,类似的论述还有不少,如"一暴十寒":"孟子曰:无或乎王之不智也。虽有天下易生之物也,一日暴之,十日寒之,未有能生者也。吾见亦罕矣,吾退而寒之者至矣,吾如有萌焉何哉?"(《孟子·告子上》)此章是以植物的生长类比人性的培养。孟子认为,纵使天下有容易生长的植物,如果"一日暴之,十日寒之",它一样无法生长。同样,王虽然具有善的本性,但如果"退而寒之",不及时加以培养,它同样难以表现出来。又如"拔苗助长":"宋人有闵其苗之不长而揠之者,芒芒然归,谓其人曰:'今日病矣,予助苗长矣。'其子趋而往视之,苗则槁矣。天下之不助苗长者寡矣。以为无益而舍之者,不耘苗者也;助之长者,揠苗者也。非徒无益,而又害之。"(《孟子·公孙丑上》)可见,不论是"一暴十寒"还是"拔苗助长",都不是从事物本性出发,不是"以利为本",而是穿凿用智的结果,所以是孟子所批评和反对的。但如果能像大禹治水一样,不事穿凿,从事物的本性出发,那么诚如孟子所说,智的作用"亦大矣"。所以孟子并非一概地反对"学"和经验认知,而是强调不能将"学"和经验认知看作简单的经验积累,不能以其自身为目的,而是要"适所以成其天性之善",要服务于心、性的发展和需要,故说"学问之道无他,求其放心而已矣"(《孟子·告子上》)。《孟子》"天下之言性"章可以说表达的正是这一思想,其中"故者,以利为本"乃这一思想的核心。只不过由于本章中的文字没有得到训释，其所含的深义一直不被人们理解。而通过竹简，不仅其含义大白于天下，我们也对孟子性善论有一个更为深入的认识。

第四编

出土文献与儒学新知（上）

第十一章　郭店竹简《穷达以时》与早期儒家天人观

长期以来，学术界存在这样一种看法，认为中国古代思想尤其是儒家思想是以天人合一为基本特征的，天人之分到战国末期才由荀子提出。在儒家内部，孟子讲道德天，主张天人合一；荀子讲自然天，主张天人之分。二者思想是对立的。然而郭店竹简《穷达以时》一篇中，明确提到了天人之分。据发掘报告，竹简的年代在荀子以前。这样看来，天人之分并非始于荀子，而可能是早期儒家的一个基本看法。那么，竹简天人之分的内容如何？与孟子、荀子是一种什么关系？在思想史上具有何种地位？通过竹简，我们将对儒家天人关系产生哪些新的认识？这无疑是思孟学派研究中的重要问题。

第一节　《穷达以时》"天人之分"的基本内涵

《穷达以时》简长 26.4 厘米，两端修成梯形。竹简现存 15 支，有 2 支已残损。从其内容看，可能与孔子"陈蔡之困"有关，类似记载又见《论语》《庄子》《荀子》等文献。李学勤先生曾排列了其先后顺序：《穷达以时》→《庄子·让王》→《荀子·宥坐》→《吕氏春秋·慎人》→

《韩诗外传》卷七→《说苑·杂言》→《风俗通义·穷通》→《孔子家语·在厄》。① 《穷达以时》的特殊之处在于它明确提出了天人之分：

> 有天有人，天人有分。察天人之分，而知所行矣。有其人，无其世，虽贤弗行矣。苟有其世，何难之有哉？（第 1—2 简）

人为什么有的穷困潦倒，有的显达富贵？面对穷达，又应该采取什么样的态度？千百年来一直是无数哲人关注和思考的问题。当年孔子"厄于陈蔡之间"，就与弟子对此展开过讨论，其内容也被不断铺陈、发挥，形成互有联系又有区别的不同版本。在竹简看来，关系世间穷达的，不仅有人而且有天，天人各有其分。《礼记·礼运》郑玄注："分犹职也。"故天人之分是说天人各有其职分、作用、范围，二者互不相同。而明白了哪些属于人，哪些属于天，便知道哪些该为，哪些不该为，便知道该如何行为了。竹简《语从一》："知天所为，知人所为，然后知道，知道然后知命。"（第 29—30 简）这里的"天所为""人所为"就是其职分和作用，也就是天人之分。

竹简虽然对天人做了区分，但在人世的显达上，似乎更看重天的作用，认为没有天的相助，即使圣贤也寸步难行；一旦得到天的垂青，名显于世便唾手可得。作为佐证，竹简举出传说和历史上圣贤穷达的事例，如舜曾耕于历山，遇尧而为天子；邵繇（注：当为傅说之误）曾为

---

① 李学勤：《天人之分》，载郑万耕主编：《中国传统哲学新论》，九州出版社，1999 年，第 239～244 页。

苦役，遇武丁而得以辅佐天子；同样，虞丘起初隐名不显[①]，后来名扬天下，并非因为德性增加；伍子胥曾经建功累累，后来却性命不保，也并非因为智力衰退。这些都是时运变化的缘故。甚或骥这样的良马，也只有当遇到造父时，才能驰骋千里，纵横天下。否则，只能落得个"骈死于槽枥之间，不以千里称也"的下场。竹简之所以如此看重天的作用，除了作者个人的立场外，与其对天的理解也密切相关。

遇不遇，天也。（第 11 简）

这种"遇不遇"的天既非上古有意志、有目的的神学天，也不同于后来"不为尧存，不为桀亡"的自然天，而是一种命运天，具体到个人，又可称为命，合称为天命。古人在生活中意识到，人虽然以主宰者的身份独步世上，但并非无所不能，而是时时受到外部力量的束缚和限制，这种力量既可以是必然性的，表现为社会的"合力"或"形势"，也可以是偶然性的，表现为出人意料的某种机遇或巧合等等，这些统统可称作天。这种天往往对人世的穷达祸福发挥着巨大作用，或者说穷达祸福本来就属于天，是"可遇而不可求"，是非人力所能控制、掌握的。所以竹简感叹"时""遇"的重要，认为"有其人，无其世，虽贤弗行矣"，往往就是针对这些内容而言，所谓"谋事在人，成事在天"也。既然天

---

① 池田知久据《韩诗外传》卷七"虞丘名闻于天下，以为令尹，让于孙叔敖，则遇楚庄王也"，认为第 8 号、第 9 号简之间可能存在着叙述"虞丘"遇"楚庄"的句子。参见池田知久：《郭店楚简〈穷达以时〉之研究》（上），《古今论衡》（台北）2000 年第 4 期。

的作用如此之大,那么,是否意味着人便无所作为,只能听从于命运的摆布了?答案是否定的,这又回到了天人之分:

> 动非为达也,故穷而不怨,学非为名也,故莫之知而不怜。芷兰生于林中,不为人莫嗅而不芳。无茖根于包山石,不为无人不……善否己也,穷达以时;德行一也,誉毁在旁;听之弋之,母白不釐。① 穷达以时,幽明不再。故君子敦于反己。(第11—15简)

在竹简看来,穷达取决于时运,毁誉在于旁人,这些都属于天不属于人;而一个人的德行如何,则取决于自己,与天无关,所以积极行善、完善德行才是人的职分所在,才是人应该努力追求的目标。明白了这种"天人之分",就不应汲汲于个人的穷达祸福和现实际遇,而应"敦于反己",只关心属于自己职分的德行,"尽人事以待天命"。所以,竹简虽然强调天对个人际遇的影响,但并没有因此否定人的活动和作用。相反,正是通过天、人之分甚至对立,才显现出人之为人的无上价值和尊严。

第二节 《穷达以时》"天人之分"的思想来源

从思想史的发展来看,竹简"天人之分"的提出不是偶然的,它是古代天命思想长期发展的产物,是对古代天人合一思想的一种反动。我

---

① 原文作"听之弋母,之白不釐"。陈剑认为"母之"二字系误抄,应断为"听之弋之",读为"圣之贼之",意为旁人对同一个人毁誉不同,或以之为圣,或以之为贼。参见陈剑:《郭店简〈穷达以时〉〈语丛四〉的几处简序调整》,《国际简帛研究通讯》第2卷第5期,2002年6月。

们知道，三代以来尤其是周代主要信奉的是一种有意志、有目的的神学天，这种天既是自然天时的主宰者，掌管着雨、风、云和收成的好坏，也是人间祸福的决定者，可以保佑人王，也可以降祸人间。天的命令称为天命，是人间的最高指示，也是王朝更替和族姓兴废的依据。在古代天命思想的发展中，周人"以德配天"的提出具有重要意义，反映了天人关系的新阶段。周人认为"天惟时求民主"（《尚书·多方》），天曾分别选中夏人和商人做统治者，但因为其"惟不敬厥德，乃早坠厥命"（《尚书·召诰》），从夏、商相继灭亡的经验教训来看，天不会永远眷顾某一族姓，"天命靡常"，"天不可信"（《尚书·君奭》），周人想要保住所受的天命，就必须"王其疾敬德"（《尚书·召诰》），因为"皇天无亲，惟德是辅"（《左传·僖公五年》引《周书》），上天不是根据祭祀行为，而是根据德行的好坏选择统治者，有德的统治者不仅能得到上天的眷顾、保佑，死后也可以上达帝廷，"在帝之侧"。从天人关系的角度来看，周人肯定天的道德品格，将其看作道德法则的设定者，具有奖善罚恶的能力，并且认为通过"敬天""保民""疾敬德"就可以"受天命"，可以说反映了一种天人合一的思想，同时也包含了对命运问题的思考，其观点可称作道德定命论。不过周人的天命往往具有集体的性质，反映的是一族一姓的政权得失，在当时主要还是个政治概念。① 个人意义上的命运观可能要到周末春秋才出现，这一观念的形成，同当时"怨天""骂

---

① 陈宁：《中国古代命运观的现代诠释》，辽宁教育出版社，1999年，第25～26页。

天"的思潮密切相关。

本来在周人的观念中,天是有意志、有目的的,可以按照行为的善恶进行赏罚,然而人们在生活中却发现,天并非那么绝对公正,行善者未必会有好报,作恶者也不一定会受到惩罚,天的公正性、权威性开始发生动摇。"瞻卬昊天,则不我惠"(《诗经·大雅·瞻卬》),"旻天疾威,天笃降丧"(《诗经·大雅·召旻》),"天生烝民,其命匪谌"(《诗经·大雅·荡》)。与对天的责难和怀疑相应,一种盲目命运观开始出现,人们不再认为命运与个人德行有必然联系,而是将其归之于不可控制的外部力量,由传统的主宰之天中分化出命运之天。这种天在《诗经·国风》中不时可以看到其影子,如"夙夜在公,实命不同""抱衾与裯,实命不犹"(《诗经·国风·小星》),"大无信也,不知命也"(《诗经·国风·蝃蝀》)。此外像"何辜于天?我罪伊何? ……天之生我,我辰安在"(《诗经·小雅·小弁》),"我生不辰,逢天僤怒"(《诗经·大雅·桑柔》)。其中"我辰安在""我生不辰"均反映了对个人命运时遇的关注。与此同时,自然之天的观念也开始出现,如见于《诗》《书》的"苍天":"悠悠苍天,此何人哉"(《诗经·国风·黍离》),"苍天苍天,视彼骄人,矜彼劳人"(《诗经·小雅·巷伯》)。此外还有"天地":"惟天地,万物之母"(《尚书·泰誓》),"寅亮天地"(《尚书·周官》)。不过起初的苍天、天地可能还不同于今人所谓的自然之天,到了春秋时期,自然之天的观念才逐渐增强。在此基础上,"天道远,人道迩,非所及也"(子产语,见《左传·昭公十八年》)的观念开始出现,传统的主宰天进一步遭到怀疑、否定。从古代天论的发展来看，主宰天乃古人较早的观念，由这一观念衍生出自然之天与命运之天，而二者之间又存在密切联系：自然之天否定了传统的天命论，不再将命运归之于天的赏善罚恶，命运之天则试图对命运做出重新解释。

　　作为儒学的创始者，孔子对于天给予极大关注，同时由于所处的时代，他所说的天往往具有多种含义。孔子的天一定程度上保留了传统主宰天的含义，这为学界所公认，如"获罪于天，无所祷也"（《论语·八佾》），"吾谁欺，欺天乎？"（《论语·子罕》）"予所否者，天厌之！天厌之！"（《论语·雍也》）"不怨天，不尤人，下学而上达，知我者其天乎？"（《论语·宪问》）不过由于孔子提出了仁，以仁遥启天道，突出人的主体性，从而使天与个人发生联系。此外孔子还谈到自然天，"子曰：天何言哉？四时行焉，百物生焉。天何言哉？"（《论语·阳货》）当然也谈到命运天，"子曰：道之将行也与？命也。道之将废也与？命也。公伯寮其如命何！"（《论语·宪问》）"伯牛有疾，子问之，自牖执其手，曰：'亡之，命矣夫！斯人也而有斯疾也！'"（《论语·雍也》）"子夏曰：'商闻之矣：死生有命，富贵在天。'"（《论语·颜渊》）一项事业的"行""废"是由不可抗拒的外部力量所决定，是个人无可奈何的，这种力量就是命。此外像生死、富贵等都属于天和命。这里所说的显然是一种命运天，是春秋以来命运观念的延续。但孔子之所以为孔子，并不在于他延续了传统的命运观，而在于他提出"知天命"，确立起人面对命运的态度。

> 子曰："吾十有五而志于学，三十而立，四十而不惑，五十而知天命，六十而耳顺，七十而从心所欲不逾矩。"（《论语·为政》）

如学者指出的，孔子的"知天命"不应是"旧义中天所垂示或直接命于人之'则'、之'道'之义"①，因为此一内容的天命是《诗》《书》以来的通义，孔子不当言五十而知之。同样，"知天命"也不应是求签占卜式的探问吉凶祸福，因为这与孔子"不占而已矣"（《论语·子路》）的主张不符。"知天命"应该是对命运有一种达观的理解，知道如何去对待、面对它。史华兹说："当孔子告诉我们，他五十知天命或天所命其什么事的时候，他或许是说他已清楚地明白什么是他所不能控制的，同时也明白什么是真正自己范围内所能控制的。"②史氏的这个说法是深刻、准确的。我们知道，孔子以及儒家所说的"知"主要是一种主体性的认知活动，它不只是要反映、认知一客观对象，同时还包含了主体的愿望和态度。孔子说："不知命，无以为君子也。不知礼，无以立也。不知言，无以知人也。"（《论语·尧曰》）这里的"知礼""知言"均是就如何对待外在礼仪和他人言论而言，实际包含了主体的态度和方法，"知命"也是如此。从孔子的论述来看，他十五岁有志于学。三十岁掌握了各种基本礼仪，可以"立于礼"（《论语·泰伯》)，自立于社会。四十岁可以不再困惑，那么，人生中什么最易使人困惑呢？显然是欲行道于天

---

① 唐君毅：《先秦思想中之天命观》，《新亚学报》1957 年第 2 卷第 2 期，第 11～13 页。
② Schwartz, *The World of Thought in Ancient China*. Cambridge: Harvard University Press, 1985, p.126.

下而不得，身处穷困而不被世人理解。这里的"惑"与"不惑"主要是人生论的，而不是知识论的。孔子认为自己不再困惑，表明他可能已认识到，道的"行"与"不行"以及个人的遭遇如何，均不是个人所能控制的。对于个人来说，只要完善德行，做一个有德的君子便可以无愧于心。所以由"四十而不惑"进一步便是"知天命"，知道什么是自己所不能控制的，什么是自己控制范围之内的。到六十岁便可以"耳顺"，听到世间种种穷达祸福、沉浮变化之事，可以从容待之，不会违逆于心，不会被烦扰。这里的"耳顺"与"不惑"一样，均是就人生而言，是对待人生命运的一种态度和境界。朱熹注"声入心通，无所违逆，知之之至，不思而得也"[1]，庶几近之。不过，孔子这里并不仅仅要认知天理，同时也要知如何对待命运。同样，"从心所欲不逾矩"也是建立在"知天命"之上，是区分了自己所能控制的和不能控制的范围，是由道德实践所达到的一种自由境界。因此，"知天命"作为孔子人生修养的一个重要阶段，实际讨论的是如何面对命运的问题，明白什么是自己能够做到的，什么是自己不能控制的，以消解因穷达祸福而带来的种种困惑。所以，孔子在人生面临挫折和危机时，常常喜欢谈天、说命，以获得心理的舒泰与安宁，并根据时运的变化对行为做出调整，得势积极进取，不得势则独善其身。"子曰：……天下有道则见，无道则隐。"（《论语·泰伯》）"子曰：道不行，乘桴浮于海。"（《论语·公冶长》）"子

---

[1] 朱熹：《论语集注》，载《四书集注》，第49页。

曰：富而可求也，虽执鞭之士，吾亦为之。如不可求，从吾所好。"（《论语·述而》）这里的"可求""不可求"，显然是就富贵在根本上是由什么所决定的而说的，孔子虽然没有对此做出明确回答，但从他一贯的态度来看，显然是认为富贵主要是由外部原因决定的，而"吾所好"也即"仁""学"等则是由自己决定的。所以孔子的思想实际蕴含着一种天人之分，只是这一思想尚处于形成之中，还没有明确表达出来而已。而竹简则在孔子思想之上发展一步，明确提出"天人之分"。原来在周人的天人合一中，天的赏善罚恶处于中心位置，行为合于义就得福，不合则遭祸；竹简的天人之分则将行为和祸福分离，行善不再是为了躲避惩罚或乞求福报，而是尽人之为人的职分，就哲学的尺度看，这一分离乃外在限定与内在自觉之分，是道德的觉醒与思想的进步。

第三节 《穷达以时》与孟子"性命之分"的联系

竹简《穷达以时》出土后，由于其中的天人之分，人们往往首先想到的是荀子，并对二者的关系展开讨论。其实在先秦儒学史上，与竹简天人之分更为密切的应该是孟子而不是荀子。竹简的真正意义在于，它使人们发现孟子原来也讲天人之分，并纠正在天人关系上将孟、荀简单对立的看法。

以往学者认为，孟子的天虽然具有多种含义，但主要谈论的还是道德天，孟子的天人合一就是在天与人（心）的道德意义上提出来的。其实，孟子不仅重道德天，也重命运天，后者在孟子思想中同样占据着重要地位。据《孟子·梁惠王下》，鲁平公欲见孟子，嬖人臧仓却从中作梗，孟子评论此事说："（鲁侯）行，或使之；止，或尼之，行止非人所能也。吾之不遇鲁侯，天也。臧氏之子，焉能使予不遇哉！"君臣的知遇与否，不是某一个人所能决定，而是有一种外在的神秘力量在起作用。这种力量，孟子即称之为天，这种天显然是一种命运天。又比如，舜辅佐尧，禹辅佐舜时间都很长，恩泽施及百姓，而益辅佐禹的时间短，所施恩泽不及舜、禹，加之尧、舜的儿子都不肖，而禹的儿子启贤。这样，舜、禹都做了天子，而益却失位于启。孟子解释这种差别的根源时说："舜、禹、益相去久远，其子之贤不肖，皆天也，非人之所能为也。"（《孟子·万章上》）一个人在位时间的长短，其后代的贤与不肖，都是由天决定的，不是人力所能控制的。孟子由此对天、命做出自己的规定："莫之为而为者，天也；莫之致而至者，命也。"（《孟子·万章上》）我们所生活的世界中，似乎并没有一个主宰者在发号施令，但又确实存在着一种人力所无可奈何的力量，它作用于每个人身上，使其或穷或达、或祸或福、或夭或寿，表现出不同的人生际遇，这种力量就是天，落实到个人就是命。与竹简一样，孟子提出命运天，并不是要人无所作为，而是要通过"察天人之分"，更好地发挥人的作用。所不同的是，孟子已不停留在天人之分上，而是更进一步，提出"性命之分"：

> 孟子曰："口之于味也，目之于色也，耳之于声也，鼻之于臭也，四肢之于安佚也，性也，有命焉，君子不谓性也。仁之于父子

也，义之于君臣也，礼之于宾主也，知之于贤者也，圣（人）之于天道也①，命也，有性焉，君子不谓命也。"(《孟子·尽心下》)

孟子认为，口之甘美味，目之好美色，耳之乐音声，鼻之喜芬香，四肢贪图安逸，这都是人的本性，然而能否实现，往往由命运决定，所以君子不将其看作性；而"仁者得以恩爱施于父子，义者得以义理施于君臣，好礼者得以礼敬施于宾主，知者得以明知知贤达善，圣人得以天道王于天下"②，虽然能否实现，一定程度上也依赖于施行者的时遇等等，但由于仁义礼智本身就根植于人性，所以君子不将其看作命。不难看出，孟子的"性命之分"实际就是来自竹简的"天人之分"，是对后者的进一步发展。只不过竹简由于着眼于天人关系，所以只强调人的职分在于德行，而将穷达祸福归之于天；孟子则由于提出性，将"人"具体到性，便不得不承认，原来被竹简归之于天的感官欲望以及由此而来的对显达富贵的追求，其实也是性的一个内容，也是人的一种需要。这样他便将感官欲望以及仁义礼智这些原来分属于天和人的内容，重新统一到性之中，并对二者关系做出说明。孟子认为，感官欲望与仁义礼智虽然都属于性，但二者有根本区别，这种区别就在与天、命的关系上。"孟子曰：求则得之，舍则失之，是求有益于得也，求在我者也；求之有道，得之有命，是求无益于得也，求在外者也。"(《孟子·尽心上》) 仁

---

① 原作"圣人"，庞朴根据马王堆帛书认为"人"为衍文。参见庞朴：《帛书五行篇研究》，第19～20页。
② 焦循：《孟子正义》卷十四，载《诸子集成》第1册，第583页。

义礼智内在于性,由于人有意志自由,"求则得之,舍则失之",能否得到完全在于自己,与命运无关,所以是"在我者也";而感官欲望以及希望富贵显达等虽然也出于性,但"求之有道,得之有命",能否实现取决于命,所以只能看作"在外者也"。这样孟子一方面承认口之于味、目之于色等感官欲望也属于性,另一方面又将其归之于外在的命,将竹简中的天人关系具体化为性命关系,提出与之有密切联系的"性命之分":

> 孟子曰:"广土众民,君子欲之,所乐不存焉;中天下而立,定四海之民,君子乐之,所性不存焉。君子所性,虽大行不加焉,虽穷居不损焉,分定故也。君子所性:仁义礼智根于心,其生色也睟然,见于面,盎于背,施于四体,四体不言而喻。"(《孟子·尽心上》)

对于"广土众民""定四海之民"这些世间的富贵显达,君子虽然也"欲之""乐之",但并不把它看作性。君子"所性"在于仁义礼智,它不会因个人穷达与否而轻易改变,这是因为"分定故也"。对于"分定故也"一句,以往学者往往宥于天人合一的成见,认为"分者,所得于天之全体,故不以穷达而有异"①,"分者,盖所受分于道之命也。既分得人之性,自有人所当为之职分"②。其实这里的"分定故也"主要还是从天人之分或性命之分来立论的,"分"就是"天人之分"的"分",也就是职分的"分"。上面一段是说,天人或性命各有其职分,"广土众民""定

---

① 朱熹:《孟子集注》,载《四书集注》,第329页。
② 焦循:《孟子正义》,载《诸子集成》第1册,第534页。

四海之民"能否实现取决于天,所以是天和命的职分所在;而仁义礼智根植于心,是我的性分所在,确立了这种天人或性命之分,就不当为外在的际遇所左右,而孜孜于我性分内的仁义礼智,"虽大行不加焉,虽穷居不损焉"。所以,孟子的思想实际也包含着一种天人之分,"分定故也"及孟子其他一些论述,只有放在天人之分下才可以得到理解。

我们知道,孟子以及儒家常常将人力无法控制、无法预知的事件称作天,如"君子创业垂统,为可继也。若夫成功,则天也"(《孟子·梁惠王下》)。这种天和命不同于古希腊的"莫依拉"(Moira),不是一种前定的、人力无法改变的命运力量,而只是强调人的活动会受到一定限制,人不能超出这种限制之外。所以儒家虽然谈天、讲命,但并不会因此走向宿命论,同时由于其主张一种天人之分,肯定人有意志自由,强调人的道德实践不受命运的束缚,从而突出了人的主体地位。这一点,可以说随着孟子提出性命之分,被大大加强了。

> 孟子曰:"莫非命也,顺受其正。是故知命者不立乎岩墙之下。尽其道而死者,正命也;桎梏死者,非正命也。"(《孟子·尽心上》)

在孟子看来,人世的穷达祸福夭寿等虽然无一不是受制于命,但应该顺应和接受命运的正常状态,不能因为人的寿夭是由天和命所决定,便对生命采取无所谓的态度,故意立于危墙之下,或者铤而走险,以身试法,这些都不能算是"知命",所获得的也都不是"正命"。但还有一种情况,当一个人面临道义的抉择时,尽管他知道这样会牺牲自己的生命,尽管他知道保存生命"有性焉",是人的一种本能,但他依然会从容就死,"杀身以成仁"、"舍生以取义",这才是真正的"知命",所获得的也才是"正命"。孟子的"知命"与孔子的"知天命"一样,都不是要预测吉凶祸福,而是要知如何对待命运,确立对待命运的正确态度,这种态度显然是以"天人之分"或"性命之分"为基本内容的。而孟子的"正命"是指正确、正常的命运,是人应该追求的命运。它不仅要求对于祸福夭寿这些本质上属于天的内容,在人力可及的范围内应积极争取最佳的结果,不可听天由命,无所作为;更为重要的,乃是要求超出穷达祸福之外,不以现实际遇,而是以是否"尽道"、尽人的职分看待人的命运。一个人为了道义、理想牺牲了现实的富贵显达乃至生命,仍可以说他获得了"正命"。因此,命运虽然是人不能控制的,但如何面对命运却是可以选择的,孟子的"知命""正命"表达的正是对命运的选择、评价、判断,在人与命运的对立中确立起人之为人的主体地位和尊严。

近世学者刘师培说:"惟中国旧说论命多歧,即如孟子'莫非命也',又曰'知命者不立乎岩墙之下',与前说背。话出一人之口,前后不同,此何故耶?诸君将此说研究清楚,则命之有无可以决,然于中国学术前途亦有莫大之利益。"[①]刘氏不懂得孟子命的内涵,尤其不懂得孟子思想包括着一种天人之分,故有此皮相之论。而通过竹简,我们看到孟子"性命之分"的来源和根据,并使其种种言论得到解释、说明,这

---

① 刘师培:《定命论》,见《左盦外集》卷十五,载《刘申叔遗书》下册,江苏古籍出版社,1997年,第1703页。

虽不敢说对中国学术前途"有莫大之利益",但对恢复孟子的本来面目,了解早期儒学的思想,恐怕不无裨益吧!

第四节 《穷达以时》与荀子"天人之分"的区别

竹简《穷达以时》公布后,学界曾就其中天人之分与荀子天人之分的关系展开热烈讨论。然而在讨论这一问题时,人们往往忽略了一点,即荀子的天人之分内涵较为复杂,其本身就是个需要澄清的问题。《荀子·天论》说:

> 天行有常,不为尧存,不为桀亡。应之以治则吉,应之以乱则凶。强本而节用,则天不能贫。养备而动时,则天不能病。修道而不贰,则天不能祸。故水旱不能使之饥,寒暑不能使之疾,祆怪不能使之凶。本荒而用侈,则天不能使之富。养略而动罕,则天不能使之全。倍道而妄行,则天不能使之吉。故水旱未至而饥,寒暑未薄而疾,祆怪未至而凶。受时与治世同,而殃祸与治世异,不可以怨天,其道然也。故明于天人之分,则可谓至人矣。

以往学者往往将荀子的天理解为自然界,认为荀子提出"明于天人之分",把"自然、物质和客观世界是第一位的,社会、精神和主观世界是第二位的"这一唯物主义哲学的"最主要的命题明确地树立起来"[①]。或认为荀子的天命是指自然规律,认为天人之分是说"自然规律不依人

[①] 冯友兰:《中国哲学史新编》第2册,人民出版社,1984年,第369页。

们意志为转移,因而不能用自然现象来解释社会的治乱;人的职分在于建立合理的社会秩序,利用规律以控制自然"①。这些看法虽有一定道理,但也有失片面,没有准确、全面反映出荀子天人之分的思想。在上面一段后,荀子接着说:

> 不为而成,不求而得,夫是之谓天职。如是者,虽深,其人不加虑焉;虽大,不加能焉;虽精,不加察焉;夫是之谓不与天争职。……
>
> 列星随旋,日月递照,四时代御,阴阳大化,风雨博施。万物各得其和以生,各得其养以成,不见其事而见其功,夫是之谓神。皆知其所以成,莫知其无形,夫是之谓天功。唯圣人为不求知天。(《荀子·天论》)

这里提出了天职、天功,以说明天生成万物的功能和作用。在荀子看来,天之所以生成万物既不是上帝或神意的体现,也不是人为的结果,而是一个自然过程,所谓"天地合而万物生,阴阳接而变化起"(《荀子·礼论》),他将这称作天职;同时,他将星辰的旋转变化,日月的交替出现,四时的季节更替,阴阳的相互作用以及万物在这一过程中所得以出生、成长,称作天功。天职、天功即天的职能和功用,也即天的职分,故荀子天人之分的一个重要内容就是对天职、天功说的。如果天

---

① 冯契:《中国古代哲学的逻辑发展》上册,上海人民出版社,1983年,第266～267页。

职、天功也可以称作"规律"的话,那么,荀子显然不主张认识、利用这些"规律"以控制自然,因为他明确表示"唯圣人为不求知天",这里的"天"就是对天职、天功而言。

但在万物产生以后,其自身往往具有某种特征、规律,如"财非其类以养其类,夫是之谓天养。顺其类者谓之福,逆其类者谓之祸,夫是之谓天政"。据杨倞注,"财与裁同"①。人类能裁割、利用自然物质为自己服务,就是天养;利用得正确是福,利用得不正确是祸,这就是天政。这里之所以称天养、天政,就是因为它们具有自然法则、规律的意思,但这种法则、规律本身就是对人而言的,是人应该遵从、实行的,从这个意义上说,它实际又是天人合一的。

因此,荀子的天人之分实际包含着不同涵义,一方面,对天职、天功,也就是对天如何产生自然万物而言,荀子认为这是天的作用和职分,人是无法了解也不必了解的,故主张"虽深,其人不加虑焉;虽大,不加能焉;虽精,不加察焉"(《荀子·天论》),认为这是不与天争功。另一方面,对天养、天政,也即自然界所具有的法则、规律而言,他主张积极利用这些规律来造福人类。"大天而思之,孰与物畜而制之!从天而颂之,孰与制天命而用之!望时而待之,孰与应时而使之!"(《荀子·天论》)荀子这段脍炙人口的名言就是在这种意义上提出来的。在前一种情况下,天人之分是强调天人互不相干,人不必去求

---

① 王先谦:《荀子集解》,载《诸子集成》第2册,第206页。

天、知天，"分"有分开、互不干预的意思；后一种情况则是说，天的活动有自身规律，不依人的意志为改变，"分"主要是职分的意思。在"大天而思之"一段后，荀子接着说："愿于物之所以生，孰与有物之所以成！故错人而思天，则失万物之情。"（《荀子·天论》）所以荀子的天人之分，只是在"物之所以生"即万物之所以产生上，反对"错人而思天"；而在"物之所以成"即万物之所以运行生成上，他则主张人应该去认识和顺应天，由此他实际由天人之分又走向天人合一。除了上面两种情况外，荀子还用天人之分说明人的自然属性和社会属性的关系：

> 天职既立，天功既成，形具而神生，好恶喜怒哀乐臧焉，夫是之谓天情。耳目鼻口形能各有接而不相能也，夫是之谓天官。心居中虚，以治五官，夫是之谓天君。（《荀子·天论》）

这里"天情""天官""天君"的"天"，是指天生、天然、未加人为的意思。荀子认为，人本身是自然界的一部分，除了社会属性外，还具有自然属性，人自身也存在着天人之分，他常常用"性伪之分"加以说明："凡性者，天之就也，不可学，不可事。礼义者，圣人之所生也，人之所学而能，所事而成者也。不可学，不可事，而在人（注：当为'天'之误）者，谓之性；可学而能，可事而成之在人者，谓之伪。是性伪之分也。"（《荀子·性恶》）荀子的"性伪之分"可以说是"天人之分"的分命题，是天人之分在人性领域的具体运用。在荀子看来，"生之所以然者谓之性"，"不事而自然谓之性"（《荀子·正名》）。性是指天生的，没有后天加工的本然状态和能力等，包括自然生理欲望以及"思虑""求知"等内容，所以"目好色，耳好声，口好味，心好利，骨体肤理好愉佚，是皆生于人之情性者也"（《荀子·性恶》），"凡以知，人之性"（《荀子·解蔽》）。而"仁义"等道德观念和行为皆是"伪"，是后天教化、人为的结果，与性存在着根本区别。忽视了这种区别，就会像孟子一样，将本属于"伪"的仁义看作"性"，犯下混淆天人的错误。但在强调性伪之分的同时，荀子又认为"无性则伪之无所加，无伪则性不能自美。性伪合，然后成圣人之名"，"性伪合而天下治"（《荀子·礼论》）。这样实际与前面的天养、天政一样，也是由"分"走向了"合"。所不同的是，前者强调人应合于天，应顺应自然规律；后者则认为性应合于伪，故提出"化性起伪"。可见，如果把荀子的天人之分理解为人与自然关系的话，那么，二者的具体关系则是较为复杂的，并非如某些学者所理解的那么简单。

根据以上分析，荀子的天主要是一种自然天，指自然界产生、存在、变化的有机过程，作为这一有机过程的片段和侧面，它具体指：第一，自然万物之所以产生和运动，这种意义上的天往往是指自然的、非人力所及的。如天职、天功，就是一种自然的作用和表现，超出了人力之外。第二，自然万物的运行和生成，这种意义上的天往往是指客观的、合规律的。如天养、天政，就是自然界所具有的养育功能和应遵循的客观秩序。第三，天生、天然、未加人工的。如天情、天官、天君等。与之相应，荀子的人主要是一种社会人，指人的社会属性及行为，荀子的天人之分就是在此基础上提出来的。它与《穷达以时》的天人之分显然有所不同：

首先，竹简的天是一种命运天，天人之分主要讨论的是天命与人事的关系，认为世间有些事情如"时""遇"等，是人所不能掌握的，只能看作命或天；有些事情如德行等，能否实现则完全取决于人，与天无关。荀子的天则是一种自然天，其天人之分的内涵虽然较为复杂，但主要认为万物的生成及运行是一个自然过程，不会因人的意志而改变，人应该"知其所为，知其所不为"(《荀子·天论》)，不必殚精竭虑于万物之所以生成，而应关注自然界与人事相关的法则、规律，"制天命而用之"。同时强调通过后天教化，实践礼仪，以改造人的内在自然——性。

其次，竹简认为"穷达以时""遇不遇，天也"，要求人们不必注目于世间的穷达祸福，而应"敦于反己"，只关注自己的德行，讨论的是时运与德行也即福与德的关系问题。而荀子提出"清其天君，正其天官，备其天养，顺其天政，养其天情，以全其天功"，认为"夫是之谓知天"(《荀子·天论》)，除了德行外，还提出要顺应自然、改造自然，反映的是广义的人与自然的关系问题。

最后，竹简与荀子第一种意义上的天虽然都有"非人力所及"的意思，但二者内容并不相同。[①] 竹简认为"时""遇"可遇而不可求，只

[①] 有学者提出，竹简与荀子的都认为"人为所及范围之外的事象为'天'，相反地，人为所及范围之内的事象为'人'"，并由此认为二者天人之分的内容基本是相同的，似难以成立。参见池田知久：《郭店楚简〈穷达以时〉之研究》(下)，《古今论衡》(台北) 2000 年第 5 期。

可归于天，而不可作为人生追求的目标。荀子则认为，万物之所以生成乃是一个自然过程，将其看作天的职能和作用就可以了，而不必费心求索，二者差别一目了然。所以有学者提出，竹简与荀子的天人之分实际是两种不同的类型，无疑是正确的。① 人们之所以将二者等同起来，主要是看到《荀子·天论》篇中下面一段文字：

> 楚王后车千乘，非知也；君子啜菽饮水，非愚也；是节然也。若夫志意修②，德行厚，知虑明，生于今而志乎古，则是其在我者也。故君子敬其在己者，而不慕其在天者；小人错其在己者，而慕其在天者。君子敬其在己者而不慕其在天者，是以日进也；小人错其在己者而慕其在天者，是以日退也。故君子之所以日进，与小人之所以日退，一也。君子小人之所以相悬者在此耳！

这里的"节然也"有两种解释，一是杨倞注"节谓所遇之时命也"，刘台拱引《荀子·正名》篇"节遇谓之命"证之。二是俞樾认为"节犹适也"，"是节然也，犹曰是其适然也"。③ 若按前一种理解，那么这段文字与竹简一样，都是将穷达归于时遇，而它反复强调"敬其在己者而不慕其在天者"，也同于竹简的"敦于反己"，似乎与竹简的天人之分是一致的。④ 其实这是一种误解。荀子固然可以有"节遇谓之命"的思想，也

---

① 庞朴：《孔孟之间——郭店楚简中的儒家心性说》，载《中国哲学》第 20 辑。
② 原作"心意修"，兹从王念孙校改。
③ 王先谦：《荀子集解》，载《诸子集成》第 2 册，第 208 页。
④ 王治平：《郭店楚简〈穷达以时〉丛考》，长沙吴简与出土简帛国际会议论文，2001 年。

可以赋予天以时运的内容，但问题是，作为荀子思想核心的天人之分究竟是在何种意义上提出来的。就在这段文字前，荀子有更为明确的论述："天不为人之恶寒也，辍冬；地不为人之恶辽远也，辍广；君子不为小人之匈匈也，辍行。天有常道矣，地有常数矣，君子有常体矣。君子道其常，而小人计其功。《诗》曰：'何恤人之言兮。'此之谓也。"这里的天显然就是前面的自然天，而君子之所以"敬其在己者而不慕其在天者"，是因为"天不为人之恶寒也，辍冬；地不为人之恶辽远也，辍广"，也即"天行有常，不为尧存，不为桀亡"，而并非因为时运可遇而不可求。所以这段文字仍然是在人与自然关系的框架下展开的，是前面天人之分内容的延续。

第五节 "天人之分"与"天人合一"

通过对竹简以及孟、荀思想的讨论，我们对先秦儒家的天人关系有了新的认识。

首先，先秦儒家的天往往具有多种含义，与之相应，其天人关系也具有不同层面。冯友兰先生曾认为，在古典文献中，"天"一词至少有五种含义：物质之天，主宰之天或意志之天，命运之天，自然之天，义理之天或道德之天。① 对于儒家而言，主要有主宰之天，命运之天，自然之天，道德之天。其中道德之天是一种新的观念，它与主宰之天一样，都将天看作道德活动的形而上根据，但又否定了其神学的内容，而

---

① 冯友兰：《中国哲学史》，第 55 页。

视其为终极的超越者,如孟子所说的"知其性,则知天矣"(《孟子·尽心上》)。需要指出的是,以上几种天的内容,在孟、荀思想中都有可能出现,并形成不同层面的天人关系,但它们的地位和作用却是不同的。对于孟子来说,他重视的主要是命运之天和道德之天,他对天人关系的探讨,就是围绕这两种天展开的,但他同时也承认自然之天的存在,如孟子认为,"七八月之间旱,则苗槁矣。天油然作云,沛然下雨,则苗浡然兴之矣"(《孟子·梁惠王上》)。这种"油然作云"的天显然即自然之天。作为自然之天,其运动变化往往具有规律性,"天之高也,星辰之远也,苟求其故,千岁之日至,可坐而致也"(《孟子·离娄下》)。这里的"故",即天的运行规律。由于天具有"故",人可以通过认识规律进行类推,由近及远,由今及古,获得广泛的知识。同时,在孟子看来,自然界有其自身的规律,是不能违背的,"不违农时,谷不可胜食也;数罟不入洿池,鱼鳖不可胜食也;斧斤以时入山林,材木不可胜用也;谷与鱼鳖不可胜食,材木不可胜用"(《孟子·梁惠王上》),"一日暴之,十日寒之,未有能生者也"(《孟子·告子上》)。孟子又举例说明,天人各有其特定的功能,是不能互相替代的,"宋人有闵其苗之不长而揠之者",结果苗都枯死了(《孟子·公孙丑上》)。因此有学者提出,孟子的思想中实际也存在着一种类似于荀子的天人之分[①],无疑是有一定道理的。但荀子的天人之分在其思想中居于核心地位,是其他各种思想的

---

① 高晨阳:《孟荀天人关系思想异同比较》,载赵宗正等编:《孔孟荀比较研究》,山东大学出版社,1989年,第1~13页。

前提和基础；而孟子上述言论要么是举例论证，要么是一般提及，只能算是一种"事实"的罗列，尚不构成其思想的必要内容或环节，二者地位不可同日而语。

同样，荀子主要重视的是自然之天和道德之天，但他也谈到命运之天，"故人之命在天，国之命在礼"（《荀子·强国》），"节遇谓之命"（《荀子·正名》）。在《荀子》一书中也有一段与竹简近似的文字：

> 孔子南适楚，厄于陈蔡之间，七日不火食，藜羹不糁，弟子皆有饥色。子路进而问之曰："由闻之：为善者天报之以福，为不善者天报之以祸，今夫子累德积义怀美，行之日久矣，奚居之隐也？"孔子曰："由不识，吾语女。女以知者为必用邪？……夫贤不肖者，材也；为不为者，人也；遇不遇者，时也；死生者，命也。今有其人不遇其时，虽贤，其能行乎？苟遇其时，何难之有！故君子博学深谋，修身端行，以俟其时。"（《荀子·宥坐》）

这里，荀子对"为不为"与"遇不遇"做了区分，并主张"修身端行，以俟其时"，与竹简的思想无疑是相近的。从这一点看，可以说荀子思想中也蕴含着类似于竹简的天人之分，竹简与荀子也存在一定联系。不过这种天人之分在荀子思想中只处于从属、次要的位置，无法与孟子相提并论。上文中有一处不同于竹简和其他文献的地方，即子路在问话中提到"为善者天报之以福，为不善者天报之以祸"这种传统道德定命的思想。荀子提出自然天，认为"天行有常，不为尧存，不为桀亡"，正是要对此进行批判、否定。但荀子在否定意志天的同时,又不得不对人的命运做出解释、说明,故提出"节遇之谓命",用盲目命运观取代传统的道德定命论。所以如我们前面所分析的,荀子的天人之分主要是在人与自然的关系上提出来的,"节遇之谓命"只是对其进行了补充和说明,尚不构成其思想的主要内容。

其次,与天人关系的多种层面相应,孟、荀实际都是既讲天人之分,也讲天人合一,只是在具体层面上有所不同而已。由于儒家的天具有多种含义,其天人关系至少可以分为人与命运天、人与自然天、人与道德天等不同层面,这些不同层面既可以是天人之分,也可以是天人合一。前面说过,孟子在人与命运天的层面上主张一种天人之分或性命之分,通过性、命的区分,要求人们不必在意外部的祸福得失,而专注于性分内的仁义礼智,突出了人的道德主体性。在此基础上,他进一步将仁义礼智与天道统一起来:

> 孟子曰:"尽其心者,知其性也;知其性,则知天矣。存其心,养其性,所以事天也。夭寿不贰,修身以俟之,所以立命也。"(《孟子·尽心上》)

"知天"的"天"是一种义理之天,"尽其心""知其性""知其天"既是要知道仁义礼智来自天,也是要将其上达天道,上升为宇宙的普遍本质。这样,心、性、天被统一起来,"存其心""养其性"也就是"事天",所以是天人合一的。但这种天人合一与性命之分又是密切相关的,所以下面接着说"夭寿不贰，修身以俟之，所以立命也"，对仁义礼智的扩充、培养，不会因为个人的祸福夭寿而改变，修身以待命运的降临，这就是"立命"。孟子的"立命"和"知命"一样，都是要确立对待命运的正确态度，这种态度我们前面说过，是以性命之分为其基本内容的。这样，孟子实际是由性命之分走向了天人合一，二者构成其思想的内在逻辑。以往学者在讨论上面一章时，往往忽略了后一句与前面的联系，因而不能对孟子思想有全面的把握；而通过竹简与孟子思想的联系，则可以发现，天人之分乃是孟子思想的一个必然环节，它与天人合一有层次的差别，但又属于同一整体。

同样，荀子在人与自然之天的层面上提出天人之分，并赋予其多种含义，同时在命运之天的层面上保留了与竹简类似的天人之分，作为对前者的补充。由于天人之分在荀子思想中具有一种核心地位，所以人们常常用天人之分概括荀子的思想。但如我们前面分析的，天人之分只是荀子天人关系的一个层面——尽管是十分重要的层面，并不能代表荀子思想的全部，在其他层面上，荀子也是主张天人合一的。如荀子十分推崇礼，常常把礼看作沟通天人并将二者联系在一起的原理、原则。荀子说："礼有三本，天地者，生之本也。"（《荀子·礼论》）礼根据天道而设立，它不仅是人类社会的原则，也是宇宙自然的原则，所谓"君臣、父子、兄弟、夫妇，始则终，终则始，与天地同理"（《荀子·王制》）。荀子还有一段话说得更清楚："天地以合，日月以明，四时以序，星辰以行，江河以流，万物以昌（以上说'天'），好恶以节，喜怒以当，以为下则顺,以为上则明(以上说'人'),万物变而不乱,贰之则丧也。礼岂不至矣哉!"(《荀子·礼论》)天人共同依据礼而存在变化,表现为某种共同的秩序和规律,因而是天人合一的。这与孟子的思想在某种意义上是一致的,只不过孟子统一天人的主要是仁,而荀子则是礼。此外,荀子还喜欢谈"参",如"天有其时,地有其财,人有其治,夫是之谓能参"(《荀子·天论》),"君子理天地,君子者,天地之参也"(《荀子·王制》),"专心一志,思索孰察,加日县久,积善而不息,则通于神明,参于天地矣"(《荀子·性恶》)。天人虽然各有其职分,不能互相替代,但从更大的范围看,天人又是一体的,人的活动可以参赞天地的变化。所以荀子既讲天人之分,也讲天人合一,二者构成其思想的整体。

长期以来,学术界存在着这样一种看法,认为天人合一是中国古代思想尤其是儒家思想的基本特征,这一特征早在先秦时期已经形成,在以后的长期发展中,则逐渐强化和积淀为中国古代思想的基本观念之一,并且渗入政治、艺术、科学以及日常习俗、思想心理等各个领域。而天人之分的观念却长期被人们忽视,没有形成一股足以与天人合一相抗衡的思想洪流。由于天人合一重道德、轻认识,重综合、轻分析,重直觉、轻逻辑,结果导致了对认识自然的轻视,严重影响了近代自然科学的产生,造成了中国在近代历史上落后挨打的被动局面。但根据竹简的内容,天人之分其实也有深刻的历史渊源,而且从思想史的发展来看,天人之分与天人合一总是相伴而生的,没有不讲天人之分的天人合一，也没有不讲天人合一的天人之分。但不论是竹简还是荀子，其天人之分都不是以认识自然为价值取向，竹简的天人之分主要讨论的是如何面对命运的问题，因而是人生论的而不是认识论的；荀子虽然涉及人与自然的问题，并提出要"制天命而用之"，但在万物之所以生成的问题上，却主张"不求知天"，这就从根本上堵住了探求自然奥秘的可能。中国古代思想尤其是儒家思想的问题是，它始终没有产生出将主体与客体严格区分开，并以认识自然为价值取向的天人之分思想。从这一点看，真正影响近代自然科学产生的，与其说是天人合一，不如说是天人之分。

第十二章　郭店竹简《性自命出》与早期儒家心性论

竹简《性自命出》以第 35 简为界，可以分为前后两个部分。两部分的主旨虽各有侧重，但主要都是讨论心性问题，是一篇专门的心性论之作。它的出土，为了解儒家早期心性论提供了重要材料。目前学界对此已有不少讨论，但在认识上也存在很大分歧。关于《性自命出》的作者，我们前面已说明，倾向认为是子游，年代应在子思所作《中庸》之前。以下我们将对《性自命出》的心性论以及论"情"的思想做出探讨，并在此基础上进一步分析其与思孟乃至荀子的复杂关系。

第一节　中国早期思想中的"性"与"心"

即生言性乃是中国古代的一大传统。古训云："性者生也。"性的原始义即为生，是由生分化而来的形声字。郭店简中性字写作"眚"，"眚"在甲骨文中已出现，一般用作"省"，金文既用作"省"，又可通为"生"，如舀鼎、盂鼎等等。郭店简用作"性"，正是即生言性。在古汉语中，"生"有多种含义，它既可以指出生，也可以指出生以后的生命，还可以指生命的生长、成长。性源于生，说明古人是从生命的出生、生长及表现来看待、理解性。唐君毅先生说："一具体之生命在生长变化发展中，而其生长变化发展，必有所向。此所向之所在，即其生命之性之所在。此盖即中国古代之生字所以能涵具性之义，而进一步更有单独之性字之原始。既有性字，而中国后之学者，乃多喜即生以言性。"①徐复观先生也说："就具体的生命而言，便谓之生；就此具体生命之先天禀赋而言，便谓之性。"②因此，性与生密切相关，是反映生命特质、特征的概念。从文献来看，古人最早是从生命的自然特征来理解性的。《尚书·西伯戡黎》说：

  惟王淫戏用自绝。故天弃我，不有康食，不虞天性，不迪率典。

古人认为，生命在生长、发展过程中必有所表现，其表现出来的情感、欲望、能力等即其生命之性。因此，正如生命有其自身的生长、发展一样，性也有其自身的规定，有其自身的常态，所谓"天性"即指性自身的常态而言，"不虞天性"即不考虑、不顾及性自身的常态。因此，在古人那里，性虽然包含情感、欲望等内容，但并不是一个负面的概念，并不能被简单否定，而是认为要从性本身出发，符合性自身的规定。古人一般不持禁欲主义态度，但也反对过分纵欲，原因就在这里。纣淫荡

---

  ① 唐君毅：《中国哲学原论·原性篇》，香港新亚研究所，1974年，第27～28页。
  ② 徐复观：《中国人性论史·先秦篇》，第一章《生与性——中国人性论史的一个方法上的问题》，第8页。

嬉戏，不顾及常性，不遵从常法，结果遭到上天的抛弃，就是因纵欲过度而违背了性的一个例证。《尚书·召诰》篇则说到"节性"：

> 王先服殷御事，比介于我有周御事，节性，惟日其迈。王敬作所，不可不敬德。

召公告诫成王，要重视使用殷商旧臣，使其亲近周王室官员。对于"节性"一句，伪孔传："时节其性，令不失中，则道化惟日其行。"① 这里的"中"应该即指性的常态而言，《礼记·中庸》郑玄注："中为大本者，以其含喜怒哀乐，礼所由生，政教自此出也"②，即这个意思。节性的"节"应理解为"适"，先秦古籍中"节"字与"适"字常常可以互训，因"节"是达到"适"的手段。节性即"节适"其性，指保持性的常态，使不可恣纵过度，与后面的"敬德"相对。由于古人对性的这种理解，所以常有"弥尔性"的说法。《诗经·卷阿》说：

> 伴奂尔游矣，优游尔休矣。
> 岂弟君子，俾尔弥尔性，似先公酋矣。
> 尔土宇昄章，亦孔之厚矣。
> 岂弟君子，俾尔弥尔性，百神尔主矣。
> 尔受命长矣，茀禄尔康矣。

---

① 李学勤主编：《十三经注疏·尚书正义》，第398页。
② 李学勤主编：《十三经注疏·礼记正义》下册，第1422页。

> 岂弟君子,俾尔弥尔性,纯嘏尔常矣。

"弥尔性"是古人常用的祝福语,金文中有"永令弥厥生,万年无疆"(《叔倗孙父簋》),"永令弥厥生,霝终"(《大姞簋》),与《卷阿》意思相近。郑玄的注释是:"弥,终也","使女终女之性命,无困病之忧。"①傅斯年认为,"后世所谓性命者,实即今人所谓生命。此章本为祝福之语,所谓'俾尔弥尔性'者,即谓俾尔终尔之一生,性固不可终,则此处之性字必为生字明矣。且此点可以金文证之"②。而徐复观先生则认为,"《说文》无'弥'字而有'镾'字","段注:'镾,今作弥,盖用弓部之㢱代镾,而又省玉也。弥行而镾废矣。汉碑多作㢱可证。镾之本义为久长;其引申之义曰大也,远也,益也,深也,满也,徧也,合也,缝也,竟也。……'"《生民》《卷阿》两诗之弥字,皆不应训终,而应训满;《卷阿》的性字,乃指欲望而言。'弥尔性',即'满足了你的欲望';必如此而上下文始可条畅"。③生、性在古籍中虽然可以互用,但从上文的内容来看,应该是"弥尔性"而不是"弥尔生",因"弥尔性"在文中反复出现,若作"弥尔生",指终其一生,不仅与诗文内容联系不够密切,而且也稍显重复;相反,若作"弥尔性",指满足、实现你的性,上下文句才显得圆顺、条畅。不过上文虽然是"弥尔性",却不

---

① 李学勤主编:《十三经注疏·毛诗正义》下册,北京大学出版社,1999年,第1127页。
② 傅斯年:《性命古训辨证》,载《傅孟真先生集》第3册中编,商务印书馆,1948年,第39页。
③ 徐复观:《中国人性论史·先秦篇》,第9页。

能简单地理解为"满足你的欲望",因为在古人观念中,性是生命自然、适宜的表现,它虽然包括欲望等内容,但只有符合性的规定,适宜于生命成长、发展的欲望才能称作性;而一般所谓欲望,有适宜于生命者,也有不适宜于生命者,若笼统地说"满足你的欲望",不仅有纵欲之嫌,且与古人观念不符。从上文的内容来看,"弥尔性"的性应该主要是指寿命、福禄等而言。《国语·周语上》祭公谋父谏周穆王:

> 先王之于民也,懋正其德而厚其性,阜其财求而利其器用。

古人认为性源于生,是生命的内在本质和表现,这种性虽然是一种先天的禀赋,但同时需要后天的培养,需要用德以及器用来"厚其性",也就是养性。《国语·晋语四》:"懋穑劝分,省用足财,利器明德,以厚民性",说的也是这个意思。这里性虽然与德相对,但主要还是一种自然人性,因周人所说的德主要是针对德行、人事而言,它是一种外在行为而不是内在善性。

在《诗经》《尚书》中,古人已形成关于性的基本观念。这一观念到春秋时则发展为较为系统的人性理论,而这一理论的出现与当时人们对生命的理解,尤其是与古代的"六气"说密切相关。《左传·昭公二十五年》子大叔引子产云:

> 则天之明,因地之性,生其六气,用其五行。气为五味,发为五色,章为五声。淫则昏乱,民失其性。是故为礼以奉之:为

六畜、五牲、三牺,以奉五味;为九文、六采、五章,以奉五色;为九歌、八风、七音、六律,以奉五声;为君臣上下,以则地义;为夫妇外内,以经二物;为父子、兄弟、姑姊、甥舅、婚媾、姻亚,以象天明。……民有好恶、喜怒、哀乐,生于六气,是故审则宜类,以制六志。……哀乐不失,乃能协于天地之性,是以长久。

气是古代思想的基础概念,是"现象界中一切存在乃至机能的根源",它不仅运行于天地间,同时也运行于人的身体中,成为生命的能量和动力。"简言之,物质、生命、精神的三个世界,也就是'气'的呈现。"[①] 古人对生命的这一独特理解集中表现在春秋时期的"六气"说中。《左传·昭公元年》记医和说:"天有六气,降生五味,发为五色,徵为五声,淫生六疾。六气曰阴、阳、风、雨、晦、明也,分为四时,序为五节,过则为灾。"根据医和、子产的言论,古人认为天有阴、阳、风、雨、晦、明六气,六气的运行产生了四时、五节(杜注:五行之节。一说五声之节)的变化,在人的身体中则表现出五味、五色、五声的感性需要,如果过度,便会产生疾病。故需要以礼来奉养,用六畜、五牲、三牺来奉养五味,用九文、六采、五章来奉养五色,用九歌、八风、七音、六律来奉养五声,既使五味、五色、五声的感性需要得到满足,又

[①] 丸山敏秋:《中国古代"气"的特质》,载杨儒宾主编:《中国古代思想中的气论与身体观》,第159页。

不至于因过度而导致"民失其性"。同时，六气又可表现为好恶喜怒哀乐之情，这六种情感的表达同样要有所节制，要做到"哀乐不失"，"协于天地之性"。因此，诚如学者所言："在'六气'说之中，人被视为一个有机体，是一个小宇宙（microcosmos）；这个小宇宙与作为大宇宙（macrocosmos）的自然界之间，具有声气互动的关系。"① 在天地间，气的运行是自然、和谐的，是符合"理"的，在人的身体中也同样如此。但这种理显然已不是一般的制度、仪节，而是"天之经也，地之义"，是天地的自然秩序。

子产以六气论性，其性自然可以说是一种"气性"，但这并非后世所谓形而下之气质之性，而恰恰是一种超越的"天地之性"，是"则天之明，因地之性"，此性具有内在的规定性，只有在此规定内的才可称作性，否则，"淫则昏乱，民失其性"，超出了规定之外，就不能算是性了。不过，子产虽提出"天地之性"，自超越层面以言性，但并没有因此肯定性善，这主要是因为其所谓天地虽是超越者，但还不具有明显的道德含义，不具有仁义的属性，主要还是强调一种必然性、永恒性。"中国古代思想家讲'天'或者'天地'，主要即是强调此种永恒性、此'天长地久'之义，而其每次将'天'或'天地'与人类之事物互相联系，即是希望以借重于前者之必然性、永恒性与普遍性而使人们对后

---

① 黄俊杰:《孟学思想史论》卷一，第37页。

者有同样的恭敬心与无法改变之'天经地义'之感。"①故子产所论，主要还是一种自然人性，是一种气性，其所要强调的，是性具有超越的根源，具有自身的规定、自身的常态，是不可违背，不可失去的。《左传·襄公十四年》载师旷之言，也提到"天地之性"：

> 天生民而立之君，使司牧之，勿使失性。有君而为之贰，使师保之，勿使过度……天之爱民甚矣，岂其使一人肆于民上，以从其淫，而弃天地之性？

师旷认为"天之爱民甚矣"，表明其所谓天已具有道德含义，不过天虽然"爱民甚矣"，其表现主要还是"生民而立之君，使司牧之"，似乎并没有赋予民善性，而是强调要"勿使失性"，也就是不要失去其常性。对于一般百姓，上天要选立君主来管理他们。对于君主，则要设立臣僚，教育、辅佐他，勿使其恣纵过度。故师旷虽提出"天地之性"，从超越的层面以言性，但其性的内容主要还是自然人性，指人的常性。他与子产一样，也是强调性有自身的规定性、自身的常态，要求"勿使失性"，"勿使过度"；不过，其"天地之性"也包含了爱民的规定，这是新出现的内容。

根据以上所论，由于古代即生言性的传统，古人往往从生命物的出

---

① 顾史考：《郭店楚简儒家逸书与其对台湾儒学思孟传统的意义》，载《第二届台湾儒学国际学术研讨会论文集》，台湾成功大学中国文学系，1999年12月，第181页。顾史考：《郭店楚简先秦儒书宏微观》，第三篇《郭店楚简儒家逸书及其对后世儒学思孟道统的意义》，学生书局（台北），2006年，第65～112页。

生、生长及其表现来看待、理解性,它包括以下几个方面:第一,人由天生,性由天赋。古人认为人由上天所生。《诗·大雅·烝民》:"天生烝民,有物有则。"郭店竹简《语丛一》:"夫天生百物,人为贵。"帛书《五行》:"天生诸其人。"既然人由上天所生,那么,人的性自然也由天所赋。所以,诚如傅斯年所言:"古初以为万物之生皆由于天,凡人与万物生来之所赋,皆天生之也。故后人所谓性之一词,在昔仅表示一种具体动作所产之结果。"①不过由于当时所谓天或者指人格神,或者指天地,故古人并不认为天赋予人的性是善性,而只是强调性有超越的根源,是一种和谐有机的存在,有自身的规定性、常态。同时,性由天赋起初只是一种潜在的观念,尚没有以明确的命题的形式表达出来。第二,以气言性,性指适宜生命生长、发展的过程。气流动于身体中构成了人的生也即性,这种性虽然也是一种先天禀赋,但却并非凝固不变,而是动态、活动的。所以,诚如葛瑞汉所言,中国古代的性不应理解为"出生时的固定本质",而应理解为"倾向、方向、路径、规范、潜能"等等,因为"早期中国思想家在讨论'性'时,除了像水这样的无生命物质外,一般很少会想到其出生时的固定本质,他们更为关注的是在没有受到伤害和得到充足滋养的情况下,实现其全部潜能的自然生长过程。……这与人们试图理解早期中国概念时的一般印象相一致,那就是与最接近的西方同义词相比,它们更倾向是动态的(dynamic),而一经英语翻译,它们则往往变得凝固不动。因此,最初是指'呼吸''空气'

---

① 傅斯年:《性命古训辨证》,第78页。

的气成为流动于身体并支撑其运动和成长的必不可少的能量，没有了气，身体和其他所有固态、静态的事物便会凝结，而有了气，它们则会在一定的过程中活动起来"①。第三，性需要后天的培养，尤其需要礼的培养。性是适宜生命成长的过程，它的成长、发展需要后天的培养，养性乃是中国古代十分重要的观念。安乐哲注意到，中国古代的性与西方的 nature 虽然在词源上都源于"生"，但二者内涵并不完全相同。西方的 nature 是指先天禀赋和本能，是生而具有而不是后天获得的；而"在古典儒家学说中，一个人的性并不是先于文化决定的，而绝对、显然是一种文化的建构"②。安乐哲的这个说法多少有夸大后天因素的嫌疑，但他认为中国古代并没有将先天、后天对立起来，性不仅是先天的禀赋，同时包含了后天的塑造、培养，则无疑是合理的，这也是中国古代性的一个重要特点。

心在中国古代也占有重要地位，它"在人身之中"（《说文》），是反映主体的实践、认知能力的概念，往往表示人的意志、意念等心理活动，如"戮力同心"（《左传·成公十三年》），"心以守志"（《国语·晋语八》），"同德则同心，同心则同志"（《国语·晋语四》），"吾

---

① A. C. Graham, "The Background of the Mencian Theory of Human Nature", in his *Studies in Chinese Philosophy and Philosophical Literature*. Singapore: The Institute of East Asian Philosophies, 1986, p.8.

② Roger T. Ames, "The Mencian Conception of Ren Xing 人性: Dose it Mean 'Human Nature'?" in *Chinese Texts and Philosophical Contexts—Essays Dedicated to Angus C. Graham*, ed. Henny Rosemont, Jr. La Salle: Open Court, 1991, p.443. 葛瑞汉与安乐哲都注意到西方的 nature 与中国古代的"性"在词源上都源于"生"，如在希腊语中 nature 一词源于 phúō（生长），拉丁语中 natura 源于 nascor（出生），但他们认为二者的内涵并不完全相同。

尝同寮，敢不尽心乎？"(《左传·文公七年》)心还具有思维、思虑的能力，是身体的主宰，如"夫民虑之于心而宣之于口"(《国语·周语上》)，"苟中心图民，智虽弗及，必将至焉"(《国语·鲁语上》)，"不能深知君之心度"(《国语·晋语二》)，"和六律以聪耳，正七体以役心"(《国语·郑语》)。人们的道德实践活动也是在心的指导下完成的，"心率旧典者为之宗"(《国语·楚语下》)，"心不则德义之经为顽"(《左传·僖公二十四年》)，"居利思义，在约思纯，有守心而无淫行。……心能制义曰度，德正应和曰莫"(《左传·昭公二十八年》)。这种心基本上是一种经验心，而不是道德本心，它虽然有道德实践能力，但主要是实践客观、外在的道德规范，而不能表现为自主、自觉的道德行为。这种心更接近于荀子的心，而不同于孟子的心。值得注意的是以下关于心的论述："子木有祸人之心，武有仁人之心"(《左传·昭公元年》)，"及其失之也，必有悖淫之心间之……及其得之也，必有忠信之心间之"(《国语·周语下》)。这里的"仁人之心""忠信之心"似有道德本心的含义，但意义尚不明确，出现次数也较少，还不是心的主要内容。此外在上面所引各种典籍中，心、性还没有被联系在一起，二者的关系也很少谈及，说明心性论此时还没有成为人们讨论的主要问题。

第二节 《性自命出》的人性论

孔子虽然是儒学的创始者，但对心性问题谈论的并不多。孔子提出"性相近也，习相远也"(《论语·阳货》)，主要谈的还是自然人性。孔子的心也主要是指情感、意志的活动，如"从心所欲不逾矩"(《论语·为政》)，"其心三月不违仁"(《论语·雍也》)等，还没有成为一个重要的哲学概念。孔子以后，对心性问题有深入、系统讨论的，从目前资料看，当为《性自命出》：

> 凡人虽有性，心亡定志，待物而后作，待悦而后行，待习而后定。喜怒哀悲之气，性也。及其见于外，则物取之也。性自命出，命自天降。（第1—3简）

一般而言，儒家心性论不仅从人自身出发来说明人的问题，同时也与中国哲学中天人关系这个基本问题存在着密切联系。竹简提出"性自命出，命自天降"，认为性来自于天，是天的赋予，把性与天、命联系在一起，正反映了这一点。由于这一命题出现在很少谈及"性与天道"的孔子之后，《诚明》①"天命之谓性"之前，所以显得尤为重要和引人注目。围绕于此，学术界也存在着不同的理解和看法，一种是道德形而上学的，认为竹简的天是形而上的超越者，是普遍至善的，由这种天所出的性必然是善的。如有学者认为，竹简"在以'喜怒哀悲之气'和'好恶'来界定'性'的同时，申言此性是天命的，是内在的，实际预涵了

---

① 笔者认为今本《中庸》原为独立的两篇：第二章至第二十章上半部分为子思所作的《中庸》，而第一章和第二十章下半部分及以下，为子思的另一篇《诚明》，它们被编在一起乃是以后的事情。详见本书第五章：《郭店竹简与〈中庸〉公案》。

此能好人的、能恶人的'好恶'之'情'即是'仁'与'义'的可能，'仁'、'义'是内在禀赋的内容"。这里虽然有"性有善有不善"的意思，却"并没有完全排拒'情气'好恶中的'善端'。这就为后世的性善论埋下了伏笔"①。另有学者虽不赞同竹简已有了性善论的思想，但认为这是因为竹简尚没有将性、命统一起来。"'天命之谓性'，谓天命就是性。而'性自命出'意思自明，性是从命产生的，性是性，命是命，性、命二也。"《中庸》合性命为一，天命善，故性必也善。《性自命出》分性命为二，故言性善，显得理论乏力。"②反过来说，性命一旦合一，性自然也就成为善的了。可以看出，这种观点与前者虽有不同，但在思路上却是一致的。

与此不同，另有学者则认为："竹简有'天'、'命'，却未见'天命'连用。'天'义含混，其中包含有非人力所可测度、控制的神秘力量，却并无人格神的性格。'命'无神秘的道德含义，指的即是人的感性生命和生存。……从而'性自命出，命自天降'的'性'，便是与物性相区别的自然人性。竹简非常详尽地描述喜、怒、爱、思、欲、虑、智、念、强、弱等等均出于此自然之性。这里毫无'人性善'的道德说法。后儒直到今天的现代新儒家对'人性'和'天命'的道德形而上学的阐释，似乎值得重新考虑。"③

---

① 郭齐勇：《郭店儒家简与孟子心性论》，《武汉大学学报》1999 年第 5 期。
② 吕绍纲：《性命说——由孔子到思孟》，《孔子研究》1999 年第 3 期。
③ 李泽厚：《初读郭店竹简印象纪要》，《中国哲学》第 21 辑。陈来先生也有类似看法，参见陈来：《荆门竹简之〈性自命出〉篇初探》，《中国哲学》第 20 辑。

可见以上两种看法中，前者把天看作善性的根源，以"天命"说明善性，显然是受到宋明理学道德形而上学的影响，不一定符合早期儒家的情况。因为宋明理学与先秦儒学虽然都重视天，都把天看作性的根源，但二者在理解方式上存在着很大差异。理学家所说的天往往是指"理"或"天理"，它是世界的本质和根源，是形而上的本体，是普遍至善的。由这种"天"所"命"的性不是经验层面的气质之性，而是与"天""理"同属于超越层面的义理之性。所以，在宋明儒家眼里，天理、心性本是一体，在"天"曰天理，在"人"为心性，"天人本无二，更不必言合"。在这种本体论的格局下，性即理，所谓"性即理"，自然是普遍至善的。而竹简的"天"，诚如论者所指出的，意义含混，不具有明显的道德含义，与宋明理学的天或天理不能同日而语。从哲学的层面看，"性自命出，命自天降"主要是生成论的，而非本体论的，由这种"天"所出的"性"，不论其与天统一与否，均不必然是一种善性。

从先秦典籍来看，天虽然具有超越者、主宰者甚至人格神的含义，但古人更倾向于将其看作人伦道德的立法者，而不是善性的赋予者。《诗·大雅·烝民》："天生烝民，有物有则；民之秉彝，好是懿德。"《左传·襄公十四年》："天生民而立之君。"郭店竹简《成之闻之》："天降大常，以理人伦。制为君臣之义，著为父子之亲，分为夫妇之辨。"《烝民》一诗，孟子曾引作性善之证，后人便常常以为这里已有了性善的含义，"秉彝"系天所赋予的善性。然而，诚如徐复观先生所指出的，"在周初用彝字，多指'常法'而言，有同于春秋时代之所谓礼。'秉彝'，是守常法,《毛传》以'执持常道'释之,有如所谓'守礼'……而上文之'有物有则',指有一事,即有一事之法则,'民之秉彝',即民之执持各事之法则。……并未尝含有性善之意"①。所以,这里的"天"主要是外在礼仪、伦常的制定者,它虽然也"生民",但其生民之性,诚如前文所言,恰恰是一种自然人性,是气性。

其实,竹简"性自命出,命自天降"乃是从前文提及的"天地之性"而来,是对后者思想的进一步发展。前文已说,子产、师旷等人提出了"天地之性",把天地看作性的超越根源,以肯定性的必然性、规定性。而"性自命出,命自天降"的意义在于,它将"天地之性"所蕴含的性由天赋的思想明确表达出来,将天与性统一起来,使以前对"秉彝""伦常"的关注,转为对心性的关注,使心性成为人们讨论、关注的重点,为古代心性论的发展奠定了基础。

既然竹简"性自命出,命自天降"源于古代的"天地之性"思想,其性的内容如何便不取决于是否与天直接统一,而取决于天的规定,若天为道德天、义理天,已具有善的属性,则其赋予的性也自然为善;相反,若天还不明显具有善的规定,不具有仁义等属性,只是根源、源头,一种超越的存在,则天所赋予的性不一定为善,而主要是强调性与天声息相通,是一种和谐、有机的存在,具有必然性和自身的规定性。所以,对于竹简"性自命出,命自天降",固然不可以做宋明儒家

---

① 徐复观:《中国人性论史·先秦篇》,第57页。

和当代新儒家那样的道德形而上学的阐释，但亦不可否认其具有形而上学的内涵，故其所谈论的性即使是气性、自然人性，与后世的理解也有很大的不同。明确这一点，对于理解竹简乃至早期儒家人性论具有重要意义。

竹简上篇在提出"性自命出，命自天降"时，对性的具体内容做了说明："喜怒哀悲之气，性也，及其见于外，则物取之也。"（第2简）"好恶，性也，所好所恶，物也。"（第4简）以气言性乃是古代人性论的一个重要内容，竹简认为"喜怒哀悲之气，性也"正是这一思想的延续。所以，这里的气并非指物质性之气，而主要指人的内在精神、生命力，具体讲也就是情。不过作为性的"喜怒哀悲之气"主要是"内"的，是身体内部的存在状态，当它在外物的作用下，"见于外"，就可以说是情了。好恶是人对外物产生的主观情感，凡是人都可能具有相同的好恶之情，如"好好色，恶恶臭"等，这种相同的好恶之情也属于性的重要内容。而不论是"喜怒哀悲之气"还是"好恶"，它们均是一种自然人性，是气性。这种性自身不具有善、不善的规定，但在后天的作用、影响下，却有成为善、不善的可能。

善不善，性也，所善所不善，势也。（第5简）
出性者，势也。（第11简）

"善不善，性也"，是说性可以善，也可以不善，这里的"善不善"与前一句"好恶，性也"的"好恶"一样，都是作动词而不是形容词；而

"所善所不善，势也"，是说使性表现为善，表现为不善的，是外在的情势。《玉篇·力部》："势，形势也"，是指人身处于其中的环境、形势等，是人力无法抗拒的社会力量。竹简将人性的善与不善归因于外在的"势"，显然不属于性善论，而是自然人性论，这种主张在史书中也有反映。《孟子·告子上》记载了当时三种主要人性主张，它们是告子的"性无善无不善"说，"性可以为善，可以为不善"说，无名氏的"有性善，有性不善"说。其中"性可以为善，可以为不善"说的内容是："文武兴，则民好善；幽厉兴，则民好暴。"可见这一学说的特点是强调外部因素对人性的影响，认为当文、武这样的贤明君主兴起时，百姓往往变得好善，而当幽、厉这样的无道暴君出现时，百姓则变得暴戾，人性的善与不善实际是由外部因素也即"势"造成的。竹简的人性论显然与此是一致的，是战国时期较为流行的三种人性理论中的一种。

然而值得注意的是，竹简下篇在谈论性时，主要已不是喜、怒、哀、悲、好、恶等内容，而侧重于仁、爱、忠、信，与此相应，对人性的看法也有所不同。其文说：

恕①，义之方也。义，敬之方也。敬，物之节也。笃，仁之方也。仁，性之方也。性或生之。忠，信之方也。信，情之方也。情出于性。

---

① 原作"𧭈"，学者或释为"简""察""诲"等，白于蓝释作"恕"[白于蓝：《郭店楚墓竹简考释（四篇）》，载李学勤、谢桂华主编：《简帛研究二〇〇一》，广西师范大学出版社，2001年]，今从之。

爱类七，唯性爱为近仁。智类五，唯义道为近忠。恶类三，唯恶不仁为近义。（第38—41简）

《广韵·阳韵》："方，道也。"《论语·雍也》："夫仁者，己欲立而立人，己欲达而达人。能近取譬，可谓仁之方也已。"郑注云："方犹道也。"《广雅·释诂二》："方，义也。"故"方"可以有"道义""准则"的意思。竹简把仁看作"性之方"，表明作者已试图将仁与性统一起来，在它看来，仁可能就是性，或者说是由性生出的，故说"性或生之"。不过从"或"一字看，尚有一丝犹豫，不肯定。[①] 人的爱有七种，唯有发自于性的爱为接近于仁。这里同样肯定仁来自于性，来自于性的爱，不过它只说"性爱""近"仁，而没有说即仁，在表达上同样有所保留。仁与前面的喜怒哀悲、好恶不同，它虽然也是一种情感，但不是自然情感，而是道德情感，它具有善恶的判断能力，表达、反映的是主体的意志和欲求。人具有了仁、爱、忠、信之情或性，便不再被动地接受外在的规范和支配，而表现出主体的自觉和自由。从这个意义上说，他便是"性善"者了。

未言而信，有美情者也。未教而民恒，性善者也。未赏而民劝，含福者也。未刑而民畏，有心畏者也。贱而民贵之，有德者也。贫而民聚焉，有道者也。（第51—53简）

---

① 廖名春说："'或'为不定代词，表不肯定的意思。"参见廖名春：《郭店竹简〈性自命出〉篇校释》，《清华简帛研究》第1辑，2000年，第53页。

对于竹简的人性论，人们存在不同的看法，或认为它同于告子的"性无善无不善"说，或认为同于无名氏的"有性善，有性不善"说，还有认为竹简提出性善论在思想史上具有重要意义。其实，像竹简这样的早期儒家著作，其对人性以及其他问题的看法，往往具有含混、复杂的特点，包含了以后不同思想发展的倾向，未必像我们理解的那样绝对。从竹简的内容来看，其上篇主要是"性可以为善，可以为不善"论，而下篇则又提出"性善"论。这样，由竹简的上篇到下篇，实际呈现出由自然人性论向道德人性论的过渡。而出现这种过渡不是偶然的，乃是竹简处于儒学分化、过渡时期的反映。竹简下篇有一处讨论情的文字，由于过分突出情的作用，显得尤为引人注目：

> 凡人情为可悦也。苟以其情，虽过不恶；不以其情，虽难不贵。苟有其情，虽未之为，斯人信之矣。（第50—51简）

由于类似的言论不见于传世的儒家文献，所以人们对这里的"情"具体何指，以及竹简为何如此突出情的作用，往往感到疑惑不解。可是，如果我们注意到这段文字主要见于竹简的下篇，那么就不难理解它所说的情，应该主要是对下篇的忠、信、仁、爱而言，而不是指上篇的好恶之情。在这段文字前，竹简就明确表示："慎，仁之方也，然而其过不恶。"（第49简）这段文字后又紧接着说："恶之而不可非者，达于义者也。非之而不可恶者，笃于仁者也。"（第54—55简）"非之而不可恶者"显然就是上面所说的"虽过不恶"，而"笃于仁者也"则正说明"苟以其情"的"情"主要是对仁而言，是道德情感，而不是自然情感。而强调道德实践应该从内在的仁出发，不必拘泥于外在的固定礼仪，乃是儒家的一个基本主张，它在以后的孟子那里尤其得到进一步发展，而竹简乃是这一思想的较早反映，并没有什么特别的地方。

综上所论，竹简的内容主要是自然人性论，但已出现向道德人性论的转化，这种转化在《诚明》那里进一步发展。由于《诚明》的天已具有了明显的道德属性，所谓"诚者，天之道也"，故已具有性善的思想，认为"自诚明，谓之性"，性具有善的功能与作用。但同时又保留了自然人性的思想，认为"喜怒哀乐之未发，谓之中；发而皆中节，谓之和。中也者，天下之大本也；和也者，天下之达道也"。由于喜怒哀乐之性来自天命，在其未与外物接触，表现于外时，是恰到好处的，有和谐的秩序，这与前面的"天地之性"及竹简的思想又有某种联系。就《诚明》提出"天命之谓性"，视天命为善性的形而上根据，可以说已提出了道德形而上学的问题。竹简的天由于含义模糊，不具有明显的道德含义，故主要谈论的是自然人性、气性，虽具有性善的萌芽，但还不完备。竹简提出"性自命出，命自天降"，亦不是严格的道德形而上学，它主要强调性有超越的根源，有自身的规定，情感的流露、表达需要服从这种根源与规定，故不妨称之为情感形而上学。

第三节 《性自命出》的"心"与"性""情"论

儒家心性论不仅是个理论问题，也是一个实践问题；它不仅要探讨人的本质、本性及在自然界的地位等一系列问题，同时还要说明人如何通过心来实现性、完善性。这样，心的作用、地位如何，它与性是一种什么关系，便成为心性论的一个重要内容。

竹简开篇称："凡人虽有性，心亡定志，待物而后作，待悦而后行，待习而后定。"（第1—2简）这是说人虽然有性，但心没有固定的志向，需要待与外物交接而后起，遇欢悦之事而后行，靡渐积习而后定；也就是说，性虽然通过心表现出来，但心却没有固定的志向。但第5—7简又说："金石之有声，弗扣不鸣，人之虽有性，心弗取不出。凡心有志也，无与不可，性不可独行①，犹口之不可独言也。"认为心有志向，没有心的许可，性便无法单独表现出来，又肯定心对性的支配和主导。表面上看，两段论述似乎存在着一定的矛盾，但这貌似矛盾的论述正反映了竹简对心、性关系的独特理解。在竹简那里，心乃是"性"与"物"的中间环节，是沟通二者的桥梁。一方面，性需要通过心与外物的交接才能有所表现；另一方面，心在与外物的交接过程中并不是被动的，而是具有能动性，可以对外物做出判断、取舍，并反过来影响、支配性。因此，上面第一段的"心亡定志"，实际是说心自己不能确定意志的方向，不能直接表现为自主、自觉的道德行为，而必须或以外在之物，或以喜悦之事，或以后天积习为条件和依据；而第二段的"凡心有志也"，则是针对心与外物交接中的自主、能动性而言，心的选择可以决定并支

---

① "性"字或补作"人"字。参见李零：《郭店楚简校读记》（增订本），中国人民大学出版社，2007年，第105页。

配性，它与"心亡定志"不仅不矛盾，而且正好可以相互补充。这种心显然不同于以后孟子的道德本心，而更接近荀子的认知心或理智心。在心、性关系上，竹简或至少是竹简的上篇与荀子也具有某种一致性，它们都将性看作"本始材朴"（《荀子·礼论》），是待完善、完成的对象，而心则是改造性的实践力量。可以说，重视后天的"学"与"教"乃是竹简与荀子的共同之处。

牛生而长，雁生而伸，其性使然，人而学或使之也。凡物无不异也者，刚之树也，刚取之也。柔之约[也]，柔取之也。四海之内，其性一也。其用心各异，教使然也。（第7—9简）

古人谈性不重概念抽象，而重其生命的生长过程。牛生而体形庞大，雁生而脖子长，这是它们的性的体现，或者说是它们的性使然，而人却是因为学习而成其为人。从性有超越的根源来说，人们的性是相同的，"四海之内，其性一也"，但每个人的用心各不相同，则是他们所受的教育使然。竹简的"性一教异"论可能是对古代的"天地之性"与孔子的"习相远"的结合，是对二者的进一步发展。其性也主要是气性、自然人性，而不完全是道德人性。

由于重视"学""教"对人性的塑造、培养，竹简对性与外物的关系做了详细说明："凡性，或动之，或逆之，或交之，或厉之，或出之，或养之，或长之。凡动性者，物也；逆性者，悦也；交性者，故也；厉性者，义也；出性者，势也；养性者，习也；长性者，道也。"（第9—

12 简）这是说，对于人生而所具的性来说，感应、触动它的是外在之物，迎合、顺应它的是欢悦之事，教导、改造它的是有目的的人为①，磨砺、锤炼它的是行为之义，使它表现、展示出来的是客观情势，培养、塑造它的是后天积习，增长、统率它的是人之道。而人之所以能"长性""养性""厉性"等等，则是因为他具有心，具有主体的实践、认知能力。

> 道者，群物之道。凡道，心术为主。道四术，唯人道为可道也。其三术者，道之而已。（第14—15简）

天下事事物物皆有道，道即体现在事事物物之中。对于道来说，"心术"是最主要的。所谓"心术"或可理解为用心之道或用心的具体方法②，是指心的认识、判断能力而言。因为道虽然客观存在，但只有通过心才能认识、实践道，并进一步增长、培养性。道可以具体分为四种，有学者认为可能就是竹简《尊德义》所说的"民之道""水之道""马之道""地之道"，而在这四种道中，只有人道可以引导、教导民众③，其他三道，仅仅是道而已。竹简似乎已意识到"人道"与"物道"的不同，并试图

---

① 刘昕岚怀疑"交"同'教'，即'使'也"，参见刘昕岚：《郭店楚简〈性自命出〉篇笺释》，载《郭店楚简国际学术研讨会论文集》，第333～334页。陈宁则认为"交可训为'更'。《小尔雅·广诂》：'交，更也。'"参见陈宁：《〈郭店楚墓竹简〉中的儒家人性言论初探》，《中国哲学史》1998年第4期。
② 赵建伟：《郭店竹简〈忠信之道〉、〈性自命出〉校释》，《中国哲学史》1999年第2期。
③ 刘昕岚说："'可道也'，此处'道'音'导'，其义可有二解。一为训教之意。……二为治理之意。"参见刘昕岚：《郭店楚简〈性自命出〉篇笺释》，第335页。

做出说明。

需要说明的是,竹简虽然重视人性的塑造、培养,但并不把性、情看作消极、被动的,看作仅仅有待于加工的材料,而是从古代"天地之性"的思想出发,肯定性具有自身的常态,具有自身的规定性。这样,外在的礼、道就不仅仅是对性、情的矫治、改造,更重要的,乃是出于性、情的需要。

> 道始于情,情生于性。始者近情,终者近义。知情者能出之,知义者能入之。(第3—4简)

如有学者指出的,竹简的"道"常常是对礼而言,是指礼道。所谓"道始于情",是说礼的制作本始于人情,也即竹简《语丛二》所说的"礼生于性"。对这一过程,竹简有具体说明:"礼作于情,或兴之也,当事因方而制之。其先后之序则义道也。或序则为之节文也[①]。"(第18—20简)这是说,礼的制作是由于情,是由情的兴发、勃兴而产生的[②],是根据具体的事宜以及不同的人伦关系而制定的,它的先后顺序即义,而作为先后顺序的义则是情的节文。因此在竹简这里,内在的情和外在的礼或义实际是相辅相成的。一方面,"始者近情",礼的制作要从情出发,

---

[①] 原文作"或序为之即则度也",李学勤先生怀疑此句抄写有误,本或当作"或序则为之即(节)度(文)也"。参见李天虹:《郭店竹简〈性自命出〉研究》,湖北教育出版社,2003年,第15~18页。

[②] 廖名春说:"'兴'前当承上省略主语'情'。兴,兴发、勃兴。"参见廖名春:《郭店竹简〈性自命出〉篇校释》,《清华简帛研究》第1辑。

要符合性的需要，而不是对性的粗暴践踏；另一方面，"终者近义"，情的表达又要符合义，要受到义的节文，而不是情感的泛滥。一方面，"知情者能出之"，只有真正懂得情、理解情才能表达情；另一方面，"知义者能入之"，只有懂得了义的作用和地位才能节敛情。在情与义之间，竹简不是突出一方忽略另一方，而是力图达到二者的平衡与统一。在它看来，真正的君子就应该是"美其情，贵其义，善其节，好其容，乐其道，悦其教"（第20—21简），是情感与仪节、内与外的统一。竹简的主张显然来自于古代"天地之性"的思想，而与以后的荀子有很大的不同。

由于强调情与义的统一，竹简十分重视音乐的作用，乐教在竹简中占有重要的地位。从竹简的内容来看，"凡声，其出于情也信，然后其入拨人之心也厚"（第23简）。音乐本来就出自情，是情感真实、自然的流露，同时又具有打动人心的深厚力量。"闻笑声，则鲜如也斯喜。闻歌谣，则陶如也斯奋。听琴瑟之声，则悸如也斯叹。观《赉》、《武》，则齐如也斯作。观《韶》、《夏》，则勉如也斯俭。"（第24—26简）听到不同的乐声，看到不同的乐舞，就会在内心产生或喜悦、或兴奋、或感慨，甚至或奋作而起、或克制收敛的不同感受，音乐对人心的影响深远而且长久。

> 咏思而动心，喟如也，其居次也久，其反善复始也慎，其出入也顺，始其德也。（第26—27简）

值得注意的是"反善复始"一句。竹简所说的"善"，除了下篇

"性善者"一句外,一般是就善事善行而言,是一种社会的价值判断。竹简"善不善,性也",也是说性可以表现为一般人们所认为的善或不善,是就性的具体表现而言,而不是说性自身就具有善或不善。故善往往又"与义、美同意"(《说文》)。竹简说:"义也者,群善之蕝也。"(第13简)即认为义是各种善的标准。因此,"反善复始"一句中的"反善",或许可以参照上文的"终者近义",理解为情的表达要符合于义,这样它即返回、达到了善;而"复始"可能是对情而言,是说情虽然受到礼、义的节文,但这种节文乃是出于情的需要,要符合于情。上文"始者近情",与此意思相近。所以,"反善复始"实际是就音乐对心性的修养作用而言,认为它既培养了善性,又表达了真情。故下一句接着说"其出入也顺","出"指情感的兴发,"入"指义对情感的节敛,而在音乐的作用下,情感的兴发、节敛自然和顺,并"始其德也",产生内心的德。但这种德显然不仅仅是"外"对"内"的改造,同时也是"内"的表现和需要。对于竹简上篇中的大段音乐论述,学者往往感到疑惑不解,甚或对竹简的内容和性质提出异议。其实,竹简之所以重视音乐,同它对心性的理解是密切相关的,即在于音乐既能表达情,又能陶冶性,是统一情、义的最佳手段,而这又是竹简最为重视的,于是赋予音乐在心性修养中特殊的地位和作用。从儒学的发展来看,乐教的盛行往往同自然人性论,尤其同重"情"的思想息息相关,而以后乐教走向衰落,原因虽然很多,但道德人性论的兴起,"情"为人们所忽视,显然是重要原因之一。

竹简下篇虽然没有围绕心、性关系进行专门讨论，但有关心的论述依然显示出自己的特色。其文说："虽能其事，不能其心，不贵。求其心有伪也，弗得之矣。人之不能以伪也，可知也。"（第37—38简）虽然能做一件善事，但如果不是发自真心，就不值得推崇。如果心怀虚伪，就不能求得真心。可见，人是不能虚伪的。竹简提倡真诚，反对虚伪，同下篇突出仁、爱、忠、信并将其归之于性的思想，显然存在联系。在它看来，一个人的行为不仅要符合外在礼仪，更重要的，还要保持内心的自觉。

> 有其为人之节节如也，不有夫柬柬之心则采。有其为人之柬柬如也，不有夫恒怡之志则缦。人之巧言利词者，不有夫讪讪之心则流。人之悦然可与和安者，不有夫奋作之情则侮。（第44—47简）

节节，适度有节貌。柬柬，有学者认为同"謇謇"，似是形容人的诚信。① 采，当读作"采（从忄）"，训"奸"。② 讪讪，《广韵·物韵》："讪，辞塞。""子曰：刚毅木讷，近仁。"（《论语·子路》）讪讪意同于木讷，是孔子认为接近仁的美好品德。竹简认为，一个人行为节制有度，但如果没有真诚之心，就会转向邪恶。一个人怀有真诚之心，但如果没有自强不息的意志，就必定会怠慢。一个人能说会道，但如果没有质朴之心，就会流于浮夸。一个人内心和悦易于相处，但如果没有奋作之情，

---

① 李零：《郭店楚简校读记》（增订本），第110页。
② 陈伟：《郭店楚简〈六德〉诸篇零释》，《武汉大学学报》1999年第5期。

就容易招人羞辱。与外在的仪节、行为相比，竹简之所以更重视内在的"柬柬之心""诎诎之心"以及"恒怡之志"，显然同它突出心的地位和作用是密切相关的，竹简下篇似已提出道德心的内容，这与它性善的主张也是一致的。

前面说过，竹简下篇也谈论情，但主要是道德之情，是仁、爱、忠、信之情。而仁、爱、忠、信之情的最大特点是具有实践性，反映了主体自主、自觉的活动。所以，竹简下篇不仅是在内在之情与外在之义间寻找统一，而且常常超出外在的义而去突出内在的情。"恶之而不可非者，达于义者也。非之而不可恶者，笃于仁者也。"一个人的行为符合了义，即使心里厌恶却不能认为他不对。而一个人如果出于仁爱之心，即使行为有了过错也不会遭到人们的憎恶。可见，情、义不仅有统一，也有对立。而正是在此意义上，竹简提出"苟以其情，虽过不恶；不以其情，虽难不贵"。与此相应，竹简下篇似更重视主体的能动性，要求人们自我承担、自我表现、自我完善。"凡忧患之事欲任，乐事欲后。身欲静而毋羡，虑欲渊而毋伪，行欲勇而必至，貌欲壮而毋拔，欲柔齐而泊，喜欲智而亡末，乐欲怿而有志，忧欲俭而毋闷，怒欲盈而毋希，进欲逊而毋巧，退欲循而毋轻，欲皆度而毋伪。"（第62—65简）竹简下篇的这些特点，显然与其对心、情的理解密切相关。

第四节 《性自命出》心性论的特点及影响

对于竹简在思想史上的地位和影响，学术界存在不同的看法，有学者将其定位于"孔孟之间",认为属于孔门后学向内求索的一派;另有学者则认为其思想更接近以后的荀子,定位于"孔荀之间"可能更合适。① 如果考虑到孔子之后儒家思想的分化是一个逐步的过程,而竹简正处于这一分化、过渡中,那么,它的思想就不可能那么单纯,说它包含了以后不同的思想倾向可能更合理,也更符合竹简的实际。可是,如果说竹简包含了孟、荀不同的思想倾向,那么,它更倾向前者还是后者?还有,孟、荀两种不同的心性论体系又是如何从早期儒学思想中分化出来的?这些无疑是我们需要认真思考的问题。

从竹简的内容来看,它主要继承了古代"天地之性"的思想,认为"性自命出,命自天降",性是气性②,表现为情,故是以情言性。竹简的上篇主要谈喜、怒、哀、悲、好、恶之情,属于自然人性论,心是认知心、理智心,内容主要是"交性""养性""长性"等等,尤其突出《诗》、《书》、礼乐对性情的塑造、培养;竹简的下篇主要谈仁、爱、忠、信之情,属于道德人性论,与此相应,心具有了道德心的含义,并突出了情在道德实践中的作用,"苟以其情,虽过不恶"。而从以后心性论的发展来看,荀子显然更接近竹简的上篇但又有所改造,而孟子则继承了下篇又有所发展。由于竹简由上篇到下篇呈现出思想的过渡,所以它更倾向以后的孟子而不是荀子。

---

① 张茂泽:《〈性自命出〉篇心性论大不同于〈中庸〉说》,《人文杂志》2000 年第 3 期。
② 其实对于气性来说,也不仅仅是个自然的概念,马王堆帛书《五行》"传"有"仁气""义气""礼气",说明气性同样可以具有道德属性。

对于竹简论情的内容，学者给予极大关注，认为重情、以情为本是竹简的一大特色，感叹情得到前所未有的高扬等等。其实，这种笼统的说法既不利于对竹简的理解，也无助于对早期儒学思想的判断和把握。从竹简的内容来看，它对情实际是有所区别，并分别对待的。如果说竹简突出了人的自然情感，提倡自然情感的自由流露，那未免把古人想得过于浪漫；如果说竹简突出了道德情感尤其是仁在道德实践中的地位和作用，那不过是儒家尤其是思孟一系的一贯主张，也并非什么新奇的东西。而从以后的发展来看，孟子突出了道德情感，更接近竹简的下篇，但又有所发展；荀子主要谈自然情感，更接近竹简的上篇，但在理解上又存在差异。

以往人们在研究中有这样一种看法，认为孟子是反对"生之谓性"的，而荀子则继承了这一传统。其实，这一看法大有疑问。孟子固然反对过告子的"生之谓性"，但这并不意味着他没有受到即生言性传统的影响。即生言性乃古人论性的一大传统，当时许多学者都在这一命题下表达自己的观点、看法。就告子而言，他主张"食色，性也"，认为"性犹湍水也，决诸东方则东流，决诸西方则西流"（《孟子·告子上》），把性仅仅理解为生理欲望，其所谈仅仅是"生之然"之性，而不是"生之所以然"之性，并不完全符合古代即生言性的传统。孟子不是把性看作抽象的本质，而是动态的活动，有一个"生"的过程，主张"顺杞柳之性而以为桮棬"，反对"戕贼杞柳而后以为桮棬"，这一思想方法恰恰来自古代即生言性的传统。以后的荀子虽提出"生之所以然者谓之性,性之和所生,精合感应,不事而自然谓之性"这样重要的命题,对即生言性传统做了深入的概括,但随着其性恶论的提出,认为"人情甚不美","顺情性则不辞让矣,辞让则悖于情性矣"(《荀子·性恶》),把情性完全看作消极、负面的,与礼义对立的。后天教育并非顺情性,而是"化性起伪",是"矫饰人之情性而正之","扰化人之情性而导之也"(《荀子·性恶》),其对情性的理解与古代即生言性的传统又有了区别与不同。在我们看来,竹简重情的真正意义在于,它不仅突出了道德情感的地位和作用,同时还肯定了自然情感的意义和价值。竹简虽然重视"交性""养性""长性",但并不把喜、怒、哀、乐、好、恶之情与礼、义对立起来,而是认为礼、义本身就是出于情,是"作于情",所以要"知情者能出之,知义者能入之",做到"反善复始"。这样,在竹简那里,后天的教化不是对情性的"矫饰"、改造,而是出于情性的需要。后来孟子虽然突出道德情感,荀子注重自然情感,而继承了竹简这一思想的恰恰是孟子而不是荀子。所以,如果把即生言性看作古代人性论大的背景和传统的话,那么,孟子和荀子显然都受到这一传统的启发和影响,并各自做了发挥、改造。

我们说竹简的心性论更倾向以后的孟子,并不意味着竹简已包含了孟子思想中的一切。其实,从竹简到孟子,还有相当一段距离要走。孟子提出"四心"说,突出恻隐、羞恶、是非、辞让四种道德情感的地位和作用,固然是延续了竹简下篇的思想,但他又认为通过后天的扩充、培养,恻隐、羞恶、是非、辞让之心可以上升为普遍的仁义礼智之性,并上达天道。这样，在孟子那里，就不仅是情感的问题，同时还涉及道德理性，甚至形而上本体，而正是在这些方面，显示出孟子思想的独创性。可以说，孟子一方面受到包括竹简在内的古代即生言性传统的影响，另一方面则由于他的哲学创造使其思想超出这一传统，而通过竹简我们看到这一复杂的思想探索过程，并对思孟一系的心性学说有了更深一步的认识。相比较而言，荀子思想虽然也与竹简有许多相近之处，如自然人性论、认知心等等，但这些往往是早期儒学普遍接受的内容，而在对待人性和情感的态度上，荀子与竹简则显然已有所不同；至于竹简突出道德情感，赋予其道德实践中的创造性，则更是为荀子所反对和不能接受。所以，荀子与竹简的联系是表层的，差别则是深层的，而竹简不能被荀子接受的内容，却在孟子那里得到进一步发展。

第十三章　战国时期的禅让思潮与"大同""小康"说
——兼论《礼运》的作者与年代

关于《礼记·礼运》篇的作者,思想史上有《礼运》作于子游的说法,而子游又被看作与思孟属于一系。如近代学者康有为说:"著《礼运》者,子游。子思出于子游,非出于曾子。颜子之外,子游第一。"①"子游受孔子大同之道,传之子思,而孟子受业于子思之门。"②郭沫若也说:"子思之儒和孟氏之儒、乐正氏之儒应该只是一系。孟氏自然就是孟轲,他是子思的私淑弟子。乐正氏当即孟子弟子乐正克。但这一系,事实上也就是子游氏之儒。""《礼记·礼运》一篇,毫无疑问,便是子游氏之儒的主要经典。"③郭店竹简出土后,一些学者重提思孟道统问题,认为子游与思孟为一系,而《礼运》(包括《礼器》《郊特牲》等篇)当为子游所作。④这样,《礼运》的作者与年代又成为人们关注的问题。近

---

① 康有为:《万木草堂口说·礼运》,载《康有为全集》第2册,第316页。
② 康有为:《孟子微·序》,载康有为著,楼宇烈整理:《孟子微·中庸注·礼运注》,中华书局,1987年,第1页。
③ 郭沫若:《十批判书·儒家八派的批判》,人民出版社,1976年,第131~133页。
④ 姜广辉:《郭店楚简与〈子思子〉——兼谈郭店楚简的思想史意义》,《哲学研究》1998年第7期。姜广辉:《郭店楚简与道统攸系——儒学传统重新诠释论纲》,《中国哲学》第21辑。

些年不断出土的竹简材料中,虽然没有发现《礼运》一篇,但其中大量论述禅让的内容却与《礼运》存在密切联系,为我们探讨《礼运》的成书提供了可能。本章拟结合新出土的竹简材料,将《礼运》放在战国禅让思潮的背景下进行考察,力图对围绕《礼运》的种种争论性问题有一根本解决。

第一节 "大同""小康"释义

历史上,《礼运》篇之所以受到人们的关注并引起种种争议,就在于其"大同""小康"说,而破解其思想,首先要从这里入手。其文云:

> 大道之行也,天下为公,选贤与能,讲信修睦。故人不独亲其亲,不独子其子,使老有所终,壮有所用,幼有所长,矜寡孤独废疾者,皆有所养。男有分,女有归。货,恶其弃于地也,不必藏于己;力,恶其不出于身也,不必为己。是故谋闭而不兴,盗窃乱贼而不作,故外户而不闭,是谓大同。

对于"天下为公",郑玄的解释是:"公犹共也。禅位授圣,不家之。"[①]故"天下为公"实际是指禅让而言。对于这一点,孔颖达说得更明确:"天下为公,谓天子位也。为公,谓揖让而授圣德,不私传子孙,即废朱、均而用舜、禹是也。选贤与能者,向明不私传天位,此明不世诸侯

---

① 李学勤主编:《十三经注疏·礼记正义》中册,第658页。

也。国不传世,唯选贤与能也。"① 孔颖达释"天下"为"天子位",释"为公"为"授圣德,不私传子孙",认为"天下为公"指天子禅让其位,而"选贤与能"指诸侯不世袭其国。这种解释虽过于具体,但基本上是符合原意的。宋末元初人陈澔说:"天下为公,言不以天下之大,私其子孙,而与天下之贤圣公共之。如尧授舜,舜授禹,但有贤能可选,即授之矣。"② 依然是从禅让来理解"天下为公"的。

如有学者所指出的,天下乃中国特有的"世界"观③,它不仅指日月所照、人迹所至的普天之下,更重要的,它还是一种政权形式,一种"中央—四方"、"天子—诸侯"、"华夏—夷狄"的政治框架④,故"得天下"即得天下的统治权,而"失天下"即失去对天下的统治。同时,由于儒家主张以王道得天下,天下还指天下之民,尤其指民心、民意。如,"以善养人,然后能服天下,天下不心服而王者,未之有也"(《孟子·离娄下》),"取天下者,非负其土地而从之之谓也,道足以壹人而已矣","得百姓之力者富,得百姓之死者强,得百姓之誉者荣。三得者具而天下归

---

① 李学勤主编:《十三经注疏·礼记正义》中册,第659页。
② 陈澔:《礼记集说》,中国书店,1994年,第185页。
③ 关于天下问题,参见梁漱溟:《中国文化要义》,载《梁漱溟学术论著自选集》,北京师范大学出版社,1992年,第332页;邢义田:《天下一家——中国人的天下观》,载刘岱总编:《中国文化新论根源篇——永恒的巨流》,联经出版事业公司(台北),1983年,第425~478页;赵汀阳:《天下体系:帝国与世界制度》,《世界哲学》2003年第5期;尤西林:《阐释并守护世界意义的人——人文知识分子的起源与使命》,第四章第二节《有别于国家的"天下"社会》,河南人民出版社,1996年,第125~149页。
④ 孔子讲"天下有道,则礼乐征伐自天子出;天下无道,则礼乐征伐自诸侯出"(《论语·季氏》),孟子讲"以文王之德,百年而后崩,犹未洽于天下"(《孟子·公孙丑上》)。这里的"天下"不仅指地理环境,同时还指政权组织和政治秩序。

之,三得者亡而天下去之"(《荀子·王霸》)。故天下实际是指领土、政权、人民三者一体的政治组织或"世界"政府。而"公"字,据学者考证,可能是对贵族、诸侯的尊称,后把社会政治共同体以及与此相关的东西也称为"公",如"公家"(《新序·刺奢》)、"公田"(《诗经·小雅·大田》)、"公货"(《逸周书·允文解》)、"公仓"(《商君书·农战》)、"公法"(《管子·五辅》)、"公事"(《礼记·檀弓下》)等等,故"公"有与"私"相对的共同、公共、普遍之义,如"天下非有公是也,而各是其所是"(《庄子·徐无鬼》),"凡万物异则莫不相为蔽,此心术之公患也"(《荀子·解蔽》)。由此又引申出公平、公正之义,如"治事公,故国无阿党之义"(《晏子春秋·内篇问上》),"故蓍龟,所以立公识也;权衡,所以立公正也;……凡立公,所以弃私也"(《慎子·威德》)。《韩非子·五蠹》说:"背厶(私)谓之公,或说,分其厶以与人为公。"又说:"自环者谓之私。"故"天下为公"首先是指对此"世界"或天下的统治权不"自环"、独占,而是与天下之圣贤"公共之",具体讲,就是"禅位授圣,不家之"。在古人看来,"天下非一人之天下也,天下之天下也"(《吕氏春秋·孟春纪·贵公》),"立天子以为天下,非立天下以为天子也"(《慎子·威德》),故"尧有子十人,不与其子而授舜;舜有子九人,不与其子而授禹。至公也"(《吕氏春秋·孟春纪·去私》),"古有行大公者,帝尧是也。贵为天子,富有天下,得舜而传之,不私于其子孙也。去天下若遗躧"(《说苑·至公》)。这里的"公"是公平、公正之义,而"天下为公"或实行禅让即公平、公正。

由于"天下为公","选贤与能,讲信修睦"成为社会的基本原则,贤能之士积极投身于天下的治理,"故人不独亲其亲,不独子其子……"需要说明的是,在早期儒家那里,孝悌其实也属于"为政"活动,"或谓孔子曰:'子奚不为政?'子曰:'《书》云:"孝乎惟孝,友于兄弟,施于有政。"是亦为政,奚其为为政?'"(《论语·为政》)故在孔子看来,"孝乎惟孝,友于兄弟"就是为政,是平治天下的一部分。只不过在"天下为家"的时代,孝悌往往始于"亲亲",而《礼运》则提出"不独亲其亲,不独子其子"。由于这种差别,一些学者对这段文字产生怀疑,认为是来自墨家的兼爱思想。[①] 其实"不独"就是不仅仅,它是说人们不能仅仅停留在"亲其亲""子其子"之上,而要以"壮有所用,幼有所长,矜寡孤独废疾者,皆有所养"为更高的理想,这与儒家的一般主张并无本质的不同。自孔子创立儒学起,就一方面执着于孝悌的血缘情感,另一方面又将其扩充、提升为普遍的仁爱之情,将"亲亲"与"爱人"、"孝悌"与"泛爱众"统一起来,确立了由孝及仁,由身、家及天下的实践路向。所以孔门虽然强调"孝悌也者,其为仁之本与"(《论语·学而》),但也不乏"四海之内皆兄弟也"(《论语·颜渊》),以及"老者安之,朋友信之,少者怀之"(《论语·公冶长》)的社会理想。孟子主张"老吾老以及人之老,幼吾幼以及人之幼",由仁心推及仁政,并描绘出"五亩之宅,树之以桑,五十者可以衣帛矣。……谨庠序之教,

---

① 金德建:《〈礼运〉和墨家思想的关系》,载《先秦诸子杂考》,中州书画社,1982年,第212～222页。

申之以孝悌之义，颁白者不负戴于道路矣。七十者衣帛食肉，黎民不饥不寒"（《孟子·梁惠王上》）的理想蓝图。这些都说明超越"亲其亲""子其子"，实现更高的社会理想，乃是儒家的共同主张，而并非《礼运》的独创。只不过《礼运》的社会理想，不是通过"亲亲"的扩充，不是经过"辟如行远必自迩，辟如登高必自卑"（《礼记·中庸》）的外推过程，而是以"天下为公，选贤与能"为条件，认为通过禅让，破除了己身、己家的"小我"，达到视天下若一家的"大我"，才有可能实现"矜寡孤独废疾者，皆有所养"的社会理想，一定程度上将"亲亲"与"泛爱众"对立起来，这样又使其具有与孔孟不同的思想特点。《礼运》的这种思想特点，可能与其重视禅让以及其所处的时代有关，而不一定要归于墨家。郭店竹简《唐虞之道》说："尚德则天下有君而世明，授贤则民兴效而化乎道。不禅而能化民者，自生民未之有也。"认为只有实行禅让，才能使民"化于道"，达到天下大治，与《礼运》的思想倾向是一致的。《唐虞之道》为儒家著作，说明儒家确有重视禅让的思想，这种思想的形成，虽不排除与墨家的相互借鉴、影响，但它主要还是属于儒家，是儒家某一历史时期思想的反映。

根据上面的分析，"天下为公"主要是对禅让而言，指不"自环"、独占天下的统治权，同时它还蕴含着天下一家、人人为公的社会理想：在政治、伦理上，"人不独亲其亲，不独子其子"；在经济上，则财富共享，"货，恶其弃于地也，不必藏于己；力，恶其不出于身也，不必为己"。对于《礼运》的这段文字，《说苑·至公》的一则故事似可作其注脚:"楚共王出猎而遗其弓,左右请求之,共王曰:'止,楚人遗弓,楚人得之,又何求焉?'仲尼闻之,曰:'惜乎其不大,亦曰:人遗弓,人得之而已,何必楚也!'仲尼所谓大公也。"楚共王认为"楚人遗弓,楚人得之,又何求焉",是以楚人为"公";孔子主张"何必楚也",则是以天下为"公",故孔子为"大公"。需要说明的是,这种"公"或财富共享其实也是与禅让密切相关的。竹简《唐虞之道》说:"唐虞之道,禅而不传。尧舜之王,利天下而弗利也。禅而不传,圣之盛也。利天下而弗利也,仁之至也。"可见禅让的根本精神就是"利天下而弗利",即将利益归于天下,而不是当作一己之利。在这种精神的鼓舞下,人们不再斤斤计较一己之私利,而是关注天下之公利,货物担心它遗弃在地上,而"不必藏于己",人人参加劳动,而"不必为己",所以,财富、利益上的"公"也是通过禅让实现的。与"天下为公"的"大同"相对,"天下为家"的"小康"则是:

> 今大道既隐,天下为家,各亲其亲,各子其子,货力为己,大人世及以为礼,城郭沟池以为固,礼义以为纪。以正君臣,以笃父子,以睦兄弟,以和夫妇,以设制度,以立田里,以贤勇知,以功为己。故谋用是作,而兵由此起。禹、汤、文、武、成王、周公,由此其选也。此六君子者,未有不谨于礼者也。以著其义,以考其信,著有过,刑仁讲让,示民有常。如有不由此者,在执者去,众以为殃,是谓小康。

由于"天下为家",实行世袭,在政治、伦理上,"各亲其亲,各子其子","城郭沟池以为固,礼义以为纪";在经济上,"货力为己",财产私有。面对现实,人们不再沉醉于高远的道德理想,而是选择平凡、朴实的礼对社会进行重新整合,礼成为社会的最高原则。如果违背了礼,即使是统治者也可以被驱逐。所以在放弃了禅让后,小康社会又肯定了"革命"的合法性,以作为对"大人世及(世袭)"可能产生的种种弊端的制度性防范。

综上所论,"大同""小康"首先是指两种不同的政权形式,其中"大同"是指"天下为公"即禅让,而"小康"是指"天下为家"即世袭。对于"天下为公",思想史上两种不同的诠释是值得注意的。一种是与后世的民主政治联系起来,将"天下为公"解读为"大众公选"。如近代康有为说:"天下为公,选贤与能者,官天下也。夫天下国家者,为天下国家之人公共同有之器,非一人一家所得私有,当合大家公选贤能,以任其职,不得世传其子孙兄弟也。"[①]"公天下者莫如尧舜,选贤能以禅让,太平大同之民主也。"[②]当代学者中也有人认为,《礼运》篇的思想表明儒家主张建立"民权的大同世界"[③]。其实,如前面分析的,"天下为公"作为一种政治理念主要是针对禅让而言,而禅让与

---

① 康有为:《礼运注》,载康有为著,楼宇烈整理:《孟子微·中庸注·礼运注》,第289页。
② 康有为:《孟子微·总论》,载康有为著,楼宇烈整理:《孟子微·中庸注·礼运注》,第8页。
③ 徐顺教:《〈礼运〉大同与孙中山的"天下为公"》,载中国孔子基金会编辑:《孔子诞辰2540年纪念与学术讨论会论文集》,上海三联书店,1992年。

其说是一种民主选举,不如说是一种"察举",它实质是古代部落酋长考察、选拔接班人的一种方式。历史上禅让的情况往往是:"舜耕于历山,陶埏于河滨,立而为天子,遇尧也。"(郭店竹简《穷达以时》)"古者尧之与舜也,闻舜孝,知其能养天下之老也;闻舜弟,知其能事天下之长也;闻舜慈乎弟,知其能为民主也。"(郭店竹简《唐虞之道》)故孟子曾深有感触地说:"以天下与人易,为天下得人难。"(《孟子·滕文公上》)可见,"为天下得人"才是禅让的关键,其目的是让天下于有德的人。同时,"天下为公"虽然承认"天下为天下之天下",但具体实现的方式则是"选贤与能",故真正享有统治权的只是少数"贤能"之人,它更接近柏拉图式"哲学王"的政治理想,而与近代民主政治存在一定距离。与此不同,一些学者则强调"天下为公"与后世君主制度是相辅相成的,认为"中国古代的公天下论集中回答了设君之道、为君之道和择君替君之道等重大政治理论问题,它既论证了人类实行君主制度的必然性与合理性,又为君权的存在与行使设置了条件和规范"。"翻阅历代众多文献所见,在中国古代社会,不仅没有任何学派、任何思想家提出过立君旨在为一家一姓一人的观点,而且许多帝王将相也标榜'天下为公'。"[1]诚然,作为一种被后世普遍接受的政治理念,公天下论也经历了一个发展演变过程。在世袭君主制度形成后,"天下为公"主要在于阐明国家、社稷重于君主,君权具有相对

---

[1] 张分田:《古代"公天下论"的构成》,载《新哲学》第2辑,大象出版社,2004年。

性,君主要维护正义、赏罚公平、平均利益和财富等等。它虽具有规范君权、谏诤君主、品评政治、批判暴政的功能和作用,但一般并不直接涉及禅让的问题。而《礼运》的"天下为公"不仅与"天下为家"根本对立,而且具体就是针对禅让而言。如果忽视了"天下为公"的这种具体内涵,而简单与后世的粉饰、标榜之辞混同起来,同样有失片面。

其次,"大同""小康"还指两种不同的社会形态,"大同"指"天下为公"的理想社会,"小康"指"天下为家"的现实社会。大同社会"选贤与能",实行禅让,人人为公,"不独亲其亲,不独子其子",人们共同劳动,财富共享,自然达到大治。小康社会"天下为家",实行世袭,人人为己,"各亲其亲,各子其子",财产私有,"货力为己"。不得已而"刑仁讲让","礼义以为纪"。需要说明的是,《礼运》虽将"大同""小康"分属于上古和三代,但主要还是将其作为价值理想和社会现实看待的,作者用"大道之行"和"大道既隐"分别对其加以限定,正说明了这一点。诚如有学者所分析的,"如果以'大同'指上古之五帝,以'小康'指三代之英主禹、汤、文、武、成王、周公,则首段显有今不如古之意矣。但下文说'礼'之起源一段,又谓古时未有宫室、衣服、饮食,有圣人起,然后文物备而礼乐兴,则是言今胜于古也。同在一篇之中,何以前后自相矛盾至此耶?故知'大同'者,但为一种最高的理想之政治,并非指上古五帝之世。必如此解,乃不至与下文矛盾,亦不至如老子、庄子之以上古为至德之世,为已过去之黄金时代,而直为憧憬中之乌托邦"①。故"大同"虽有历史事实为依托,但并非一种实有的形态。《礼运》提出"大同",主要在于赞美古代的禅让制度及其所产生的社会效果,以与"天下为家"的"小康"形成对立,这可以说是理解"大同""小康"的关键所在。

还有,"大同""小康"指两个不同的历史阶段,"大同"指"大道之行"的上古理想时代,"小康"指"大道既隐"的禹、汤、文、武、成王、周公时代。从这一点看,《礼运》与老、庄一样都持一种历史退化论,特别是《礼运》在"城郭沟池以为固,礼义以为纪……"一段提到:"故谋用是作,而兵由此起。"(郑玄注:"老子曰,法令滋章,盗贼多有。")似乎"大道既隐"之后,着意倡导礼义反而引起社会的混乱,近于老子"失道而后德,……失义而后礼。夫礼者,忠信之薄,而乱之首"(《老子·三十八章》),故历史上不少学者斥其为老、庄言论。如宋代黄震说:"篇首之意,微似老子。"②元代陈澔说:"大约出于老、庄之见,非先圣格言也。"③清代陆奎勋说:"以五帝为大同,三王为小康,盖缘汉初崇黄老,故戴氏撮录五子之大旨,而附录为圣言,不可信也。"④当代学者中也有将"大同"归于道家思想的。⑤其实如上面分析的,《礼运》"大同"主要是一种价值理想,而不是实有形态,它突出、强调的

---

① 蒋伯潜:《诸子通考》,第386～387页。
② 黄震:《黄氏日抄》卷十八,文渊阁四库全书本。
③ 陈澔:《礼记集说》,第186页。
④ 杭世骏:《续礼记集说》引,《续修四库全书》第102册,经部。
⑤ 董楚平:《"礼运大同"考原》,载《中国文化研究集刊》第3辑,复旦大学出版社,1986年;收入《农民战争与平均主义》,方志出版社,2003年,第125～134页。

是禅让的政治理念，而道家虽然以上古为"至德之世"，但往往对禅让持批评态度，视其为虚伪、造作之举，所以《礼运》与老、庄在历史观上虽有某种相近之处，甚至就是受了其思想的影响，但决不能将"大同"简单归于道家。至于"故谋用是作，而兵由此起"两句，据学者考证，并不见于《孔子家语·礼运》篇，所以不排除是后人窜入的可能。① 即使不是后人窜入，从《礼运》的内容看，丝毫也没有菲薄礼义的意思。《礼运》的基本思想倾向是：面对逝去的禅让"大同"时代，虽无限留恋，但又无可奈何，同时在世袭"小康"既已到来的情况下，不得不积极寻找对策，以礼作为调节社会矛盾的手段，故对礼的来源、根据、性质、作用做了集中论述。从儒学史的发展来看，《礼运》的思想虽然显得较为特殊，但它显然还是儒家作品，是儒家某一历史时期思想的反映。

第二节　竹简所见之战国中期的禅让思潮

既然《礼运》与禅让有关，其"大同""小康"说主要反映的是政权形式的问题，那么，要说明其作者和年代，首先要对禅让思想的演变做一番考察。如有学者指出的，禅让作为一种历史事件，在上古父系氏族社会中确实存在过，然而人们对禅让的回忆、记录、认识和评价，往往因观点、立场、时代的不同而不同②，禅让的"意义"和"价值"乃是

---

① 武内义雄：《礼运考》，载内藤虎次郎等著，江侠庵编译：《先秦经籍考》上册，第220页。

② 郑杰文认为，禅让学说经过了"禅让天命说""禅让贤德说""禅让德运说"三个阶段的历史演化，并指出禅让学说发展演化的原因在于，社会政治形势的变化和其所依据的理论基础的更改。参见郑杰文：《禅让学说的历史演化及其原因》，《中国文化研究》2002年春之卷。

层累地造成的。所以后人关于禅让的种种记载，不是也不可能是对上古禅让事件的"原样"再现，而是夹杂了记述者的主观意图和倾向，是以事实为依托的"借古讽今"，是"俱道尧舜，而取舍不同"。

作为儒学的创始者，孔子对上古的禅让事件显然有所了解。《论语·尧曰》篇说："尧曰：'咨！尔舜！天之历数在尔躬，允执其中。四海困穷，天禄永终。'舜亦以命禹。"何晏《论语集解》说："天之历数在尔躬……言天位之列次当在汝身。"所以《尧曰》篇记录的正是尧禅让舜时的言论，后来舜禅让禹时也说了同样的话。孔子还称赞，"巍巍乎，舜禹之有天下也而不与焉"（《论语·泰伯》）。杨伯峻先生认为"与"读四声，"这里含有'私有'、'享受'的意思"①。应该也包括不私传子孙，实行禅让。不过孔子虽然肯定尧舜禅让，但并不是以尧舜时代为社会理想，而是提出"郁郁乎文哉！吾从周"（《论语·八佾》）；孔子改革社会的方案也不是"天下为公"，实行禅让，而是"克己复礼"，"礼乐征伐自天子出"。孔子生活的时代，似乎还没有出现提倡、宣扬禅让的社会条件。孔子真正影响后世的是下面的言论：

子曰：雍也可使南面。（《论语·雍也》）

雍，孔子弟子冉雍，字仲弓。冉雍以平民身份而可以据天子位②，这在三

---

① 杨伯峻：《论语译注》，中华书局，1980年，第83页。
② 郑玄引包咸注："包曰：可使南面者，言任诸侯之治。"刘向《说苑·修文》："当孔子之时，上无明天子也，故言雍也可使南面，南面者天子也。"或说南面亦兼天子、诸侯言之。

代世袭社会中是难以想象的。孔子这里虽然仅仅是赞叹之词，未必可以据以为实，但显然已肯定了禅让贤能的思想。

孔子之后，平民思想家墨子更为明确地肯定了尧舜禅让："昔者舜耕于历山，陶于河滨，渔于雷泽，灰于常阳。尧得之服泽之阳，立为天子，使接天下之政，而治天下之民。"(《墨子·尚贤下》，《尚贤上》《尚贤中》所述略同）作为下层民众的代言人，墨子的一个重要主张就是"尚贤"，"尚贤者政之本也"(《墨子·尚贤上》）。认为"大人之务，将在于众贤"，"虽在农与工肆之人，有能则举之，高予之爵，重予之禄，任之以事，断之以令"(《墨子·尚贤上》）。其具体措施是："选天下之贤可者，立以为天子"，"又选天下之贤可者，置立之以为三公"，更进一步，"又选择其国之贤可者，置立之以为正长"(《墨子·尚同上》）。需要说明的是，尚贤的思想虽然产生较早，有"尊贤"(《左传·僖公二十四年》)、"择贤"(《左传·襄公三十一年》)、"赏其贤"(《左传·昭公元年》)、"明贤"(《国语·周语中》)、"进贤"(《国语·齐语》)、"敬贤"(《国语·晋语一》)、"推贤"(《国语·晋语四》)、"选贤良"(《国语·晋语七》)、"知贤"(《国语·晋语九》)、"求贤人"(《国语·晋语九》) 等等，但一般只适用于天子以下和择立太子，墨子则将其发展到极致，认为连天子也要通过选贤产生。所以墨子的禅让说实际是其尚贤说的延伸，二者是联系在一起的，可称为"禅让尚贤"说。墨子（约前479年—前394年）生活于新旧革替的春秋战国之际，在他之后，禅让学说经历了怎样的发展？令人遗憾的是，记录春秋史实的《左传》终于周贞定王二年(前467年),而周显王三十五年(前334年)六国以苏秦为纵长之后,详细的史实才记于《战国策》等典籍,"自《左传》之终以至此,凡一百三十三年,史文阙轶,考古者为之茫昧"①。幸而有地下竹简的出土,才使我们有可能重新了解、认识这段"茫昧"的历史。

1993年出土的郭店竹简中,有《唐虞之道》一篇,它"高扬了儒家'祖述尧舜'、'爱亲尊贤'、'天下为公'、'利天下而弗利'的思想,显示了先秦儒家在战国时期崇尚'禅让'政治理想、反对父子相传之'家天下'的昂扬思想风貌"②。竹简明确提出:"禅也者,尚德授贤之谓也。"(第20简)可见较之墨家,竹简的不同之处是提出了"尚德",其禅让说是从"尚德"与"授贤"来进行立论和说明的。竹简说:"尧舜之行,爱亲尊贤。爱亲故孝,尊贤故禅。孝之杀,爱天下之民。禅之传,世亡隐德。"(第6—7简)"爱亲"与"尊贤",是古代政治思想中的一对基本矛盾,以何者为重,往往体现为不同的治国路线。刘向《说苑·政理》云:"尊贤,先疏后亲,先义后仁也。此霸者之迹也。……亲亲者,先内后外,先仁后义也。此王者之迹也。"竹简主观上试图将"爱亲"与"尊贤"相统一,显示了其基本的儒家立场,但它同时又看到"爱亲"与"尊贤"可能蕴含的矛盾,则是其时代性的反映。竹简认为"爱亲故孝",但"孝之杀,爱天下之民"。为了天下民众的利益,适当地减杀孝也是合理和应该的。所以《唐虞之道》的"孝

---

① 顾炎武:《日知录》,卷十三《周末风俗》,岳麓书社,1994年,第467页。
② 李存山:《读楚简〈忠信之道〉及其他》,《中国哲学》第20辑。

之杀,爱天下之民"与《礼运》的"人不独亲其亲,不独子其子"一样,都是对禅让精神的概括和颂扬。至于"尊贤故禅",虽与墨家可能有一定联系,但这并不意味着竹简的思想可以简单归于墨家。在竹简这里,禅让不仅是"尚贤使能"的客观需要,同时还是"利天下而弗利"崇高道德精神的体现,二者相互联系,分别构成禅让的必要性和可能性,而它们又是与儒家倡导的仁、义联系在一起的:"孝,仁之冕也。禅,义之至也。六帝兴于古,咸由此也。爱亲忘贤,仁而未义也。尊贤遗亲,义而未仁也。"(第7—9简)所以竹简《唐虞之道》应为儒家作品,是儒家的政治理念的反映。[①]它的发现使我们了解到,墨子之后禅让学说在社会上有进一步发展,儒家学者也投身到对禅让的宣传、鼓动之中,同时也为其思想学说注入新的内容,如"利天下而弗利"的"大同"理想等等,《唐虞之道》《礼运》均是这一背景下的产物,反映的是儒家对于禅让的立场和态度,所以如有学者所指出的,"把天下禅让于贤才而不是传位于子,这是利天下而不利一己之私的至圣至仁之举。这也是儒家崇尚的'人不独亲其亲,子其子','天下为公,选贤与能'的理想社会说之由来。很显然,'唐虞之道'正是《礼记·礼运》篇借孔子之口描述的'大同'社会实行的所谓'大

[①]《唐虞之道》属于儒家目前已得到多数学者的认同,较详细的论证,参见王博:《关于〈唐虞之道〉的几个问题》,《中国哲学史》1999年第2期;丁四新:《郭店楚墓竹简思想研究》,第八章第四节《爱亲与尊贤的统一——郭店简书〈唐虞之道〉思想析论》,第359~387页。

道'"①。

早在《唐虞之道》材料公布时,已有学者指出,战国中期政治思想中出现过一股禅让思潮②,而《上海博物馆藏战国楚竹书(二)》[下简称《上博简(二)》]的出版,无疑为这一推论增加了有力的证据。《上博简(二)》中有《容成氏》一篇,此篇是讲上古帝王传说,起于容成氏等最古的帝王(整理者估计约二十一人),止于武王伐商终克之,"三代以上,皆授贤不授子,天下艾安;三代以下,启攻益,汤伐桀,文、武图商,则禅让之道废而革命之说起。前后适成对比"③。其文云:

> [容成氏、……尊]卢氏、赫胥氏、乔结氏、仓颉氏、轩辕氏、神农氏、樿丨氏、垆跸氏之有天下也,皆不授其子而授贤。其德酋清,而上爱下,而一其志,而寝其兵,而官其材。(第1—2简)

古代学者常常通过先王来表达其政治理想,《容成氏》提出尧以上约二十位上古帝王,"皆不授其子而授贤",这样,禅让的政治主张不是因而有了更充足的"历史根据"吗?如果将《容成氏》的古史传说体系,与后来流传的炎黄古史传说体系做一个比较的话,不难发现二者的区别

---

① 彭邦本:《楚简〈唐虞之道〉初探》,载《郭店楚简国际学术研讨会论文集》,第266页。
② 刘宝才:《〈唐虞之道〉的历史与理念——兼论战国中期的禅让思潮》,《人文杂志》2000年第3期。
③ 马承源主编:《上海博物馆藏战国楚竹书(二)》,上海古籍出版社,2002年,249页。

在于，一个重禅让，一个重世袭。在炎黄古史传说体系中，只有尧、舜实行禅让，其余从黄帝以下到尧以上，都是传位于子孙，而不是传贤的。① 在《大戴礼记·帝系》中，甚至尧、舜也被分别说成是帝喾、颛顼之后，在这种以黄帝为始祖的大一统帝王世系中，实际已排除了禅让的可能和意义。以《大戴礼记·帝系》《大戴礼记·五帝德》为代表的炎黄古史传说系统可能形成于战国后期，反映的是当时民族融合、国家统一的政治形势；而《容成氏》的古史传说系统则形成于战国中期以前，是与当时出现的禅让思潮相呼应的。在《唐虞之道》中，只提到"六帝兴于古，咸由此（注：指禅让）也"，而《容成氏》则将上古实行禅让的帝王扩大到二十余位，这即便是"托古改制"的需要，也说明它对禅让的肯定和认同是十分突出的。

有学者已注意到，《容成氏》（还有《唐虞之道》《子羔》）认为三代之前有一个禅让时代，并肯定它是大同之世，与《礼运》是一致的。其实除了基本观点外，二者在许多论述上也是可以互相沟通的。例如，竹简在论述上古实行禅让的至德之世后，接着说，"于是乎喑聋执烛，矇瞽鼓瑟，跛躄守门，侏儒为矢，张者卜宅，偻者坟数，瘿者煮盐，疣者渔泽，□弃不□。凡民俾疧者，教而诲之，饮而食之，思役百官而月请之"（第2—3简）。使我们了解到，原来《礼运》所谓"矜寡孤独废疾者，皆有所养"，是指让残疾之人皆能从事力所能及的工作，还要"教

---

① 姜广辉：《〈容成氏〉的思想史意义》，《中国社会科学院院报》2003年1月23日。

而诲之，饮而食之"，有专门的机构（"百官"）月月询问之，而不仅仅是一般性地施舍供养，《礼运》下文说"男有分（郑玄注：分犹职也），女有归"，看来是将"矜寡孤独废疾者"也包括在内了。竹简称，"尧弋䭾而时时宾（？），不劝而民力"（第6简）。也可以证明，《礼运》"力，恶其不出于身也，不必为己"一句，是指由于实行禅让而导致的人人为公的客观效果，后人笼统地讨论《礼运》是否有公有制的思想，是不符合原文的具体语境的。① 至于竹简"于是乎不赏不罚，不刑不杀，邦无饥人，道路无殇死者。上下贵贱，各得其所。四海之外宾，四海之内贞。禽兽朝，鱼鳖献，有无通"（第4—5简）的论述，也可以使我们对《礼运》"是故，谋闭而不兴，盗窃乱贼而不作，故外户而不闭，是谓大同"一段，有更为直观的理解。如果将二者做个比较就可以发现，竹简主要是通过叙述历史来表达自己的观点，内容较为细致、具体，而《礼运》的"大同""小康"则更像是对前者的理论概括和总结，因而显得要抽象，同时，《礼运》的主要内容已转向对"小康"之世礼的论述。二者虽有这些差别，但在肯定、赞美古代禅让"大同"之世上，则是一致的。

《容成氏》的学派归属，目前学术界除儒家说外，还有道家、墨家不同说法。将《容成氏》归于道家，主要是《庄子·胠箧》提到的"至德之世"有容成氏、大庭氏、伯皇氏、中央氏、栗陆氏、骊畜氏、轩

---

① 董楚平：《"天下为公"原义新探》，《文史哲》1984年第4期；收入《农民战争与平均主义》，第135～145页。

辕氏、赫胥氏、尊卢氏、祝融氏、伏羲氏、神农氏等等，竹简的上古帝王体系与其相似。但这种相似也可能像《礼运》的情况一样，是受道家历史观影响的结果，竹简吸收、借鉴了道家的历史材料来表达自己的观点，或者"容成氏"的古史系统本来就是当时在社会上广泛流传、被大家普遍接受的公共知识体系，各家都可以用来表达自己的观点、主张。老庄通过这一知识体系表达的是"鸡狗之音相闻，民至老死而不相往来"（《庄子·胠箧》）的社会理想，且对"尚贤"的政治实践有直接批评，而《容成氏》表达的恰恰是"不授其子而授贤"的政治理念，二者的差别十分明显。至于将竹简归于墨家，虽不完全排除这种可能，但同样根据不足。① 在我们看来，竹简论及尧舜禅让和汤武革命，而这些都是早期儒家的基本内容②，将其归于儒家是可以成立的。《容成氏》与《唐虞之道》一样，都是战国时期儒家宣传禅让的作品，只不过《容成氏》采用了叙述历史的方式，在体裁上显得较为特殊而已。

在《上博简（二）》中，还有《子羔》一篇，记述了孔子答弟子子羔问禹、契、后稷"三王"和尧、舜之事。此篇在公布时，排列的简序可能有误。裘锡圭先生对简序进行了重新排列，认为第9至13号简应

---

① 墨家说的根据主要有：第一，竹简批评桀"为桐宫""为瑶台"，纣"为九成之台""为酒池"，和墨家非乐、节用的主张一致；第二，墨家在楚地广为流传；第三，墨孔具道尧舜，对汤武革命也是认同的。参见赵平安：《楚竹书〈容成氏〉的篇名及其性质》，载《华学》第6辑，紫禁城出版社，2003年。

② 清末宋恕说："儒家宗旨有二：尊尧舜以明君之宜公举也；称汤武以明臣之可废君也。三代下，二者之义不明，而在下者遂不胜其苦矣。"

移至第 1 号简之前，第 7 号简与篇末的第 14 号简可以拼合为一简。这样，《子羔》篇的基本内容是：子羔问孔子，禹、契、后稷"三王之作也"，他们是凡人所生，"其父贱不足称也与？"还是他们是天帝之子（"天子"）？孔子肯定禹、契、后稷均为天帝之子，并讲述了他们三位的降生神话。这样又引出作为凡人之子（"人子"）的舜是如何居有帝位的问题。孔子承认古代存在一个"善与善相受也"的禅让时代，尧见舜贤，故让位于舜。在传说中，禹、契、后稷均为舜臣，故简文最后以"舜其可谓受命之民矣。舜，人子也，而三天子事之"（第 7、14 简）之语作结。"此篇主旨在说明一个人是否有资格君天下，应决定于他是否有贤德，而不应决定于出身是否高贵；跟《唐虞之道》一样，也是竭力鼓吹尚贤和禅让的。"[①] 其中谈论禅让的一段说：

> 子羔曰："（舜）何故以得为帝？"孔子曰："昔者而弗世也，善与善相受也，故能治天下，平万邦，使无有小大肥硗，使皆得其社稷百姓而奉守之。尧见舜之德贤，故让之。"子羔曰："尧之得舜也，舜之德则诚善与？伊（抑）尧之德则甚明与？"孔子曰："钧（均）也。舜嗇于童土之田，则……"（第 1、6、2 简）[②]

[①] 裘锡圭：《新出土先秦文献与古史传说》，载《北京大学中国古文献研究中心集刊》第 4 辑，北京大学出版社，2004 年。裘锡圭：《谈谈上博简〈子羔〉篇的简序》，载朱渊清编：《上博馆藏战国楚竹书研究》续编，上海书店出版社，2004 年。

[②] 简序依陈剑说调整，参见陈剑：《上博简〈子羔〉、〈从政〉篇的竹简拼合与编连问题小议》，《文物》2003 年第 5 期。

所谓"弗世"也就是不世袭传子。竹简认为上古不私传子孙,而是"善与善相受也","故能治天下,平万邦",显然是将其作为大同理想社会看待的。竹简还提出,尧之所以能得舜,除了舜的德"诚善"外,还因为尧之德"甚明",二者是缺一不可的,这对于禅让说无疑是一个很好的补充。子羔在后面还问道:"如舜在今之世则何若?"(第8简)然而令人遗憾的是,这一关键的内容,却因为竹简残缺而无从了解了。《子羔》采用孔子答弟子问的形式,显然应该属于儒家,是孔门后学子羔一派宣扬禅让的作品。

从上引出土材料可以看出,战国中前期宣传禅让已不是个别现象,墨家、儒家包括纵横家都参与其中,形成一股颇有影响的思潮。至于这一时期何以出现了较为流行、较为宽松地讲论"禅让"说的大环境,李存山先生认为,"这与当时已经不再'宗周王',而七国之间完全靠武力来统一天下的形势也尚不明显有很大的关系;与当时'士无定主',孔门后学的思想更少束缚,因而更加解放、昂扬、甚至激进也有很大关系。从《容成氏》所云'尧以天下让于贤者,天下之贤者莫之能受也。万邦之君皆以其邦让于贤'来看,当时儒家的'禅让'之说除了道德理想主义的思想成分外,似也对现实寄予了通过'禅让'而在七国中出现一个贤明的君主,从而取代周天子为王的希望"[1]。需要补充的是,战国前期虽然承春秋政制,实行一种世袭的君主政体,但君主的地位和稳定

---

[1] 李存山:《反思经史关系:从"启攻益"说起》,《中国社会科学》2003年第3期。

性明显不及后世，并不时有君权旁落的现象出现，这一背景无疑对禅让说的流行有推波助澜的作用。这一时期的"权力转移"事件，如三家分晋（前403年）和田氏代齐（前386年），其主角都是以"德""贤"相号召的，客观上也需要一种禅让说为其张目。

一种思潮的兴起，往往以社会需要为条件，反过来，它又左右、影响了人们的思想行为，战国中前期的禅让思潮对当时的政治实践也产生了深刻影响。据《战国策·秦策一》，秦孝公"疾且不起（注：孝公卒于前338年），欲传商君，辞不受"，应是禅让的较早实践。所以法家后来虽然对禅让极尽攻击之能事，但其早期却是持肯定态度的。商鞅说："尧舜之位天下也，非私天下之利也，为天下位天下也；论贤举能而传焉，非疏父子亲越人也，明于治乱之道也。"（《商君书·修权》）可见，禅让说在当时法家治下的秦国也有流传①，秦孝公欲行禅让，可能就是受其影响。除秦孝公外，魏惠王也欲传国于惠施。②《吕氏春秋·不屈》记载此事："魏惠王谓惠子曰：'上世之有国，必贤者也。今寡人实不若先生，愿得传国。'惠子辞。王又固请曰：'寡人莫有之国于此者也，而传之贤者，民之贪争之心止矣。欲先生之以此听寡人也。'惠子曰：'若王之言，则施不可而听矣。王固万乘之主也，以国与人犹尚可。今施，布衣也，可以有万乘之国而辞之，此其止贪争之心愈甚也。'"值得注意的

---

① 此点李存山已指出，见李存山：《反思经史关系：从"启攻益"说起》，《中国社会科学》2003年第3期。

② 惠施于公元前343年初至魏国；公元前341年劝魏惠王"折节而朝齐"而得到信任；公元前322年张仪为魏相，被逐。故魏惠王欲传国惠施之事当在公元前341年至前322年之间。

是，惠施虽然谢绝了惠王的让国，但其理由并不是禅让有什么不妥，相反认为"以国与人犹尚可"，可见禅让的观念多么深入人心。不过禅让虽然讲起来容易，但真正实行却并非易事，所以惠施又提出"有万乘之国而辞之"，"止贪争之心愈甚"，这种"禅让辞让"说也是当时纵横家的重要理论。后来魏将公孙衍鼓动史举游说魏襄王禅位于魏相张仪，其理由就是"王让先生（注：指张仪）以国，王为尧、舜矣；而先生弗受，亦许由也"（《战国策·魏策二》）。不过当时秦孝公等人虽然都有禅让的言行，但真正将其付诸实践，在当时产生极大反响，并决定、影响了禅让思潮以后发展的，是燕王哙禅让相子之的事件。据《史记·燕召公世家》记载，"鹿毛寿谓燕王：'不如以国让相子之。人之谓尧贤者，以其让天下于许由，许由不受，有让天下之名而实不失天下。今王以国让于子之，子之必不敢受，是王与尧同行也。'燕王因属国于子之，子之大重。"这里燕王哙被描写成毫无主见的昏庸之辈，其禅让仅仅是受了策士鹿毛寿等人的欺骗，是不够全面的。[①] 其实，燕王哙让国是当时禅让大环境的产物，因而有着多方面的复杂动机和原因，除了纵横家的鼓动之外，更重要的，恐怕还是想通过禅让选择一位贤明之君，使燕国在当时激烈的国际竞争中立于不败之地，所以实在是"利天下而弗利"的高尚之举。然而事实是无情的，燕王哙因禅让而身死国亡，无疑为那

---

① 刘宝才认为《燕世家》的那段描写是不可信的，"反映着中国封建社会皇帝世袭制度已成定局时人们的观念，而不是战国中期的历史真相"。参见刘宝才：《〈唐虞之道〉的历史与理念——兼论战国中期的禅让思潮》，《人文杂志》2000年第3期。

些宣扬禅让的人敲响了警钟,此后不仅纵横家很难再用禅让游说帝王,就是儒家学者也暂时放弃了"大同"理想①,一度轰轰烈烈的禅让思潮逐渐走向低潮。

作为经历了燕国让国事件的儒家学者,孟子对禅让的态度是有代表性的。当弟子万章问:"人有言:至于禹而德衰,不传于贤而传于子,有诸?"孟子回答:"不然也。天与贤,则与贤;天与子,则与子。"(《孟子·万章上》)孟子这里所说的天,是一种命运天,它是指人力无法抗拒的客观形势以及偶然性等等②,所以在孟子看来,"授贤"和"传子"并非绝对的,而是随客观形势的变化而变化。当初舜让国于禹,舜死,天下之民皆从禹,所以就禅让;后来禹让国于益,但禹死,天下之民从禹之子启,而不从益,所以就传子。可见,禅让与传子只是外在形式,并非主要的。而真正重要的是行王道、仁政,得天下之民的拥护,所以说:"唐、虞禅,夏后、殷、周继,其义一也。"(《孟子·万章上》)

---

① 战国以后,禅让学说仍有所发展,如董仲舒再传弟子眭弘宣扬汉家应效尧禅位于贤人(《汉书·眭弘传》),宣帝时盖宽饶鼓吹汉当禅让(《汉书·盖宽饶传》)。昭宣以后,学者虽不再敢言禅让,但又提出"更受天命"的问题,如元帝时翼奉言迁都以"更受天命"(《汉书·翼奉传》),成帝时谷永劝帝纳贱民妇生子以承"贱人当立"的"更受命"历运(《汉书·谷永传》),哀帝时有夏贺良用其师甘忠可之说,为汉家改历,称"陈圣刘太平皇帝"以重新受命(《汉书·李寻传》)。刘向《说苑·至公》假托秦博士鲍白令之向秦始皇进言:"天下官,则让贤是也;天下家,则世继是也。故五帝以天下为官,三王以天下为家。"这一时期的禅让学说,与当时社会上广泛流传的五德终始说(包括"灾异谴告说")联系在一起,发展为一套关于帝王德运终始循环的学说,有学者称为"禅让德运说"。钱穆认为,"王莽失败后,变法禅贤的政治理论,从此消失,渐变为帝王万世一统的思想",参见钱穆:《国史大纲》(修订本)上册,商务印书馆,1995年,第153页。

② 孟子所说的天有道德天、命运天和自然天等不同的含义,参见梁涛:《郭店竹简与思孟学派》,第八章第二节《竹简〈穷达以时〉与早期儒家天人观》。

孟子态度的这种变化，显然是有鉴于燕国的"让国"悲剧，所以要对理想与现实、禅让与传子进行新的整合，不再强调禅让与传子的差别，而是突出了王道、仁政的作用，并认为"惟大人为能格君心之非。……一正君而国定矣"（《孟子·离娄上》），将教育、引导君主作为首要问题而凸显出来。战国后期另一位儒家学者荀子也对禅让持否定态度，《荀子·正论》篇说："世俗之为说者曰：'尧舜擅让。'是不然。天子者，势位至尊，无敌于天下，夫有谁与让矣？"并对"死而擅之""老衰而擅"一一进行了批驳，其结论是"夫曰尧舜擅让，是虚言也，是浅者之传，陋者之说也，不知逆顺之理，小大、至不至之变者也，未可与及天下之大理者也"。荀子是曾亲历了燕国的让国事件的，《韩非子·难三》说："燕王哙贤子之而非孙卿，故身死为僇。"当时风华正茂、二十岁左右的荀子正游历燕国，目睹了燕王哙禅让的一幕①，其对禅让的批判显然是有感而发的。需要说明的是，在《荀子·成相》篇中有"尧让贤，以为民，泛利兼爱德施均"，"尧授能，舜遇时，尚贤推德天下治"之类肯定禅让的说法，"成相"是一种文学体裁，指演说歌谣，今本《成相》篇是荀子学派收集同类文学体裁的合集，而非一篇作品②，所以可能是这个原因，它保留了以前曾在社会上流传的歌谣、言论。

儒家之外，道家庄子一派对禅让也持批评态度。《庄子》一书中多有对禅让批评、讥讽的言论，如"舜以天下让其友北人无择"，北人

---

① 梁涛：《荀子行年新考》，《陕西师范大学学报》2000 年第 4 期。
② 廖名春：《荀子新探》，第二章《著作考辨》，文津出版社（台北），1994 年。

无择说:"'又欲以其辱行漫我。吾羞见之。'因自投清泠之渊。"(《庄子·让王》)一切历史都是当代史。庄子一派的态度之所以如此激烈,显然是因为当时种种禅让言论已达到甚嚣尘上、无以复加的地步,庄子的态度正好说明当时确实有一个宣讲禅让的大环境存在。不过道家虽然对禅让持否定态度,主要是因为在他们看来,禅让有虚伪、造作、不自然之处,并不等于他们肯定"天下为家"的世袭制度。与道家相似,后期法家也对禅让持否定态度。韩非曾从"唯物"的观点对禅让进行了解构,认为古代生活条件艰苦,即使贵为天子,其待遇连今天的看门人也不如;还要日夜辛劳,比劳役俘虏还辛苦。"以是言之,夫古之让天子者,是去监门之养,而离臣虏之劳也,古传天下而不足多也。"(《韩非子·五蠹》)所以禅让并非"利天下而弗利"的高尚之举,而只是特殊历史条件下的产物。既然时移势易,流行于古代的禅让在今天自然也就不适合了。韩非还将尧舜禅让归结为武力逼迫:"舜逼尧,禹逼舜,汤放桀,武王伐纣。此四王者,人臣弑其君者也,而天下誉之。"(《韩非子·说疑》)韩非否定禅让是要强化专制王权,使权力牢牢掌握在君主手里,所以其肯定的显然是"天下为家",实行世袭了。

综上所论,公元前 316 年燕王哙的"让国",应是战国禅让学说发展中里程碑式的事件。在此之前,禅让说风行一时,墨、儒、法、纵横等家都大讲禅让,出现了"禅让尚贤"说(墨家)、"禅让贤德"说(儒家)、"禅让辞让"说(纵横家)等不同观点,与之相应,在政治领域也出现了禅让的种种实践。燕王哙禅让失败后,禅让学说则渐趋低潮,不仅儒家内部的孟、荀转变了对禅让的态度，道家、后期法家也对"让天下"进行了讽刺、抨击。虽然各家各派甚至是前后不同阶段，对禅让的看法大异其趣，但却"俱道尧舜"，只是"取舍不同"而已。因此，虽然根据民族学、人类学等材料，禅让作为一种历史事件在古代社会曾经普遍存在过①，但尧舜禅让的具体面貌，其所体现的"意""价值"却是不断被赋予上去的，历史事件本身与人们对其的认识、评价是既有联系又有区别的。② 所以战国时期出现的禅让说，并不是对古代禅让事件的直接反映，而是当时人们对于禅让问题态度的反映，是"借古讽今"的特殊表达形式。明确这一点，对于我们讨论《礼运》等篇的年代十分重要。从上引几篇文字看，竹简《唐虞之道》整篇鼓吹禅让，认为"不禅而能化民者，自生民未之有也"（第21简），如此肯定禅让的思想，显然应该产生于禅让学说处于高潮的燕王哙让国之前；《容成氏》虽以上古与三代对比，其主旨仍是鼓吹和肯定禅让，故其年代应与《唐虞之

---

① 对于禅让制度，学术界一般是从军事民主制来进行说明，参见杨安平：《关于尧、舜、禹"禅让"制传说的探讨——兼谈国家形成的标志问题》，《中国史研究》1990年第4期。此外，徐中舒根据契丹、蒙古和满族的民族学材料，认为所谓禅让制度就是原始社会的推选制度，参见徐中舒：《论尧舜禹禅让与父系家族私有制的发生和发展》，载《徐中舒历史论文选辑》下册，中华书局，1998年，第971～993页。陈明引用制度经济学理论，认为金属工具尚严重短缺的冷兵器时代不具备攻城略地的实力，各方只有偃武修文，平心静气地讨论共处之道，共主只是召集人，其权力只能以同意为基础，参见陈明：《〈唐虞之道〉与早期儒家的社会理念》，《中国哲学》第20辑。

② 从这一点看，"禅让贤德"说与"禅让篡逼"说虽然在价值判断上截然对立，但却都是有一定根据的。因为禅让贤能即使在历史上客观存在，在具体实行中却未必不是以实力为基础的，这在进入阶级社会时，尤为明显。只是人们根据自己的需要，做了不同的"取舍"而已。

道》相近，在公元前316年以前。《礼运》篇的情况有所不同，它虽然肯定、赞美禅让的"大同"之世，但又对它的逝去无限感慨，认为"今大道既隐，天下为家"，历史已进入世袭的小康。所以在《礼运》全文中，关于"大同"的内容只在文章的开头做了简单描述，而全文更多讨论的是当禅让的时代已逝去、小康之世来临时，如何治国平天下的问题。《礼运》的这种态度不是偶然的，而是与禅让在现实实践中的挫折密切相关，反映了燕王哙让国失败后一些儒者对禅让的反思和对现实问题的思考。《子羔》篇由于文字残缺较多，问题较复杂，其中子羔问"如舜在今之世则何若"？若孔子的回答是禅让，则其年代可能与《唐虞之道》相近；若否，则可能与《礼运》相同。以上几篇的年代虽稍有差别，但都与战国中前期出现的禅让思潮有关，是这一思潮由盛到衰的记录和反映。

第三节 《礼运》的思想特征与成书年代

根据以上所论，《礼运》之所以是一篇奇特的作品，其"大同"说之所以在思想史上不断引起争议，就在于它是特定历史时期的产物，是与战国中前期的禅让思潮密切相关。由于文献失传，这一曾影响广泛的思潮逐渐被人们遗忘，而以后的儒家学者又调整了其政治理想，故使《礼运》"大同"说显得"来历不明"，因无法与后世儒家的主张相协调而备受质疑。例如，《礼运》从禅让看待历史，故以尧舜等上古禅让之世为"大同"，禹、汤、文、武、成王、周公世袭之世为"小康"，二者适成对比,故其眼中的历史是断裂、退化的。而以后儒家学者由于不再强调禅让与世袭的差别,而是突出王霸之辨,认为王道、仁政是由"尧以是传之舜,舜以是传之禹,禹以是传之汤,汤以是传之文武周公"(韩愈《原道》),禹、汤、文、武、成王、周公恰恰成为王道政治的代表,原来"断裂"的历史重新得到连续、统一。由于儒家历史观前后的这种变化,《礼运》将禹、汤、文、武、成王、周公归于"小康",在后人眼里便显得不可理解。所以不断有学者主张,《礼运》可能存在着错简,应将"小康"一段"禹、汤、文、武、成王、周公,由此其选也。此六君子者,未有不谨于礼者也"二十六字,移至"大同"一段"不必为己"之下,"是故谋闭而不兴"之上,这样才能文意通顺。①岂不知《礼运》以禹、汤、文、武、成王、周公为"小康",正是其时代特征的反映,若人为地改为"大同",反而掩盖了历史的真相。又例如,《礼运》由于突出禅让,故提出"人不独亲其亲"和货"不必藏于己",而随着禅让实践的失败,儒家学者不再执着于乌托邦理想,而是从修身、齐家、治民之产等切实可即的事务入手,逐步实现王道理想。由于政治理念的这种变化,《礼运》的"人不独亲其亲"和货"不必藏于己"便不容易被理解,甚至被怀疑为墨家或道家的思想。岂不知儒学发展史上也曾存在过一个更激进、更具理想主义的时代,《礼运》的上述言论只有

---

① 邵懿辰:《礼经通论》,载《皇清经解续篇·三礼类》,艺文印书馆(台北),1986年。徐仁甫:《〈礼运·大同小康〉错简补正》,《武汉日报》1947年3月11日。永良:《〈礼记·礼运〉首段错简应当纠正》,《西南民族学院学报》1996年第6期。

从这一时代中去寻找答案，若简单地将其"著作权"转让他人，反而混淆了事实的真相。

《礼运》是特定时代的产物，是对已逝去的禅让思潮的理论总结，也是对未来社会的规划和展望。所以有关礼的论述占了全文的大多半篇幅，这一部分内容也颇具特色，有助于我们对其作者和年代做出进一步判断。《礼运》提出："夫礼，先王以承天之道，以治人之情。"可见其谈礼，一是讲形而上根据，二是讲人之情，而这两个方面也是密切相关的。在《礼运》看来，礼本来就是满足"情"的需要而产生的：

> 夫礼之初，始诸饮食，其燔黍捭豚，污尊而抔饮，蒉桴而土鼓，犹若可以致其敬于鬼神。

礼在字源上是指古代祭祀鬼神的礼节仪式。《说文》："礼，履也。所以事神致福也。从示从豊。"而《礼运》更强调的是礼用来满足神灵的感性需要。在古人看来，鬼神、先祖与活着的人一样，有着情感、生理的需要，因此"饮食"便成为祭祀者和被祭者首先关注的问题。古代物质条件简陋，人们简单地用火烧了黍米和肉来吃，在地上挖坑蓄水用手捧着喝，抟土做鼓椎和鼓来敲，仍然可以向鬼神表达敬意。当时没有宫室，人们冬天居住在洞穴里，夏天居住在搭起的巢穴里。不会用火熟食，茹毛饮血。没有丝麻，用羽毛和兽皮遮身。后来有圣人出来，教人利用火，铸造器用，营造台榭、宫室，并发明种种熟食的方法，"以炮，以燔，以亨，以炙"；煮染丝麻织成布帛，"以养生送死，以事鬼神上帝"。因此，礼的产生并非偶然的事件,而是文明的积累和成果,是贯穿于整个生活的有机形式。但是礼"治人之情",并非对"情"的简单否定,更不是放纵情欲,而是效法天地的运行,呈现出秩序性与和谐性来。

> 是故夫礼,必本于大一,分而为天地,转而为阴阳,变而为四时,列而为鬼神。其降曰命,其官于天也。夫礼必本于天,动而之地,列而之事,变而从时,协于分艺,其居人也曰养,其行之以货力、辞让、饮食、冠昏、丧祭、射御、朝聘。

"大一"亦作"太一",是指天地未判之前的宇宙本体,也即是道。① 孔颖达疏曰:"大一者,谓天地未分,混沌之元气也。极大曰天,未分曰一,其气极大而未分,故曰大一也。"郭店竹简《老子》丙篇后有《太一生水》一篇,提到"太一生水,水反辅太一,是以成天;天反辅太一,是以成地"(第1简)。在"太一"与"天地"之间加入了水,提出了"水反辅太一"的思想,是当时一种较为独特的宇宙论。有学者指出,太一与老子的道存在密切联系,是战国时期道家学者着力阐发的概念。② 《礼运》提出太一,可能就是受到道家思想的影响,是利用道家的形而上学为礼寻找根据。在其看来,太一生成万物乃是一和谐、有序

---

① 《吕氏春秋·仲夏纪·大乐》:"道也者,至精也,不可为形,不可为名,强为之〔名〕,谓之太一。"

② 许抗生认为太一源于老子的道,参见许抗生:《初读〈太一生水〉》,《道家文化研究》第17辑。李学勤认为《太一生水》可能是关尹一派的著作,但又认为太一的概念,并非道家独有,《礼运》的太一是来自《易传》的太极,参见李学勤:《荆门郭店楚简所见关尹遗说》,《中国哲学》第20辑。

的过程，人也是在这一过程中产生的，"人者，其天地之德，阴阳之交，鬼神之会，五行之秀气也"。但天地的运行是自然、"无心"的，而人生天地之间，能够自觉地取法天道，"以天地为本，以阴阳为端，以四时为柄，以日星为纪，月以为量"，体现出目的性和能动性来，"故人者，天地之心也，五行之端也，食味、别声、被色而生者也"。真可谓天地无心，而以人为心。而圣人着力倡导的礼义正是取法天道，以"治人之情"的结果："故礼义也者，人之大端也，所以讲信修睦，而固人之肌肤之会，筋骸之束也。所以养生送死，事鬼神之大端也。所以达天道，顺人情之大窦也。""大同"的乌托邦是破灭了，但通过礼，依然可以实现"天下一家"的社会理想："故圣人耐以天下为一家，以中国为一人者，非意之也，必知其情，辟于其义，明于其利，达于其患，然后能为之。何谓人情？喜怒哀惧爱恶欲，七者，弗学而能。何谓人义？父慈，子孝，兄良，弟弟，夫义，妇听，长惠，幼顺，君仁，臣忠，十者，谓之人义。讲信修睦，谓之人利。争夺相杀，谓之人患。故圣人所以治人七情，修十义，讲信修睦，尚辞让，去争夺，舍礼何以治之？"

从《礼运》的内容以及有关礼的论述来看，它与历史上的子游氏之儒有一定联系，其作者可能是子游学派的不知名学者。[①] 这是因为，

---

① 武内义雄说："《礼运》之作者不明，固不在言，谓为子游所作，殆不可靠。然而系于子游学派所作，则不难想象也。""孔门中通礼者子游，子游之下有檀弓，其后有荀子，此是儒家礼学一派发展之路径，最为明了者也，而荀子后学之作《礼运》篇，托子游乃极自然之事矣。"参见武内义雄：《礼运考》，载内藤虎次郎等著，江侠庵编译：《先秦经籍考》上册，第217页。

首先，《礼运》托名子游与孔子的问答，而托名者显然应该是子游的弟子或与其有一定关系的人。值得注意的是，《礼运》直呼子游之名"言偃"，而不称其字，与《论语》等书体例不符，这说明，它似乎不应是出于子游（约前506—前445年）弟子之手，而应是子游学派后期学者所为。

其次，孔门后学中子游比较重视礼，对礼有独特的理解，《礼运》有关礼的论述，应该就是对其思想的进一步发展。据《论语》，子游反对子夏弟子只注重"洒扫应对进退"的做法，认为是"末"，而他自己更重视"本"（《论语·子张》）。从他的有关论述来看，他所理解的"本"应该就是指礼化民易俗、平治天下的功能和作用：

> 子之武城，闻弦歌之声，夫子莞尔而笑曰："割鸡焉用牛刀？"子游对曰："昔者，偃也闻诸夫子曰：'君子学道则爱人；小人学道则易使也。'"子曰："二三子！偃之言是也。前言戏之耳！"（《论语·阳货》）

子游用礼乐教化武城之民，正是其重视礼之"本"的反映。《礼运》篇反复强调礼的作用是"讲信修睦，尚辞让，去争夺"，显然是与此一致的。子游还十分关注情的问题，是孔门的"性情"之儒。《礼记·檀弓下》记载了他的一段话："子游曰：礼有微情者，有以故兴物者。有直情而径行者，戎狄之道也。礼道则不然。人喜则斯陶，陶斯咏，咏斯犹，犹斯舞，舞斯愠，愠斯戚，戚斯叹，叹斯辟，辟斯踊矣。品节斯，斯之谓礼。"子游认为，礼是出于情的需要，是情的节文。这与《礼运》礼"顺人情之大窦也""所以持情而合危也"的说法，显然存在前后连续的关系。

还有，郭店竹简中有《性自命出》一篇，据学者研究，应为子游氏儒的作品。① 如果将二者做一比较，就可以发现其思想有许多可沟通之处，如二者都重视性和情，《性自命出》提出"喜怒哀悲之气，性也"，"好恶，性也"，又认为"情生于性"；《礼运》则提出"何谓人情？喜怒哀惧爱恶欲"，二者思想基本是一致的。又比如二者都重视礼，重视礼对情的塑造、培养，《性自命出》提出"礼作于情，或兴之也"，"始者近情，终者近义"，认为一方面礼的制作要符合情，另一方面情的表达又要符合义；《礼运》则提出"礼之初，始诸饮食"，又主张"圣王修义之柄、礼之序，以治人情。故人情者，圣王之田也"。与前者思想十分相近。

此外，《礼运》中有关阴阳五行的内容，也有助于我们对其年代做出进一步判断。我们知道，阴阳与五行本属两种不同的文化体系，它们在彼此独立的状态下，各自经过了长期的发展过程，最终才走到了一起。由于古人认为四时的推移是阴阳流行的结果，故五行说要与阴阳说合流，往往选择时令作为结合点。白奚先生曾以《管子》一书为例，对

---

① 廖名春：《荆门郭店楚简与先秦儒学》，《中国哲学》第20辑。陈来：《儒家系谱之重建与史料困境之突破——郭店楚简儒书与先秦儒学研究》，载《郭店楚简国际学术研讨会论文集》，第562～570页。

阴阳五行的合流进行了考察。据他的研究,《管子》中论及阴阳五行合流的文章可分为两组：一组以《幼官》《四时》为代表，采用了"播五行于四时"的做法，用五行配东南中西北五方，又用四时配东南西北四方。另一组以《五行》为代表，它用五行等分一岁之日，从四时的每一时里扣下若干天留给中央土，将一年分成五个七十二日，配以木火土金水五行。但不论是哪一种，都是力图将阴阳和五行有机地结合起来。①可以看到,《礼运》与《幼官》等篇一样，都是采用的"播五行于四时"的方法：

> 故天秉阳，垂日星；地秉阴，窍于山川。播五行于四时，和而后月生也。……
>
> 故圣人作则，必以天地为本，以阴阳为端，以四时为柄，以日星为纪，月以为量，鬼神以为徒，五行以为质，礼义以为器，人情以为田，四灵以为畜。(《礼记·礼运》)

白奚认为,《幼官》等篇应是齐宣王、湣王时期一批佚名的齐人稷下学者所作。《礼运》有与其相同的阴阳五行说，年代也应与其相近。齐宣王、湣王在位时间为公元前319年至前284年，这与前面我们关于《礼运》年代的判断基本是一致的。

前面说过，一些学者出于重建孔孟"道统"的需要，往往将《礼

---

① 白奚：《中国古代阴阳与五行说的合流——〈管子〉阴阳五行思想新探》，《中国社会科学》1997年第5期。

运》"大同"归于孔子①,认为孔子传道于子游,故《礼运》成于子游(或其弟子)之手,建构出孔子—子游—子思—孟子的道统谱系,从康有为、孙中山、郭沫若一直到今天的一些学者,无不持这一看法。而这一新"道统"的建立,显然是要在儒家内部重新发现一个民主政治的源头,从而为维新改良、民主革命乃至呼唤民主改革寻找理论根据,可谓用心良苦,诚意可嘉。但从我们前面的考察来看,孔子虽然对禅让持肯定态度,但在其生活的时代,禅让作为一种社会思潮还没有出现。虽然儒学史上的确存在过一个宣讲禅让、"大同"的时期,但那并非仅仅是孔子倡导的结果,更主要的乃是当时的社会历史条件使然。当时宣传禅让的也不只有孔门一家,其他如墨家、早期法家、纵横家等也都参与其中。儒家内部讲禅让的也不只有子游氏一派,至少我们现在知道,子羔、子思等派也有类似的思想。更重要的,《礼运》不是对禅让、"大同"的礼赞,而是为其唱出的一曲挽歌。《礼运》的真正意义不在于其提出的"大同"理想,而在于"大同"理想遭到暂时挫折、失败后,不是消极悲观,怨天尤人,自暴自弃,而是根据时世的变化对理想做出重

---

① 《孔子家语·礼运》篇说:"孔子为鲁司寇,与于蜡。"孔子为司寇时约五十二岁,而子游少孔子四十五岁,此时仅七岁,所以关于《礼运》"大同"思想的争论,往往是围绕孔子是否可能为子游讲述"大同"之义展开的。20世纪三四十年代,两种截然相反的意见展开激烈争论,钱穆、梁漱溟、吴虞等据《家语》,认为孔子不可能为童稚之年的子游讲论"大同";郭沫若、吕思勉则认为"《家语》伪书,本不足据","孔子晚年要同门弟子谈谈大同小康的故事,是没有什么不可能的"(《郭沫若:十批判书·儒家八派的批判》)。1960年代古棣、任蚓亦就此展开激烈辩论(二文分别见《光明日报》1961年5月24日和1961年9月15日)。高葆光、裴传永则通过详尽的考证,分别得出肯定和否定的结论,参见高葆光:《礼运大同章真伪问题》,《大陆杂志》(台北)第15卷第3期,1957年;裴传永:《"礼运大同"思想之我见》,《山东大学学报》1999年第3期。

新选择和调整，在理想与现实之间保持一种平衡与张力，以及所表现出的通达、乐观、务实精神。这既是《礼运》时代特征的反映，也是在"全面建设小康社会"的今天，对《礼运》一种更符合其历史原意的解读。

第五编

出土文献与儒学新知（下）

第十四章　清华简《厚父》与中国古代"民主"说

清华简《厚父》公布后，因涉及《孟子》引《书》等内容，而备受学者关注。关于其思想主旨，更是引起热烈讨论。有学者认为《厚父》主要反映了古代的民本说，并将民本的产生推到夏商时期，认为"'民本'问题是中国政治学理论的'元问题'，是中国早期国家机器草创时要考虑的头等大事"①。另有学者则认为，《厚父》与《尚书》及儒家思想大相径庭，"其对民的认识与'虞夏书'及'周书'中反复强调的'保民'思想有重要差异"，"与孟子等儒家安民、养民的观念相距甚远"②。"其对夏启的贬低，正合法家不重君德而重律令的观念"③。其实，《厚父》所表达的既非民本说，也非法家式的重刑说，而是作为三代意识形态的"民主"说，即"天惟时求民主"(《尚书·多方》)。只不过此"民主"说包含了做民之主和为民做主两个方

---

① 宁镇疆：《清华简〈厚父〉"天降下民"句的观念源流与豳公盨铭文再释——兼说先秦"民本"思想的起源问题》，《出土文献》2015年第2期。杜勇：《清华简〈厚父〉与早期民本思想》，《西华师范大学学报》2016年第2期。
② 王坤鹏：《论清华简〈厚父〉的思想意蕴与文献性质》，《史学集刊》2017年第2期。
③ 李若晖：《〈厚父〉"典刑"考》，《哲学与文化》(台北)2017年第10期。

面，二者互为联系又各有侧重，前者突出治民、教民，后者强调保民、养民；前者主要是君本，后者则蕴含着民本，后世的民本说实际是从"民主"说中分化出来的。虽然作为一种宗教观念或意识形态，"民主"说贯穿了三代的宗教、政治实践，但其内涵又有所变化发展，呈现为从强调治民、教民到重视保民、养民，从提倡刑罚到主张"明德慎罚"的变化。《厚父》的思想主要反映的是治民、教民说，是对夏、商政治理念的概括和总结，与周人的"敬德保民"说存在一定的差异。从这一点看，《厚父》虽然有与《孟子》引《书》相近的内容，但二者关系不大。在思想上真正与《厚父》相关，甚至可能受其影响的，反倒是孟子之后另一位提倡"隆礼重法"的儒学大师——荀子。

第一节 "民主"：做民之主与为民做主

"民主"一词在现有文献中虽出现于周初，但其反映的观念则渊源甚早，应该是随中央王权的出现而出现的。我们知道，夏代以前中国是邦国联盟时代，尧舜乃天下的盟主，其对邦国支配能力有限，还不是真正意义上的"民主"。到了夏商周才出现统一的中央王权，这时中央王权之下虽然存在有大量邦国、方国，但王朝对邦国的控制力明显增强，邦国在政治上不再具有独立主权，经济上要向朝廷纳贡，军事上要随王出征或接受王的调遣。三代之王成为名副其实的天下共主，对邦国国君具有调遣、支配甚至生杀予夺的权力，只不过后者内部尚没有建立起与王的直接隶属关系，具有相对的独立性而已。① 随着中央王权的确立，"天命王权""王权神授"的观念随之出现，以说明王权的正当性与合法性，所谓"民主"说就是在这一背景下产生的。

据《大戴礼记·五帝德》，孔子曾称禹"为神主，为民父母"，《史记·夏本纪》亦称禹"为山川神主"，说明孔子的说法应是有根据的，反映的是古老的观念。禹既为"神主"，又"为民父母"，正合《左传·襄公十四年》所云："夫君，神之主而民之望也。"宋林尧叟注："奉祭祀故为神之主，施德惠故系民之望。"② "神之主"，即众神赖以得享祭祀者；"民之望"，即万民赖以足衣食者。故"神主"即"主"祭祀"神"者，代表神权或巫的力量；"为民父母"则表示教民、养民的职责和义务，代表了治权或君的统治。合而言之，大禹既具有神权，又掌握治权，是沟通天地、供养万民的统治者，也就是"民主"。其中，神权是治权的合法性根据，而治权乃神权在政治领域的具体表现。因此，所谓"民主"实际是一种君权神授说，是神或上帝为民众选立主人，同时赋予其教民、治民以及保民、养民的权利和义务，并根据其表现决定天命的授予甚至转移。这种"民主"观念应该产生甚早，是三代统治者共同信奉的，《尚书·洪范》记殷臣箕子曰："天子作民父母，以为天

---

① 王震中：《中国王权的诞生——兼论王权与夏商西周复合制国家结构之关系》，《中国社会科学》2016年第6期。
② 林尧叟：《春秋左传句解》，载王道焜编：《左传杜林合注》卷二十七，明万历吴兴闵氏刻本。

下王。"表达的正是"民主"说。至于周人则明确提出"民主"的概念，对"民主"说做出系统的概括和总结，内容主要包括：天为人间民众选立主人或统治者；所选的主人或统治者是可以替换或改变的；替换或改变的根据在于后者的表现。

需要说明的是，以往学者往往根据商王纣"我生不有命在天"（《尚书·西伯戡黎》）的个别论述，认为天命转移、"民主"移位的观念乃周人的发明，为殷人所不知晓，恐怕不符合事实。上文的"民主"说虽然为周人所提出，但其反映的观念则出现更早。在《尚书·多方》中，周公告诫四方诸侯，"天惟时求民主，乃大降显休命于成汤，刑殄有夏"，用"民主"说解释殷革夏命的合理性，并为周革殷命确立合法性根据。试想如果面对殷顽遗民，周公讲的是一套他们完全不熟悉也不了解的内容，那么又如何令其信服，达到威吓、训诫的目的呢？合理的解释只能是，"大惟时求民主"的观念由来已久，为殷人所熟悉和接受，当年是其讨伐夏桀的理论武器。只不过周人对其做了发挥，又以子之矛攻子之盾罢了。正因为如此，周公才有意点出，"乃惟成汤，克（注：能）以（注：率）尔多方，简（注：选择）代夏作民主"（《尚书·多方》）。当年殷革夏命、商汤伐桀就是"天惟时求民主"的结果，只不过今天轮到周革殷命了。所以，"非天庸释（注：弃）有夏，非天庸释有殷，乃惟尔辟（注：君，此指天子）以（注：率）尔多方，大淫图（注：读为'斁'，败坏）天之命，屑（注：杂多貌）有辞"（《尚书·多方》）。不是老天抛弃了夏人，也不是老天抛弃了殷人，而是因为你们的天子带领诸侯大肆淫逸，败坏天命，还振振有词为自己辩护。夏桀、商纣不再为"民主"，是因为失去上帝或天的信任，而上帝或天不再信任他们，则是由于其所作所为，正可谓"天作孽，犹可违；自作孽，不可活"（《孟子》引《太甲》）。故得天命则得天下，失天命则亡天下，此乃汤武革命共同信奉的思想律，而绝非周人的独家发明。其实在《尚书·西伯戡黎》中，殷臣祖伊就惊呼"天既（注：通'其'）讫（注：终结）我殷命"，感慨"非先王不相（注：助）我后人，惟王淫戏用自绝，故天弃我"，认为天命是可以终止的，"民主"是可以移位的，而这一切都是纣王的淫乐嬉戏造成的。面对商纣"我生不有命在天"的幻想，祖伊更是直接斥之曰："乃罪多，参（注：当为'累'）在上，乃能责命于天？"你的罪恶多多，累积到上天那里，还能要求上天给你天命吗？应该说，祖伊的观点可能更能反映殷人看法，而商纣的观点则较为特殊，是独夫民贼的一厢情愿，反而违背了殷人的一般观念和认识。出现这种情况并不奇怪，神权时代政权的合法性来自天命，任何执政者都会自认权力是天命的授予，自己是上帝或天派到人间的"民主"或统治者，周人如此，夏人、商人亦如此。王权既来自天命，如何获得上帝或天的宠幸和信任便成为"民主"们关心的中心，各种祭祀乃至伦理规范由此而生。而经历了殷革夏命后，天命转移的观念开始产生，并逐渐为殷人、周人所接受，而在经历了亡国之痛后，夏人也不得不接受这一事实。因此，"民主"说贯穿于夏商周三代的政治实践，是被其统治者普遍接受的，只不过在对于天、君、民及其

相互关系上,不同时代可能存在着不同的认识和看法罢了。《礼记·表记》云:

> 殷人尊神,率民以事神,先鬼而后礼,先罚而后赏,尊而不亲。其民之敝,荡而不静,胜而无耻。周人尊礼尚施,事鬼敬神而远之,近人而忠焉,其赏罚用爵列,亲而不尊。其民之敝,利而巧,文而不惭,贼而蔽。①

据《表记》,殷人、周人在宗教信仰、政治治理上存在一系列的差异。在宗教上,殷人崇拜神灵,祭祀繁缛,频繁贞卜,而周人在祭神的形式下突出了伦理的内涵。在政治上,殷人强调尊尊,突出权威意识,强化等级观念,与之相应,在治理方式上重视刑罚,"先罚而后赏",其统治虽有威严,却不易使人亲近。周人与之不同,更重视亲亲,把亲亲置于尊尊之上,尊崇礼制又好施恩惠,讲究人情而待人忠厚,即使赏罚也考虑到地位的差别,给亲者、贵者享有特权,其统治使人感到亲切,但缺少威严。殷、周宗教观念上的差异,前人多有讨论,而《表记》认为在政治观念上,殷人强化王权,重视刑罚,与周人有所不同,也是基本符合事实的。据《尚书·洪范》,殷臣箕子向武王进献的"洪范九

---

① 《礼记·表记》还说:"夏道尊命,事鬼敬神而远之,近人而忠焉,先禄而后威,先赏而后罚,亲而不尊。其民之敝,蠢而愚,乔而野,朴而不文。"但学者一般认为,这是为了与殷道、周道类比而做的拼凑,并不可信。如郭沫若说:"这所说的'夏道'是没有根据的,但所说的殷人和周人则颇近乎事实。"参见郭沫若:《青铜时代·先秦天道观之进展》,载《郭沫若全集》历史编第一卷,人民出版社,1982年,第331页。

畴",其核心是"皇极"一项①,而皇极就是要"惟皇作极",一切以君主的意志为最高准则,要求"无偏无陂,遵王之义;无有作好,遵王之道;无有作恶,遵王之路;无偏无党,王道荡荡;无党无偏,王道平平;无反无侧,王道正直"。而君王的准则,也就是上帝的准则("于帝其训"),具有绝对的神圣性和权威性。君王不仅确立至高无上的统治准则,还垄断天下的财富,享有绝对的权威,以便能决定、影响他人的福祉。"惟辟(注:君)作福,惟辟作威,惟辟玉食。臣无有作福、作威、玉食。臣之有作福、作威、玉食,其害于而家,凶于而国。"只有君王才能赏赐人们幸福,只有君王才能给予人们惩罚,只有君王才能享受美食。臣下不能赐人幸福、予人惩罚以及享受美食。如果臣下能够给人幸福、予人惩罚、享受美食,就会危及王室,倾覆国家。这是对臣下而言,对于民众,则要"敛(注:聚)时(注:此)五福,用(注:以)敷锡(注:赐)厥庶民,惟时(注:于是)厥庶民于(注:取;接受)汝极,锡(注:助)汝保(注:守)极"。君主掌握五种福,把它施之于庶民,这样庶民就会接受你的统治准则,并帮助你巩固这准则。"凡厥庶民,极之敷言,是训是行,以近天子之光。"这些庶民,对于陈述君主至上准则的言论,就会顺从之,奉行之,以亲附于天子,承受

---

① 关于"皇极",伪孔释"皇,大也;极,中也",认为是"大中之道",孔疏从之,参见李学勤主编:《十三经注疏·尚书正义》,第299~300页。朱熹则称,"盖皇者君之称也,极者至极之义,标准之名",认为"皇"为"君"之义,"极"为"标准"之义,参见朱熹:《皇极辨》,载《晦庵先生朱文公文集》卷七十二,《朱子全书》第24册,第3453页。朱子之说应符合"皇极"本义。汉唐至南宋关于"皇极"的讨论,参见吴震:《宋代政治思想史上的"皇极"解释——以朱熹〈皇极辨〉为中心》,《复旦学报》2012年第6期。

天子的荣光！更有甚者，箕子还提出"休征""咎征"，将君王的行为分为好、坏两个方面。就"休征"而言，君王肃敬，雨水就会适时降落（"曰肃，时雨若"）；君王清明，阳光就会普照大地（"曰乂，时旸若"）；君王明智，天气就会温暖适宜（"曰哲，时燠若"）；君王深虑，天气就会适时转寒（"曰谋，时寒若"）；君王圣明，和风就会定时而至（"曰圣，时风若"）。就"咎征"而言，君王行为狂肆，淫雨就会连续不断（"曰狂，恒雨若"）；君王动静失常，天气就会经常干旱（"曰僭，恒旸若"）；君王犹豫不决，炎热就会持续不断（"曰豫，恒燠若"）；君王急躁不安，寒冷就会一直延续（"曰急，恒寒若"）；君王昏庸无知，风尘就会不断飞扬（"曰蒙，恒风若"）。总之，君王的一举一动，无论好坏，都会影响天气的变化。这不仅仅是强化王权，更是神化王权，开后世天人感应的先河。

与强化"民主"的地位相应，在君民关系上，箕子则强调君王要做民之主，要绝对支配民，而不可听从于民。"庶民惟星，星有好风，星有好雨。日月之行，则有冬有夏。月之从星，则以风雨。"这是以星类比民，以日月类比君臣。古人认为天上的星星往往会影响到刮风、下雨等气候变化，如"箕星好风，毕星好雨"等。又认为月亮行经好风雨的星就引起风雨，如"月经于箕则多风，离（注：历）于毕则多雨"等。故庶民如同天上的星星，他们好恶无常，不可取法。日月的运行有其自身的规律，决定四季的变化，此象征"君臣政治，小大各有常法"。如果月亮失常，跟随了星星，就会从其星而引起风或雨。故此章是说：

"政教失常,以从民欲,亦所以乱"(伪孔注),"喻人君政教失常,从民所欲,则致国乱"(《尚书正义》)。①"比喻君臣政教失常顺从民欲,就要招致大乱,谆谆告诫统治者要加强其统治体制而不可听从人民的愿望。"② 如果将殷人"从民所欲,则致国乱"的观念,与周人"民之所欲,天必从之"(《左传》《国语》引《尚书·泰誓》)的信念做一比较,不难发现二者的差别甚至对立。晁福林先生说,"箕子献'洪范'九畴,着力提倡王权,事实上并未脱开商人观念的影响,是商人整体意识形态的反映","箕子所献九畴大法的核心是要武王成为作威、作福、玉食之君王,这一主张是为专制王权张目","与此后周人'敬天保民'之民本观念相迥异"③,是符合事实的。

殷人既尊君抑民,则民之生杀予夺皆出于君。"乃有不吉(注:善)不迪(注:正),颠(注:狂)越(注:逾)不恭,暂(注:读为'渐'。欺诈)遇(注:读为'愚'。欺骗)奸宄,我乃劓殄灭之,无遗育。"(《尚书·盘庚中》)倘若民众不行善道,狂妄放肆,不知恭敬,欺诈盗窃,违法作乱,我就要把他们全部杀掉,斩草除根,不使其后代存留。又据《尚书·高宗肜日》,殷人肜祭高宗武丁时,有野鸡飞到鼎耳上鸣叫,殷臣祖已趁机开导武丁之子、殷王祖庚曰:"惟天监下民,典(注:主)厥义,降年有永(注:长久)有不永。非天夭民,民中绝命,民有不

---

① 李学勤主编:《十三经注疏·尚书正义》,382 页。
② 顾颉刚、刘起釪:《尚书校释译论》,第 3 册,第 1194 页。
③ 晁福林:《说彝伦——殷周之际社会秩序的重构》,《历史研究》2009 年第 4 期。晁福林:《天命与彝伦——先秦社会思想探研》,北京师范大学出版社,2012 年,第 178、177 页。

若（注：顺）德，不听罪。天既孚（注：'付'）命正厥德，乃曰其如台（注：如何）？呜呼！王司（注：主）敬民，罔非天胤，典祀无丰于昵！"上天考察下民，主要看他们行为是否合理。上天赐予人们的寿命虽然有长有短，但都有一定的年限，有些人却早早丧命夭折，这并非上天有意为之，而是民自绝其命，是因为其不遵德行，犯法又不认罪。上天既已命令其端正德行，这些民众却说：上天能把我如何？下一句"王司敬民"的"敬"，以往学者解释为敬重，认为反映了古代民本思想。非是。敬，通"儆"。《说文》："儆，戒也。"王的职责是警告民，使其戒惧，意为王对民不可姑息，而应严厉惩罚。如此解释方可前后一致，合乎逻辑，而不至于自相矛盾。①《高宗肜日》一篇，学者一般认为是讲祭祀制度改革，孔传："昵，近也。祭祀有常，不当特丰丁近庙。"杨树达先生解释说："这'近'是说'近的亲属'。换句话说，就是直系亲属或直系的祖先。拿龟甲骨文看，很明显地看出殷人对于直系的先祖与非直系先祖祭祀礼节上的不相同。"②但祖己主张祭祀改革的理据是"王司敬（儆）民，罔非天胤"，"典祀无丰于昵"是由前者得出的具体结论，认为王是上天派到人间管理、惩戒民众者，他们都是上天的子嗣，故不应"特丰于近庙"，在祭祀上厚此薄彼，而应该平等对待。故更深层地看，"王司敬（儆）民，罔非天胤"才是《高宗肜日》一文的主旨所在，它是一种"民主"说，

---

① 梁涛:《〈尚书·高宗肜日〉新探——兼论殷周的两次宗教变革及"民"的发现》，《学术月刊》2019年第1期。

② 杨树达:《〈尚书〉"典祀无丰于昵"甲文证》，载《积微居甲文说》，大通书局（台北），1974年，第49页。

而非民本说，而且强调的是教民、治民，而不是保民、养民，这也构成殷人"民主"说的一个重要特点。当然这样讲，并不意味着殷人没有保民、养民的观念，任何国家都是君与民共同组成的，所谓"民主"首先是民之主，没有民也就无所谓主。虽然古代的"民主"说一开始主要关注的是做民之主，是君对民的统治、管理，和民对君的依附、服从，但随着对民之地位和作用的认识，就不能不涉及为民做主以及保民、养民的内容。《国语·周语上》引《夏书》曰："众非元后，何戴？后非众，无与守邦。"众，民也；后，君也。元后，即天子。民众没有了天子，就没有尊奉、拥戴的对象；君主没有了民众，就没有人帮助守卫城邦。这是对民众作用和力量的朴素认识。清华简《尹诰》中商汤称："非民亡与守邑"，"吾何祚于民，俾我众勿违朕言？"《商书》中也有"施实德于民"（《尚书·盘庚上》），"古我前后，罔不惟民之承保"（《尚书·盘庚中》）。前后，先王也。承，读为"拯"。我们的先王，无不是想着拯救和保护民众的。但如学者所言，这只是统治者重民、爱民的一些说法，并没有达到"以民为本"的地步。[①] 其在殷人的思想中只居于从属的地位，殷人的"民主"说主要是"敬（儆）民"，强调祭祀、刑罚的作用，突出的是教民、治民。

与殷人不同，周人的"民主"说一是突出德，二是重视民，而不论是德，还是民，都为天所喜好和关注，故敬德保民方可得天命，为"民

---

① 晁福林：《从"民本"到"君本"——试论先秦时期专制王权观念的形成》，《中国史研究》2013 年第 4 期。

主"。《左传·僖公五年》引《周书》曰:"'皇天无亲,惟德是辅。'又曰:'黍稷非馨,明德惟馨。'又曰:'民不易物(注:改变祭品),惟德繄(注:是)物。'"上天公正、无私,对所有族群一视同仁,并根据他们的德来选择"民主"。上天喜欢的不是黍稷的芳香,而是美德的芳香。民众奉献的祭品没有差别,只有美德才是真正的祭品,才能获得上天的青睐和欣赏。"肆惟王其疾敬德。王其德之用,祈天永命。"(《尚书·召诰》)故王要赶紧恭敬行德,只有恭敬行德才能获得长久的天命。那么什么是德呢?李泽厚先生说:"'德'似乎是一套行为,但不是一般意义上的行为,主要是以氏族部落首领为表率的祭祀、出征等重大政治行为。"[①]需要补充的是,对于周人来说,德首先是天子、国君施民恩惠、恩泽的行为。"天亦哀于四方民,其眷(注:顾)命用懋(注:勤勉),王其疾敬德。"(《尚书·召诰》)伪孔注:"民哀呼天,天亦哀之,其顾视天下有德者,命用勉敬者为民主。"只有勤勉为民者才算是有德,才能获得上天的眷顾,从而获得天命。同样,获得天命之后,也要以德来和悦民众,延续天命。"皇天既付中国民,越(注:与)厥疆土于先王,肆王惟德用,和怿(注:读为'斁',尽)先后迷民,用怿先王受命。"(《尚书·梓材》)上天既然把中国、民众和土地交付给先王,今王就应当施行德政,使先后受到迷惑的顽民心悦诚服,以完成先王所受的天命。可谓得天命以德,守天命亦以德,而德就是勤勉为民,德与民是相通的。前文说过,殷人认为"从民所欲,则致国乱",周人则提出"民

[①] 李泽厚:《中国古代思想史论》,人民出版社,1985年,第86页。

之所欲，天必从之"，这是对民之态度的一大转变。"民之所欲"两句出于《尚书·泰誓》，《泰誓》不见于伏生所传今文《尚书》二十八篇，汉武帝时，河内女子发老屋得《泰誓》，献之朝廷，故刘歆称"《泰誓》后得"，此篇后失传，今本《泰誓》乃东晋梅赜所献的伪古文。不过《左传·襄公三十一年》《国语·周语中》《国语·郑语》引《尚书·泰誓》均有这两句，故应当可信。考虑到《泰誓》乃武王伐纣的誓词，周人此论可能有鼓动、宣传的考虑，但其突出民的地位和作用，对当时及以后的影响则是巨大的。诚如王国维所言："《尚书》言治之意者，则惟言庶民。《康诰》以下九篇，周之经纶天下之道胥在焉，其书皆以民为言。"①

周人"民主"说的变化与其天命观也是密切相关的，通过殷周之变，周人发展了"天命靡常"（《诗·大雅·文王》）、"天不可信"（《尚书·君奭》）的观念。所谓"天不可信"并不是怀疑、否定天的权威，而是强调天不会一劳永逸地保佑一族一姓，因而守住天命就必须重德、重民。"天棐（注：通'匪'）忱（注：信）辞（注：当为'辝'，犹'台'，我），其考（注：成）我民，予曷其不于前宁人（注：犹言'先文王'）图功攸（注：通'猷'，谋）终？"（《尚书·大诰》）老天并非信任我，而是为了让我去安定民众。我怎敢不去谋求实现文王想要成就的功业呢？所以为"民主"就需要安民，安民就需要敬德，敬德则需要效法先王树立的典范和榜样。"天畏棐忱，民情大可见。小人难保，往

---

① 王国维：《殷周制度论》，载《观堂集林》，彭林整理，河北教育出版社，2001年，第242页。

尽乃心，无康好逸豫，乃其乂民。"(《尚书·康诰》)天畏，天威也，也就是天命。天命不可信，但民情、民意却易于发现，征之民情、民意即可见天命之所在，正所谓"天视自我民视，天听自我民听"(《孟子·万章上》引《尚书·泰誓》)。虽然小民难以安定，但只要你尽心尽力，不贪图安逸，就可以治理好他们了。因此与殷人相比，周人的"民主"说更强调保民、养民，在治民、教民上也提倡"明德慎罚"。"惟乃丕显考文王，克明德慎罚，不敢侮鳏寡，庸庸、祗祗、威威、显民。"(《尚书·康诰》)伟大英明的父亲文王能够崇尚德教而谨慎地使用刑罚，不敢欺侮无依靠的人，任用应当任用的人，尊敬应当尊敬的人，惩罚应当惩罚的人，并让民众了解这些。"土启监，厥乱为民。曰：无胥戕，无胥虐，至于敬（注：鳏）寡，至于属妇，合由以容。"(《尚书·梓材》)周王封建诸侯，是为了治理民众。王说："不要互相残害，不要互相虐待，对于那些鳏夫寡妇，对于那些低贱的妻妾，都要给予教导和宽宥。"当然这并不是说，周人完全否定和排斥刑罚，慎罚并不是不要刑罚，相反如学者所指出的，西周政治理念之主流就是"软硬兼施""宽猛并济"，"德""刑"是维系政治秩序的两种不同的方式，形成所谓"德、刑二元主义"。[①]"凡民自得罪，寇攘奸宄，杀越（注：抢劫）人于（注：取）货，暋（注：强横）不畏死，罔弗憝（注：怨恨）。"(《尚书·康诰》)凡是民众有犯罪的，比如盗窃、劫掠、内外作乱、杀人抢夺他人货物、

---

① 郑开：《德礼之间——前诸子时期的思想史》，三联书店，2009年，第165页。

强横不怕死的，没有人不痛恨。"乃其速由文王作罚，刑兹无赦。"（《尚书·康诰》）就应赶快根据文王制定的刑法，对他们严加惩罚，不要赦免。所以周人的"民主"说同样包括了保民、养民与治民、教民两个方面，既强调要为民做主，也重视为民之主，只不过由于周人突出了民与德，主张明德慎罚，其"民主"说较之殷人，更强调保民、养民和为民做主一面而已。有学者称："三代国家皆以民本主义作为统治的基础，天命则是服务于这个基础的意识形态，大凡优秀的、明智的君主皆善于将此二者统一起来，只有那些庸劣的君主才忘却根本。"① 如果将这里的"民本"改为"民主"，这段论述依然是可以成立的。构成三代统治基础的并非民本而是"民主"，只不过这一"民主"说并非静止不变的，而是呈现出由重治民、教民到重保民、养民的变化而已。明确了这一点，再来看《厚父》的思想，就容易把握和理解了。

第二节　清华简《厚父》释读

《厚父》记载某王与夏人后裔厚父的对话，这位王，笔者同意李学勤等学者的看法，认为即周武王。② 而厚父，有学者推测可能是杞国国君。③ 盖周人得天命、成"民主"后，封夏人后裔于杞，封殷人后裔于

---

① 常金仓：《中国古代国家产生的形式及影响》，载常金仓：《二十世纪古史研究反思录》，中国社会科学出版社，2005年，第230页。
② 李学勤：《清华简〈厚父〉与〈孟子〉引〈书〉》，《深圳大学学报》2015年第3期。程浩：《清华简〈厚父〉"周书"说》，《出土文献》第5辑，中西书局，2014年，第145～147页。
③ 刘国忠：《也谈清华简〈厚父〉的撰作时代和性质》，《扬州大学学报》2017年第6期。

宋，同时在政治上采取兼容、开放的态度，积极总结、借鉴夏人、殷人的治国方略和政治经验。《尚书·召公》称："我不可不监于有夏，亦不可不监于有殷。""监于有殷"，武王访箕子，《洪范》是也；"监于有夏"，武王问厚父，本篇是也。故《厚父》与《洪范》一样，应属于《周书》，而非学者所认为的《商书》或《夏书》，是周人对夏朝政治理念的记录和总结。不过由于殷革夏命后，夏人长期生活在商人的统治之下，故厚父的观念中也包含了商人的思想，受到后者的影响，实际融合了夏人、殷人的思想。《厚父》云：

> 惟□□祀，王监嘉绩，问前文人之恭明德。王若曰："厚父！朕①闻禹□□□□□□□□□川，乃降之民，建夏邦。启惟后，帝亦弗恐②启之经德少，命皋陶卜为之卿事，兹咸有神，能格于上，知天之威哉，问民之若否（注：犹善恶），惟天乃永保夏邑。在夏之哲王，乃严寅（注：恭敬）畏皇天上帝之命，朝夕肆祀，不盘于康，以（注：治理）庶民惟政之恭。天则弗斁（注：厌弃），永保夏邦。其在时，后王之享国，肆祀三后，永叙在服（注：职位），惟如台？"

---

① 原字整理者隶定为"咸"，释为"遹"。富祥释为"朕"（《〈厚父〉简1"朕"字臆说》，简帛网，2015-04-28, http://www.bsm.org.cn/?chujian/6393.html），今从之。

② 原字做"叜"，整理者认为是"圣"之异体字，释为"固"。黄国辉认为当读为"恐"（《清华简〈厚父〉补释一则》，简帛网，2015-04-30, http://www.bsm.org.cn/?chujian/6395.html），今从之。

《厚父》第 1 简有残缺，简首缺四字，学者一般补为"惟王某祀"。不过考虑到《尚书·洪范》"惟十有三祀，王访于箕子"，也可补为"惟某某祀"。这位"王"如前所说，应是周武王。"嘉绩"，美好业绩。《尚书·盘庚下》："德（注：建立）嘉绩于朕邦。""前文人"，也见于《尚书·文侯之命》，伪孔注："前文德之人。"这里指夏人的先祖禹、启、孔甲等。武王想借鉴夏人建立的功绩，了解其先王的恭敬显明之德，于是询问厚父。由于夏朝的第一位先王禹是通过治水获得天命，成为"民主"，故武王首先问禹治水事，不过这段文字有残缺，约缺十一字，或可据《遂公盨》的内容补为：禹"受帝命，乃敷土辩方，随山浚"川。"乃降之民"的主语是天，降，赐也。由于禹治水有功，上天便赐给他民众，建立了夏邦。① 不过禹虽是夏朝的建立者，但按照当时的禅让传统，并不能传子，而是将王位传授给益。《孟子》记载此事："禹荐益于天。七年，禹崩，三年之丧毕，益避禹之子于箕山之阴。朝觐讼狱者，不之益而之启，曰：'吾君之子也。'讴歌者，不讴歌益而讴歌启，曰：'吾君之子也。'"（《孟子·万章上》）这是从民本解释启之得位，认为启得民心因而得天下。不过《竹书纪年》则说："益干启位，启杀之。"②《史记·夏本纪》也记载："有扈氏不服，启伐之，大战于

---

① 《遂公盨》有"降民，监德"，裘锡圭说，"大概上古传说认为洪水使下民死亡殆尽，所以在禹平水土之后，上帝要降民"（裘锡圭：《遂公盨铭文考释》，《中国历史文物》2002 年第 6 期），是以"降民"为"生民"。

② 朱右曾辑，王国维校补：《古本竹书纪年辑校》，载《王国维遗书》，上海古籍书店，1983 年，第 12 册，第 1 页。

甘。"《淮南子·齐俗训》称："昔有扈氏为义而亡，知义而不知宜也。"可见启之得位并非只是民众的拥护，而是伴随着激烈的武力斗争，只不过由于启是最后的胜利者，成王败寇，故"启惟后"，启成为天子、"民主"。

在孟子眼里，启是以德而得天下，而《厚父》则说："帝亦弗恐启之经德少。"关于启之失德，史籍有载。《楚辞·离骚》："启《九辩》与《九歌》兮，夏（注：大）康娱以自纵。不顾难以图后兮，五子（注：启第五子武观）用（注：因而）失（注：读为'抶'，击，指叛乱）乎家巷。"夏启纵情声色，寻欢作乐，不顾及后果，致使儿子武观酿成内乱。《墨子·非乐上》引《武观》曰："启乃淫溢康乐，野于饮食，将将（注：锵锵）铭（注：读为'鸣'，奏）苋（注：当为'箫'）磬以力。湛浊于酒，渝食于野，万舞翼翼，章闻于大（注：当为'天'），天用弗式。"（《墨子·非乐上》）"弗式"，不用。启淫逸纵乐，声闻于天，上帝不能接受。不过上帝虽然不满启的德行，但并不否认其天子地位，而是派皋陶为启的卿士，负责司法，协助其治理天下。而不论是启还是皋陶，都有神力（"兹咸有神"），能达于上天（"能格于上"），能知天之威严（"知天之威哉"），能察民之善恶（"问民之若否"），因而上天长久保佑夏邦。后来夏代贤明的君主，也能够恭敬畏惧皇天上帝的命令，终日祭祀（"朝夕肆祀"），不敢享乐（"不盘于康"），治理民众，勤于政事（"以庶民惟政之恭"）。故天不厌之，永保夏邦。在那时，要是后来在位的夏王，如夏桀之流，不忘祭祀禹、启、孔甲"三后"，遵从他们制定的法度，就会"永叙在服"。"叙"，通"绪"，继也。①"在"，介词，犹"于"。"服"，职事、职位。故"永叙在服"是说，永继于位，引申之，指永保其国，永享天命。武王问，我的看法如何呢？

从上文不难看出，武王仍是从周人敬德保民的角度来垂询厚父，其所关注的一是夏先王的"恭明德"，二是"民之若否"，想就此以夏为鉴，探寻治国之策，《厚父》整篇就是围绕这两个问题展开的。不过武王虽然有意"监于有夏"，但夏人、周人政治观念上的差异则是他必须面对的。周人相信"天命靡常""惟德是辅"，主张以德配天。但夏启得天命却并不以德，而是得益于皋陶的辅佐，实际是突出了刑罚，将刑置于德之上，这与周人的思想存在明显的对立和冲突。故武王的疑问是，夏之后王失国，难道是因为违背了先王的传统？如果他们能够一直恪守"三后"之训，就会永享天命？

> 厚父拜稽首，曰："都鲁（注：叹词），天子！古天降下民，设万邦，作之君，作之师，惟曰其助上帝乱下民。之（注：至）慝②王乃遏佚其命，弗用先哲王孔甲之典刑，颠覆厥德，沉湎于非彝，天乃弗若（注：赦），乃坠厥命，亡厥邦。惟是下民，庸（注：均）帝之子，咸天之臣民，乃弗慎厥德，用（注：以）叙在服。"

---

① "叙"字的训释，参见余培林：《诗经正诂》，三民书局（台北），2007年，第643页。
② "之慝"有学者主张上读，作"惟曰其助上帝乱下民之慝"。参见清华大学出土文献读书会：《清华简第五册整理报告补正》，清华大学出土文献研究与保护中心网站，2015-04-08，https://www.ctwx.tsinghua.edu.cn/info/1081/2214.htm。这样《厚父》突出刑罚的意味更浓，但语句不通，故不从。

对于武王的疑问，厚父以天设立君、师的职责和目的作答。由于这段文字与《孟子》引《书》内容相近，颇受学者的关注。然仔细分析不难发现，《厚父》与《孟子》引《书》文字虽然近似，但内容并不相同。《孟子》引《书》曰："天降下民，作之君，作之师，惟曰其助上帝宠之，四方有罪无罪惟我在，天下曷敢有越厥志？"（《孟子·梁惠王下》）认为天设立君、师的职责是"助上帝宠之"。"宠"是宠爱之意。故四方民众有罪无罪，都由我来负责。这是典型的保民、养民说，属于周人的思想。而厚父则强调"其助上帝乱下民"，"乱"，治也。天设立君、师是帮助其治理下民的，从下文的论述看，治理的手段首先是刑罚。天亡夏邦，也是由于夏桀之流的"愿土"，违背了上帝的命令，放弃了先哲王孔甲的典刑，沉湎于"非彝"也就是不合礼法之事，结果天不予宽赦，遂中绝其命，毁灭其邦。故夏之失国，不在于失德，而在于失刑。这是典型的治民、教民说，反映的是夏人、殷人的思想。虽然《厚父》与《孟子》所引《书》都主张君权神授，认为"天降下民，作之君"，属于古代的"民主"说，但在思想倾向上又存在明显差异，前者突出治民、教民，后者强调保民、养民。从《厚父》到《孟子》引《书》，正反映了"民主"说内部的发展和变化。

需要说明的是，上文厚父虽然说到"颠覆厥德"，但主要是针对孔甲的典刑而言，使用典刑治国便是有德，而"弗用"孔甲之典刑就是"颠覆厥德"。盖"德"之本义是一种特殊的能力，指"政治控驭能力"

和"权威影响力"①，起初并无明确的道德含义，主要表现为行为、作为，故酒德、凶德、暴德、欺德、逸德，甚至桀纣之行都可称"德"。周人提出"以德配天""敬德保民"的观念后，以领袖人物的模范行为或惠民之举为德，始赋予"德"道德的含义。②厚父是在行为、作为意义上使用德，指以典刑治民的行为或传统，这与周人以保民、惠民为德显然有所不同，不能因为厚父论及德，便忽略其内容上的差异。德，不在于其名，而在于其实，关键在于以什么为德。明乎此，则围绕孔甲形象的争论就可迎刃而解了。有学者注意到，在后人的记述中孔甲乃是一"淫乱德衰者"，如《国语·周语下》："孔甲乱夏，四世而殒。"《史记·夏本纪》也说："帝孔甲立，好方鬼神，事淫乱，夏后氏德衰，诸侯畔之。"但在《厚父》中，孔甲被称作"先哲王"，他的故法、常规被视为后王应该效法的准则，显然又是一个"有德者"。③出现这种情况，显然与"民主"观念的变化有关。虽然都是谈"民主"，但夏人、殷人强调做民之主，重在树立权威，加强对民众的统治，所以突出刑罚的作用。而周人则主张为民做主，提倡"敬德保民""明德慎罚"，试图以德来协调部族间的关系，增加其归附和向心力。"民主"观念既已变化，对"民之主"的评价自然也不同。由于周人观念的影响，孔甲逐渐被视为暴虐的昏君和"乱夏者"，而在夏人眼里，孔甲则是以刑治国的"哲王"。正

---

① 孙董霞：《先秦"德"义新解》，《甘肃社会科学》2015年第1期。
② 王德培：《〈书〉传求是札记（上）》，《天津师大学报》1983年第4期。赵伯雄：《先秦"敬"德研究》，《内蒙古大学学报》1985年第2期。
③ 赵平安：《〈厚父〉的性质及其蕴含的夏代历史文化》，《文物》2014年第12期。

如学者所说,"禹乃言其功德与立国,至于治国的祖宗之法,则在启与皋陶,无疑主于刑。因此,孔甲之典刑,正是上承夏启皋陶,重申以刑治国,维护祖宗之法。厚父之言,显然对以刑治国持赞赏态度,并进而将夏朝灭亡归因于'弗用先哲王孔甲之典刑'"①。

夏虽已亡国,但其"下民",也就是下文的"臣民",包括臣下和民众,仍是上天之子,上天亦将其当臣民看待,只是没有谨慎其德,这里的德主要针对"非彝"的"彝",也就是礼法而言,"弗""用叙在位",前一句的"弗"延续到这一句,不继于位,也就是不再享国、被授予天命。故对于武王的疑问,厚父明确肯定夏之亡国,是违背了以刑罚治国的传统,放弃了孔甲之典刑,这与周人对于夏、殷之鉴的认识,显然有所不同。于是武王转而问及"小民之德"。

> 王曰:"钦之哉,厚父!惟时余经念乃高祖克宪(注:效法)皇天之政功(注:政事),乃虔秉厥德,作(注:起)辟事(注:侍奉)三后。肆(注:今)女(注:汝)其若龟筮之言,亦勿可专改(注:擅改)。兹小人之德,惟如台?"

"钦之哉",勉励之辞。"皇天之政功",也就是上天之政事,因上天"命皋陶下为之卿士",确立了夏的治国之法,故夏之祖宗之法亦可视为"皇天之政功"。下一句"乃虔秉厥德"的"德"也主要针对此而言。厚父既言孔甲之典刑,武王遂称赞其高祖能够效法"皇天之政功",虔诚

---

① 李若晖:《〈厚父〉"典刑"考》,《哲学与文化》(台北)2017年第10期。

地秉持德，起而侍奉三王。下面两句较费解，学者的理解也存在分歧，从文字看，是说今天你当听从龟筮之言，不可轻易改变。似是武王建议厚父多听从龟筮之言，而不必拘泥其高祖的做法。以上是武王对厚父的客套之言，其真正想问的则是，"小人之德"如何？"小人"指下层民众、被统治者，"德"指其行为、表现。因夏之先王以典刑治国，与其对民众的认识有关，故武王由先王之法问及"小人之德"。

> 厚父曰："呜呼，天子！天命不可忱①斯，民心难测。民式克恭心敬畏，畏不祥，保教（注：效法）明德，慎肆祀，惟所役之司民启之。民其亡谅（注：诚），乃弗畏不祥。亡显于民，亦惟祸之攸及，惟司民之所取。今民莫不曰余保教明德，亦鲜克以谋。
>
> 曰民心惟本，厥作惟叶。矧（注：亦）其能贞良于友人，乃宣（注：恒）淑厥心，若山厥高，若水厥渊（深），如玉之在石，如丹之在朱，乃是惟人。曰天监司民，厥征如佐之服于人。民式克敬德，毋湛于酒。民曰惟酒用肆祀，亦惟酒用康乐。曰酒非食，惟神之飨。民亦惟酒用（注：以）败威仪，亦惟酒用恒狂。"

厚父提出"天命不可忱斯，民心难测"，将天命与民并举，形式上似与周人"天畏棐忱，民情大可见"（《尚书·康诰》）的主张相近，但

---

① 整理者隶定为"��"，学者认为当释为"沁"，读为"忱"。参见吴琳：《清华简（伍）〈厚父〉篇集释》，复旦大学出土文献与古文字研究中心网站，2015-07-26，http://www.fdgwz.org.cn/Web/Show/2560。

表达的思想则正相反。周人主张"天畏棐忱""天不可信",但又认为民情、民意是容易发现、了解的,了解了民情、民意,"敬德保民",也就可以得天命。这是以天命的形式肯定民情、民意,反映的是保民、重民的思想。厚父则认为不仅天命不可信,民心也难以了解、观测。民众既可以做到恭敬敬畏,畏忌不祥,保守、效法明德,谨慎祭祀,也可能不讲诚信,无所畏忌。而民不懂得诚信、畏忌,就会遭罹祸患。"亡显于民"一句,承前省略了主语"谅",是说民没有诚信,就会导致祸患("亦惟祸之攸及")。所以民心既可向善也可向恶,向善向恶都是"司民"教化的结果。虽然民众口头上都会说自己保有、效法明德("今民莫不曰余保教明德"),但很少有人真正如此谋划("亦鲜克以谋")。可见,民众的言论不可相信,其心也难以观测,真正有效的还是教化、刑罚,这是一种教民、治民说,与周人的思想明显有所不同。①

武王问"小人之德",此"德"主要指行为、作为而言,厚父答以"民心难测",以内在的心去说明外在的德,认为行为的发动乃由心所决定,在思想认识上无疑是一种深化。但其心仍主要是经验心,心可善可恶,受环境和教化的影响。正是在这个意义上,厚父提出"民心惟本,厥作惟叶"。民心是根本,行为是枝叶,有什么样的内心就有什么样的表现,心向善行为亦善,心向恶则行为亦恶,这当然不是什么民本说,

---

① 王坤鹏认为,《厚父》对民属性的认识,"其一,并没有预设民众是良善无罪的一方;其二,揭示民众的表现具有两面性,不时产生矛盾,统治者因此难以洞晓民心;其三,民众自己的说法不一定反映本心,相反往往具有欺骗性"。参见王坤鹏:《论清华简〈厚父〉的思想意蕴与文献性质》,《史学集刊》2017年第2期。

而是对民众的一种怀疑和不信任，与"民心难测"的判断是一致的。从思想史的角度看，《厚父》的"民心惟本"可以说是心学的萌芽，具有重要的意义，但其心主要是荀子式的，而非孟子式的。与荀子承认性恶，但又认为可以通过心的抉择、认知"积善成德"一样，《厚父》虽然认为"民心难测"，但也不否认民众可以通过努力成就善。如果能对友人忠贞诚信，使心长久地保持善，如同山终成其高，如同水终成其深。《礼记·中庸》："今夫山，一卷石之多，及其广大，草木生之，禽兽居之，宝藏兴焉。今夫水，一勺之多，及其不测，鼋、鼍、蛟、龙、鱼、鳖生焉，货财殖焉。"正是此意。如同从石头中雕琢出玉，如同从朱砂中提炼出丹，如此才成其为人。可见，只要"宣淑厥心"，就可以成善；若不敬德，自我放纵，也可以为恶，其中最严重的行为就是饮酒了。民若是放纵饮酒，不仅会败坏威仪，也会长久发狂。所以酒只可用来祭祀、享神，而不可用来享乐。民应恭敬其德，而不可沉湎于酒。《厚父》虽然没有说明，但显然认为，对于放纵饮酒者当由"司民"刑罚处置。不过"司民"虽然负责民众的教化、治理，但也要受到上天的监督，故上文专门强调，"天监司民，厥征如佐之服于人"。"佐"，四肢。《逸周书·成开》："人有四佐，佐官维明。"清代陈逢衡云："人有四佐，谓四枝。"[1]"人"，此指身体。上天监督官吏，其征状就好比四肢要服从身体。故"司民"也不可为所欲为，而应恭敬天命，服从其监督。

---

[1] 鹏宇：《〈清华大学藏战国竹简（伍）〉零识》，清华大学出土文献研究与保护中心网站，2015-04-10，https://www.ctwx.tsinghua.edu.cn/info/1081/2216.htm。

综上所论,《厚父》是武王访于夏人后裔厚父的记载,性质类似于《洪范》,只不过前者是"监于有夏",后者是"监于有殷"。由于厚父长期生活在殷人的统治之下,其思想也可能包含了殷人的观念。武王访厚父,目的是了解其"前文人之恭明德",以夏为鉴,敬德保民,治国安邦。但厚父对孔甲之典刑的推崇,对夏桀亡国的总结,与周人观念存在较大差异。所以厚父所言,对于武王可能只具有反面的借鉴意义,而没有产生实际的影响。晁福林先生曾分析指出,箕子所陈《洪范》九畴并没有为周人所接受。"箕子着意于为王权张目,实是殷人观念的体现,并不是一种进步的思想。""周代的政治家们并未因循箕子的思想,并未一味彰显、加强王权,而是总结出'敬天保民'的理念,并由此出发来制定治国方略。因此,箕子所献《洪范》九畴的主题思想,不仅与周人的主导观念相违背,而且在周王朝的现实政治中也看不到其影响。"[①]类似的情况同样也存在于《厚父》这里。《厚父》虽然在政治实践中没有发挥作用、产生影响,但就思想史研究而言,则为我们提供了一份难得的了解古代"民主"思想的珍贵文献。

附:《厚父》译文

武王某年,武王想借鉴夏人的功业,了解其先王的恭敬、显明之德。武王这样问道:"厚父!我听说禹接受上帝的命令,治理土地,辨

---

① 晁福林:《说彝伦——殷周之际社会秩序的重构》,《历史研究》2009 年第 4 期。晁福林:《天命与彝伦——先秦社会思想探研》,第 182 页。

别方位，随着山势疏通河川。上天就赐给他民众，建立了夏朝。(大禹之后，)启做了国君，上天并不担心启的德行不够，派皋陶来到人间作卿士，他们二人都有神力，能达于上天，知道上天的威严，了解民众的善恶，所以上天就永久保佑夏朝。夏朝明智的国君，恭敬畏惧上天的命令，终日祭祀，不敢享乐，治理民众，勤于政事。上天因此不厌弃他们，长久保佑夏朝。在那个时候，如果在位的后王，(比如夏桀，)能够祭祀禹、启、孔甲三王，(遵从他们的法度，)就可永保其国，是这样吗？"

厚父向武王磕头行礼，说："是啊，天子！古时上天降下民众，建立众多的国家，都要为其设立国君，设立老师，目的是帮助上天治理民众。但是到了那些不好的国君，却遗忘了他们的使命，不用先王孔甲的典刑，违背了他的德行，沉湎于不合礼法的事情，上天于是不加宽赦，中断了他们的命，亡了他们的国。那些夏朝的臣子、民众，都是上天的孩子，也是上天的臣民，只是不谨慎他们的德行，因而不再享国。"

武王说："努力啊，厚父！我常常想到你的高祖能够效法上天的政事，虔诚地秉持德行，侍奉禹、启、孔甲三王。你以后遇事当听从龟筮的话，不要轻易改变。(我想问的是，)民众的德行到底如何呢？"

厚父说："哎，天子！天命不可相信啊，民心难以观测。民众既能够心存敬畏，畏忌不祥，遵守、效法显明的德行，谨慎祭祀，这往往是官吏教化的结果。也能够不讲诚信，无所畏忌。民众不懂得诚信、畏忌，就会遭罹祸患，这也是官吏导致的结果。民众都说自己能够遵守、效法显明的德行，但很少有人能够认真谋划。

所以说民心是根本，他们的行为是枝叶。如果能对友人忠贞诚信，使心长久向善，如同山终成其高，如同水终成其深，如同从石头中雕琢出玉，如同从朱砂中提炼出丹，如此才成其为人。上天监督着官吏，其征状就好比四肢要服从身体。民众应该恭敬德行，而不应沉迷于酒。民众既可用酒来祭祀，也可用酒来享乐。酒不是一般的食物，只有神可以享用。民众会因为饮酒败坏行为，也会因为饮酒而经常发狂。"

第三节 "民主"与民本、君本

作为夏、商、周主导的意识形态和宗教信仰，"民主"说实际是一种君权神授的思想，服务于王权统治，为其合法性提供理论根据。但三代的"民主"说，从一开始就包含有重民、保民的因素，并呈现出从强调做民之主到重视为民做主的变化。《厚父》的发现，以及其与《孟子》所引《书》的关联，从一个特殊的角度，向我们揭示了这一变化的具体过程和内容，具有重要的意义。不过，周人虽然在对民的态度和认识上，较之以往有了根本性的变化，并提出了"敬德保民"的政治主张，以及"天视自我民视，天听自我民听"这样熠熠生辉的思想命题，但这些具有鲜明民本色彩的主张和命题仍主要是从属于"民主"说的，是后者的有机组成部分。因为周人的天命信仰，所关注的仍主要是政权的授予与得失，是一种政治神学，"敬德保民"是为了配享天命，是为了"以小民受天永命"(《尚书·召诰》)，某种意义上也可以说，"用康保民"(《尚书·康诰》)、为民做主是手段，"宅天命"、做民之主才是目的。因此准确的表达或许应该是，周人具有了民本的萌芽和观念，但还不具有完整、独立的民本学说。周人的政治理念依然是"民主"说，而"民主"从根本上讲是君本，周人的民本的价值理念与君本的实际追求混杂在一起，共同构成"民主"说的基本内容。到了春秋时期，随着国人地位的提高，并在政治领域开始发挥一定的影响和作用，民本思想得到进一步发展。《左传·桓公六年》记随大夫季梁曰：

夫民，神之主也，是以圣王先成民而后致力于神。

"夫民，神之主也"是"夫君，神之主"的反命题。由于古代政治的合法性来自天命、神意，掌握了祭祀权，垄断了与神圣天意的沟通，也就掌握了现实的统治权，故"夫君，神之主"是以天命、神意的形式肯定了君本。而季梁"夫民，神之主"的命题则扭转了传统的认识，认为民才是真正的主祭祀者，不是国君提供的祭品，而是"民力之普存""民和年丰""皆有嘉德"，也就是民众的福祉、德行才会得到神的降福，所以要"先成民而后致力于神"，"于是乎民和而神降之福"(《左传·桓公六年》)。若"民各有心"，则"鬼神乏主"，"乏主"即乏主祭祀者，故是以天命、神意的形式肯定了民本。又《左传·文公十三年》记邾文公就迁都于绎一事进行占卜，结果出现"利于民而不利于君"的情况，邾子曰：

> 苟利于民，孤之利也。天生民而树之君，以利之也。民既利矣，孤必与焉。

当时邾文公已在位五十一年，年事已高，经不起迁都之劳。故左右曰："命可长也，君何弗为？"如不迁都寿命还可延长，为何不这样做呢？邾子曰："命在养民。死之短长，时也。民苟利矣，迁也，吉莫如之！""命在养民"指国君的使命在于养民，命是使命之命，指天之所命。至于寿命的短长，只可说是时运了。"遂迁于绎。五月，邾文公卒。"（《左传·文公十三年》）当国君的利益与民众的利益发生冲突时，邾文公依然选择了后者，认为国君的利益是从属于民众利益的，民众既然得利，君主自然也有利，这当然是一种民本思想。邾文公之所以提出这样的思想，显然与"天生民而树之君，以利之也"的信念有关，这一信念来自于《孟子》所引的"天降下民，作之君，作之师，惟曰其助上帝宠之"，是对周人保民、养民说的进一步继承和发展。不过春秋时期，虽然民本思想得到一定发展，但在现实中依然是以君为本，故当时更多的思想家试图将民本与君本协调、统一。《左传·襄公十四年》记师旷对晋悼公说：

> 天生民而立之君，使司牧之，勿使失性。

师旷认为"天生民而立之君"，职责是"司牧之"，不同于邾文公的"以利之"，所强调的是教民、治民，而不是保民、养民，主要继承的是

《厚父》的思想，是对后者的进一步发展。如果说邾文公从《孟子》所引的"助上帝宠之"发展出民本思想的话，那么师旷则从《厚父》的"助上帝乱下民"完善了君本说，提出"夫君，神之主而民之望也"（《左传·襄公十四年》）的主张和命题。不过师旷生活于民本思想得到发展的春秋时代，不能不受其影响，不能不考虑约束君权的问题，这样他又试图立足于民本来限制君本。

> 天之爱民甚矣，岂其使一人肆于民上，以从其淫，而弃天地之性？必不然矣。(《左传·襄公十四年》)

"天之爱民甚矣"，近于孟子所引的"助上帝宠之"，是对后者的进一步发展。由于天宠爱民众，所以就不会允许国君一人肆虐于民众之上，放纵其淫欲。这不同于师旷前文的君本思想，而具有鲜明的民本色彩，所突出的是保民、养民，而不是教民、治民。在同一段话中，师旷将"天生民而立之君，使司牧之"和"天之爱民甚矣"两个分别具有君本、民本倾向的命题联系在一起，反映了其思想调和、折中的特点。所以他一方面主张，"良君将赏善而刑淫，养民如子，盖之如天，容之如地。民奉其君，爱之如父母，仰之如日月，敬之如神明，畏之如雷霆"，认为民众应该热爱、敬畏君；另一方面又提出，"有君而为之贰，使师保之，勿使过度"（《左传·襄公十四年》)，甚至认为对于无道的国君可以流放。这说明春秋时期的民本思想虽然有所发展，并与君本思想产生紧张、对立，但思想界的情况是复杂的，有人试图从民本突破君本，也有人试图调和民本与君本。后一种情况不仅存在于师旷这里，在一些儒家学者的思想中也有所反映。如子思主张"恒称其君之恶者，可谓忠臣矣"（《郭店竹简·鲁穆公问子思》），具有鲜明的民本色彩，但他同时又宣称：

> 民以君为心，君以民为体。心庄则体舒，心肃则容敬。心好之，身必安之；君好之，民必欲之。心以体全，亦以体伤，君以民存，亦以民亡。（《礼记·缁衣》）

如果以人为喻的话，君好比是心，民好比是身。心是身的统率，身体要听命于心，故民要听命于君，这是典型的君本思想。当然，心不能脱离身体而存在，君也因民而存亡，这又具有调和的色彩。之所以出现这种情况，主要是因为民本是孕育于"民主"说之中，是从后者发展出来的，故往往与君本纠缠在一起。很多人是在治道而不是政道上谈论民本，是在君本的前提下倡导民本，民本无法上升为国家最高的价值、政治原则，即使有一些闪光的民本思想和举措，也无法突破现实中的以君为本。这样实际上是二本，政道上是君本，治道上是民本，而无法真正做到一本——以民为本。要想突破"民主"的束缚，真正做到以民为本，就需要从权力私有走向权力公有，从"君权神授"走向"君权民授"。战国时的儒者某种程度上已认识到这一点，《礼记·礼运》云：

> 大道之行也，天下为公，选贤与能，讲信修睦……是谓大同。

"天下为公"，即"天下非一人之天下也，天下之天下也"（《吕氏春秋·孟春纪·贵公》),"立天子以为天下,非立天下以为天子也"(《慎子·威德》),指权力公有。而要实现权力公有,就需要"选贤与能",把最有才能的人选拔出来,替民众管理天下,此乃理想之大同之世。大同社会虽有君、有民,但其关系不同于权力私有的小康之世。《礼记·礼运》云:

> 君者所明也,非明人者也。君者所养也,非养人者也。君者所事也,非事人者也。故君明人则有过,养人则不足,事人则失位。故百姓则君以自治也,养君以自安也,事君以自显也。

明,动词,教导、明白之意。国君是需要被教导、明白的,而不是去教导,使别人明白的。不是国君教导民众,而是国君需要听取民众的意见和臣下的教导,这与"民主"说强调国君对民众的教化显然有所不同。同样,国君是被民众养活的,而不是国君养活了民众,这与师旷所言国君"养民如子""民奉其君""敬之如神明,畏之如雷霆"也有根本的不同。凡主张君本者,无不以为是国君养活了民众;而主张民本者,则认为是民众养活了国君。君养活民,还是民养活君,是区分君本与民本的一个重要标准。国君的身份不同于民众,是专门的管理者,是政治领袖,因此民众应该服从、侍奉君,而不应让君服从、侍奉民,这是从治道上讲,指管理上的统属关系,而不是政道上的国之根本。君、民的这种关系决定了,如果国君去教导民众,就会产生过错;去养活民众,就会财物不足;去服从民众,就会失去君位。而民众效法国君,是为了达到自治；奉养国君，是为了生活安定；侍奉国君，是为了自己显贵。可见，民为主而君为客，民虽然奉养、侍奉君，但不是君的奴隶、臣仆，国君应虚心纳谏，听从民众的意见、建议。笔者曾经考证，战国时期曾出现一个宣扬禅让的社会思潮，并发生燕王哙让国的政治事件，《礼运》篇就是在这一背景下创作完成的①，其对君、民关系的独特理解，显然与"天下为公"的政治理念是密切相关的。

《礼运》之后，孟子、荀子两位大儒均接受"天下为公"的政治理念，但在对民本与君本关系的理解上又有所偏重。孟子曾以尧舜禅让为例，说明天下非天子的私有物，而是属于天下民众的。其理由是"天子能荐人于天，不能使天与之天下"，最高权力是在天手里，给谁不给谁应由天说了算，而不能由天子私自决定。但"天不言，以行与事示之而已矣"，天是根据人们的行为和事件表示天命授予的。当初尧让舜"主祭而百神享之，是天受之；使之主事而事治，百姓安之，是民受之也"，所以舜之得天下可以说是：

> 天与之，人与之。故曰："天子不能以天下与人。"（《孟子·万章上》）

舜的天子之位既来自天，也是民众的授予。在孟子这里，天是形式，民众的意志、意愿才是最高目的。孟子认为"天子不能以天下与

---

① 梁涛：《郭店竹简与思孟学派》，第 158～183 页。

人",而应经过天与民众的认可,"这种区分的内在含义,在于肯定天下非天子个人的天下,而是天下之人或天下之民的天下"①。故在孟子看来,天子不过是受"天"与"民"委托的管理者,只具有管理、行政权,而不具有对天下的所有权。正是在这个意义上,孟子提出"民为贵,社稷次之,君为轻"(《孟子·尽心下》)。"民为贵"不仅是价值原则,也是政治原则,不仅认为民众的生命、财产与君主、社稷相比,更为贵重、重要,同时也强调,国君的职责、义务在于保护民众的生命、财产,否则便不具有合法性,可以"革命""易位"。

不过在经历了燕王哙让国失败之后,孟子对"选贤与能"、实行禅让持保留态度,认为"唐、虞禅,夏后、殷、周继,其义一也"(《孟子·万章上》),表明他不再看重禅让与世袭的差别,不再强调对于天子、国君选贤与能的必要。在《礼运》那里,被认为存在根本差别且分别属于"大同""小康"的政治原则,却被孟子说成"其义一也",这不能不说是一种退步。本来"天下为公""选贤与能""以民为本"是三位一体、相辅相成的。"天下为公"是政治原则,"选贤与能"是制度设计,"以民为本"是价值目的。只有选贤与能、实行禅让,才能保证天下为公、权力公有,只有天下为公、权力公有,民贵君轻、以民为本才能得到落实和实现。由于孟子不再坚持选贤与能、实行禅让,天子即位之后,除非残暴"若桀、纣者",否则也不会被轻易废弃。而一般的人想

---

① 杨国荣:《儒家政治哲学的多重面向———以孟子为中心的思考》,《浙江学刊》2005年第5期。

要成为天子，"德必若舜、禹，而又有天子荐之者"（《孟子·万章上》），才可以实现。这样权力公有就成为空洞的口号而无法落实，民贵君轻也成为道德说辞而失去现实的意义。孟子放弃禅让是在特定历史背景下的抉择，具有某种无奈甚至必然，但对其民本思想则产生了消极的影响，使其无法突破君本的束缚和限制。孟子的思想或许可以概括为政道上的民本，治道上的君本，至于政道与治道如何统一，则是其没有解决的问题。

如果说孟子主要继承了周人"民主"说中的保民、养民说，以及春秋时期的民本思想而向前做进一步发展的话，那么荀子则更多地吸收了古代"民主"说中的治民、教民说，同时与保民、养民说相调和，因而其与《厚父》的内容多有相近之处。以往学者认为，荀子也有民本思想，主要根据的是《荀子·大略》：

> 天之生民，非为君也；天之立君，以为民也。

这是以天命的形式肯定生民不是为君，而立君则是为了民，确有民本的性质。但仔细分析又不难发现，荀子对"以为民也"并没有做具体规定，上天设立国君，究竟如何为民？是教之、治之，还是保之、养之？并没有详细说明。如果与《厚父》的"乱下民"，或周人的"宠之""以利之也"做一个比较，不难发现后者对国君的职责做了明确规定，而荀子却没有，只是笼统提出是为了民。如果上天设立国君，其目的是宠爱或者有利于民，那么国君的职责就在于关注和保护民众的利益，这往往具有民本的性质。相反，如果上天设立国君，其目的是治理民，甚至是惩罚民众的过错，那么国君的职责就在于建构与维护政治秩序，这又具有君本的倾向。从荀子的一些论述来看，其所谓的"以为民也"，实际包括了治民与养民两个方面，是对《厚父》与周人思想的折中与调和。在荀子看来，君之为民，首先是制定礼义，确立法度，使民众摆脱"偏险悖乱"的困境，以达到"正理平治"的目的。"人生而有欲，欲而不得则不能无求，求而无度量分界则不能不争，争则乱，乱则穷。先王恶其乱也，故制礼义以分之，以养人之欲，给人之求。"（《荀子·礼论》）先王制定礼义是为了治理民众，消除混乱，最终的结果则是"养人之欲，给人之求"，"故礼者，养也"（《荀子·礼论》）。所以治民与养民是统一的，只有治民，才能养民；只有建立起礼义秩序，才能保障民众的生命财产和物质利益。"人之生，不能无群，群而无分则争，争则乱，乱则穷矣。故无分者，人之大害也；有分者，天下之本利也。而人君者，所以管分之枢要也。"（《荀子·富国》）礼义、名分才是天下最大的利益，国君则是制定和管理名分的关键所在。"今当试（注：尝试）去君上之势，无礼义之化，去法正之治，无刑罚之禁，倚而观天下民人之相与也。若是，则夫强者害弱而夺之，众者暴寡而哗之，天下之悖乱而相亡不待顷矣。"（《荀子·性恶》）一旦没有了国君、礼义，社会就会陷入"强者害弱""众者暴寡"的混乱局面，故"夫先王之道，仁义之统，……彼固天下之大虑也，将为天下生民之属长虑顾后而保万世也"（《荀子·荣辱》）。先王制定的仁义礼法才是对民众的最大关切和照顾。故荀子的"天之立君,以为民也"实际是指治民以养民,它虽然具有民本的性质,但也强化了君主的地位和权力。与孟子不同的是,荀子并不强调君主的权力需要经过民众的授予,这就使其权力公有的观念大打折扣。与孟子相同的是,在经历了燕王哙让国失败后,荀子对禅让同样持否定态度,"'尧、舜擅让',是虚言也,是浅者之传,陋者之说也","擅让恶用矣哉?"(《荀子·正论》)这样就使权力公有的观念失去了制度保障。所谓"以为民也",主要是一种道德的职责和说教,至于如何为民,则取决于君主的抉择和判断。这样荀子思想中又存在明显属于君本的内容,"君者何也?曰:能群也。能群也者何也?曰:善生养人者也,善班治人者也,善显设人者也,善藩饰人者也"(《荀子·君道》)。君不仅能治理人,还能抚养人,更能重用人、文饰以区别人,"故美之者,是美天下之本也;安之者,是安天下之本也;贵之者,是贵天下之本也"(《荀子·富国》)。这是明确肯定君乃天下之本,属于典型的君本说。有学者称,荀子"天之生民,非为君也;天之立君,以为民也"的命题,"上通孟子'民贵君轻'之义,下接梨洲'君客民主'之论,仅此一语,荀子已可堂堂在儒门中占据一席崇高之地位"[①]。这显然夸大了该命题的积极意义,忽略了其内涵的特殊性和复杂性。前文说过,"天下为公""选贤与能""以民为本"三者相互联系,彼此影响。荀子既然对于前两项或有所保留,或根本放弃,作为第三项的"以民为本"自然

---

① 金耀基:《中国民本思想史》,商务印书馆(台北),1993年,第83页。

也大打折扣,笼统地将荀子思想概括为民本,是不恰当也不准确的。

在荀子看来,君与民更像是车与马、舟与水的关系。"马骇舆则君子不安舆,庶人骇政则君子不安位。……《传》曰:'君者,舟也;庶人者,水也。水则载舟,水则覆舟。'此之谓也。故君人者欲安则莫若平政爱民矣。"(《荀子·王制》)马能拉车也能惊车,水能载舟也能覆舟,故君主若要获得平安,"莫若平政爱民"。这是在治道、君本的前提下讲民本,"平政爱民"是手段,"君人者欲安"则是目的。故一方面,"君者,仪也,民者,影也,仪正而景正。君者,槃也,民者,水也,槃圆而水圆。君者,盂也,盂方而水方"(《荀子·君道》)。君是本,民是末,君影响、制约着民。另一方面,"人主欲强固安乐,则莫若反之民;欲附下一民,则莫若反之政;欲修政美国,则莫若求其人"(《荀子·君道》)。君主要获得安定,就要反过来爱护民众。最能反映荀子君民思想的,应是下面的文字:

> 君者,民之原也,原清则流清,原浊则流浊。故有社稷者而不能爱民,不能利民,而求民之亲爱己,不可得也。民不亲不爱,而求其为己用,为己死,不可得也。(《荀子·君道》)

君是源,民是流,君的治理、教化决定了民的表现。君若能爱民、利民,民则能为君所用;相反,君若对民不亲不爱,而求其为己所用,则完全不可能。荀子的君民思想,似可概括为政道上的君本、民本混合,治道上地地道道的君本,实际是对古代"民主"说中教民、治民说与保民、养民说的折中与调和，但同时又做了进一步发展。从这一点看，真正与《厚父》思想相近甚至可能受其影响的应该是荀子，而不是之前学者所关注的孟子。其一，《厚父》虽然没有提出明确的人性主张，但认为"民心难测"，民心既可能向善，"克恭心敬畏"，也可能向恶，"民其亡谅，乃弗畏不祥"，这是一种民心（性）可善可恶说。其与孟子的性善论显然有所不同，而与荀子的性恶心善说较为接近，荀子的人性论应受到《厚父》或与之类似思想的影响。① 其二，《厚父》突出"司民"的作用，认为民向善向恶，在于官吏的教化，是"司民启之"，而荀子认为"今人无师法则偏险而不正，无礼义则悖乱而不治"（《荀子·性恶》）。可见，在推崇"师法"、重视外在教化上，荀子与《厚父》也有相近之处。其三，《厚父》重视刑罚，主张以典刑治国，但也提到德与彝的概念，而彝就是常法，指礼而言②，这与荀子"隆礼重法"的思想有相近之处，而与孔孟反对刑罚的思想明显不同。只是在对礼、法（刑）关系的认识和理解上，《厚父》与荀子存在一定差异而已。不过总体来看，与《厚父》思想相近甚至受其影响的显然是荀子，而不是曾经引用了与《厚父》相近文字的孟子。

综上所论，三代的主流意识形态乃"民主"说，包含了做民之主和为民做主两个方面，并呈现出从强调教民、治民到重视保民、养民的变

---

① 关于荀子性恶心善说，参见梁涛：《荀子人性论辨正——论荀子的性恶、心善说》，《哲学研究》2015 年第 5 期。

② 关于"彝"，参见徐复观：《中国人性论史·先秦篇》，第三章第二节《礼与彝的问题》，第 36～40 页。

化。春秋以降，"民主"思想的发展演变实际存在三条思想线索：一是突出古代"民主"说中蕴含的民本思想，由"民主"而民本，以春秋时期的郑文公、战国时期的《礼运》、孟子为代表，并经明末清初黄宗羲，下接近代的民主（Democracy），构成了"民主"—民本—民主的思想线索。由于一部近代思想史就是从"民主"到民主（Democracy）的历史，故此线索乃中国近代政治思想的主线，也最具有思想和理论价值。需要说明的是，民本与民主虽然有古今的差异，但中国古代哲人关于民之地位、作用的思考，实际已经触及或接近民主思想，传统民本中的权力公有、选贤与能和以民为本三大理念若真正得以实现，民本就可能完成向民主的转化，而要完成这一转化，就需承认民众有基本的政治权利和自治能力。从这一点看，民本与民主虽有差别，但在精神上是相通的，其对近代国人接受西方民主观念也起到了积极的推动作用。诚如梁启超所言："要之我国有力之政治思想，乃欲在君主统治之下，行民本主义精神。此理想虽不能完全实现，然影响于国民意识者既已至深。故虽累经专制摧残，而精神不能磨灭。欧美人睹中华民国猝然成立，辄疑为无源之水，非知言也。"① 第二条线索是将"民主"说中的君本、民本相融合，既强调做民之主，又要求为民做主；既肯定君主治民、教民的合理性，又要求其保民、养民，照顾到民众的利益。这条路线以春秋的师旷、战国的荀子为代表，秦汉以后更是大行天下，成为两千年帝制的主导思想。如汉代贾谊称："夫民者，唯君

---

① 梁启超：《先秦政治思想史》，第5页。

者有之。"(《新书·大政上》)这是从政道上肯定君本。但同时又说:"故夫民者,至贱而不可简(注:轻视)也,至愚而不可欺也。故自古至于今,与民为仇者,有迟有速,而民必胜之。"(《新书·大政上》)这是从治道上强调必须以民为本。民虽然地位低下、愚昧,但由于其人数众多,不可战胜,所以就必须以民为本。"国以为本,君以为本,吏以为本。故国以民为安危,君以民为威侮,吏以民为贵贱,此之谓民无不为本也。""夫民者,万世之本也,不可欺。"(《新书·大政上》)这样君本与民本交融在一起,虽然实际是以君为本,但要长治久安,又必须以民为本。徐复观先生说:"在中国过去,政治中存有一个基本的矛盾问题,政治的理念,民才是主体,而政治的现实,君才是主体,这种二重的主体性,便是无可调和的对立,对立的程度的大小,即形成历史上的治乱兴衰。"[1] 与这种二重主体性相应,在秦汉以后的帝制社会中,实际产生影响的便是源自荀子的调和君本与民本的思想。谭嗣同称:"两千年来之学,荀学也。"[2] 未必准确,但若是指君民关系的话,仍是可以成立的。第三条线索则是继承"民主"说中的君本说,发展为尊君卑臣、崇君弱民的思想,所谓"天主圣明,臣罪当诛",其在法家思想以及后世的政治实践中不绝如缕,发挥着作用。以上三条线索中,第一种思想最有价值,属于古代民本思想的精华,并对理解、吸收近代的民主观念起到接引的作用。第二种思想在传统社会中影响最大,是帝制时代的统治思想,虽然也打着民本的外衣,实际

---

[1] 徐复观:《学术与政治之间》,第104页。
[2] 谭嗣同:《仁学:谭嗣同集》,辽宁人民出版社,1994年,第70页。

却是民本与君本的混合，是君本前提下的民本。第三种思想是赤裸裸的君本，虽然是一个暗流，但为历史上的独夫民贼所信奉，成为其压迫、摧残民众的理论依据。以上三种思想都源自古代"民主"说，是从后者发展分化出来的，"民主"说才是古代政治思想的母题，搞清"民主"说的具体内涵和发展演变，才能对中国古代政治思想做出全面、准确的把握，中国古代政治思想研究需要从民本范式转向"民主"范式。

第十五章　清华简《保训》与儒家道统说再检讨

清华简《保训》公布后，引起学界的极大关注，其中关于"中"的内容，更是引发人们对儒家道统说的思考。李学勤先生在多篇文章中谈到，从《保训》的内容来看，"似乎尧舜以来确有'中'的传授"，"《保训》的思想与儒学有共通之处，很值得探索研究"①。但也有学者提出，儒家道统说本来就是后人的虚构，《保训》的"中"与"人心惟危，道心惟微，惟精惟一，允执厥中"的"十六字心传"无关，更不能证明宋儒的道统说。我们认为，儒家道统说是一个较为复杂的问题，它既有一定的历史根据，也包含了某一时期儒者较强的主观选择和价值判断，是儒学内部"判教"的产物。因此，宋儒的道统说首先是个需要检讨的问题，而不应先入为主，以某种新材料对其做简单的附会和证明。但如果我们将道统理解为一思想学说的中心观念、核心价值，理解为生生不息、"一以贯之"的精神传统，那我们就不得不承认，儒家在其几千年的传承中确有"道统"存在，否则儒学便不成其"学"，儒教也不成其

---

① 李学勤：《周文王遗言》，《光明日报》2009 年 4 月 13 日。李学勤：《论清华简〈保训〉的几个问题》，《文物》2009 年第 6 期。

"教"了。这样，竹简《保训》篇的发现，无疑提供了一个重要契机，使我们有可能去重新认识、了解儒家的精神传统——"道统"，并在此基础上，对宋儒的道统说进行反省、检讨，进而对荀子被排除儒家道统这一公案做出分析和说明。

第一节 《保训》舜"求中""得中"释义

《保训》引人注目，在于其"中"字；引起争议，也在于其"中"字。关于《保训》的"中"，学界的意见已有十余种之多，且不时有新说涌现，大有"你方唱罢我登场"之势。但沉淀下来，真正有影响的不外中道说、地中说、诉讼文书说、民众说、旗帜说和军队说等几种。① 笔者认真阅读了学者的有关论述，感到要读懂《保训》，读懂《保训》的"中"，以下几点值得予以关注。首先，《保训》的性质和年代。已有越来越多的学者倾向认为，《保训》虽然体例上接近《尚书》，但它可能并非史官的实录，而有可能是后世学者的追述或撰述。笔者同意这一观

---

① 中道说，参见李学勤：《论清华简〈保训〉的几个问题》，《文物》2009 年第 6 期。地中说（"中"代表"四方之极"，与九鼎一样，是权力的象征），参见李零：《读清华简〈保训〉释文》，《中国文物报》2009 年 8 月 21 日。诉讼文书说，参见李均明：《周文王遗嘱之中道观》，《光明日报》2009 年 4 月 20 日；李均明：《〈保训〉与周文王的治国理念》，《中国史研究》2009 年第 3 期。民众说（"中"可通假为"众"，即民众），参见子居：《清华简〈保训〉解析》，复旦大学出土文献与古文字研究中心网站，2009-07-08，http://www.fdgwz.org.cn/Web/Show/842；高嵩松：《允执厥中，有恃无恐——清华简〈保训〉篇的"中"是指"中道"吗？》，《东方早报》2009 年 7 月 26 日。旗帜说（"舜向尧借来象征最高权力的旗帜以治民施政""上甲微向河伯借来象征最高权力的旗帜以出兵征伐"），参见周凤五：《清华简〈保训〉重探》，载《中国人民大学国学院五周年纪念会论文集》，2010 年 10 月。军队说（"中"字是"币〔师〕"字讹误），参见王辉：《也说清华楚简〈保训〉的"中"字》，载中国古文字研究会、中华书局编辑部编：《古文字研究》第 28 辑，中华书局，2010 年，第 473 页。

点，这里不展开讨论，可参看有关学者的论述。① 如果这一观点成立，那么，撰述《保训》的自然应该是儒家，也就是说，《保训》主要反映的是儒家的思想，应该将其放在儒学的思想脉络里进行解读。其次，《保训》形式上是文王"临终遗言"，是文王临终前以史为鉴，向武王传授治国安邦的"宝训"。而儒家的治国安邦思想，不外乎仁、礼两个方面，并落实于民本、仁政、制礼、正名的具体措施之中。这一点也十分重要。一些学者喜欢追溯"中"的字源，将其理解为太阳崇拜或者是大地之中，未免失之迂远。盖太阳崇拜、"建中立极"固然是上古已有的观念，但它已非儒家政治思想的重心。文王绝无可能在其遗训中对太子发讲述这些内容，更不可能将其视为治国安邦的"宝训"。再次，《保训》主要讲了舜"求中"和上甲微"假中"的故事，共出现四个"中"字。这四个"中"的含义虽然不必完全一致，容有语境的差异，但也应彼此呼应，具有内在联系。最后，中国古代有源远流长的"中"的思想传统，并形成了中正、中庸、中和等概念，《保训》的"中"显然应该放在这一背景下去分析、理解，而不应仅仅停留在字源的考察上。下面我们将根据清华简《保训》的释文②，同时结合学者的研究成果，对《保训》的内容进行分析、梳理、解读。凡意见一致处，径直采用其说，只对有争议的地方进行注释、说明。简文云：

---

① 李存山：《试评清华简〈保训〉篇中的"阴阳"》，《中国哲学史》2010 年第 3 期。杜勇：《关于清华简〈保训〉的著作年代问题》，《天津师范大学学报》2010 年第 4 期。
② 清华大学出土文献研究与保护中心：《清华大学藏战国竹简〈保训〉释文》，《文物》2009 年第 6 期。

惟王五十年，不豫。王念日之多逝①，恐坠宝训。戊子，自靧②。己丑，昧［1］〔爽〕□□□□□□□□□。〔王〕若曰："发，朕疾渍甚③，恐不汝及［2］训。昔前人传宝，必受之以詷④。今朕疾允病，恐弗念终。汝以书［3］受之。钦哉！勿淫。

"昔舜久作小人⑤，亲耕于历丘，恐，求中，自诣厥志，［4］不违于庶万姓之多欲，厥有施于上下远迩。乃易位设仪⑥，测［5］阴阳之物，咸顺不逆。舜既得中，焉不易实变名，身兹服惟［6］允，翼翼不懈，用作三降之德⑦。帝尧嘉之，用授厥绪。呜呼！祗之［7］哉！

---

① 逝，简文作"𢘓"，整理者隶定作"鬲"，读为"历"。周凤五认为当释为"帝"，读为"逝"。《论语·阳货》："日月逝矣"与简文"日之多逝"用语相同。参见周凤五：《清华简〈保训〉重探》。

② 靧，简文左从水，右从宀，从𦣻，整理者释"渍"，读为"靧"，通作"頮（盥手）""沬（洗面）"。对于此字，学者多有异说，或读为"馈"，或改释为"演"，或读为"寅"，或改释"演水"二字合文。参见林志鹏：《清华简〈保训〉集释》，简帛网，2010-10-08，http://www.bsm.org.cn/?chujian/5515.html。此处暂不讨论。

③ 渍甚：渍字简文作"𢘓"，整理者隶定为"适"，训为方。"适甚"指病情正处于严重。或读为"渐"，"渐甚"指病情严重（孟蓬生：《〈保训〉"疾渐甚"试解》，复旦大学出土文献与古文字研究中心网站，2009-07-10，http://www.fdgwz.org.cn/Web/Show/844）。或读为"渍"，训为病（苏建洲：《〈保训〉字词考释二则》，复旦大学出土文献与古文字研究中心网站，2009-07-15，http://www.fdgwz.org.cn/Web/Show/849）。周凤五引《吕氏春秋·孟春纪·贵公》："管仲有病，桓公往问之，曰：'仲父之病矣，渍甚！'"认为"渍"与"渐"意相近。

④ 詷，整理者谓指幼稚童蒙；又疑读为"诵"。学者或释为"讽"，谓背诵；或通假为"庸"，训为"功"，谓必须有功之人方能接受。参见林志鹏：《清华简〈保训〉集释》。

⑤ 久，简文作"旧"，读为"久"。

⑥ 设，简文作"埶"，学者多读为"设"。仪，简文作"诣"，整理者读为"稽"，学者从之而说解各异。周凤五读为"仪"，诣，古音疑纽脂部；仪，疑纽歌部，二字声同韵近可通。参见周凤五：《清华简〈保训〉重探》。

⑦ 三降之德：学者或读"降"为"隆"，为重、大的意思。《尚书·洪范》："三德：一曰正直，二曰刚克，三曰柔克。"（李均明：《周文王遗嘱之中道观》，《光明日报》2009 年 4 月 20 日）；或谓字为"降"而读为"陟"，是楚简特殊的用字现象。"三陟"是说舜被尧试用九年，每三年考核一次，历经九年三次考核，而登上帝位（周凤五：《清华简〈保训〉重探》）。或谓即上博简《容成氏》"尧于是乎为车十又五乘，以三从舜于畎亩之中"。"三降"指舜有德感动尧三次降从（李学勤：《清华简〈保训〉释读补正》，《中国史研究》2009 年第 3 期）。

> "昔微假中于河,以复有易,有易服厥罪,微无害,乃追中于河。[8] 微志弗忘,传贻子孙,至于成汤,祗服不懈,用受大命。呜呼!发,敬哉![9]
>
> "朕闻兹不久,命未有所引。今汝祗服毋懈,其有所由矣,不[10]及尔身受大命。敬哉,勿淫!日不足,惟宿不祥!①"[11]

简文第一段讲述文王病重,向武王发传授宝训的情景。第二、三段,则讲述舜和上甲微"求中""假中"的故事。关于舜与"中"的关系,儒家典籍中多有涉及,说明《保训》的记载确有来历。如《论语·尧曰》载尧命舜:

> "咨,尔舜,天之历数在尔躬,允执其中,四海困穷,天禄永终。"舜亦以命禹。

朱熹《集注》:"此尧命舜,而禅以帝位之辞……历数,帝王相继之次第,犹岁时气节之先后也。允,信也。中者,无过不及之名。四海之人困穷,则君禄亦永绝矣,戒之也。"朱熹认为,此章是尧禅让舜帝位时的言辞,甚为正确;但将中理解为"无过不及",则稍显狭窄。其实,这里的中就是中道,"执中"就是执政应公平、公正,不偏不倚,执两用中。刘宝楠《正义》:"执中者,谓执中道用之。"甚是。又,《礼

---

① 惟宿不详:宿训为拖延。《管子·君臣上》:"有过者不宿其罚。"尹注:"宿,犹停也。"《汉书·韩安国传》:"孝文寤于兵之不可宿。"颜注:"宿,久留也。""日不足,惟宿不祥"是说时间不多,迟滞拖延是不吉祥的(子居:《清华简〈保训〉解析》)。

记·中庸》云：

> 子曰："舜其大知也与，舜好问而好察迩言，隐恶而扬善，执其两端，用其中于民，其斯以为舜乎。"

朱熹《集注》："两端，谓众论不同之极致。盖凡物皆有两端，如小大厚薄之类，于善之中又执其两端，而量度以取中，然后用之。"朱熹将"两端"理解为事物的两个方面，尤指众人不同的意见，甚为精当。但他主张"于善之中又执其两端"，不免又戴上了理学家的有色眼镜。其实，社会之有两端、意见之有分歧，均无所谓善与不善的问题，"政治家的任务，是在两端调节均衡，不以一端去消灭或取代另一端"，这就是中道，就是"中"的精神，"所以中国正统的政治思想，总不外一个'均'字、'平'字，平与均都是从中而来的"。[①] 尧舜重视、授受"中"，可能与其所处的部落联盟时代有关。据《战国策·赵三》，"古者四海之内，分为万国，城虽大，无过三百丈者；人虽众，无过三千家者"。这些蕞尔小邦，在金属工具尚严重短缺的冷兵器时代显然尚不具备攻城略地的实力，于是各方只有偃武修文，平心静气地讨论共处之道。共主只是召集人，其权力只能以同意为基础。[②] 这样，"上古竞于道德"的现实便发展出"中"的政治智慧，并贯穿于以后的政治实践与思想之中。诚

[①] 徐复观：《论政治的主流——从"中"的政治路线看历史的发展》，载《学术与政治之间》，第9页。

[②] 陈明：《〈唐虞之道〉与早期儒家的社会理念》，《中国哲学》第20辑。

如徐复观先生所言："大概拿一个'中'字来衡量中国几千年来的政治思想，便可以左右逢源，找出一个一贯之道。并且中国的思想家，对中的了解，是'彻内彻外'的，是把握住中在社会进化中的本质，且不局限于某一固定阶段的形式的……中的政治路线，在中国文献中的实例举不胜举。"①《保训》关于"中"的追述，应该正是来自这一政治文化传统。

根据竹简，舜曾经身份低微（"小人"），耕种于历山之下，"恐，求中"。舜为什么恐？文章没有交代。据《韩非子·难一》："历山之农者侵畔，舜往耕焉，期年，甽亩正。河滨之渔者争坻（chí，水中小洲），舜往渔焉，期年而让长（注：礼让长者）。"故舜的"恐"，显然与历山之农的相互争夺有关，而相互争夺又缘于"庶万姓之多欲"。"多"，训为"大"。《吕氏春秋·知度》："其患又将反以自多。"高诱注："多，大。"多欲即大欲。《礼记·礼运》："饮食男女，人之大欲存焉。"明白了"多欲"即"大欲"，《荀子·礼论》中的一段文字，可能有助于我们对于简文的理解：

> 人生而有欲，欲而不得，则不能无求；求而无度量分界，则不能不争；争则乱，乱则穷。先王恶其乱也，故制礼义以分之，以养人之欲，给人之求，使欲必不穷乎物，物必不屈于欲，两者相持而长，是礼之所起也。故礼者，养也。

---

① 徐复观：《论政治的主流——从"中"的政治路线看历史的发展》，载《学术与政治之间》。

人生下来就有饮食男女等各种欲望，如果欲望得不到满足，便会向外求索；如果没有"度量分界"，便会产生纷争，导致混乱、贫穷的结果。这恐怕就是舜"恐"的原因吧。舜于是"自诣（注：考）厥志"，也就是反躬自问，认识到既不能违背百姓饮食男女的大欲，但显然也不能任其无限膨胀。那么，最好的办法就是"求中"，有一个"度量分界"，"使欲必不穷乎物，物必不屈于欲"。这样便消除了人与人之间的纷争，使其可以和睦相处了。这个"度量分界"其实也就是礼。中是抽象的，必须落实为具体的准则、礼义，否则"民无所措手足矣"。所以在儒家那里，礼往往也被看作中，是中的体现。《荀子·儒效》："曷谓中？曰：礼义是也。"《礼记·孔子闲居》："'敢问将何以为此中者也？'子曰：'礼乎礼！夫礼所以制中也。'"《逸周书·度训解第一》："众非和不众，和非中不立，中非礼不慎（注：应为'顺'），礼非乐不履。"所以，中体现为礼，礼就是中，二者是一回事，只不过一个是抽象的原则，一个是具体的规定而已。了解这一点就可以明白，原来舜"求中"实际与制礼有关，而礼乐乃古代圣贤治国安邦的大纲大法，是当时政治实践中最重要的内容。

舜将"中"推行到不同地位、关系的人群之中（"厥有施于上下远迩"），又"易位设仪"。"易位"即变换方位。仪，表也。《管子·禁藏》："法者，天下之仪也。"尹知章注："仪，谓表也。"《荀子·君道》："君者，仪也，民者，景也，仪正而景正。"王引之《经义述闻》："仪，即表也。""设仪"即设立圭表，通过观测阴阳的变化来确定时间、方位。

"测阴阳之物"一句中的"阴阳",学者或释为"相反之事",疑指君臣、上下、夫妇等。① 不确。其实,这里的阴阳就是阴阳,指山之北与山之南,水之南与水之北,指"日所不及"与日之所及,而日之及、不及当然与空间方位、日影的变化有关。古人常常通过立表测量日影的变化来确定时间、方位,表也就是中,是中的原型(详后)。故一族迁居异处,必测阴阳以辨方正位。《诗经·大雅·公刘》:"笃公刘,既溥既长,既景乃冈。相其阴阳,观其流泉……度其隰原,彻田为粮。度其夕阳,豳居允荒。"公刘率领族人迁豳,在安居之前要"相阴阳""度隰原""度夕阳"才能规划好具体的处所。② 这后来发展为"求地中"的思想。故"不违于庶万姓之多欲"是求人与人关系的"中","测阴阳之物"是求空间地域的"中"。这两者又是联系在一起的,都属于古代礼学的重要内容。

舜得到中,也就是确立了人与人关系与空间地域的中之后,"焉不易实变名"。"焉",介词,于是、乃之意。"名",指名分、名位,是礼的核心。《论语·子路》:"名不正则言不顺,言不顺则事不成,事不成则礼乐不兴。""实",指"名"所规定的义务关系,如父慈、子孝之类。这里的"实"是"循名责实"之实,而非一般"名实"之实。故"不易实变名"就是不变易名实,不改变礼所规定的人伦关系及其责任义务。

---

① 李学勤:《论清华简〈保训〉的几个问题》,《文物》2009年第6期。廖名春、陈慧:《清华简〈保训〉篇解读》,《中国哲学史》2010年第3期。
② 倪木兰:《清华楚简〈保训〉篇新解——兼论"中"之含义》,复旦大学出土文献与古文字研究中心网站,2009-11-04,http://www.fdgwz.org.cn/Web/Show/960。

舜不仅"求中"、制礼，更重要的是，"身兹服惟允"。"兹"，代词，此也，这里指中。"兹服"即"服兹"。允，信也。就是一心一意奉行中，恭敬不懈（"翼翼不懈"），终于成就了"三降之德"，赢得帝尧的嘉许，得天命，擢升天子之位。

根据上面的分析，舜"求中""得中"的"中"主要是指一种调节人与人关系的原则、准则，中有适中、适当的意思，具体讲，包括欲望的适当、适中，与行为的适当、适中。同时，中也蕴含了"地中"的含义，要求"易位设仪，测阴阳之物"，即变换方位，设立圭表，通过观察阴阳的变化，以"辨方正位"。另外，中与礼存在密切联系，中的原则主要是通过礼义来实现。明白了中可以指礼，《保训》与《逸周书》中的一些内容便容易沟通了。已有学者指出，《保训》与《逸周书》的《文儆》《文传》等篇多有联系[1]，二者文体相近，都记载文王临终遗言。《文儆》《文传》约成书于春秋中期后或战国时期[2]，与《保训》的年代也大体相当。但二者的内容表面上又有所不同，《逸周书·文儆》云：

> 维文王告梦，惧后祀之无保，庚辰，诏太子发曰："汝敬之哉！民物多变，民何向非利，利维生痛，痛维生乐，乐维生礼，礼维生义，义维生仁。呜呼，敬之哉！民之适败，上察下遂，信

---

[1] 王连龙：《〈保训〉与〈逸周书〉多有关联》，《社会科学报》2010年3月11日。
[2] 黄怀信：《〈逸周书〉源流考辨》，西北大学出版社，1992年，第100页。周玉秀：《〈逸周书〉的语言特点及其文献学价值》，中华书局，2005年，第269页。

（注：当为"民"之误）何向非私，私维生抗，抗维生夺，夺维生乱，乱维生亡，亡维生死。呜呼，敬之哉！汝慎守勿失，以诏有司，夙夜勿忘，若民之向引。

在文王看来，求利乃民的本性（"民何向非利"），如果任其私欲膨胀，便会产生对抗、争夺、混乱，导致亡国乃至死亡的恶果。要避免这一切，关键是要"利维生痌"。"痌"，或谓当读为"通"。① 甚是。通者，共也。"利维生痌"也就是要有共同利益。有了共同利益，才能"生乐"，有了生活的快乐。而做到这一点，就必须有礼、有义。有了礼、义，才能避免争夺、混乱之苦，并上升为仁，使百姓相亲相爱。在《保训》舜的故事中，是用中"不违"也就是调节百姓的"大欲"，达到"咸顺不逆"；而在《文儆》中，则是以礼（义）去规范、引导百姓之利，避免私欲的膨胀。一个用中，一个用礼，二者的精神实际是相通的。在两篇文字中，文王实际讲述的是同样的道理。

第二节 《保训》上甲微"假中""归中"解读

再看上甲微的故事。上甲微为商人先祖，其父王亥牧牛时为有易部所杀，他借师河伯，替父报仇，灭有易部，杀其君绵臣，曾轰动一时，产生过广泛影响，其事迹被记入《竹书纪年》《山海经》《世本》《楚

---

① 黄怀信、张懋镕、田旭东：《逸周书汇校集注》（修订本）上册，上海古籍出版社，2007年，第232页。

辞·天问》等史籍之中，上甲微的王子复仇记也被视为古代血亲复仇的典范。但《保训》所记，则可能是后世儒生推演出的另一个版本，与传世文献有所不同。据《山海经·大荒东经》，"王亥托于有易、河伯仆牛。有易杀王亥，取仆牛。"郭璞注引《古本竹书纪年》："殷王子亥宾于有易而淫焉，有易之君绵臣杀而放之。是故殷主（注：'主'宋本作'上'）甲微假师于河伯以伐有易，灭之，遂杀其君绵臣也。"《今本竹书纪年》也说："（帝泄）十二年，殷侯子亥宾于有易，有易杀而放之……（帝泄）十六年，殷侯微以河伯之师伐有易，杀其君绵臣。"竹简称"昔微假中于河"，"河"即河伯，故此句当与上甲微借助河伯之力复仇有关。但该句的"中"当做何解，一直使学者迷惑不解。若根据传世文献，此"中"当与军队有关，故学者或释为"师"，或读为"众"。但通读简文，其内容与传世文献有所不同，对"中"字的解读，恐怕还应以简文为准。

按，"假中"的"假"应训为"请"。《吕氏春秋·士容》："齐有善相狗者，其邻假以买取鼠之狗。"高诱注："假，犹请也。""中"应训为"正"。姜亮夫云："中得引申为正，盖物得其中必正，在两极则偏矣。故正为中义之直接最近之引申。""凡中必正，故二字复合为一词，所表为一义。事物各有两极，而中以持之，凡中在两极之中，所以持正两极者，故中即正矣。"①故"微假中于河"是说，上甲微向河伯请求公正，也

---

① 姜亮夫：《楚辞通故》第 2 辑，载《姜亮夫全集（二）》，云南人民出版社，2002 年，第 309～311 页。

就是请河伯主持公道，做审判人、调解人。① 盖古代部落之间发生冲突时，为避免矛盾激化，常常请有一定的地位、影响，且与双方都保持友好关系的第三方来调解。《史记·周本纪》载，"西伯阴行善，诸侯皆来决平。于是虞、芮之人有狱不能决，乃如周"。"决平"意为公平断案。伯为诸侯之长，文王为西伯，虞、芮等小诸侯国有纠纷，找文王断案，可见伯有主持公道、审理案件的权力。《保训》中的河，爵位也是伯，地位与文王相当，故也应有调解纠纷、审理案件的权力。② 一些学者释中为"司法判决书"，认为"微假中于河"是上甲微从河伯处借到司法判决书，恐难以成立。盖河伯断狱在于其公平、公正，而不在于其所下之判决书也，且河伯、上甲微时是否已有司法判决书制度，尚属可疑。如果中是司法判决书，那么后面"追（归）中于河"一句，便是把判决书归还给河伯。可是，上甲微为什么不把判决书留在自己身边，而是要归还给河伯呢？何其不惮烦也！故从简文来看，中应训为正，不仅文从字顺，而且与前面的中统一起来，相互呼应。盖中即正也。

由于河伯主持公正，支持了上甲微，判定有易有罪，上甲微于是向

---

① 李锐说："古代'中'有中正义，引申之则与狱讼之公正有关。因疑'假中于河'即是请求河伯做中人、公证人、审判人。当然，这是表面文章，实际很可能是请河伯给予军队，而且保证师出有名。"（李锐：《〈保训〉"假中于河"试解》，2011-08-03，https://wenku.so.com/d/23c814004a8e92e93acb889e608dd8be）。但后来又放弃此说，认为"假中于河"可能当读为"格中于河"，"假"与"格"相通，为度量、推究，也就是说上甲微由河（或在河附近地区）体会到了"中"的道理（李锐：《清华简〈保训〉与中国古代"中"的思想》，《孔子研究》2011年第2期）。

② 刘光胜：《〈保训〉之"中"何解——兼谈清华简〈保训〉与〈易经〉的形成》，《光明日报》2009年5月18日。

有易复仇("以复有易"),在这种压力下,有易不得不认罪("有易服厥罪")。下一句"微无害"又让学者颇感费解,因为《竹书纪年》明明说"灭之",即消灭了有易部,这里为什么又说"无害"呢?故学者或说是上甲微在战争中无所折损,大获全胜①;或说是灭有易后的另一场内部斗争②;或说近于后世司法用语"文无害"③。按,以上说法均不通,"微无害"应按字面理解为:上甲微对有易氏没有加害。《保训》的记载与传世文献有所不同,而这种不同正是我们读懂《保训》的关键。

盖上古时代,在世界不同地区、不同种族中均存在过血亲复仇的现象。为本氏族的人复仇,是氏族每一个成员应尽的神圣义务,任何拒绝这一使命的行为,都是不可思议和难以原谅的。古代的复仇往往采取以怨报怨、血亲仇杀的形式,复仇者"常常把仇人的整个氏族看作复仇的对象,对氏族中某位成员的伤害,便构成了对受害人整个氏族的伤害,所以肇事者的氏族也被对等地作为整体仇家看待。至于其中的是非曲直,已无关紧要。因此往往酿成氏族间大规模的械斗,以致扩大为灭绝性的战争"④。例如,澳大利亚的库尔奈人要将仇人的整个部族加以杀戮,才会得到满足。又如格灵人不但要杀仇人的全家,甚至还要斩尽他们饲养的牲畜,不许有一个生灵存在。中国古代也有"斩草除根"的做法,

---

① 周凤五:《清华简〈保训〉重探》。
② 罗琨:《〈保训〉"追中于河"解》,载清华大学出土文献研究与保护中心编:《出土文献》第1辑,中西书局,2010年,第46~47页。
③ 李均明:《〈保训〉与周文王的治国理念》,《中国史研究》2009年第3期。
④ 周天游:《古代复仇面面观》,第2页。本章关于血亲复仇的论述,多参考该书。

均是这种非理性复仇心理的反映。《竹书纪年》称"微假师于河伯以伐有易,灭之,遂杀其君绵臣",反映的应该正是古代以怨报怨、血亲复仇的情况。又据《楚辞·天问》,"恒秉季德,焉得夫朴牛?何往营班禄,不但还来?昏微遵迹,有狄不宁。何繁鸟萃棘,负子肆情?"此段诗文文义古奥,又有传写讹脱,据学者考证,"朴牛"即"仆牛","有狄"即"有易","昏微"即"上甲微","负子"即"妇子"。其中"昏微遵迹"以下四句,"写上甲微兴师伐有易,灭其国家,肆情妇子,使国土成为一片荆棘"①。可见,上甲微的复仇是相当血腥和野蛮的。然而随着社会的发展与交往的扩大,人们逐渐认识到避免暴力冲突,培养相互容忍,尊重彼此生活空间,乃共存共荣的先决条件。所以当出现冲突时,人们不再一味地诉诸武力,而是通过和谈,并以伤害人一方认罪、赔偿来消除仇恨。这一更具人道色彩的复仇方式在原始社会后期逐渐流行,并演化为华夏民族独有的伦理观念和礼仪习俗——"兴灭国,继绝世"。虽然部落、国家之间可能有政治、利益的矛盾,并演化为军事的冲突;虽然武力讨伐、伸张正义是当时较为流行的形式,但复仇雪恨绝不是为了灭亡其部族,摧毁其国家,而是以维护部落、国家间的和睦相处以及礼仪秩序为目的。正如何炳棣先生所指出的,"观念上,'兴灭国、继绝世'是生命延续的愿望从'我'到'彼'的延伸;制度上,'兴灭国、继绝世'是新兴王朝保证先朝圣王永不绝祀的一套措施。尽管远古政治和武力斗争的实况不容过分美化,'兴灭国、继绝世'在一定程度上确实反

---

① 袁珂:《山海经校注》,上海古籍出版社,1994年,第12~13页。

映华夏文化的一系列奠基者的宽宏气度和高尚情操"①。《保训》的"微无害",恐怕要放到这一背景下去理解。

作为三代政治文化的继承者,儒家一方面肯定血亲复仇的正义性、合理性,所谓"父母之仇,不与同生;兄弟之仇,不与聚国;朋友之仇,不与聚乡;族人之仇,不与聚邻"(《大戴礼记·曾子制言上》),另一方面又对复仇的手段、方式做了限定。②既不赞同"以德报怨",视为"宽身之仁"(郑玄注:宽,犹爱也,爱身以息怨,非礼之正也),也反对"以怨报怨",斥为"刑戮之民"(《礼记·表记》)。当有人问"以德报怨,何如"时,孔子回答:"何以报德?以直报怨,以德报德。"(《论语·宪问》)如果说"以怨报怨"与"以德报怨"是两个极端的话,那么,"以直报怨"无疑就是中道了。故"微无害"是说上甲微以中道的方式为父复仇,迫使有易氏认罪伏法,又"以直报怨",不对其部族赶尽杀绝,《保训》的记载与传世文献有所不同。《竹书纪年》等传世文献的主题是复仇的正义性,突出的是上甲微借师河伯、剿灭有易的英雄气魄,甚至渲染了其屠城灭国的复仇心理。而《保训》的重点是复仇的中道方式,强调的是上甲微不滥用武力,通过河伯的居中调解,赢得道义、法律和军事上的支

---

① 何炳棣:《华夏人本主义文化:渊源、特征及意义(下)》,《二十一世纪》1996年4月号,总第34期。

② 这种限制包括,"书于士",即复仇前后应向掌管政法、狱讼的各级士报告、汇报;"复仇不除害"(《春秋公羊传·定公四年》),即复仇只限于仇人本身,不得扩及其子弟亲属;有正当的理由才可以复仇,"凡杀人而义者",被杀者的家属即使同处一个城市,也"令勿仇,仇之则死"(《周礼·地官·调人》);此外,还限定了复仇的时限等。参见周天游:《古代复仇面面观》,第7~8页。

持,同时隐忍、克制,适可而止,不对其整个部族进行加害。这种不同显然与后世尤其是儒家复仇观念的变化有关,《保训》当是出自后世儒者之手,反映的是儒家更为理性的中道复仇观。由于观念不同,二者在史实的记载上也有不同,古本《竹书纪年》说是"灭之",而《保训》则说是"无害"。古史本来就茫昧无稽,扑朔迷离,后人往往根据需要做出不同的"取舍",这在史籍中较为常见,不值得奇怪。

上甲微复仇后,"乃归中于河"。"归",简文做"追",整理者读为"归"。学者或理解为"归还"之意,认为中是指具体的器物。也有学者主张读本字,如姜广辉先生认为,"追"即"慎终追远"之"追",即"追溯"。"殷人的把握分寸的'中'的方法,可以追溯于河伯。"① 罗琨先生认为,"追中于河",句式同于《尚书·文侯之命》"追孝于前文人","追中"之"追"当与"追孝"之"追"含义相同,都是追随、继承、发扬的意思,"追中于河"的意思是要发扬"河"所信守的公平、公正。② 这些说法虽较有启发,但仍有值得推敲的地方。《保训》是说上甲微"乃归中于河",而上甲微与河伯是同时代人,自然不能"追溯"了。至于"追孝",一般理解为"追养继孝",追主要是追念、追祭之意。虽也可引申为追随、继承,但若说"发扬'河'所信守的公平、公正",那就应是"乃归河之中",而不是"归中于河"了。按,"追"应读为"归"。归,属也。"归中于河"是说,上甲微把复仇的中道方式归功于河伯。

---

① 姜广辉:《〈保训〉十疑》,《光明日报》2009 年 5 月 4 日。
② 罗琨:《〈保训〉"追中于河"解》,载《出土文献》第 1 辑,第 47 页。

盖上甲微秉持中道，以直报怨，是通过河伯的居中调节，故中道的实现自然应归功于河伯。又据《山海经·大荒东经》："河念有易，有易潜出。"郭璞注："言有易本与河伯友善。上甲微，殷之贤王，假师以义伐罪，故河伯不得不助灭之。既而哀念有易，使得潜化而出，化为摇民国。"可见，历史的实况远比后世的宣传复杂，河伯不仅支持了殷人，判定有易有罪，同时又暗中庇护，帮助有易逃避上甲微的迫害，"微无害"的中道是由河伯一手促成。这样，就不难理解上甲微为何要"归中于河"了。上甲微将中道归于河伯，同时牢记不忘（"微志弗忘"），将其作为处理对外矛盾、冲突的原则，传递给子孙后代（"传贻子孙"），一直到成汤（"至于成汤"），恭敬不懈（"祗服不懈"），终于因此获得天命（"用受大命"）。

综上所述，《保训》舜和上甲微的故事都与中道有关，舜的故事是从正面讲积极的"中"，要求在人与人之间确立"度量分界"——恰当的准则、原则，以避免彼此的矛盾、冲突，达到和睦相处。这个中就是礼，是荀子所讲的"群居和一之道"，故中是礼乐文化的核心观念。上甲微的故事则是从反面讲消极的"中"，指出当正常的秩序被打破，部落、国家间出现矛盾、冲突时，应秉持中道，以直报怨，避免冤冤相报、血亲仇杀对部落共同体的伤害。这个中同样与礼有关。不管是正面积极的中，还是反面消极的中，都属于古代最常见、最重要的政治实践，故《保训》予以特别重视，视为治国安邦的"宝训"，并认为是得到天命的关键、这与儒家尊王贱霸、尚德不尚力的一贯立场无疑也是一致的。

附：《保训》译文

文王在位五十年，感到身体不适，王考虑到时间流逝，（剩下的日子不多，）害怕丧失宝贵的遗训。戊子日，王自己洗了脸。次日己丑，天快亮的时候……文王这样说道："发，我的病越来越严重，恐怕来不及训示你。以前古人传授宝物，必定要赠送好的言论。如今我的病情非常严重，恐怕不能寿终正寝，你用文字记下我的话。要恭敬谨慎！不可放纵。

"从前舜曾经很长一段时间是一个平民，耕种于历丘，（看到百姓彼此争夺，互不相让，）感到很不安，想要找到'中'。他反躬自问，认识到不能违背百姓'饮食男女'之大欲，于是将'中'推行到地位高低、关系远近的不同人群中。又变换方位，设立圭表，观测天地自然的变化（以确立时间、方位），使一切都井然有序。舜既已得到'中'，于是不改变名和实，恭敬谨慎地奉行'中'，小心翼翼，不敢懈怠，因而获得三隆之德。帝尧嘉许他，授予他帝位。啊！要恭敬谨慎呀！

"从前上甲微请求河伯做中人，（裁决有易杀害其父王亥的罪行，河伯判定有易有罪，）上甲微于是向有易复仇，有易被迫认罪。上甲微没有加害有易，并把'以直报怨'的中道归于河伯，（认为是河伯促成的。）上甲微谨记不忘，传递给子孙，一直到成汤，恭敬奉行不敢懈怠，因而得到了天命。啊！发，要恭敬谨慎呀！

"我听说这个道理不久，未能得到天命。今后你若能恭敬谨慎不懈息，就会有所成就，在你这一代得到天命。要恭敬谨慎，不可放纵！时间不足，拖沓迟延会招致不祥！"

第三节　先秦儒家"弘道"意识发微

《保训》的"中",自然会使人想到儒家的道统说,故《保训》与道统的关系,便成为目前学界亟待讨论的问题。对于儒家的道统说,尤其是朱熹圈定的"十六字心传",学者一向认为是后人的虚构,缺乏事实根据。但系统的道统说固然晚至唐代才出现,但儒学自创立起,便具有了强烈的弘道意识,并将道溯源于三代以上,此点同样值得重视。对于儒家道统这样复杂的学术问题,决不可简单地否定了事,而应站在新的高度,以史料为依据,对其做出检讨、反省,甚至是重构。

孔子创立的儒学,虽是一私家学派,但又与唐虞、三代文明存在密切联系,是对后者的全面继承。"祖述尧舜,宪章文武"不仅是孔子,也是后世儒生的共同理想。这样,唐虞、三代的历史文化为什么仍能适用于今天,历史在损益、变革中是否有某种超越的价值理念、"一以贯之"的文化精神,便成为儒家学者关注的问题。在《论语》中,孔子与弟子子张有一段关于三代因革的对话。

> 子张问:"十世可知也?"子曰:"殷因于夏礼,所损益可知也;周因于殷礼,所损益可知也。其或继周者,虽百世可知也。"(《论语·为政》)

"十世可知也?"是问历史的传承中是否有某种连续、不变的东西,是否有超越性的道贯穿其中。孔子的回答是肯定的,故认为"虽百世可知也"。孔子此论，亦可看作一种道统说。此"道统"的内容是指礼，尤指礼的精神。在孔子看来，三代的礼乐制度可以过去，成为陈迹，但礼的原则、精神不会过时，不仅适用于当时，还可应用于未来，"虽百世可知也"。所以面对礼崩乐坏，孔子发出的第一声呐喊是"克己复礼"，希望通过复礼重振纲常秩序，重建理想社会。"复礼"不是简单复兴古礼，而是在继承礼的价值理念、合理内核的同时，为其注入新的活力。周文的疲敝，说明当时的礼已失去凝聚人心的力量，故孔子提出仁，以仁释礼。"为仁由己，而由人乎哉？""一日克己复礼，天下归仁焉。"（《论语·颜渊》）故从孔子开始，儒家之道的内容主要有二，一是仁，一是礼，但二者的位置又有所不同。仁是孔子开创之新统，是孔子思想之创造，所谓"夫子以仁发明此道"，仁自孔子后始具有全新的意义，成为儒者追求的最高理想。礼是孔子承继之旧统，是"先王之道"之延续，由于孔子的继承、发展，礼不仅成为儒者普遍认可的价值理念，同时也是最具有历史根源的观念。

孔子之后，有儒者突出尧舜禅让，以唐虞之道为儒家之道统。郭店竹简《唐虞之道》云："唐虞之道，禅而不传。尧舜之王，利天下而弗利也。禅而不传，圣之盛也。利天下而弗利也，仁之至也。"唐虞之道即尧舜之道，其实质是禅让天下而不独占，有利于天下而不以天下为一己之私利，分别代表了圣、仁的价值理念。竹简提出，"禅也者，上德授贤之谓也。上德则天下有君而世明，授贤则民兴效而化乎道"。认为只有实行禅让，才能君主贤明，政治清明，"不禅而能化民者，自生民未之有也"。故"天下为公",实行禅让才是唐虞之道的核心。而在上古的帝王中,尧舜禅让,禹以下世袭,若用"轲之死,不得其传焉"的说法,也可以说,"舜之死,不得其传焉"。正是因为这个缘故,同样肯定禅让的《礼记·礼运》篇,将儒家之道的传授分为"大道之行"和"大道既隐"两个阶段①,前者为"天下为公,选贤与能,讲信修睦"的"大同"之世,后者为"天下为家,各亲其亲,各子其子,货力为己,大人世及以为礼"的"小康"之世。而"禹、汤、文、武、成王、周公,由此(注:指小康之世)其选也",儒者称颂的禹、汤、文、武、成王、周公等圣王,均是小康之世的"英选",而非"大同"之世的代表,实际等于被排除在道统之外。后人常常对宋儒道统说排除荀子及汉唐儒学迷惑不解,且深感不满。其实,道统本来就是一种价值判断,这种判断往往与对道的理解有关,若以"天下为公""利天下而弗利"为道之核心,那么,连禹、汤、文、武、成王、周公也会被排除在道统之外。当然,这只不过是儒学在特定时期的极端看法罢了。

亚圣孟子的弘道意识向来受到重视,被视为道统说的先声。不过经历了燕王哙让国失败的教训,孟子虽然推重"先王之道",认为"为政不因先王之道,可谓智乎?""遵先王之法而过者,未之有也"(《孟子·离娄上》)。但在其眼里,尧舜之道已不是《唐虞之道》《礼运》的"禅而不传""天下为公",而主要是指仁心、仁政而言。

---

① 关于《礼记·礼运》与禅让的关系,参见梁涛:《战国时期的禅让思潮与"大同""小康"说——兼论〈礼运〉的作者与年代》,载《中国哲学与文化》第6辑。

> 尧舜之道，不以仁政，不能平治天下。今有仁心仁闻，而民不被其泽，不可法于后世者，不行先王之道也。故曰：徒善不足以为政，徒法不能以自行。《诗》云："不愆不忘，率由旧章。"（《孟子·离娄上》）

可见，仁才是尧舜之道的核心，具体讲包括"仁心""仁政"，其逻辑是"先王有不忍人之心，斯有不忍人之政"（《孟子·公孙丑上》）。与仁相比，"天下为公"、实行禅让不过是特定历史阶段的政治理念和制度设计，是仁心、仁政在具体历史阶段的体现，并非绝对、无条件的。而仁则超越于具体历史条件之上，成为儒家道统的核心。故"孟子曰：仁也者，人也。合而言之，道也"（《孟子·尽心下》）。又引"孔子曰：道二，仁与不仁而已矣"（《孟子·离娄上》）。仁不仅是唐虞之道，同时也是三代之道，只有仁才能贯通"天下为公"的唐虞之世与"天下为家"的三代。"孟子曰：三代之得天下也以仁，其失天下也以不仁。"（《孟子·离娄上》）"桀、纣之失天下也，失其民也。失其民者，失其心也。得天下有道，得其民，斯得天下矣。得其民有道，得其心，斯得民矣。得其心有道，所欲与之聚之，所恶勿施尔也。"（《孟子·离娄上》）唐虞、三代的历史沿革说明，仁与不仁乃社会治乱、"得天下"、"失天下"的关键，仁超越时代条件，贯穿于历史之始终。不过在孟子那里，仁既是超越的又是具体的，是具体的超越。在孟子看来，一方面，"先圣后圣，其揆一也"（《孟子·离娄下》），圣人虽有地域、时代的不同，其行为原则却是一致的。这个"一"就是仁,是圣人之为圣人之所在。另一方面,仁又是具体、灵活的,在不同的情境中可以有不同的选择与表现。"孟子曰:禹恶旨酒而好善言。汤执中,立贤无方。文王视民如伤,望道而未之见。武王不泄迩(注:轻慢身边的人),不忘远。周公思兼三王,以施四事(赵岐注:禹、汤、文、武所行之事也),其有不合者,仰而思之,夜以继日,幸而得之,坐以待旦。"(《孟子·离娄下》)禹、汤、文、武、成王、周公的行为处事虽有不同,但均有仁道贯穿其中,是其仁心的具体体现。更重要的,先王之仁心须落实为仁政,故孟子论先王之道尤重仁政,认为"尧舜之道,不以仁政,不能平治天下"。而先王之仁政、功业在不同的时间、地域可以有不同的表现,不必完全一致。"昔者禹抑洪水,而天下平;周公兼夷狄,驱猛兽,而百姓宁;孔子成《春秋》,而乱臣贼子惧。"(《孟子·滕文公下》)大禹治水、周公兼夷狄、孔子作《春秋》,这些仁政、功业虽然表现不同,却体现了共同的价值理念,这即所谓的"易地则皆然"(《孟子·离娄下》)。故孟子的弘道意识,一是突出了仁的地位,以仁为道统的核心;二是重视仁政,认为仁心需要落实为仁政。其仁不仅是一种抽象的理念,同时也是仁心具体、灵活的表现,是仁心、仁政的统一。

作为先秦儒家的殿军,荀子的弘道意识主要体现在推崇"先王之道""礼义之统",以及"法先王""法后王"之中。与孔孟一样,荀子也推崇先王,认为"不闻先王之遗言,不知学问之大也"(《荀子·劝学》),"劳知而不律先王,谓之奸心"(《荀子·非十二子》),"凡言不合先王,不顺礼义,谓之奸言,虽辩,君子不听"(《荀子·非相》)。他批评惠施、邓析,"不法先王,不是礼义,而好治怪说,玩琦辞"(《荀子·非十二子》)。但与孟子不同,荀子推崇先王不是突出仁心、仁政,而是礼义之统。孔子承前启后,继往开来,确立仁、礼为儒家的核心价值。作为后继者,荀子自然也肯定仁,不仅讲礼义之统,也讲仁义之统。"今以夫先王之道,仁义之统,以相群居,以相持养,以相藩饰,以相安固邪?"(《荀子·荣辱》)"况夫先王之道,仁义之统,《诗》《书》、礼乐之分乎。"(《荀子·荣辱》)"圣人也者,本仁义,当是非,齐言行,不失豪厘,无它道焉。"(《荀子·儒效》)但在荀子看来,仁义是主观、抽象的,高悬仁义不仅"犹然而材剧志大"(《荀子·非十二子》),于事无补,而且蒙骗世人,"嚾嚾然不知其所非也"(《荀子·非十二子》),故仁义还必须落实到客观的礼义秩序中。所以在荀子那里,仁义是目标,是形式,礼义是实质,是内容,"将原先王,本仁义,则礼正其经纬蹊径也。若挈裘领,诎五指而顿之,顺者不可胜数也"(《荀子·劝学》)。礼义是实现仁义的最佳途径,若考察先王,探究仁义,礼是最好的方法。抓住了礼,就像抓住了皮衣的领子,一顺百顺矣。"先王之道,仁之隆也,比中而行之。曷谓中?曰:礼义是也。"(《荀子·儒效》)先王之道体现为仁,但仁需要按照"中"的原则而实行,这个"中"就是礼义。故在荀子那里,儒家道统的核心乃礼、礼义,道统即礼义之统。

不过荀子以礼义为道统,其礼义就不应指具体的礼节仪文,而应指礼之原则、共理,这种原则、共理能够超越时代的限制,使礼具有恒常的价值，不仅"十世可知"，甚至"百世可知也"。特别是荀子生活的时代，"邦无定交，士无定主"，"绝不言礼与信矣"①，这就需要对"制礼"的可能与根据做出说明。故荀子提出"类"概念，赋予其特殊意义。"荀子所谓'类'乃是指同类事物中之共理或共相（universal）。盖凡言类，则必有其所以成类之依据，此依据即同类事物中所函之共理。故共理由类而显，类由共理而成。凡言类，共理即存焉。且唯类中之共理可以统，可以贯。故荀子言：'类不悖，虽久同理。'（《非相》）"②不过荀子所谓的"类"乃历史文化脉络中的类，是经验世界中的类，而非纯粹逻辑中的类，故荀子不仅谈类，也谈统。类是类别，统是统绪。类是从空间上说，统是从时间上说，合称之曰"统类"。荀子说：

> 故学者以圣王为师，案以圣王之制为法，法其法，以求其统类，以务象效其人。（《荀子·解蔽》）

李涤生先生称："下'法'字谓礼法，即圣王之制。圣王之制是各类事物的具体规范，具体规范都是依据抽象义理而制定的。学者从各类事物具体规范中，推求其潜在的抽象义理，体察各类事物的规范所具的义理，就可会通而成道，知道则既可以处常，又可以处变。此即荀子所谓'知统类'。"③从圣王制作的具体礼法中，推求其潜在的共相、共理，就

---

① 顾炎武著，黄汝成集释：《日知录集释》，卷十三《周末风俗》，上海古籍出版社，2006年，中册，第749页。
② 李哲贤：《荀子之名学析论》，文津出版社（台北），2005年，第198页。
③ 李涤生：《荀子集释》，学生书局（台北），1979年，第499～500页。

可以打通古今，贯通先王、后王。故荀子不仅讲"法先王"，同时也讲"法后王"。"天地始者，今日是也；百王之道，后王是也。君子审后王之道而论于百王之前，若端拜而议。"(《荀子·不苟》)"彼后王者，天下之君也；舍后王而道上古，譬之是犹舍己之君而事人之君也。"(《荀子·非相》)"言道德之求，不二后王。道过三代谓之荡，法二后王谓之不雅。……百家之说不及后王，则不听也。"(《荀子·儒效》)在荀子看来，"礼法如同任何文化一般，皆是一有机体，能创造发展，亦能变迁，具有累积性与适应性。盖善美之礼法非成于一人之手，一时之作，而是历代圣王因应环境、时代之需求，运用智慧所逐渐发展、改良、积累而成。故于后代之礼法中，必蕴有前代礼法之遗迹。易言之，后代礼法乃集前代礼法之大成，较诸前代必最为粲然明备。故荀子曰：'欲观圣王之迹，则于其粲然者矣，后王是也。'(《非相》)后王之礼法既最为粲然明备，可知其必非凭空而起，而是有其承传，有其渊源。故荀子之法后王即是明言其乃承继历史文化之遗产"，"就礼宪发展之迹言之，百王之道乃一脉相承，后王之道乃百王之道积累损益而成，最为粲然明确，故后王之道即足以代表百王之道。……故圣人于礼义发展之迹中，推求其统类，把握其共理，即足以形成'礼义之统'。由是即能处常而尽变"。① 故与孟子不同，荀子的弘道意识是突出了礼义之统，以礼义为道之核心，同时以"知通统类"为推求礼义之原则、共理之方法，使礼之价值、意义贯穿于历史之中，形成礼义之统。

---

① 李哲贤：《荀子之名学析论》，第 192～193 页。

综上所论，早期儒学的弘道意识包括历史意识、担当意识、正统意识等多个方面。在论及道的传授时，孔、孟、荀等儒者都溯源于尧、舜、禹、汤、文、武、周公，认为儒家之道具有悠久的历史根源，表现出浓厚的历史意识。这是因为，儒家作为一个学派，固然是从孔子始，但作为一个文化传统，则是从尧、舜、禹、汤、文、武、周公始，是对尧、舜、禹、汤、文、武、周公为代表的三代历史文化的全面继承。这样，儒者所承继的乃古代圣王的事业，传递的是尧、舜、禹、汤、文、武、周公之道，"祖述尧舜，宪章文武"成为儒者的共同信念与理想。与之相应的是强烈的担当意识。"子畏于匡。曰：'文王既没，文不在兹乎？天之将丧斯文也，后死者不得与于斯文也；天之未丧斯文也，匡人其如予何。'"（《论语·子罕》）面对匡人的威胁，孔子坚信自己承担着传播"斯文"的重任。除非老天想要毁灭"斯文"，否则几个匡人又能奈我何！正可谓"人能弘道，非道弘人"（《论语·卫灵公》）。孟子坚信"五百年必有王者兴，其间必有名世者"，如果老天不想平定天下便罢，如果想要平定天下，"当今之世，舍我其谁也？"（《孟子·公孙丑下》）主张"天下有道，以道殉身；天下无道，以身殉道；未闻以道殉乎人者也"（《孟子·尽心上》）。荀子称赞大儒之效，"虽隐于穷阎漏屋，无置锥之地，而王公不能与之争名……用百里之地，而千里之国莫能与之争胜；笞棰暴国，齐一天下，而莫能倾也"（《荀子·儒效》），主张"从道不从君"（《荀子·子道》），均是这种担当意识的反映。还有正统意识。儒者以道自认，具有维护正统的意识，孔子"攻乎异端"（《论语·为政》),孟子"距杨、墨"(《孟子·滕文公下》),荀子"非十二子",均反映了这一点。但是在早期儒学那里,由于对道的内涵没有形成固定、统一的认识,或以仁、礼为道之核心(孔子),或推崇唐虞之道"禅而不传,利天下而弗利"(《唐虞之道》),或重视仁心、仁政(孟子),或推崇礼义之统(荀子),因而在道统的问题上,其认识是开放、多样的,这与后世的道统说有明显的不同。

第四节 韩愈、朱熹道统说辨疑

魏晋以降,儒学衰微,面对佛老的冲击,儒者不断寻找回应之道,至唐中叶有韩愈者出,辟佛老,提出系统的道统说。其《原道》云:

> 博爱之谓仁,行而宜之之谓义,由是而之焉之谓道,足乎己无待于外之谓德。其文《诗》、《书》、《易》、《春秋》,其法礼乐刑政,其民士农工贾,其位君臣、父子、师友、宾主、昆弟、夫妇……斯道也,何道也?曰:斯吾所谓道也,非向所谓老与佛之道也。尧以是传之舜,舜以是传之禹,禹以是传之汤,汤以是传之文武周公,文武周公传之孔子,孔子传之孟轲,轲之死,不得其传焉。①

韩愈此说有两点特殊之处,一是将道的内容规定为仁义,认为"凡吾所谓道德云者,合仁与义言之也,天下之公言也","仁与义为定名,道与德为虚位"。二是与之相应,列出了孔子、孟子的传道谱系。在另

---

① 韩愈:《原道》,载《韩愈全集》,第120页。

一文中，具体为孔子、曾子、子思、孟子①，而将荀子及汉唐儒学排除在外。盖因为在韩愈看来，孔子之后光大仁义的是曾子、子思、孟子，荀子突出礼义之统，偏重外王事业，对于仁义，"择焉而不精，语焉而不详"，"大醇而小疵"，故不得不排除于道统之外。韩愈标榜道统，辟佛老而明仁义，扬孟轲而抑荀卿，是在"儒门淡薄"的颓势下，为儒学寻找新的出路，其立论虽有偏颇之处，却得到宋明理学家的认可。②南宋理学集大成者朱熹称："孔子传之孟轲，轲之死，不得其传。此非深知所传者何事，则未易言也。夫孟子之所传者何哉？曰：仁义而已矣……尧舜之所以为尧舜，以其尽此心之体而已。禹、汤、文、武、周公、孔子传之，以至于孟子，其间相望，有或数百年者，非得口传耳授密相付属也。"③但尧、舜、禹、汤传授仁义乃是一种"虚说"，并无文献的根据，而在朱熹的时代，"孔子以仁发明此道"乃是多数儒者的共识。按照理学家的理解，"以仁发明此道"乃是自孔子始，而非自尧、舜、禹、汤、文、武、周公始。所以要论证道统说，不仅要有文献的根据，还要说明其与仁义的关系。关于这一点，朱熹接受了程颐"《中庸》乃孔门传授心法"的观点，以《古文尚书·大禹谟》为道统说的文献根据，将

---

① 韩愈《送王秀才序》云："孟轲师子思，子思之学盖出曾子。自孔子没，群弟子莫不有书，独孟轲氏之传得其宗。"载《韩愈全集》，第212页。

② 唐宋儒者中还有另一种道统说，如宋初三先生之一的孙复称："吾之所谓道者，尧、舜、禹、汤、文、武、周公、孔子之道也，孟轲、荀卿、扬雄、王通、韩愈之道也。"(《孙明复先生小集》，四库文渊阁本）参见梁涛：《回到"子思"去——儒家道论的检讨与重构》，《学术月刊》2009年第2期。

③ 朱熹：《李公常语上》，载《朱子全书》第24册，第3525页。

尧、舜、禹、汤传授道统落实在著名的"十六字心传"上。在《中庸章句序》中，朱熹称：

> 盖自上古圣神继天立极，而道统之传有自来矣。其见于经，则"允执厥中"者，尧之所以授舜也；"人心惟危，道心惟微，惟精惟一，允执厥中"者，舜之所以授禹也。尧之一言，至矣，尽矣！而舜复益之以三言者，则所以明夫尧之一言，必如是而后可庶几也。①

"十六字心传"中，"允执厥中"是核心，是尧所以命舜；舜所增"人心惟危，道心惟微，惟精惟一"三句，是对此句的进一步解释、说明，是舜所以命禹。这样，尧、舜、禹传授道统便有了文献的依据，道统传授不再是"虚说"而得到了证明。虽然尧、舜、禹、汤传授仁义没有文献记载，但《大禹谟》的人心、道心即指仁义而言，"道心"即仁义之心，指符合义理之心。这样，仁义的问题便转化为人心、道心的问题。在朱熹看来，仁乃"心之德而爱之理"，它源于天地生物之心，落实在人便是性，是"心之体"。此"心之体"或仁义之理亘古长存、客观独立，不会因人的理解而改变，这是道统得以成立的根本。但人的认识能力又是不同的，"特此心之体，隐乎百姓日用之间，贤者识其大，不贤者识其小"②，而尧、舜、禹、汤、文、武，不过是"体其全且尽"者。这样，得道统之传便是体会"心之体"，是用"道心"去转化、统

---

① 朱熹：《四书集注》，第15页。
② 朱熹：《李公常语上》，载《朱子全书》第24册，第3525页。

辖"人心"。

我们知道在朱熹那里，心、性是既有联系又有区别的。一方面，心、性具有形而上、形而下的差别，心是形而下，是气；性是形而上，是理，故说"性即理"。另一方面，心又可以通过知去认识、把握理，认识、把握到理的是道心，没有认识、把握到理的是人心。故朱熹说："心者，人之知觉，主于身而应事物者也。指其生于形气之私者而言，则谓之人心；指其发于义理之公者而言，则谓之道心。"①"只是这一个心，知觉从耳目之欲上去，便是人心。知觉从义理上去，便是道心。"②"人自有人心、道心，一个生于血气，一个生于义理。饥寒痛痒，此人心也。恻隐羞恶是非辞逊，此道心也。"③"心只是一个心，只是分别两边说，人心便成一边，道心便成一边。"④人心、道心虽是同一个心，是同一个心的不同表现，但性质、作用又是不同的，"人心则危而易陷，道心则微而难著"⑤。"一则危殆而难安，一则微妙而难见。必使道心常为一身之主，而人心每听命焉，乃善也。"⑥"人心如船，道心如柁。任船之所在，无所向。若执定柁，则去住在我。""人欲也未便是不好，谓之危者，危险，欲堕未堕之间。若无道心以御之，则一向入于邪恶，又不

---

① 朱熹：《尚书·大禹谟》，载《晦庵先生朱文公文集》卷六十五，载《朱子全书》第23册。
② 朱熹：《朱子七经语类》，上海古籍出版社，1992年，第321页。
③ 朱熹：《朱子四书语类》，第969～970页。
④ 朱熹：《朱子七经语类》，第323页。
⑤ 同上书，第321页。
⑥ 朱熹：《朱子四书语类》，第969～970页。

止于危也。"①为了使人心能升华为道心,就要"惟精惟一,允执厥中","精,是辨之明。一,是守之固。既能辨之明,又能守之固,斯得其中矣。这中是无过不及之中"②。"惟精惟一,是两截功夫。精,是辨别得这个事物。一,是辨别了,又须固守他。若不辨别得时,更固守个甚么?若辨别得了又不固守,则不长远。惟能如此,所以能合于中道。"③"惟精是要别得不杂,惟一是要守得不离。惟精惟一,所以能允执厥中。"④故"允执厥中"就是要通过"惟精惟一",也就是"择善固执",以把握"心之体"或仁义之理,以实现由人心到道心的转化。这样,道统说终于在文献及理论上得到落实与证明。

不过朱熹虽然通过挖掘古代文献及理论诠释,建构起完整的道统学说,但其学说带有浓厚的理学气息,更多的是一种理论建构,而并不具有历史的根据。

首先,朱熹所据之《大禹谟》出自伪古文,乃后人伪作,或至少经过后人的增补修订,此点学者早有明证。明代学者梅鷟称:"尧之告舜,仅曰'允执厥中',而舜亦以命禹,则其辞一而已,当无所增损也。《禹谟》出于孔壁,后人附会,窃取《鲁论·尧曰篇》载记而增益之,析四句为三段,而于'允执其中'之上妄增'人心'、'道心'等语,传者不悟其伪,而以为实然,于是有传心法之论。且以为禹之资不及舜,必益

---

① 朱熹:《朱子七经语类》,第321页。
② 同上书,第323页。
③ 同上书,第322页。
④ 同上书,第324页。

以三言然后喻。几于可笑！盖皆为《古文》所误耳，固无足怪也。"①梅鷟认为，《大禹谟》"人心""道心"三句乃后人附会《荀子》所引《道经》而来，以此论道统心法传授不足为据。

> 自今考之，惟"允执厥中"一句为圣人之言。其余三言盖出《荀子》，而钞略掇拾胶粘而假合之者也。《荀子·解蔽篇》曰："昔者舜之治天下也，不以事诏而万物成，处一之危，其荣满侧，养一之微，荣矣而未知。故《道经》曰：'人心之危，道心之微，危微之几，惟明君子而后能知之。'"荀卿称"《道经》曰"，初未尝以为舜之言。作《古文》者见其首称舜之治天下，遂改二"之"字，为二"惟"字，而直以为大舜之言……至于"惟精惟一"，则直钞略荀卿前后文字，而攘以为己有。②

《荀子·解蔽篇》引《道经》"人心之危，道心之微"之说，而此段文字正好用来说明"舜之治天下"，故被作《古文尚书》者当作舜的言论，略加改动，编入《大禹谟》中。又由于《荀子》中多有论"精"和"一"的文字，如"农精于田而不可以为田师，贾精于市而不可以为贾师，工精于器而不可以为器师。有人也，不能此三技而可使治三官，曰：精于道者也"（《荀子·解蔽》），"处一危之，其荣满侧，养一之微，

---

① 梅鷟：《尚书谱》卷二。《尚书谱》迄今未有刊本，本文凡所引据，以中国国家图书馆藏清孔氏藤梧馆抄本为底本（现收于《续修四库全书》，第43册），而以中国国家图书馆收藏清李礼南所藏抄本为参校本。

② 梅鷟：《尚书谱》卷二。

荣矣而未知"(《荀子·解蔽》)。故"惟精惟一"一句,也当是钞略《荀子》文字而来。考虑到舜的时代尚不可能有人心、道心的说法,故认为《大禹谟》"人心惟危,道心惟微"等句是钞略《荀子》等旧籍而来,或是后儒的铺陈发挥,而非尧、舜典诰的实录并不为过。朱熹以此建立道统说,显然是文献"不足征"也。

其次,关于尧、舜、禹的传授,实际有两种不同的记载:一个是《论语·尧曰》,一个是《尚书·大禹谟》。二者虽然都提到"允执厥中",但具体内容实际是有所不同的。在《论语·尧曰》中,尧仅告诫舜"允执厥中",并说"舜亦以命禹",说明尧、舜、禹所传仅有"允执厥中"一句。此"中"应指公平、公正,指中道,主要是一种德行、行为,尚不涉及心的问题。而在《尚书·大禹谟》中,舜传授禹时又加入了"人心惟危,道心惟微,惟精惟一"三句,按照朱熹的解释,"舜复益之以三言者,则所以明夫尧之一言",但这样一来,一定程度上使文意发生了变化,道统的传授落在了人心、道心上,"允执厥中"也是针对道心而言。①朱熹建构道统说,是将《尧曰》与《大禹谟》等量齐观,以《大禹谟》理解《尧曰》,故认为尧、舜、禹、汤之传实际是在传心,而孔子之后,子思作《中庸》,"推本尧舜以来相传之意";孟子发明本心,"千变万化,只说从心上来。人能正心,则事无足为者矣"②,皆得圣

---

① 《尚书·大禹谟》孔疏:"民心惟其危险,道心惟其幽微。危则难安,微则难明,汝当精心,惟当一意,信执其中正之道,乃得人安而道明耳。"释"中"为中正之道,较之朱熹,更接近中的原意。

② 朱熹:《孟子序说》,载《四书集注》,第179页。

人之传，为"孔门传授心法"，故得列于道统之中。这样，其道统说显然有过度诠释的成分，此点连着力为朱熹道统说辩护的牟宗三先生也不得不承认："尧命舜'允执厥中'是指行事言……而《道经》之语则直就心上作功夫，此非有真实而严肃之道德自觉者不能也。宋儒重视此语，不在《古文尚书》之伪不伪，而在其道德自觉上义理之精当。二帝三王之自政治措施上言'中'，固尚不能进至此。"① 牟先生承认《尧曰》"允执厥中"是自"行事"、自政治措施上言"中"，尚不能达到自"心"上言"中"，但又认为"人心""道心"之语实体现了"严肃之道德自觉"和"义理精当"，仍具有重要价值。这样在他看来，儒家的道统说只能从"理"上讲，而不能从"事"上讲。必须换一个角度，即认为尧、舜、禹、汤自"行事"上言"允执厥中"，而后儒剿取《道经》之语，自"心"上言"允执厥中"，此表明儒家内部实际存在一个谈"中"的传统，这一传统有一逐步发展、深化的过程。就这一点讲，道统说依然可以成立。不过牟先生的这一辩护，实际也等于承认，朱熹的道统说与历史的实况有出入，有必要做出修正和调整。

最后，前面说过，朱熹承韩愈说，认为尧、舜、禹、汤所传授者为仁义，而在"十六字心传"中，尧命舜、舜命禹者则为"允执厥中"，一为仁义，一为中，二者并不相同。朱熹为了建构尧、舜、禹、汤"一以贯之"的道统说，必须对二者关系做出说明，必须将二者统一起来。根据朱熹的理解，仁乃"心之德，爱之理"，"心之德"是从心上说，就

---

① 牟宗三：《心体与性体》第 1 册，第 230 页。

人而言;"爱之理"是从理上说,就天而言。二者结合起来,便是仁的基本内容。"爱之理"不是爱,爱是情,爱之理是性,是"心之体",故说"心有不仁,心之本体无不仁"①。"心之本体"是形而上的,超越性的,至善无私的,与宇宙的"生生之理"是合一的。爱之理虽然是形而上的,但它需要通过爱,通过恻隐、羞恶、辞让、恭敬之情来表现。故朱熹也从气上说仁,"仁是天地之生气"②,仁固然是"天人合一"的形而上之理,但必须在形而下之气上体现。"要识仁之意思,是一个浑然温和之气,其气则天地阳春之气,其理则天地生物之心。"③这便是体用合一、天人合一之气象。与之相应,朱熹将"中"也做了形而上、形而下的区分,分为"未发之中"与"时中之中",未发之中是"天命之性","天理之当然",也就是"心之体";而时中之中是"不偏不倚",是"做得来恰好";"未发之中是体,时中之中是用","所以能时中者,盖有那未发之中在。"④这样,就仁("爱之理")和中("未发之中")都是"天命之性"、"心之本体"、形而上之理而言,它们是统一的,是指同一个东西。二者在心上,在"心之体"上得到了统一,这是从体上讲。从用上讲,根据朱熹的说法,要发明"心之本体",还需要经过"格物致知"的实践功夫,故做到了时中之中,即在具体事物上做到了"不偏不倚","做得来恰好",又可以"豁然贯通",实现"心之本体"的未发之中。

---

① 朱熹:《朱子诸子语类》,上海古籍出版社,1992年,第71页。
② 朱熹:《朱子性理语类》,上海古籍出版社,1992年,第86页。
③ 同上书,第90页。
④ 朱熹:《朱子四书语类》,第964、963页。

这样，中与仁在体、用上也得到了统一。不难看出，朱熹关于仁与中关系的论证是十分迂曲的，纯粹是为了满足自身理论的需要，而缺乏文献的依据。在先秦典籍中，没有任何材料表明，仁可以直接等同于中。相反，如前文所举，礼同于中的例子则比比皆是。《中庸》有"喜怒哀乐之未发，谓之中"，此"中"固然可理解为性，但它是自然人性，也就是《性自命出》的"喜怒哀悲之气"，与仁义之性并不能等同。一些学者看到《保训》中有传授"中"的内容，便马上联想到后世的道统说，但他们往往忽略了，韩愈的道统是指仁义，并没有涉及"中"的内容；朱熹的道统说虽然加入了"十六字心传"，但其重心是在人心、道心，"中"主要还是针对道心、"心之体"而言，并落实到仁义上。这与《保训》的"中"有很大的不同，不管是肯定还是否定《保训》与儒家道统关系的学者，似乎都忽略了道统说内部的复杂情况，而急于论证或否定儒家之道统，这显然是不合适的，也是不应该的。

第五节　中道思想溯源

既然韩愈、朱熹等人的道统说更多是一种理论建构，朱熹将"中"落实在人心、道心上也不符合古代思想的实际，那么，"中"的本义是什么，古代中道思想又经历了哪些变化，便是值得探讨的问题。学者谈论"中"，往往从字形入手，甲骨、金文中的中字分作三形，一作"🝆"，一作"🇦"，一作"🝈"，其中"🝆"字出现较早，接近其原始字形。关于中字，学者有旗帜说、圭表说等说法。持旗帜说者如唐兰先生认为：

"盖古者有大事,聚众于旷地,先建中焉,群众望见中而趋附,群众来自四方,则建中之地为中央矣。列众为阵,建中之首长或贵族,恒居中央,而群众左之右之望见中之所在,即知为中央矣(若为三军,则中军也)。然则中本徽帜,而所立之地,恒为中央,遂引申为中央之义,更引申为一切之中。"①在唐兰看来,"中"本为旂旗之类,其中"｜"即旗杆,上面的饰物乃旗斿,由旂旗的"中"又发展出"中央""中间"的中。唐兰此说影响甚大,其实颇有疑问。盖其所说的中乃主观的中,而非客观的中,立旗为中,则天下无处不可以为中矣,这样的中未免太过随意了。

按,中应该指圭表。古人往往通过观测太阳投影长短、方向变化以定方位与时间,是中国传统天文观测的重要方法。卜辞有"立中"的记载,据学者研究,"是商人树立测量日影的'中'(相当于《周礼》上所记载的'圭表测影'的'表')时进行的一种占卜祭祀活动"②。而中在卜辞的最初字形,就是一根附有斿的杆子。2002 年,山西襄汾陶寺遗址出土漆木长杆一根,据学者研究,应是古人定位计时的槷(臬)表,即陶寺先民所使用的观象授时的天文仪器——"中"。③远古时代的人们,日出而作,日落而息,根据太阳的出入安排生活作息,多山地带的人,往

---

① 唐兰:《殷虚文字记》,中华书局,1981 年,第 53～54 页。
② 萧良琼:《卜辞中的"立中"与商代的圭表测影》,载中国天文学史整理研究小组编:《科学史文集》第 10 辑,上海科学技术出版社,1983 年,第 27 页。
③ 中国社会科学院考古研究所山西队、山西省考古研究所、临汾市文物局:《陶寺城址发现陶寺文化中期墓葬》,《考古》2003 年第 9 期。冯时:《中国天文考古学》,中国社会科学出版社,2010 年,"三版自序"第 2 页。

往以山为太阳出入的标尺,而平原地区的人,只好用树或杆来测量日影以定时。今天语言中还有"日出三竿""太阳上树"之类的说法,便是这一天文传统的反映。太阳清晨东升,日暮西落,故根据太阳的出入,就可以确定东西方向。据《周礼·考工记·匠人》记载,立表测影以定东西首先要"为规",即在地面画一个圆,再标记圆周与日出日入之影交会所成的两个点,这两点的连线,就是东西的方向线。正因为如此,古书里也往往把东西称为朝夕。《周礼·考工记·匠人》:"昼参诸日中之景,夜考之极星,以正朝夕。"贾公彦疏:"正朝夕者,正其东西也。"后来在长期的天文观测中,古人发现只有在春分、秋分时,太阳从正东升起,从正西降落。[1]"因此,东、西两个方位的确定有赖于春、秋分两个节气的确定,反之亦然,春、秋分的准确确定也离不开东、西方向的正确测定;冬、夏二时则离不开南、北方基准,古人借助于立表测影确定冬至、夏至……中午影长最短的日子就是夏至,最长的日子就是冬至,而要准确观测中午日影的变化必须首先准确确定南、北方。总之,春、夏、秋、冬四时的确定离不开东、南、西、北四方的确定,反之亦然,四时配四方的观念即滥觞于此。"[2]故古之"立中"测影,目的在于建构时空体系,"辨方正位""敬授民时",而时间、方位实为古代一切宗教性礼仪活动的基础,故"中"作为方位、时间的准绳,与古代的礼

---

[1] 《开元占经》引张衡《浑仪注》:"春分、秋分日在黄赤二道之交……出卯入酉。"是说春分或秋分两天,太阳才从卯的方位即正东方升起,在酉即正西方降落,日影也恰好是正东方或正西方。

[2] 刘宗迪:《五行说探源——从原始历法到阴阳五行》,《哲学研究》2004年第4期。

治实践是密切联系在一起的。

"中"字所从"○"形,学者或认为是鼓形①,或认为是"旒柄在日中时所投之正影"②,或认为是"盛牲或装血的盘子之类"③。冯时认为乃辨别方位所划之规,后又认为是"邑"字的初文,盖三代制度以邑为王庭之所在,如"夏邑""商邑""大邑周"等,故"中"乃合"○"(邑)与表(旗)的会意字,反映了上古时代居中而治的传统政治观。④"○"是否即"邑"字,还可讨论,但中与邑或国存在密切的联系,则是不争的事实。《周礼》天、地、春、夏、秋每官前第一句均言:"惟王建国,辨方正位,体国经野,设官分职,以为民极。"说明古人建国,必先"辨方正位",而"辨方正位"必然要立表测影。《周礼·地官·大司徒》亦说:"以土圭之法测土深(贾公彦疏:深谓日景长短之深也),正日景,以求地中。"可见"求地中"乃建国的必要条件,也是古代礼治的重要活动。这一传统渊源甚早,距今六千五百年前的河南濮阳西水坡原始宗教遗址,在南北百米左右的广阔空间内准确地沿子午线等距分布,这种布局在人们不知方位的蒙昧时代是不可能完成的,说明此时表的存在已是不容怀疑的事实。⑤根据殷墟遗址的发掘,小屯房屋、宫殿"基址

---

① 胡念耕:《唐兰释"中"补苴》,《安徽师范大学学报》1991年第2期。
② 姜亮夫:《"中"字形体分析及其语音衍变之研究——汉字形体语音辩证的发展》,《杭州大学学报》1984年增刊。
③ 萧兵:《"中"源神杆说》,《中国文化》第9辑,1994年。
④ 冯时:《陶寺圭表及相关问题研究》,上海大学等主办"文本·图像·记忆国际学术研讨会"论文,2011年1月。
⑤ 冯时:《河南濮阳西水坡45号墓的天文学研究》,《文物》1990年第3期。

的方向,东西向者居多,南北向者较少……都接近磁针的正方向"①。立表求中,一开始还只是某一地区相对的中,经过对不同地区日影长度的长期探索,人们最终认识到,夏至日正午影长为一尺五寸的地方,是为天下之中,此即《大司徒》所云:"日至之景,尺有五寸,谓之地中,天地之所合也,四时之所交也,风雨之所会也,阴阳之所和也。然则百物阜安,乃建王国焉。"据贾公彦疏,此事是指"周公摄政四年,欲求土中而营王城,故以土圭度日景之法测度也"。周公所测的天地之中在"颍川阳城",即今河南登封市告成镇,于是在此营造王城洛邑。《尚书·召诰》《尚书·洛诰》《逸周书·作雒》对此均有记载,其中《召诰》称"王来绍上帝,自服于土中"。自,用也。服,治也。土中,即天下之中。"自服于土中"即在天地之中治理百姓。又记周公曰:"其作大邑,其自时配皇天;毖祀于上下,其自时中乂。"时,此、这。"其自时中乂"即用这天地之中来治理。《洛诰》亦记周公曰:"其自时中乂,万邦咸休,惟王有成绩。"《逸周书·作雒》篇:"周公敬念于后,曰:'予畏周室不延,俾中天下。'及将致政,乃作大邑成周于土中……以为天下之大凑。""俾中天下"即使居于天下之中,这样方可使周室命祚延续而不至中断。从这里可以看到周人对于"土中""地中"的特殊信仰和崇拜。至于为何选日影"尺有五寸"的"颍川阳城"为天地之中,这当然与周人的地理知识和活动范围有关,是对夏人、殷人建都嵩山、河洛一带传

---

① 北京大学历史系考古教研室商周组编著:《商周考古》,文物出版社,1979年,第69页。

统的延续。

由上可见,古人是通过立表测影活动造就了汉字的"中",并成为中国文化中影响深远的核心概念。故"中"在古代"义至广阔而重要",最初指测影的表,引申为空间、时间之中。有学者注意到,商代甲骨文中的"中"已有中间义,与上下左右相对,中间义最早应是透过时间及空间意识所呈现的一个特殊的时间或空间位置。故在古人的观念中,"土中""地中"有着特殊的意义,中国之为中国,就因为与四夷相对,居于天下之中。西周何尊铭文曰:"余其宅兹中国,自兹乂民。"这一观念影响甚远,战国时孟子仍称:"中天下而立,定四海之民。"(《孟子·尽心上》)"中天下"即确立天下的中,确立天下的中而立于此,如此方可"定四海之民",仍沿袭了古代居中而治的传统。就时间而言,"日之方中"是"一日行事最高标准,而亦一日时间之最高极点,过此则日昃矣"①。故中实具有中央、日中之义。又因立表测影必求其垂直中正,故中又得引申为正。"槷表之中正,实际则意味着树立的槷表不偏倚于东、西、南、北任何一方的垂直状态,这便是表之称'中',而'中'具有中正之义的事实依据。"②并发展出中正、中庸、中和等概念,"中"对中国文化之影响可谓大矣。

在《尚书》等文献中,"中"往往有公正、中正之意,并出现中正的用法。如《盘庚中》篇:"汝分猷念以相从,各设中于乃心。"盘庚

---

① 姜亮夫:《楚辞通故》第2辑,齐鲁书社,1985年,第292～293页。
② 冯时:《陶寺圭表及相关问题研究》。

迁都乃为殷人的整体利益考虑，而反对迁都的贵族多是出于私心，故盘庚训导其要"设中于乃心"。此"中"应训为"正"，即公正之意。古文尚书《蔡仲之命》有"率自中，无作聪明乱旧章"，可见"中"往往与先王的"旧章"有关，或者说"中"与"不中"实际是以"旧章"为标准。古文尚书《仲虺之诰》则说："王懋昭大德，建中于民。以义制事，以礼制心。""建中于民"即建立中正于民众中，具体做法是"以义制事，以礼制心"，实际将中与礼联系在一起。《周礼·地官·大司徒》亦说："以五礼防万民之伪而教之中。"古文《尚书》《周礼》相对晚出，可能掺杂了后人的用语，今文《尚书》中所谓"旧章"更多是用"彝"或"彝伦"概念，但彝实际也就是来的礼①，故后人将礼与中联系在一起，确有渊源与根据。《尚书》出现"中"字较多的是《吕刑》篇，凡九见，这是因为折狱往往最能体现"中"之中正、公正之意，同时也反映了周人对于司法公正的重视。如，"非佞折狱，惟良折狱，罔非在中"。断案时，不用巧辩的人而用善良的人，这样才能保证审判公正。"民之乱（注：治），罔不中听狱之两辞，无或私家于狱之两辞。"要公正地听取双方的陈述，不要听信一方之辞而有所偏袒。"明启刑书，胥占，咸庶中正。"要以刑书为依据，仔细斟酌，力求做到中正。值得注意的是，在周人的观念中，刑罚的公正（"刑之中"）往往与德有关，是德的一项

---

① 徐复观认为："在周初，把'殷礼'与'殷彝'分别得清清楚楚。殷礼专指的是祭神；而殷彝则指的是威仪法典；这中间没有一点含糊的地方……孔子所说的殷礼，实际是周初所说的殷礼加上了殷彝；这应当看做是由彝向礼的移植扩充的具体证明。"参见徐复观：《中国人性论史·先秦篇》，第39页。

重要内容。如,"士制百姓于刑之中,以教祗德"。据孔颖达疏,这里的"百姓"乃"百官之姓",即有姓的贵族,士师用公正的刑罚制御百官,教导其敬重德。"罔不惟德之勤,故乃明于刑之中,率乂于民棐彝。"率,用。棐,读为"非",非彝,即非法。民非彝,即民之非法者。只有勤于德,才能刑罚公正,刑罚公正才能治理违法的民众。"典狱非讫于威,惟讫于富。"断狱的目的不在于威吓民众,而在于造福百姓。后又发展出"折中""执中"的概念,如《管子·小匡篇》:"决狱折中,不杀不辜。"《韩诗外传》:"听狱执中者,皋陶也。"(《尸子·仁意篇》作"折衷")执中本为治狱时中正不偏之义,引申为对一切公共事务求其公平、公正之义。如《论语·尧曰》:"允执其中。"《大戴礼记·五帝德》:"(帝喾)执中而获天下。"诚如学者所说,"'中'已从先秦时代主要作为一种刑罚原则扩展到立法、司法领域,以其合理主义的原则或精神涵盖了法的各个方面,成为中华法系的一大传统"[①]。

要做到公平、中正,就要发现、确立中,这就涉及了中庸。谈到中庸,人们往往会想到"子思作《中庸》",其实中庸有着更为久远的历史根源。如果说中正主要侧重于司法、政治领域的话,那么,中庸更多的是一个德行、伦理概念,是一种认识、处理事物的理论方法。诚如庞朴先生所说,"中庸不仅是儒家学派的伦理学说,更是他们对待整个世界的一种看法,是他们处理事物的基本原则或方法论"。具体讲,中庸可

---

① 俞荣根:《儒家"中道"的法文化思考》,载《道统与法统》,法律出版社,1999 年,第 247 页。

表现为四种常见的思维形式：最基本的形式，是把对立两端直接结合起来，以此之过，济彼不及，以此之长，补彼所短，以追求最佳的"中"的状态，可以概括为 A 而 B 的公式。如《尚书·皋陶谟》所列举的"宽而栗（庄敬、严肃），柔而立，愿（谨慎）而恭"等"九德"。与此相辅，还有一个 A 而不 A/ 的形式，它强调的是泄 A 之过，勿使 A 走向极端。如《尚书·尧典》中的"刚而无虐（残害），简（率性，真实）而无傲"等。中庸的第三种形式为不 A 不 B，它要求不立足于对立双方的任何一边，强调的是毋过毋无及。如《尚书·洪范》中的"无偏无颇""无偏无党""无反无侧"等。中庸还有一种形式为亦 A 亦 B，它实际为不 A 不 B 的否命题，重在指明对立双方的互相补充，最足以表示中庸的"和"的特色。如《礼记·杂记下》的"张而不弛，文武弗能也；弛而不张，文武弗为也。一张一弛，文武之道也"。①庞先生的概括生动、全面，惜乎所举例子多为德行，是行为、态度的无过不及。其实中庸更多的表现是"执两用中"，是在事务的两极寻找平衡点，在人群中的两派达成共识。《逸周书·度训》："天生民而制其度，度小大以正，权轻重以极，明本末以立中。立中以补损，补损以知足。"（译文：上天降生民众为其制定法度，度量大小才能确定适中，权衡轻重才能保持正中，搞清本末才能确立中。确立中才能补充不足减损有余，补充不足减损有余才能知足。）这里的"大小""轻重""本末"就是针对"民"而言。在不同身份、地位的民众间"立中"，这样才能"□爵以明等极，极

---

① 庞朴：《"中庸"平议》，《中国社会科学》1980 年第 1 期。

以正民"(《逸周书·度训》)。《保训》中舜"求中""得中",就是要在"上下远迩"的"庶万姓"中求其"度量分解",确立名实关系,属于典型的中庸思维形式。当然,司法的公平、公正需要有个标准,应该以法律为准绳。但法律条文的最初制定,也是古之"圣人"审时度势、执两用中的结果,有些就是来自古代的判例。如《保训》中河伯居中调解,以中道的形式处理了上甲微与有易的矛盾,此后"微志弗忘,传贻子孙",将"以直报怨"作为后世处理与外部矛盾、冲突的基本原则,使其具有法律的效力和地位。中也有恰当、适当的意思,但恰当、适当往往也是以中道为根据的。在上甲微的例子中,以怨报怨、血亲复仇曾经被看作恰当、合理的,而经过河伯的调解后,以直报怨的原则则逐渐被接受,被视为恰当、合理的,这背后体现的乃价值观念的转变,是中道原则的确立。

与中道相关的另一重要概念是中和,中和的观念亦渊源甚早。《周礼·春官·大司乐》:"以乐德教国子,中、和、祗、庸、孝、友。"说明中、和较早已是两个重要的德行概念。《周礼·地官·大司徒》亦有:"以五礼防万民之伪而教之中,以六乐防万民之情而教之和。"《左传·成公十三年》记刘康公曰:

> 民受天地之中以生,所谓命也。是以有动作礼义威仪之则,以定命也。能者养以之福,不能者败以取祸。是故君子勤礼,小人尽力。

这里的"中"可理解为正,而"命"并非指生命,而是授予、赋予之意。"民受天地之中"反过来说,也就是天地赋予了("命")民"中",

此"中"实际也就是后来的性。天地是公正、无私的，是万物的主宰，因此民所受的"中"也含有价值的意味，有适当、恰当的意思。民虽然从天地禀受了中，但后天还需要以礼义威仪保持住中，这就是"定命"。正是在这一基础上，子思明确提出了"中和"的概念：

> 天命之谓性，率性之谓道，修道之谓教……喜怒哀乐之未发谓之中，发而皆中节谓之和。中也者，天下之大本也；和也者，天下之达道也。致中和，天地位焉，万物育焉。(《礼记·中庸》)

显然，子思所谓"未发"之喜怒哀乐就是天命之性，由于它是天的赋予，是恰当、适当的，故"谓之中"。这天所赋予的喜怒哀乐未发之性作用、表现出来，皆中其节度便是和。"致中和"即是要达到内在人性的恰当、和谐，和外在秩序的恰当、和谐，实际是双重的和谐。因此，中和实际是从本体心性论的角度对中道做了进一步的阐发。人类之所以能和谐相处，保持中道，就是因为中和乃天地之根本。以后董仲舒对此做进一步发展，认为"中者，天地之所终始也，而和者，天地之所生成也。夫德莫大于和，而道莫正于中。中者，天地之美达理也，圣人之所保守也"，"中者，天地之太极也，日月之所至而却也，长短之隆，不得过中"(《春秋繁露·循天之道》)。天地赋予人性，使人具有了中和的本性，故保持住中和，以中和治天下，就可以身修家齐国治天下平矣。"是故能以中和理天下者，其德大盛，能以中和养其身者，其寿极命。"(《春秋繁露·循天之道》)

中正、中庸、中和构成了中道的主要内容，其中，中正的概念出现比较早，可能反映了"中"较早的含义，尧舜禹汤等古代帝王所崇尚的"中"主要是指中正而言，它是一个法律、政治的原则，而不是心性的原则。中庸的概念虽然出现较晚，但作为一种思维方式已存在古人相关的表述中了，庞朴先生对此有很好的概括。中和的情况亦是如此，刘康公的"民受天地之中以生"已蕴含了后来的中和思想，中和实际是对刘康公思想与史伯"夫和实生物，同则不继"（《国语·郑语》）思想的结合。故中国古代确实有重视中道的思想传统，体现了尧舜禹汤等古代先王独特的伦理、政治实践智慧，及其对宇宙人生的理性思考。但这一思想传统显然与朱熹等人的道统说是有一定距离的，是无法简单将二者等同起来的。

第六节 "仁义—中"与"礼义—中"

综上所论，由韩愈首倡、朱熹集大成的道统说实际是以"仁义—中"为内容的，其中"仁义"是核心，"中"是针对仁义或心之体而言，故道统之传也就是所谓的虞廷"十六字心传"，而"人心惟危，道心惟微，惟精惟一，允执厥中"十六字则是来自颇有疑问的伪古文《尚书·大禹谟》。朱熹的这一道统说虽在儒学史上产生过深远的影响，但更多的是一种理论建构，与古代"中"的思想传统不一定相符。之所以如此，主要是因为魏晋以降，佛老渐兴，"儒门淡薄，收拾不住"，朱熹等宋代儒者面临的是信仰重建的问题，是"性与天道"的问题，而不是制度重建的问题，故主要继承的是孔子开创的新统，而不是尧舜禹汤文武周公的旧统，是仁之统，而非礼义之统。但为了将其道统溯源到古圣先贤，故将尧舜的"允执其中"与孔门的"仁以为己任"（《论语·泰伯》）联系在一起，形成"仁义—中"的道统说。在朱熹等人看来，孔子之后，主要继承、光大"仁义—中"的是曾子、子思、孟子，故得列于道统之中，而荀子、汉儒则被排除在道统之外。然而正如前文指出的，中国古代虽然存在一个源远流长的"中"的思想传统，并形成中正、中庸、中和等一系列概念，但古代的"中"源于宗教性的礼仪活动，是古代礼学的重要范畴。孔子之后，真正全面继承"中"的传统的主要是荀子，而非孟子。这样，在讨论儒家道统时，就需将眼光由"仁义—中"转向"礼义—中"，而荀子的地位由此凸显出来。

孔子之前，中国古代已存在重视中道的思想传统，孔子创立儒家时自然对这一思想传统做了继承，使其成为儒家学说的一个重要内容。《论语·尧曰》有"允执其中"，这是对尧舜禹公平执政的继承。《论语·子路》称"不得中行而与之，必也狂狷乎？狂者进取，狷者有所不为也"。"中行"《孟子》引作"中道"，狂、狷是两个极端，中行或中道则是取其中，接近于庞朴先生所概括的"不A不B"，是对"不偏不倚"中庸思维方式的继承。《论语·雍也》记"子曰：中庸之为德也，其至矣乎！民鲜久矣"。此是称赞中庸之德的可贵，同时感慨民众偏离中庸之德之久。不过孔子对中道思想的重要发展，一是提出忠恕，以忠恕为中道的思想基础；二是将仁、礼纳入中道之中，试图通过"中"将二者统一起来。前面说过，孔子一方面开仁之新统，另一方面又承继礼之旧统，故仁、礼的关系或者说如何将仁、礼统一在一起，便成为孔子及以后儒家所着力探讨的问题。从现有材料看，仁、礼的统一实与"中"有关。上博简第五册《季康子问于孔子》记孔子云：

> 君子在民之上，执民之中，施教于百姓，而民不服焉，是君子之耻也。是故君子玉其言而慎其行，敬成德以临民，民望其道而服焉，此之谓仁之以德。

"执民之中"的"中"应训为"正"，表率之意。君子在民众之上，树立民众的表率，以身教、德政影响、感化民众。在孔子看来，这就是"仁之以德"，是仁德的表现。这一思想在《论语》中也有反映，如，"政者，正也，子帅以正，孰敢不正？"（《论语·颜渊》）"子为政，焉用杀？子欲善而民善矣。君子之德风，小人之德草。草之上风，必偃。"（《论语·颜渊》）但仁又是抽象的，仁德的表率作用需要通过具体的礼义表现出来，需要符合礼的规定。"子曰：敬而不中礼，谓之野；恭而不中礼，谓之给（注：讨好逢迎）；勇而不中礼，谓之逆。"（《礼记·仲尼燕居》）"敬""恭""勇"作为内在德目，是属于仁，包括于仁之中的。但它们要"中礼"，即符合礼，否则便会有"野""给""逆"的弊端。可见，在孔子心目中"中与不中"还是要以礼为标准，"中"要落实在礼之上，故说"礼乐不兴，则刑罚不中；刑罚不中，则民无所措手足"（《论语·子路》）。

孔子之后，子思作《中庸》是对古代中道思想的一大发展。《中庸》虽名为中庸，实包含三个主要概念，一是诚，二是中和，三是中庸。其中，诚是德性概念，是道德主体，内在创造性，类似于孔子的仁，实际是对仁的继承和发展。中和是内在心性概念，但侧重于自然人性。中庸是外在伦理概念，侧重于人伦德行。关于中庸，学者或释"庸"为"用"，释"中庸"为"用中"，取"执两用中"之意。但从《中庸》的内容来看，中庸的"庸"应训为常，而常有平常、恒常之意。故中庸即中道与常道，它包含执两用中、无过不及、有在平常中求中（恰当、适当）等意。其中"执两用中"前文已有引述，"无过不及"《中庸》也有强调，如"道之不行也，我知之矣，知者过之，愚者不及也。道之不明也，我知之矣，贤者过之，不肖者不及也"（《中庸》）。而中庸的另一特色乃是在平常中求中，无过不及、执两用中要体现在平常之事中。徐复观先生说："'庸'者指'平常地行为'而言。所谓'平常地行为'，是指随时随地，为每一个所应实践所能实现的行为。因此'平常地行为'实际是指'有普遍妥当性的行为'而言……表明了孔子乃是在人人可以实践、应当实践的行为生活中，来显示人之所为人的'人道'，这是孔子之教与一切宗教乃至形而上学断然分途的大关键。"[①]李泽厚先生亦说："它（注：中庸）着重在平常的生活实践中建立起人间正道和不朽理则。此'人道'，亦'天道'。虽平常，却乃'道'之所在。"[②]观诸《中庸》

---

① 徐复观：《中国人性论史·先秦篇》，第113页。
② 李泽厚：《论语今读》，第166页。

的内容，确乎如此。"君子之道，费而隐。夫妇之愚，可以与知焉，及其至也，虽圣人亦有所不知焉。"(《中庸》)这里的"君子之道"即中庸之道，中庸之道光明而隐微，不离人伦日用，愚夫愚妇也可以明白，但要做到恰当、极致，却是圣人也难以做到的。正因为如此，"君子之道四，丘未能一焉。所求乎子，以事父，未能也；所求乎臣，以事君，未能也；所求乎弟，以事兄，未能也；所求乎朋友，先施之，未能也"(《中庸》)。这并非夫子自谦，而确乎是有感而发。盖因为"君子之道，造端乎夫妇；及其至也，察乎天地"，"人莫不饮食也，鲜能知味也"(《中庸》)。在平常中求中，在平常中发现生命的意义，往往是最难深入，也最难持久的。而生活的常道之所以能够一代代延续下去，恰恰是因为做到了中，盖不中则不常（恒常），常则必有中。

与孔子试图通过"中"统一仁、礼的关系一样，子思不仅在客观上讲中庸，也从主观上讲"中道""中节"，试图统一主、客观，"合外内之道"，故《中庸》中又有"诚"和"中和"之说。在子思看来，做到中庸不仅要执两用中、无过不及、常中求中，同时还需保持内心的诚，"诚者，不勉而中，不思而得，从容中道，圣人也"。"中道"即符合道，"不勉""不思"，"从容中道"，这只有少数的圣人可以做到，对于一般人也就是"诚之者"，则需要"择善而固执之"，经过后天的实践努力方可。《大戴礼记·保傅》有"化与心成，故中道若性"，是说经过后天的实践培养，行为自然中道，好像发自本性一样，说明经过后天的培养，同样可以中道。诚也包含了忠恕的价值原则，"忠恕违道不远，施诸己而不愿，亦勿施于人","在上位,不陵下;在下位,不援上;正己而不求于人,则无怨"(《中庸》)。只有推己及人,己所不欲,勿施于人,才可以真正做到中道。其次是中和,前面说过,中和是从本体心性论的角度探讨中道如何可能的问题。根据子思,一方面,"中"是内在的,是"天命之谓性",是内心恰当、和谐的自然状态,是含而未发的内在要求;另一方面,"中"又是外在的,可以由内而外表现为行为上的"中节"、合于礼。这样,通过"中"便把儒家的"外内之道"贯通了起来,未发之"中"是行为"中节"的前提,而行为中节,则是内在之"中"的表现和作用。"同时这个'中'也把天道与人道贯通了,因为它一方面是内在于人心中的,另一方面却又是受之于天,是天所赋予的'命',其实也就是指人之所以为人的内在的和必然的要求。"①这样,子思便从理论的高度对中道思想做了系统的阐发,将诚、中和、中庸统一在一起,以诚为内在德性,中和为内在情性,二者合为内在心性,而以中庸为外在德行,君子之道应内外兼修,做到诚、中和与中庸的统一,这即所谓"合外内之道"也。

子思之后,孟子对中道虽有所阐发,但并无特殊之处,反倒是荀子对中道做了系统论述,成为中道思想的集大成者。在韩愈、朱熹等人构建的道统体系中,孟子被视为道统传授的关键环节,"轲之死,不得其传焉",但若以中道为道统的话,则荀子的地位无疑远在孟子之上,孔子、子思之后,有荀卿焉。先看孟子。前文提到,孟子有"中天下而立"之说,但只是一般提及,并无深意。又引孔子"不得中道而与之,

---

① 徐克谦:《从"中"字的三重含义看中庸思想》,《孔孟月刊》1998年第4期。

必也狂狷乎"(《孟子·尽心下》),是对孔子中庸思想的进一步解释和阐发。孟子称:"大匠不为拙工改废绳墨,羿不为拙射变其彀率。君子引而不发,跃如也;中道而立,能者从之。"(《孟子·尽心上》)君子教人好比射箭,只要摆出正确的姿势就可以了。至于掌握的程度,则要靠个人的努力。"中道"即符合道,就是要像工匠中于绳墨,射手合于彀率一样,符合"道"的要求。此道是法则、方法之意。孟子称赞:"汤执中,立贤无方。"(《孟子·离娄下》)此"中"应训为"正",汤执政公平、中正,立贤却没有一定常法。盖因贤人各有特点,执中还需有权,不可简单划一。故孟子称:"子莫执中,执中为近之。执中无权,犹执一也。所恶执一者,为其贼道也,举一而废百也。"(《孟子·尽心上》)可见人道的复杂性就在于灵活多变,不可一概而论。子莫只知执中,不知有权,实际是执一,执一机械僵化,没有权变,结果是抓住了一点而废弃了其余。故孟子不仅仅讲执中,更讲权变。"权"的本义是指秤锤,称量东西必须在秤锤和物体间保持一种"中"的平衡状态,但秤锤的位置是灵活的,会根据物体的重量在秤杆上移动,其位置不一定要处于正中,但却总是处在一个适当的位置上。孟子称赞孔子为"圣之时者",就是因为孔子能够根据一时一地的不同具体情况,灵活地决定自己的行动,"可以速而速,可以久而久;可以处而处,可以仕而仕"(《孟子·万章下》)。因此,孟子虽然对中道思想有所涉及、阐述,但并无实质发展,通读《孟子》全书,也未见有关中道的更多论述。若一定要说孟子对中道思想有所推进的话,那也是孟子突出了"权",以权为"执中"的补充。

那么，为什么向来被视为道统传人的孟子反而对儒家中道较少涉及呢？这主要是因为中或中道作为古代先民的实践智慧、实用理性，与古代礼学存在更为密切的联系，或者说就是隶属于古代礼学的。中道所强调的公平、公正、恰当、适当、无过不及、不偏不倚、保持适当的度等等，都是与礼仪实践联系在一起的，需要通过具体的礼仪来表达。与之相反，中道与儒家仁学虽然也有一定联系，如仁的价值原则需要落实在中道之上，经过了仁的浸润，体现了忠恕精神的中道方是活泼、生机的，否则便会有僵硬、干枯之虞；同时，仁作为道德实践的动力和原则也需要落实到具体的行为中，这样就存在中不中，"从容中道"的问题。但不论是孔子的仁，《中庸》的诚，还是孟子的心（仁者，人心也），都是"极广大而致精微"的概念，其内涵绝不仅仅限于中，或是无法用中道来概括的。仁或诚不仅是一种德行原则，同时也是内在的超越原则，是一个"下学上达""与天地参""尽心、知性、知天"的超越过程，这一向天道的超越过程显然是不能用"中"来衡量的。仁同样是一个推己及人、不断向外施爱的实践过程，所谓"老吾老以及人之老，幼吾幼以及人之幼"（《孟子·梁惠王上》），"亲亲而仁民，仁民而爱物"（《孟子·尽心上》）。这一"扩而充之"的实践过程同样也是不能用"中"来衡量的。故中道实际隶属于礼学，而与仁学虽有联系，但重合较少。明乎此就可以理解，为何儒家内部光大仁学的孟子对中道较少涉及，而"隆礼重法"的荀子反而成了中道思想的集大成者。

翻开《荀子》一书，不难发现其对中道的详细论述和系统阐发，荀子不仅对"地中""中正""中和""中庸"等思想都有涉及、论述，而且做了进一步发展。不妨夸张地说，荀学某种程度上可称为"中"学。如，"欲近四旁，莫如中央，故王者必居天下之中，礼也"（《荀子·大略》），这是阐发"天地之中"和"居中而治"的思想。值得注意的是，荀子称"礼也"，说明居中而治乃属于古代礼学，或已被归入礼学的范畴。"中立无有所偏而为纵横之事"（《荀子·王制》），这里的"中立"就已超越了空间范畴，而成了政治概念。又如"中正"，"故君子居必择乡，游必就士，所以防邪辟而近中正也"（《荀子·劝学》）。这里的中正侧重于伦理，与《荀子·吕刑》的"咸庶中正"有所不同，说明荀子已将中正概念由刑罚扩大到一般伦理领域。又如"中和"，"故乐者，天下之大齐也，中和之纪也，人情之所必不免也"（《荀子·乐论》），"礼之敬文也，乐之中和也，《诗》《书》之博也，《春秋》之微也，在天地之间者毕矣"（《荀子·劝学》）。乐之入人深矣，化人速矣，它触动人的情感，影响人的行为，发乎情，止乎礼义，故为"中和之纪也"。不过，荀子的中和已不限于心性的概念，同时还是一种处理政治、法律事务的态度准则。"凡听，威严猛厉而不好假道人，则下畏恐而不亲……和解调通，好假道人而无所凝止之，则奸言并至，尝试之说锋起……故公平者，听之衡也；中和者，听之绳也。"（《荀子·王制》）"临事接民而以义，变应宽裕而多容，恭敬以先之，政之始也；然后中和察断以辅之，政之隆也；然后进退诛赏之，政之终也。"（《荀子·致士》）这里的中和乃中正平和之意，其中《王制》篇之中和即针对宽猛得中而言，既有公正的原则，又有适中、平和的态度，这才可谓"听之绳也"。故荀子对中道思想的一大发展，是将中正、中和、中庸等思想贯通在一起，使其彼此渗透，成为一个有机整体。如，"血气刚强，则柔之以调和；知虑渐深，则一（注：通'抑'）之以易良；勇胆猛戾，则辅之以道顺；齐给便利，则节之以动止；狭隘褊小，则廓之以广大"（《荀子·修身》）。这是将中庸发展为"治气养心之术"，是中庸与中和的结合。① 又如，"文理繁，情用省，是礼之隆也；文理省，情用繁，是礼之杀也；文理情用相为内外表里，并行而杂，是礼之中流焉"（《荀子·礼论》）。这是以中道来取舍礼，文理、情用不偏于一方，恰当适中，即礼之中流。中流，即中道也。

前面说过，孔子、子思都试图通过"中"来统合仁、礼或"合外内之道"，这一点在孟、荀这里却没有得到贯彻。由于孟子主要继承的是孔子的仁学，而对礼学有所忽视，故他主要强调的是道德自主性，认为"由仁义行，非行仁义也"（《孟子·离娄下》），仁义不可以看作外在、对象化的存在，而只能是不容自已的内在创造力。甚至主张"自反而缩，虽千万人吾往矣"（《孟子·公孙丑上》），只要是正确的，即使面对千万人的反对也要勇往直前。孟子的这一思想，显然与不偏不倚的中庸有所不同，他少谈中道也与他重仁的思想倾向有关。与孟子不同，荀子虽然也谈到仁与中，如，"言而非仁之中也，则其言不若其默也，其辩

---

① 《荀子》中"中庸"凡一见："元恶不待教而诛，中庸民（或谓'民'字衍）不待政而化。"（《荀子·王制》）此中庸为中等、平常之意。

不若其呐（注：同'讷'）也。言而仁之中也，则好言者上矣，不好言者下也"（《荀子·非相》）。"仁之中"也就是中于仁，即符合于仁。但"中于仁"的具体方式则是通过礼来实现的。"先王之道，仁之隆也，比中而行之。曷谓中？曰：礼义是也。"（《荀子·儒效》）仁虽然是先王之道，是普遍的价值原则，但它是抽象的，需要根据"中"来具体实行，而中就是礼义。故与孟子以内（仁义）开外不同，荀子实际是以外（礼义）统内（仁义），中落实在礼义上。因此，与孟子反对"执一"、主张行权不同，荀子则明确提出了"执一"说。

> 尧问于舜曰："我欲致天下，为之奈何？"对曰："执一无失，行微无怠，忠信无倦，而天下自来。执一如天地，行微如日月，忠诚盛于内，贲于外，形于四海。天下其在一隅邪！夫有何足致也！"（《荀子·尧问》）

"执一"也就是守一，守于道之意。这个道显然即礼义之道。故荀子对于礼十分重视，视礼为是非、善恶之标准，行为、人伦之准则。"程者，物之准也；礼者，节之准也。程以立数，礼以定伦。"（《荀子·致士》）人的思想、情感、生活、起居，乃至行为、动静都要通过礼来实现。"凡用血气、志意、知虑，由礼则治通，不由礼则勃乱提僈；食饮、衣服、居处、动静，由礼则和节，不由礼则触陷生疾；容貌、态度、进退、趋行，由礼则雅，不由礼则夷固僻违、庸众而野。"（《荀子·修身》）思考问题也应以礼为标准，不妨称为礼的思维模式。"礼之中焉能思索，谓之能虑；礼之中焉能勿易，谓之能固。能虑能固，加好者焉，斯圣人矣。"（《荀子·礼论》）故称"君子不贵者，非礼义之中也"（《荀子·不苟》）。反过来讲，君子所贵者也就是礼义之中也。故"天下有中，敢直其身；先王有道，敢行其意"（《荀子·性恶》）。中或中道成为可以为之献身的最高理想和目标，称荀学为"中"学，确乎有其根据。

荀子中道思想的另一大发展，是将"中"落实为"理"，提出了"中理"说。"中"本是指测量日影的表，因其处于四方之中，故有中间意。引申为事物两极、人群两派之中，又引申为执两用中、不偏不倚、公平、中正，又引申为恰当、适当之意。那么，什么才是恰当、适当的呢？如学者所指出的，一般来讲，两极之中往往是比较恰当、适当的，但却不能说凡是处于两极之中都是恰当、正确的，因为正确性并不是由"中间性"所决定的。① 故又有时中之说，"君子之中庸也，君子而时中"（《中庸》）。"中"总是随时间、形势的变化而变化，并非简单固守中间即可。故合理的说法应该是，符合理的即是恰当、适当的，是"中"的。故荀子称："心之所可中理，则欲虽多，奚伤于治！……心之所可失理，则欲虽寡，奚止于乱！"（《荀子·正名》）可与不可，关键是要中理，即符合理。因此，"凡事行，有益于理者立之，无益于理者废之，夫是之谓中事。凡知说，有益于理者为之，无益于理者舍之，夫是之谓中说。事行失中谓之奸事，知说失中谓之奸道"（《荀子·儒效》）。

---

① 徐克谦：《从"中"字的三重含义看中庸思想》，《孔孟月刊》1988年第4期。

有益于理的事是中事、说是中说，相反，失中的则为奸事、奸道了。而理也就是礼，是礼的根据、原理，"礼也者，理之不可易者也"（《荀子·乐论》）。中就是礼，也就是理，三者统一在一起。以后宋儒称中庸为"天下之正道"，"天下之定理"，其思想恰恰来自被他们排除道统之外的荀子。

根据以上所论，尧、舜、禹、汤、文、武、周公等古代先民在长期的实践中逐渐形成中道的思想传统，包括"求地中"的礼仪实践，"允执其中"（《论语·尧曰》）、"设中于乃心"（《尚书·盘庚》）、"咸庶中正"（《尚书·吕刑》）、"作稽中德"（《尚书·酒诰》）的思想观念，以及"执其两端，用其中于民"（《中庸》）的思维方式等，体现了古代先民独特的实践智慧和实用理性。孔子创立儒学，继承了古代中道思想，使其成为儒学的一个重要内容。孔子之后，子思作《中庸》，是对中道思想的重大发展。《中庸》从诚、中和、中庸的角度对中道做了系统阐发，提出了"合外内之道"，对后世产生深远影响。不过，由于中或中道主要属于古代礼学，与礼仪实践存在密切联系，故子思之后，孟子虽对中道有所涉及，但并无实质的发展，反倒是荀子对中道做了全面继承和总结，成为中道思想的集大成者。所以，如果说"尧舜以来确有'中'的传授"，儒家内部存在一个中道传授谱系的话，那么，处于这一谱系的恰恰是孔子、子思、荀子，孟子反而可能要排除在道统之外了。之所以如此，主要是因为道统本来就是价值选择的产物，若从仁义的超越性、从"性与天道"的角度来理解道统，自然是光大儒家仁学一翼的孟子重，而固守儒家礼学一派的荀子轻，"轲之死，不得其传焉，荀与扬也，择焉而不精，语焉而不详"①，"大醇而小疵"②。但若换一个角度，从礼义、中道的角度看待道统的话，那么，荀子的地位便无疑大大凸显起来，传道统者，有荀卿焉。

那么，如何理解儒家道统说？如何确定儒家道统的完整内容呢？我们认为，这既非朱熹等宋儒构造的"仁义—中"，也非历史上曾经存在的"礼义—中"，而是二者的结合，是仁学与礼学的结合，儒家之道乃内圣外王之道也。其中，内圣即儒家仁学，而外王可理解为儒家礼义制度之学。内圣外王并非内圣、外王的简单相加，更非仅指由内圣而外王，而是由内圣而外王与由外王而内圣的双向互动过程。因此，统合仁学与礼学，"合外内之道"才是儒家道统之所在。清华简《保训》的发现，使我们得以重新认识了古代中道思想传统，以及与礼学的特殊关系，从而使荀子的地位凸显出来。但正如我们前面指出的，孔子、子思都试图通过"中"来统一仁、礼的关系，"合外内之道"，而在孟子、荀子那里却没有得到真正的贯彻。从这一点看，孟子、荀子虽然分别对儒家仁学、礼学做出重大贡献和发展，但均不能独自代表儒家道统。发展仁学，改造礼学，统合孟、荀，才能发展出儒家的新道统。

---

① 韩愈：《原道》，载《韩愈全集》，第 120 页。
② 韩愈：《读荀》，载《韩愈全集》，第 128 页。

第十六章　清华简《命训》"大命""小命"释疑
——兼论《逸周书》"三训"的成书及学派归属

清华简《命训》公布后,由于其中"大命""小命"涉及古代天命观的内容,引起学界极大关注。同时由于清华简《命训》与《逸周书·命训》内容基本一致,也引起人们对《命训》以及与之相关的《度训》《常训》三篇的成书及学派归属的讨论。但从目前的研究来看,学者对"大命""小命"的理解存在较多问题,不仅没有澄清真相,反而出现了偏差,妨碍了对"三训"思想的理解以及其成书、学派归属的判断。有鉴于此,有必要对《命训》的"大命""小命"做出专门讨论,并论及"三训"的成书及学派归属问题。

第一节　《命训》"大命""小命"释疑

清华简《命训》与《逸周书·命训》内容基本一致,但也存在异文情况,学者对此进行了校勘、整理。以下为了行文方便,直接引用书、简校勘后的内容,个别有争议的地方,用注释加以说明。《命训》开篇提出:

天生民而成大命，命司德，正之以祸福，立明王以训之。曰：大命有常，小命日成。日成则敬，有常则广，广以敬命，则度至于极。①

《命训》引起争议主要在于前三句。最早为《逸周书》做注的晋代孔晁云："司，主也。以德为主，有德正以福，无德正以祸。"② 按孔晁注，"命司德"一句当断开，"命"的主语是"天"，所命的对象是"民"，而命的内容则是"司德"，也就是主德，即守德。下文"夫司德司义"的"司义"，与此意同，指守义。同时天又根据民遵守德的情况，对其"正之以祸福"，赐予祸或者福。但清代学者陈逢衡在《逸周书补注》中则说："命，天命也。司德，天神，如司命、司中之类。"③ 按陈说，"命司德"当与"正之以祸福"连读，即"命司德正之以祸福"，而司德是天神，具体指掌管人命运的神，是上天命司德（天神）对民"正之以祸福"，而不是上天命民众遵从德。以上二说，当以主德说为是，其说也符合《命训》的文义，下面会给出详细论证。但令人意外的是，在目前的研究中，学者却均取天神说，而非主德说。例如，对《逸周书》用功颇深的黄怀信先生，在《逸周书校补注译》④及其修订本⑤中，均释司德为天神，牛鸿恩《新译逸周书》⑥亦持此见。清华简《命训》公布后，学

---

① 李学勤主编：《清华大学藏战国竹简（伍）》，中西书局，2015 年，第 125 页。
② 黄怀信、张懋镕、田旭东：《逸周书汇校集注》上册，上海古籍出版社，1995 年，第 22 页。
③ 同上。
④ 黄怀信：《逸周书校补注译》，西北大学出版社，1996 年，第 9 页。
⑤ 黄怀信：《逸周书校补注译》（修订本），三秦出版社，2006 年，第 8 页。
⑥ 牛鸿恩：《新译逸周书》，三民书局（台北），2015 年，第 12 页。

者发表的论文也都是持天神说,这方面以刘国忠教授最有代表性。刘国忠曾取主德说①,但不久又纠正前说,力主天神说:"我们当时将它断句为:'命司德,正以祸福',并引用了孔晁的注来说明:'司,主也。以德为主,有德正以福,无德正以祸。'按照这种理解,'司'训为'主',是作为动词来使用,然而这一理解非常突兀,而且与前后文不能协调。现在看来,这句话中的'命'才是全句的动词,它所缺的主语正是前一句的'天';'司德'当如陈逢衡所说,是天神,'如司命、司中之类',全句的意思是:'(上天)命令司德用祸福来加以修正。'"②但刘教授的自我否定恰恰是有问题的。他之所以改正前说,主要是注意到后面"立明王以训之"一句,认为若断为"命司德,正之以祸福",则前后文不协调,持天神说的学者恐怕都有这种考虑。但究竟如何断句,应该从文章整体考虑,而不可过于机械。

按,《命训》开篇提出"天生民而成大命","大命"无疑是核心概念,理应在文中给出解释、说明。《命训》实际也是这样做的,故解释"命司德"为天为民规定的大命,就是命令其要遵守德。故大命即天命,也可称为"德命"。与大命相关的是小命。由于天不仅规定民要遵守德,同时还根据其表现赐予祸与福,故小命即民众个人的命,可称为"运命",它是由大命及个人的表现造成的。可见大命、小命是联系在一起的,小命需要根据大命才可以理解。若释"司德"为天神,断为"命司

---

① 刘国忠:《清华简〈命训〉初探》,《深圳大学学报》2015年第3期。
② 刘国忠:《清华简〈命训〉中的命论补正》,《中国史研究》2016年第1期。

德正之以祸福",则前一句中的"大命"就会落空,不知具体何指。而大命的含义不明,小命也就不好理解,"司德(天神)正之以祸福"也就缺乏了标准。刘国忠可能也注意到这一点,故解释说:"司德又是按照什么标准来给民众赐福或者是降祸呢?简文后面说得很清楚,'司德'是以'义'作为评判的标准:'夫司德司义而赐之福''或司不义而降之祸'。这两句话中,'司义'和'司不义'的'司'都是动词,训为'主',司德正是根据民众的行为是否符合'义'的标准而分别予以赐福或降祸。"① 但刘国忠的解读是有问题的,《命训》的原文是:

> 夫司德司义,而赐之福,福禄在人。……或司不义,而降之祸,祸过在人。②

"司德司义"的主语是民,指民司德司义,司义是对司德的补充说明,强调德也就是义。"而赐之福"的主语是天。前面既言天"命司德",命令民遵守德,并"正之以祸福",这里紧承前文,民遵守德、遵守义,天就赐予其福,前后文意连贯。下一句"或司不义"亦是如此,其主语仍是民。"或",代词,有人。有人不遵守义,天就降下灾祸,所以不论是福禄还是灾祸,都是民自己造成的。刘国忠说民众的行为符合"义",司德(天神)就赐予福,实际是将此句读为:"夫司德(以民)司义,而赐之福。"相当于加了"以民"两字,实际已改变了原文的含义。下

---

① 刘国忠:《清华简〈命训〉中的命论补正》,《中国史研究》2016年第1期。
② 李学勤主编:《清华大学藏战国竹简(伍)》,第125页。

一句更不好处理，因为即使加上"以民"两字，读为司德"或（以民）司不义"或者司德"（以民）或司不义"，仍不可通，因为"或"字无解，说明增字解经不仅违背语法，实际也行不通。故"命司德"一句只能断为："命司德，正之以祸福。""命司德"是对"成大命"的解释，说明天规定的大命就是命令民众遵守德。"正之以祸福"，则是天根据民众的行为对其赐福或降祸，赐福与降祸的都是天。在天与民之间，不存在一个"司德"（天神）的中介，如果有的话，也是明王而非司德。天之大命，是由明王教导、告知民众的；天之赐福与降祸，也是通过明王的赏罚来完成的，天是通过明王来实现统治的，天道与人道是相互配合的。

在《命训》看来，"大命有常"，大命有常法，要求民要遵守德。但"小命日成"，每个人的运命则是由其平日的行为造成的，人遵德行善则得福，背德行恶则得祸。民众认识到命运是自己造成的，就会敬重天命（"日成则敬"），大命有常法就会普遍有效（"有常则广"），大命普遍有效而民众又敬重天命（"广以敬命"），这样就会"度至于极"。对于"度至于极"，学者或认为是说"礼法不遭破坏"[①]，或认为是指"民协于度"[②]，均未得其解。造成这一状况的原因，就在于断句有误，搞不清大命的含义，以及它与度的关系。那么，什么是度呢？其实就是《命训》的前一篇《度训》的核心内容，指法度。《度训》曰："天生民而制其度：度小大以正，权轻重以极，明本末以立中。"[③] "制其度"即制定法度，包

---

① 黄怀信：《逸周书校补注译》，第9页。
② 清人陈逢衡说，参见黄怀信等：《逸周书汇校集注》，第22页。
③ 黄怀信：《逸周书校补注译》，第1页。

括"正上下以顺政""序爵以明等极""立中以补损"等。可见，天不仅为民"成大命"，还为民"制其度"，这两者实际是联系在一起的。在《命训》的作者看来，天虽然制定了法度，但法度要发挥作用，还必须有天命的信仰、明王的教化相配合。"天有命、有祸、有福，人有耻、有绋冕、有斧钺。"①以上两句中，前一句是说明"命司德，正之以祸福"，属于天道；后一句是解释"立明王以训之"，包括教民有耻、赐予爵禄、施以刑罚，属于人道。"以人之耻当天之命，以绋冕当天之福，以斧钺当天之祸。"天道通过人道得以实现，天命借助明王的教化、赏罚得以完成。故《命训》围绕命、祸、福、耻、赏、罚分别展开论述，而每一段论述都以"度至于极"结束。搞清了《命训》的内在理路和逻辑，"则度至于极"就容易理解了，其是说法度就会得其中，达到恰当的效果。《国语·周语上》："神人百物无不得其极。"董增龄曰："极，中也。"②如果说法度属于政，那么天道、人道就属于教，包括宗教和教化，政需要教的配合，才能达到恰当的效果，可谓人民有信仰，政治有希望，这是一种典型的政教合一思想。这也说明，所谓"天有命"就是指"命司德"，指令民守德，它是"度至于极"的条件之一。由于学者将司德理解为天神，将此句断为"命司德正之以祸福"，反而使命的内容昏暗不明，对于文中反复强调的"度至于极"，自然也就不解其意了。其实，"度至于极"是《命训》的核心命题，文中不仅反复陈述，还提

---

① 李学勤主编：《清华大学藏战国竹简（伍）》，第125页。"人有耻"的耻字今本作"丑"，简本作"伒"，"伒"即"耻"字。参见刘国忠：《清华简〈命训〉初探》。
② 董增龄：《国语正义》，巴蜀书社，1985年，第36页。

出"六极"之说。

> 六极既达,六间具塞,达道道天以正人。正人莫如有极,道天莫如无极。道天有极则不威,不威则不昭;正人无极则不信,不信则不行。①

"六极"指六种"度至于极"。《命训》分别从命、福、祸、耻、绋冕、斧钺展开论述,认为如果民众能敬命、重义、悔过、有耻、劝以忠信、恐而承教,就会"度至于极",法度达致中正,产生恰当的效果。"间",间隙。"六间"与"六极"相对,指不敬命、不重义、不悔过、无耻、不劝以忠信、不恐而承教,"六间具塞",指以上行为被禁止。"达道"即六极之道,指上文所言"度至于极"的六种方法。"道天",言说天。因为六种"度至于极"都与天命有关,天不仅"命司德,正之以祸福",还"立明王以训之",故言六极之道必言及天,因为其需要借助天命的力量方可得以实现。"正人",治理民众。正,治也。"正人莫如有极,道天莫如无极"二句颇为费解,学者或释"极"为形状,如陈逢衡云:"有极者,悬象著明礼乐刑政之谓。无极者,神明变通,群龙无首之谓。"②认为"有极"即有形,"无极"即无形。治民需有礼乐刑政之有形,而言及天道则神明变化,没有形状。或释"极"为准则、法则,如唐大沛云:"礼乐法度所以正人,必当有整齐划一之则。若言天

---
① 李学勤主编:《清华大学藏战国竹简(伍)》,第125页。
② 黄怀信等:《逸周书汇校集注》,第28页。

道,则神明变化,不可端倪,不可思议,无有穷尽,岂得谓之有极?"① 用礼乐法度治民需要有统一的法则,言天道则因其神明变化,不可谓其有法则。但仔细推敲,陈、唐之说均有迂曲不通之处。按,以上两句的"极"似还应训为中,指恰当、公正。其中"正人莫如有极"是针对"度至于极"而言,以法度治民赏罚自应恰当、公正。"道天莫如无极"是针对"正之以祸福"而言,天虽然赏善罚恶,但言说天则不必称其赏罚皆恰当、公正。这反映出《命训》作者对待天命的一种矛盾心理,一方面《命训》虽然继承了三代尤其是周人的天命观,承认天赏善罚恶,并肯定其在政治上的重要作用。另一方面人们在生活中却逐渐发现,行善者未必会有好报,作恶者也不一定会受到惩罚,对天命的客观、公正性开始产生怀疑,特别是经历了西周末年的呼天吁天思潮,以及春秋时期"天道远,人道迩"(《左传·昭公十八年》)的理性自觉,如何处理天命信仰与理性自觉便成为一个重要问题。在这种情况下,《命训》对天采取了折中的态度,一方面肯定天能够"正之以祸福",会根据人的表现赏善罚恶,另一方面又对赏罚的结果采取超然的态度;一方面要求民众畏天、敬命,另一方面又主张"道天莫如无极",不必拘泥于赏罚的结果,以此化解"善者不得赏,恶者不得罚"造成的冲击和困惑。这也充分说明,"命司德"只能解释为天命民遵守德,是主德说,而非天神说。

另外,将"司德"解释为主吉凶祸福的天神于文献无据。先秦典籍中确有掌管命运的神,但是称司命,而不是司德。《礼记·祭法》:"王

---

① 黄怀信等:《逸周书汇校集注》,第28页。

为群姓立七祀,曰司命,曰中霤,曰国门,曰国行,曰泰厉,曰户,曰灶。王自为立七祀。诸侯为国立五祀,曰司命,曰中霤,曰国门,曰国行,曰公厉。"郑玄注:"此非大神所祈报大事者也,小神居人之间,司察小过,作谴告者尔。"① 可见,先秦时司命已列为国家祭典,天子、诸侯都为其立祀,但它是人间小神,而非天神。司命在楚辞中也有反映,屈原《九歌》有《大司命》《少司命》,王夫之《楚辞通释》云:"大司命统司人之生死,而少司命则司人子嗣之有无。"② 故大司命是命运神,少司命是生育神。《九歌·大司命》云:"纷总总兮九州,何寿夭兮在予。"意为九州之民何其众多,谁寿谁夭均在于我。可见司命神影响甚大,对此《命训》的作者显然是应该知道的。如果本篇如学者主张是持天神说,就应该说"命司命正之以祸福",而不应是"司德"。故综合以上所论,《命训》的"命司德"只能解释为天命令民遵守德,是主德说,而非天神说,将"司德"释为天神是不能成立的。

第二节 《命训》"大命""小命"的意义及影响

《命训》提出"大命""小命"的根据何在?在思想史上又具有何种地位和意义?我们认为《命训》的"大命""小命"说是对三代以来尤其是周人天命观的继承和发展,反映了儒家内部重建天命信仰并将天命与治道相结合的尝试和努力。我们知道,殷周都信奉一种至上神,殷人

---

① 李学勤主编:《十三经注疏·礼记正义》下册,第1302页。
② 王夫之:《楚辞通释》,上海人民出版社,1975年,第36页。

称为帝,周人称为天。从甲骨文的材料来看,殷人的上帝是自然界的最高神祇,既可以令风、令雨、降食、主宰天时,也可以降馑、降祸、授佑、授年;既可以保佑人王,也可以降祸人间;既威力无比,又神秘莫测。他对人世的影响包括正负两个方面,并根据人们的表现降下赏罚。《尚书·高宗肜日》记载祖甲向王进言曰:

> 惟天监下民,典厥义,降年有永有不永,非天夭民,民中绝命。民有不若德,不听罪。……呜呼!王司敬民,罔非天胤,典祀无丰于昵!

"典",主。"厥",其。这句是使动用法,使其主义。天监看下民,令其遵从义。上天赐给人的寿命有长有短,但其享年短促者,并非天有意夭折之,而是民不从命,不行义,故天中道而绝其命。"王司敬民"的"敬",当读为"儆",指戒惧,此句是说王负责警告民众,使其戒惧,意为王对民不可姑息,而应严厉惩罚。① 可见在殷人的观念中,帝或天是具有意志的,并根据民众的表现而降下祸福,或赐其长寿,或夭折其命。而天的赏罚主要是通过王来实现的,故王也被称为"天胤",指天之子嗣也。如果将《高宗肜日》与《命训》做一比较的话,不难发现两者的联系。"典厥义",意近于"命司德",相当于大命;"降年有永有不永",类似于"正之以祸福",相当于小命。如果说两者有不同的

---

① 梁涛:《〈尚书·高宗肜日〉新探——兼论殷周的两次宗教变革及"民"的发现》,《学术月刊》2019 年第 1 期。

话，那就是《高宗肜日》的"典厥义"指服从上帝的意志，而殷人的上帝喜怒无常，尚不具有明确的伦理意识，《命训》的"命司德"则是要求人们遵守德。殷人的信仰尚处于自然宗教的阶段，人们主要通过占卜来探求上帝的意志，其敬畏天命主要是为了趋利避害，获得上帝的保佑。北大简《周训》云：

> 汤谓大甲曰："尔不畏天，其安得见日？尔不事神，将予汝疾，身病而体痛，岂能有恤（注：救）？尔能畏天，则寿命永长。尔能事神，则无疾殃，灾祸不至，国安而身利。为人主者，其胡可毋好善？"①（第184—186简）

《周训》文字浅显，写作年代应该较晚，但其反映的仍可能是商代的观念和思想。从汤与大甲的对话来看，畏天、事神则寿命永长，无灾祸、疾殃，而不畏天、不事神，则不得见天日，身病体痛得疾殃，主要还是从祸福的角度来立论的。文中虽然使用了"善"字，但主要还是指畏天、事神而言，而"好善"的目的是"灾祸不至，国安而身利"。《周训》虽然没有做大命、小命的区分，但依稀可以看到两者的影子。天、神命人好善，即要畏天、事神，此类似大命。畏天、事神，则寿命永长，灾祸不至，无疾殃；不畏天、不事神，则不见天日，身病体痛，这类似小命。《周训》虽然提到天、神，但两者是并列的，不是天命神"正

---

① 北京大学出土文献研究所编：《北京大学藏西汉竹书（叁）》，上海古籍出版社，2015年，第142页。

之以祸福",而是天、神都对人的祸福发生作用。

与殷人处于自然宗教阶段,其上帝尚不具有伦理意识不同,周人已发展到伦理宗教的阶段,其信奉的天不仅是具有主宰权能的人格神,同时也是道德性的至上神。"皇矣上帝,临下有赫。监观四方,求民之莫(注:通'瘼',疾苦)。"(《诗经·大雅·皇矣》)上帝或者天关注的是民众疾苦,显然已具有伦理的品格。天喜欢的不是祭品而是德的芳香,"黍稷非馨,明德惟馨"(《左传·僖公五年》)。天也不会一劳永逸地保佑某族,而是根据人们的德而授予天命,由于文王能够明德慎罚,故上天授予其天命。"惟乃丕显考文王,克明德慎罚,……帝休,天乃大命文王。"(《尚书·康诰》)正可谓"皇天无亲,惟德是辅"(《左传·僖公五年》引《周书》),这样周人实际形成了以德授命的思想:天根据人的德授予其命,此命指天命,指政治的统治权。既然在周人的观念中,天是根据人的德而授命,那么天显然也要求人遵守德,也就是"命司德"。《诗经·大雅·烝民》:"天生烝民,有物有则。民之秉彝,好是懿德。"上天降生众民,有一事即有一事之法则。彝,犹言常法。民众秉持常法,喜好这美德。可见在周人的观念中,天不仅为民制定了法度——这类似于《度训》的"天生民而制其度",还要求民喜好、遵守德——这类似于《命训》的"命司德",而且天也会根据人的表现赐予其吉凶祸福。《尚书·召诰》:"今天其命哲,命吉凶,命历年。"命,赐也。伪孔传:"修敬德则有智,则常吉,则历年,为不敬德则愚凶不长。"孔疏:"今天观人所为以授之命,其命者智与愚也,其吉与凶也,其命历年与不长也。若能敬德，则有智常吉，历年长久也。若不敬德，则愚凶不长也。"①可见，天是根据德来命吉凶、命历年，这类似于"正之以祸福"。所以周人的天命虽然主要是一个政治概念，指天下的统治权，但同时也包含了对于命运的思考，指天赐予人的吉凶祸福。周人的思想中蕴含着一个大命、小命的结构，《命训》的命论正是对周人宗教观念的概括和总结。

周人虽然涉及命运，但更多是一个集体概念，主要针对的是一族一姓，尤其是作为统治者的君王而言。到了西周末年，个人命运的观念开始出现。本来在周人的观念中，天是有意志、有目的的，根据人们的行为赏善罚恶，可是人们注意到"旻天疾威，弗虑弗图。舍彼有罪，既伏其辜。若此无罪，沦胥以铺"（《诗经·小雅·雨无正》）。上天已经发怒，有人却不考虑后果，放掉有罪之人，隐瞒他们的罪过，结果使无罪之人也跟着受过。一方面，"君子"的所作所为，导致社会的混乱，"君子屡盟，乱是用长。君子信盗，乱是用暴"；另一方面，天降下灾祸，却使我无辜受罚，"昊天已威，予慎无罪。昊天大幠（注：通'怃'，怒），予慎无辜"（《诗经·小雅·巧言》），"民莫不穀（注：养），我独于罹。何辜于天，我罪伊何？"（《诗经·小雅·小弁》）这样与传统天命有别的个人命运观念出现了，"天命与命运不同之点，在于天命有意志，有目的性；而命运的后面，并无明显的意志，更无什么目的，而只是一股

---

① 李学勤主编：《十三经注疏·尚书正义》，第400～401页。

为人自身所无可奈何的盲目性的力量"①。由于天的权威还在,还需要对天保持敬慎的态度,"敬天之怒,无敢戏豫,敬天之渝,无敢驰驱"(《诗经·大雅·板》),但个人的命运如何则不是自己可以把握的了,而是取决于某种时运、时遇,"天之生我,我辰安在?"(《诗经·小雅·小弁》)"我生不辰,逢天僤怒"(《诗经·大雅·桑柔》),天命与运命出现分化。

作为儒学的创立者,孔子十分重视天,也认真对待命。他主张"君子有三畏",第一畏就是"畏天命"(《论语·季氏》),他自称"获罪于天,无所祷也"(《论语·八佾》),"吾谁欺,欺天乎?"(《论语·子罕》)"予所否者,天厌之,天厌之!"(《论语·雍也》)可见他是以天为最高主宰与信奉对象。孔子所理解的天是有道德、有意志的,更接近周人的天,而不同于殷人的天。"子曰:天生德于予,恒魋其如予何?"(《论语·述而》)朱熹《集注》:"魋欲害孔子,孔子言天既赋我以如是之德,则桓魋其奈我何?言必不能违天害己。"②故孔子所谓"德",应是指天所赋予的职责与使命,也就是天命,我既承担此天命,则必得天之佑助。"子畏于匡。曰:'……天之将丧斯文也,后死者不得与于斯文也?天之未丧斯文也,匡人其如予何!'"(《论语·子罕》)《集注》引马氏曰:"言天若欲丧此文,则必不使我得与于此文;今我既得与于此文,则是天未欲丧此文也。天既未欲丧此文,则匡人其奈我何?言必不能违天害己也。"③这是孔子明确以传播"斯文"为己之天命所在,进而相信必得

---

① 徐复观:《中国人性论史·先秦篇》,第34页。
② 朱熹:《四书章句集注》,中华书局,1983年,第98页。
③ 同上书,第110页。

天之佑助。就孔子自称"天生德于予",也可以说是天"命司德",只不过孔子所言天命已不是针对族姓集体或天子君王,而是针对的个体、自己,是要求自觉承担起天所赋予的职责和使命。至于孔子自称必得天之佑助,则更多是一种感奋之语,是处于绝境、困境时的精神慰藉。侯外庐先生说:"孔子言'天'之处,大都用惊叹语或追问语,这显明地是在最后穷究有意志的根本动力。"①故孔子实际是以天为信仰对象和精神动力,"不怨天,不尤人,下学上达,知我者其天乎"(《论语·宪问》)。只要不怨天尤人,践仁行义,就会为天所理解。不过孔子谈天命,也论运命,他自称"五十而知天命"(《论语·为政》),认为"不知命,无以为君子也"(《论语·尧曰》)。孔子所说的"天命"既指天之所命,指德命,类似《命训》的"大命",也指个人之运命,类似《命训》的"小命"。故"知天命",从积极的方面说,是明确和知晓天赋予了我职责和使命;从消极的方面说,则是懂得如何对待运命。孔子虽然自觉承担天命,但在现实中又意识到,事业的兴废,包括生死、祸福等,都不是个人所能控制、掌握的,而只能诉诸不可抗拒的外部力量,或是偶然机遇等。这种力量或机遇,孔子也称为命,是为运命。"子曰:道之将行也与?命也;道之将废也与?命也;公伯寮其如命何!"(《论语·宪问》)"伯牛有疾,子问之,自牖执其手,曰:'亡之,命矣夫!斯人也而有斯疾也!'"(《论语·雍也》)所以在孔子那里,天命与运命或大命与小命

---

① 侯外庐、赵纪彬、杜国庠:《中国思想通史》第1卷,人民出版社,1957年,第154页。

一定程度上是分离的。一方面孔子以天命自任，自觉承担起天所赋予的职责和使命；另一方面又将事业的兴败、个人的得失诉诸外在的运命，认为冥冥之中有种神秘的力量在发挥作用。一方面"天生德于予"，天是有意志、有目的的；另一方面天并不一定会赏善罚恶，不能保证德福一致。影响道之行废以及人之祸福的似乎是另一种运命，所以最好的态度便是尽人事以待天命（运命）。郭店竹简《穷达以时》将这一思想概括为天人之分："有天有人，天人有分。察天人之分，而知所行矣。有其人，无其世，虽贤弗行矣。苟有其世，何难之有哉？"①（第1—2简）关系人之穷达祸福的，不仅有人而且有天，天人各有其分，也就是作用、范围。这里所谓天指命运天，即"遇不遇，天也"②（第11简）。竹简要求"察于天人之分"，就是要明确哪些属于人，哪些属于天，这样便知道哪些该为，哪些不该为，该如何行为了。正可谓谋事在人，成事在天。清华简《心是谓中》则提出"天命"和"身命"的概念，认为命虽然由天所决定，但人也在其中发挥作用。"断命在天，苟疾在鬼，取命在人。人有天命，其亦有身命。"（第5—6简）断，决也。决定命运的是天，可谓"死生有命，富贵在天"（《论语·颜渊》）。此天主要指命运天，所谓"妄作衡触，而有成功，名之曰幸。幸，天"（第4简），类似于《穷达以时》的"遇不遇，天也"。故天命是天所控制、决定的命，而身命是人通过自己的努力实际获得和争取到的命，所谓人的命实际是

---

① 荆门市博物馆编：《郭店楚墓竹简》，第145页。
② 同上。

天与人共同作用的结果,"必心与天两事焉,果成"(第4简)。这样就不仅要"祈保家没身于鬼与天",还要"祈诸心与身"(第7简)。① 将《心是谓中》的天命、身命与《命训》的大命、小命做一对比,可以发现两者具有结构上的类似性。天命类似于大命,身命类似于小命,但两者的思想则有较大的差别。《命训》的天是神学天,是有意志、有目的的,大命即此天颁布的命令;《心是谓中》的天则是命运天,是某种人无法抗拒的外在力量或偶然性,天命是这种天影响、作用到人的结果。②《命训》的小命与《心是谓中》的身命,虽然都指个人的运命,但前者是天赏善罚恶的结果,后者则是在命运的限定下,通过个人努力与命运抗争的结果。这表明《命训》与《心是谓中》在对待天命的问题上做了不同的选择,《命训》较多继承了三代的神学天命观,将个人命运归于天的赏善罚恶;而《心是谓中》则将三代的神学天发展为命运天,虽然人都处在命运的限定之中,但人应该通过努力去掌握自己的命运。

从孔子到竹简《穷达以时》和《心是谓中》,代表了古代命论的一条发展线索,其特点是将天命与运命分离,并由天命转向对运命的关注,不是通过神道设教,而是通过"察天人之分",面对无常的运命,要求超越个人的得失去承担人之责任,以突出人的道德自主。这种思想可能更适合少数君子、士人,而不适合普通民众,尤其不适合对民众的教化。《命训》与之相反,其主要关注的是对民众的治理,尤其是对

---

① 李学勤主编:《清华大学藏战国竹简(捌)》,中西书局,2018 年,第 149 页。
② 关于主宰天或神学天与命运天的区别,参见梁涛:《竹简〈穷达以时〉与早期儒家天人观》,《哲学研究》2003 年第 4 期。

民众的训导、教化，故力图将天命与运命或者大命与小命重新统一起来，代表了古代命论的另一条发展线索。一方面认为天命令民众遵守德（"命司德"），另一方面又相信天会根据民之表现降下祸福（"正之以祸福"），而这一切又是通过明王的教化（"明耻"）和赏罚实现的，表现出鲜明的神道设教的思想特点。但这样一来，《命训》也使自己陷入矛盾之中，因为在理性自觉的时代，"善者不得赏，恶者不得罚"已成为人们必须面对的问题，《命训》对此也没有更好的办法，只能以"道天莫如无极"做出回应，这是其坚持神道设教所必然面临的困境所在。

第三节 "三训"的成书与学派归属

《度训》《命训》《常训》为今本《逸周书》的前三篇。"三训"思想连贯，前后呼应，在全书中居于提纲挈领的地位。清人唐大沛曾怀疑它们本为一篇，"而后人分为三篇"①，现在看来未必成立，但他认为"三训"存在内在联系，是一个有机整体，则是正确的。例如，《命训》反复说到"度至于极"，却没有给出解释说明，这是因为"度"是第一篇《度训》的核心内容。读了《度训》再看《命训》，自然就会清楚明白。这说明"三训"可能出于同一作者之手，至少是同一学派的作品。但是长期以来，由于"三训"的作者、年代不明，其内容鲜有人提及，更少有人对其思想做出探讨。清华简《命训》的发现，使人们确信《命训》包括《度训》《常训》是可靠的先秦典籍，曾在儒学史上占有重要地位，

---

① 黄怀信等：《逸周书汇校集注》，第44页。

值得充分关注。而要分析、梳理"三训"的思想，就首先要确定其写作年代及学派归属，这就涉及《逸周书》的编订与成书问题。

我们知道，《逸周书》不仅名称多变，有《周书》《逸周书》《汲冢周书》等不同称谓，内容也较为复杂，各篇非一人一时之作，其作者也不可一概而论。学者注意到，《左传》已引用今本《逸周书》中的内容，但往往称《周志》或《书》。相反，《左传》《国语》所称的《周书》，却是指《尚书》中的《周书》，与《夏书》《商书》相对，而与《逸周书》无关。《左传》所谓《周志》《书》与今本《逸周书》的关系，由于材料不足，无法详论。但到了战国时期，由于《墨子》《战国策》《韩非子》《吕氏春秋》等典籍屡屡称引《逸周书》的内容，并称其为《周书》，说明战国时今本《逸周书》的主要部分应已编订成书。王连龙指出："在《左传》《国语》等反映西周乃至春秋时期历史面貌的古籍中，《尚书》名为'《书》'或'《周书》'；《逸周书》名为'《书》'或'《周志》'。也就是说，《尚书》《逸周书》都可称为'《书》'。而到了战国子书中，这种情况发生了变化：这一时期的古籍中凡是称引'《书》'者均是指《尚书》，而《逸周书》被称引时则不称为'《书》'，而称为'《周书》'。"[①]从战国时期古籍明确区分《尚书》与《周书》来看，说其主要部分已经编订成书，应该是可以成立的。有学者认为"周书"的内容始终是以单篇流传，没有被编辑成书，直到西汉末年才由刘向编辑成《周书》[②]，恐

[①] 王连龙：《〈逸周书〉研究》，社会科学文献出版社，2010年，第20～21页。
[②] 张怀通：《〈逸周书〉新研》，中华书局，2013年，第56页。

难以成立。刘向的确对《周书》做过加工，但应是整理而非编订。《汉书·艺文志·六艺略·书类》说："《周书》七十一篇。注：周史记。"颜师古引刘向曰："周时诰誓号令，盖孔子所论百篇之余。"① 这就是刘向整理的版本，而刘向认为《周书》是孔子编订《尚书》百篇剩余的文献，则影响到东汉许慎。许慎《说文解字》引《周书》始称《逸周书》，加一"逸"字。这主要是因为，许慎《说文》既引《尚书》并按时代分题"夏书""商书""周书"，则其引《周书》七十一篇时自不会再称"周书"而与之相混，故改称《逸周书》。"其所谓'逸'，盖指百篇之外，孔子所删逸不收之篇，非谓'文具说亡'，或'无有师说'。"② 说明许慎是相信刘向"百篇之余"说法的。不过，从今本《逸周书》的内容来看，说其收录的都是春秋乃至西周的文献则显然不能成立。

魏晋时博士孔晁为《周书》作注，《旧唐书·经籍志·杂史类》有："《周书》八卷。注：孔晁注。"《新唐书·艺文志·杂史类》亦有："孔晁注《周书》八卷。"今本《逸周书》存目七十篇，另有《序》一篇，合七十一篇。但文存者仅五十九篇，其中有孔注者四十二篇，无注者十七篇。为何孔晁仅为部分篇目作注？学者或认为孔晁所见版本已不全，或认为今《逸周书》中不见的孔注是在后世亡佚了。另，今本《逸周书》每篇篇名中均有一个"解"字，也应是孔晁做注时所加，"解"，犹注、说也。晋代另一个重要事件是汲冢竹书的发现，据《晋书·束皙传》，太

---

① 班固撰，颜师古注：《汉书》第 6 册，第 1706 页。
② 黄怀信：《〈逸周书〉源流考辨》，第 13 页。

康二年(281),汲郡人不准盗发魏襄王墓,得竹书数十车,除了《纪年》《周易》《国语》《穆天子传》等书外,"又杂书十九篇:《周食田法》《周书》《论楚事》《周穆王美人盛姬死事》"。说明汲冢中有《周书》出土,不过《周书》只是杂书十九篇中的一种,篇数不会太多,远不及《汉书·艺文志》所记的七十一篇。《隋书·经籍志·杂史类》有:"《周书》十卷。注:汲冢书,似仲尼删《书》之余。"《新唐书·艺文志·杂史类》直接称:"《汲冢周书》十卷。"此《汲冢周书》与今本《逸周书》是什么关系?学者有不同的看法,或认为二书无关,或认为今本《逸周书》包含了《汲冢周书》。笔者认为,当以后说为是。按,汲冢竹书出土后,荀勖、束皙等人曾奉诏对其进行整理。据《晋书·荀勖传》:"及得汲郡冢中古文竹书,诏勖撰次之,以为《中经》,列在秘书。"荀勖是西晋著名的目录学家,曾撰有《中经新簿》,熟悉古籍的流传情况。经他与束皙整理的竹书明言有《周书》,应该可信。有学者将"周书"与"论楚事"连读为《周书论楚事》,以否定汲冢中有《周书》的存在,实不可取。怀疑《汲冢周书》的另一个理由是,《隋书》《新唐书》均言其为十卷,而新旧《唐书》却说孔晁注本《周书》为八卷,反少于《汲冢周书》。前文已述,汲冢出土的《周书》只是杂书十九篇中的一种,篇数当在十九篇以下,而孔晁注《周书》,即使以现存篇目计算,也有四十二篇,为何卷数反而少于前者呢?这涉及篇与卷的关系,我们知道,"篇是按内容起讫自为长短,而卷则是竹简编联成册的一种长度规格"①。所以篇是以文章为单位,按内容

---

① 李零:《简帛古书与学术源流》,三联书店,2004年,第130页。

划分；卷是以字数为单位，以手持为便，卷成一卷算一卷。而卷的长短可能并没有一定之规，不同时期的抄写者可能有不同的理解，故一篇可为一卷，亦可载之多卷，同样一卷可容纳一篇乃至数篇，这涉及篇的长短和卷的规定。《隋志》所说的汲冢"《周书》十卷"，具体情况如何，不可详考。若以一卷为一篇计算，则汲冢《周书》应有十篇，它们后被编入今本《逸周书》之中。

从《逸周书》的编订和成书来看，其内容和来源复杂，时间早晚不一。有学者将其分为史书、政书、兵书和礼书四个部分①，其中属于史书的《克殷》《世俘》《商誓》《度邑》《作雒》《皇门》《祭公》等九篇，应写定于西周时期，是《逸周书》中年代最早，也最有史料价值的部分，一定程度上弥补了《尚书》记载的缺漏，虽称为史书，实际更近于书类文献。属于兵书的《武称》《允文》《大武》《大明武》《小明武》等七篇，与兵书《六韬》有相似之处，有学者甚至认为是抄自《六韬》而做了改变。② 礼书包括《周月》《时训》《谥法》等七篇。政书包括《度训》《命训》《常训》等三十六篇，篇数最多，年代也最为复杂。前文已述，《周书》的主要部分在战国时已编订成书，具体到各篇，时间则有早晚的差别。关于"三训"，学术界有两种不同的看法，或认为其年代较早，为春秋早期的作品，或认为应作于战国时期。认为"三训"完成于春秋，主要根据是《左传·襄公二十五年》记卫大叔文子言："《书》曰：'慎

---

① 罗家湘：《〈逸周书〉研究》，上海古籍出版社，2006年，第5页。
② 王连龙：《〈逸周书〉研究》，第34～44页。

始而敬终，终以不困。'"此语又见《常训》，故认为"三训"应在此时已经成书。但如学者指出的，上文的"《书》曰"在当时可能较为流行，很难判定《左传》所引的《书》就是《常训》，而不是《常训》引用了《书》，故仅以此为据，显然根据不足。认为"三训"早出的另一个根据，是以"训"为《尚书》六种文体之一，为先王训典之文，"三训"即周初先王训民立政之道，《周书序》据此认为"三训"皆成于文王时期。① 现在学者虽不承认"三训"为文王之书，但认为其成书亦不会太晚。其实，只要读了"三训"就会知道，其所谓"训"绝非训典、遗训之义，而是训释、考释之义，"三训"也并非"先王之书"，而是关于"度""命""常"三个概念的训释与说明，这只要与清华简《保训》做一对比就看得很清楚。《保训》为文王临终前遗留给武王的"宝训"，在形式上是典型的先王遗训，而"三训"则根本没有涉及训典、遗训的内容。蒋善国先生认为，"三训""近于诸子的政治论"②，是正确的。故"三训"乃诸子撰写的关于法度、天命、人性的三篇论文，从其思想、文体、语法及语汇来看，其应该属于战国的作品而不会早至春秋。由于整理者公布的清华简抄写时间是公元前 305 年左右，故"三训"的写作应该在此之前，为战国早期的作品。

那么，"三训"的作者与学派归属如何呢？这同样涉及《逸周书》

---

① 《周书序》："昔在文王，商纣并立，困于虐政，将弘道以弱无道，作《度训》。殷人作，教民不知极，将明道极，以移其俗，作《命训》。纣作淫乱，民散无性习常，文王惠和，化服之，作《常训》。"参见黄怀信等：《逸周书汇校集注》，第 1196 页。

② 蒋善国：《尚书综述》，上海古籍出版社，1988 年，第 440 页。

的编订与成书。关于《逸周书》的编订，学界存在着齐人说与魏人说的不同看法。认为《逸周书》编订于齐人之手，主要是学者注意到，《逸周书》有与《六韬》相近的内容，而《六韬》中的太公之辞，《逸周书》则往往改为周公之辞，"我们推测，此编者当在田氏代齐之后。因为田齐要尽可能淡化姜齐的王统和姜齐祖先的影响。这也同战国中期以后孟轲等儒家学者大讲文、武、周公之业的情况相一致"①。这种看法忽略了《逸周书》内容及文本的复杂性，仅根据局部的特点对其成书做出判断，是不恰当的。关于《逸周书》个别篇改"太公"为"周公"，王连龙认为是荀勖等西晋儒家学者整合《逸周书》时所为，并不反映先秦时的情况。②由此推断《逸周书》编订于齐国稷下，根据不足。更为重要的是，田齐的指导思想是黄老，他们以黄帝为高祖，同时推崇老子，而《逸周书》的内容虽较为驳杂，但其思想主旨属于儒家无疑。故《逸周书》应编订于一个提倡儒学的国家，而不是推崇黄老的齐国。从战国前期的政治形势及儒学的发展来看，这个国家应该是魏国。

我们知道，三家分晋后，魏国率先进行变法。魏文侯执政期间，改革政治，奖励耕战，兴修水利，发展经济，使魏国成为战国初期最为强大的国家。在思想文化上，魏文侯以卜子夏、田子方、段干木为师，尊儒崇教，礼贤下士，实开战国养士之风。据《史记·仲尼弟子列传》：

---

① 周玉秀：《〈逸周书〉的语言特点及其文献学价值》，第248页。谷中信一（《关于〈逸周书〉的思想与成书》，《日本中国学会报》第38集，1986年）、牛鸿恩（《新译逸周书》，第9～10页）也持此说。

② 王连龙：《〈逸周书〉研究》，第62～63页。

"孔子既没，子夏居西河教授，为魏文侯师。"《魏世家》也说："文侯受子夏经艺。"魏文侯尊师重道，自然影响到魏国的文化政策和氛围，使魏国与鲁国遥相呼应，成为儒学传播的另一个中心。不过魏文侯虽然好儒，但并不拘泥于道德仁义，而是更关注现实政治问题，其提倡儒学主要是为了满足变法图强的需要，他以子夏为师，重视儒学思想也是出于这一目的。孔子去世后，儒学内部出现分化，从思想倾向上看，可分为主内派与主外派。前者以曾子为代表，主张"吾日三省吾身"（《论语·学而》），注重个人内在的反省和修养，主要延续孔子的仁学，并做了进一步发展。由于曾子主要活动于邹鲁之间，其学派亦称洙泗之学。后者则是以子夏为代表，主张"礼后乎"（《论语·八佾》），强调礼对先天本性的规范和教化作用，提倡"博学而笃志，切问而近思"（《论语·子张》）。由于子夏教授于西河，其学派亦称西河之学。如果说曾子是儒家内部的道德心性派，更多影响到后来的孟子，那么子夏就属于儒家的政治功利派，影响到后来的荀子及法家人物。从目前已有的材料看，《逸周书》很可能是编订于子夏学派，是儒家主外派的一部文献汇编。

首先，子夏等人有编订著作的责任和义务。如前所述，《逸周书》并不是编订于齐国而是魏国，其内容虽然兼采各家，但主要以儒家为主，尤其是属于政事的各篇，多假借文王、武王之辞，表达治国理政之道。"战国初年，兼并与统一是时代主题，制礼作乐还没有排上议事日程，而文王、武王是如何夺取天下的史实受到人们的普遍关注。子夏一派关注文武之事，编辑《逸周书》，这是适应战国统一天下思潮需要的。……《逸周书》的编辑是为魏国兼并诸侯、统一天下服务的。"①

其次，子夏学派具有编订著作的条件和可能。《逸周书》内容较为驳杂，其史书类涉及书类文献，而子夏是孔门后学的传经派，对经典的传播与研习贡献甚大，对书类文献自然也较为熟悉。《孔丛子·论书》："子夏问书大义。子曰：'吾于《帝典》，见尧舜之圣焉。'"《论语·颜渊》记载："子夏曰：'富哉言乎！舜有天下，选于众，举皋陶，不仁者远矣。'"应该就是他研究《尧典》《舜典》也就是《帝典》的心得，说明他对《尚书》是十分熟悉的，故《尚书大传》中也有关于子夏传《书》的记载。《公羊传·隐公元年》题疏引闵因《公羊叙》云："昔孔子受端门之命，制《春秋》之义。使子夏等十四人求周史记，得百二十国宝书，九月经立。"②此说有后人附会的成分，但说子夏熟悉"周史记"则有一定根据，这些保存于各诸侯国的"宝书"，应该就是孔子编订《尚书》时的重要材料。不过孔子整理、编订书类文献时，是根据自己的价值观而有所选择和取舍的。《克殷》等篇记载武王伐纣，过分渲染战争的残酷并有炫耀武力之嫌，以至于被后人讥为非仁者所为，故没有被孔子编入《尚书》中。子夏的情况则不同，其讲学西河主要是为了配合魏文侯兼并、扩张的需要，故将这些宣扬征伐、武力的文献编入《逸周书》中，是完全可能的。另，《逸周书》中有兵书多篇，而据《史记·儒林列传》，子夏的弟子中有吴起，为兵家代表人物，故他协助子夏编入

---

① 罗家湘：《〈逸周书〉研究》，第75页。
② 何休注，徐彦疏：《春秋公羊传注疏》，载阮元校刻：《十三经注疏》下册，中华书局，1980年，第2195页。

部分兵书，合乎情理。还有一点需要注意，子夏的西河学派虽然以儒家为主，但成分比较复杂，其弟子中魏文侯、魏成子、李克（李悝）、吴起等属于政治、军事人物，田子方、段干木主要是以德行闻名，曾申、公羊高、穀梁赤等属于传经弟子。其弟子并非都是儒家学者，而是具有不同的学派倾向和立场，他们以及其后学应该都参与到《逸周书》的编订之中，这与《逸周书》内容驳杂的情况也是一致的。《逸周书》由子夏所代表的西河学派编订于魏国，其书在三晋一代广泛流传，对三晋法家产生一定影响，故西晋时又在魏国故地被重新发现。虽然汲冢"周书"只是《周书》的部分内容，但其来自于《周书》应是肯定的，后人将其重新编入《逸周书》，某种意义上也可以说是"完璧归赵"了。

《逸周书》既由子夏的西河学派所编订，而"三训"作为全书的总纲，自然应该完成于该学派的某位学者之手。从"三训"的内容来看，这位学者的思想倾向应属于儒家，但他不属于儒家内部关注心性修养的主内派，而是注重社会治理的主外派，故其思想与孟子关系不大，而更多地影响到以后的荀子。在人性论、礼法论方面，"三训"与荀子均存在密切联系，构成"孔荀之间"的重要理论环节。但是在天命论上，尤其是所谓"大命""小命"说，"三训"尤其是《命训》则表现出强烈的神道设教的色彩，这对于孔子到荀子的人文主义走向是一种反动和逆转，这种反动和逆转则是我们了解"孔荀之间"思想变动复杂性的一个重要方面。

第六编

出土文献与二重证据法

第十七章　二重证据法：疑古与释古之间
——以近年出土文献研究为例

近年来随着出土文献研究的不断升温，"二重证据法"成为报刊上的热门词汇，似乎谈出土文献，就不能不谈二重证据法。同时，由于古史研究中"疑古"与"走出疑古"的分歧，二重证据法亦成为两派争论的焦点而备受关注。但对于二重证据法往往是谈之者多，思之者少。自 20 世纪 20 年代王国维先生提出二重证据法至今已有百年之久，在这一百年的时间里，二重证据法的实践和应用取得了哪些突破和成就？又需要做出哪些检讨和反省，甚至是补充和完善？这无疑是值得认真思考同时又关乎古史和出土文献研究的重大理论课题。在一般人的观念中，二重证据法与疑古是对立的，疑古派的最终"破产"，就是因为大量考古发现与二重证据法应用的结果。但从近年的出土文献研究来看，固然有推翻、证伪疑古派具体结论之例，也存在肯定、证实疑古派基本观念的情况。这样看来，二重证据法就不应是释古派独享的方法；或许今天我们所应做的，是继承王国维、顾颉刚两位先生的基本思想和合理内核，同时又避免二者的疏忽和偏颇之处，将二重证据法发展为具有更广阔应用范围，可以为疑古与释古两派接受的，更具有指导意义的理论方法。

第一节　从"二重证明法"到"二重证据法"

如学者指出的，用地下材料补充、印证纸上材料古已有之。古代尤其是宋代以来学者往往取金石材料以证古史，且多有收获。① 王国维对其做进一步发展和总结，提出了著名的二重证据法：

> 吾辈生于今日，幸于纸上之材料外，更得地下之新材料。由此种材料，我辈固得据以补正纸上之材料，亦得证明古书之某部分全为实录，即百家不雅训之言亦不无表示一面之事实，此二重证据法惟在今日始得为之。虽古书之未得证明者，不能加以否定，而其已得证明者，不能不加以肯定，可断言也。②

不过，虽然诚如王国维所云，"中国纸上之学问赖于地下之学问者，固不自今日始矣"③。但二重证据法的提出，仍具有划时代的史学意义。这不仅因为王国维的时代"幸于纸上材料之外"，更得地下之甲骨、简牍等前人所未见到的新材料，同时面临历史观的巨大变革与

---

① 于大成：《二重证据》，载《理选楼论学稿》，学生书局（台北），1979年，第501～561页。
② 王国维：《古史新证——王国维最后的讲义》，清华大学出版社，1994年，第2～3页。
③ 王国维：《最近二三十年中中国新发见之学问》，载《王国维文集》第4卷，中国文史出版社，1997年，第33页。

冲击，王国维二重证据法的提出，正是为了应对这一变革而重建古史的一种努力和尝试。如前所述，取地下金石材料考订纸上史传材料，乃金石学者常用的方法。这种方法虽然也可以正载籍之讹谬，斠传本之误文，补旧史之缺漏，辨传闻之诬枉等，但并不会对古史本身提出质疑和否定，纠讹补漏的目的也是为了最大程度接近历史的本真，是为了证古史之可信；而古史的讹谬缺漏之处也是在传播中偶然所致，是可以纠正、完善的。也就是说，历史的本真是存在的，也是可以接近、发现的。然而这一观念却随着疑古学派的崛起而遭到颠覆。

  1923 年 5 月，顾颉刚先生在《读书杂志》发表《与钱玄同先生论古史书》一文，提出了著名的"层累地造成的古史说"。其基本思想是，古史是后人不断构造出来的，因此晚出的文献往往较之早期文献更加丰富，因而也相对的不可靠。具体表现是：第一，在古史记载中，时代愈后，传说的古史期愈长；第二，时代愈后，传说中的人物愈放愈大；第三，我们虽不能知道某一件史事的真实状况，但我们可以知道这件史事在传说中最早的状况。顾氏所列的三点中，第一点是认为古史尤其是早期历史往往是后人的虚构，是由偶然的原因导致的"无中生有"，如认为"禹为动物，出于九鼎"，而禹作为历史人物是根本不存在的。第二点是认为对历史人物（当然也包括历史事件）的评价往往是变化的，不过顾先生只是强调"放大"，即正面的评价。第三点是认为由于直接史料的缺乏，我们无法了解历史本身，只能了解后人记忆和追述中的历史。如我们不能知道夏商时的夏商史，只能知道东周时的夏商史等等，而后者与前者是有差别，不能等同的。

顾氏"层累说"的核心是从古史的记载是流动、变化的这一事实出发，进而指出三皇五帝的古史系统乃后人的虚构、编造，决不能当作信史看待，必须拿出怀疑的精神对其进行批判、清理，从杂乱的古史中分出信史与非信史来。顾先生后来又提出打破非信史的四个标准：第一，打破民族出于一元的观念。第二，打破地域向来一统的观念。第三，打破古史人化的观念。第四，打破古代为黄金世界的观念。顾颉刚的疑古思想给当时的史学界带来极大冲击，被喻为"轰炸中国古史的一个原子弹"；而顾氏强调古史中包含了后人虚构、想象，需要予以清理的思想，可能对王国维也产生了一定的影响。早在 1913 年的《明堂庙寝通考》初稿中，王国维曾有"二重证明法"之说："宋代以后，古器日出。近百年之间，燕秦赵魏齐鲁之墟，鼎彝之出，盖以千计，而殷虚甲骨乃至数万……故今日所得最古之史料，往往于周秦、两汉之书得其证明，而此种书亦得援之以自证焉。吾辈生于今日，始得用此二重证明法，不可谓非人生之幸也。"①但后来王国维似乎放弃了这一提法②，至 1925 年在清华国学院讲授《古史新证》时，则改提二重证据法。"二重证明法"与"二重证据法"虽然仅一字之差，但二者的内涵并不相同。证明者，强

---

① 罗振玉校补：《雪堂丛刻》（三），北京图书馆出版社，2000 年，第 298～299 页。
② 《明堂庙寝通考》一文收入乌程蒋氏初刻本（1921 年）《观堂集林》卷三时，王国维删去了上引一段文字。

调的是地下材料与纸上材料的相互结合、印证，其指向是肯定性的；而证据既可以证明，也可以证伪，其指向是中性的。所以在《明堂庙寝通考》中，王国维只强调"今日所得最古之史料，往往于周秦、两汉之书得其证明，而此种书亦得援之以自证焉"，即所得鼎彝、甲骨等地下材料与周秦、两汉古书的相互证明；而在《古史新证》中，则提出地下材料既可以"据以补正纸上之材料，亦得证明古书之某部分全为实录"。补正，即补充、纠正。因此，所谓"二重证据法"实际包括了两个方面，一是地下材料与纸上材料并不一致，但前者可以补充、纠正后者；二是地下材料与纸上材料具有某种一致性，前者可以证明后者。这样看来，从"二重证明法"到"二重证据法"，王国维的思想实际有一个发展的过程，至少在表述上更为周延了。既强调地下材料对纸上材料的证明，也意识到前者对后者还有修正的一面。那么，王国维上述的变化是否与疑古派有一定关联呢？虽然没有确切的证据，但从当时的学术氛围看，这种可能性是存在的。疑古派对古史"层累"的强调，使王国维调整了以前并不周全的表述，而采用了"二重证据法"这一更为合理的说法。①

不过，二重证据法的提法虽然可能间接受到疑古派的影响，但二重

---

① 有学者认为，"二重证明法"与"二重证据法"并没有实质的不同，只是后者"策略性地披上了'新'学的外衣"（乔治忠：《王国维"二重证据法"蕴义与影响的再审视》，《南开学报》2010年第4期）。另有学者认为，"二重证明法"包含了"二重证据法"，前者"重在用书面材料证明之"，后者"重在用地下材料补正纸上文献"（李锐：《"二重证据法"初探》，载《出土文献研究方法国际学术研讨会会议论文集》，台湾大学中文系，2011年11月）。这些说法恐怕都没有正确揭示"二重证明法"与"二重证据法"的关系。

证据法的提出则是针对疑古派而来，是对后者的回应。如前所述，顾氏层累说的提出，对历史观带来极大的变革和冲击。传统史学虽然也承认古史记载中可能存在错讹、矛盾之处，需要予以辨别、纠正，但并不否认历史认知的可能。到了顾颉刚这里，情况则发生了根本变化，历史的本真或本体被悬置起来，由于缺乏直接的、原始的、可以征信的证据和记录，真实的或原本状态的历史即使存在也是不可知的。人们所能确知的只是后人对历史的追述、记忆，而后者往往充满了想象、虚构甚至是编造，是根本不可信的。以夏商周史为例，我们所能知道的只是"传说"意义上的夏商周史，而非"实在""实有"意义上的夏商周史。所以顾氏反复强调："一件故事的本来面目如何，或者当时有没有这件事实，我们已不能知道了；我们只能知道在后人想像中的这件故事是如此的纷歧的。"①"一件故事的真相究竟如何，当世的人也未必能知道真确，何况我们这些晚辈。"②这样历史研究的目的便不在于探求历史的本真、真相，或者说根本无法探究历史的本真、本相，而在于考订历史传说的相关记载，"不立一真，惟穷流变"③成为顾氏研治古史的主要旨趣。所以顾颉刚称，"我对于古史的主要观点，不在它的真相而在它的变化"，"我们要辨明古史，看史迹的整理还轻，而看传说的经历却重"。④

---

① 顾颉刚：《古史辨》第 1 册，上海古籍出版社，1982 年，《自序》第 22 页。
② 同上书，第 273 页。
③ 同上。
④ 同上书，第 273、59 页。

只要与当时的各种溢美之词和肯定性评价做一简单对比①，就可以发现王国维对于层累说的态度与前者明显不同。如果说前者往往欣赏的是层累说揭示了历史记载无法完整、全面地反映历史的真实，我们永远无法回到历史的本体、本真这一点的话，那么，王国维则强调历史记载虽不完整、不完善，但至少可以反映部分事实；历史传说虽然荒诞不经，但也至少包含了部分史实之素地——这恰恰是层累说所忽略的。如果说层累说之所以备受关注在于其对非信史的"破"和"疑"的话，那么，王国维强调的是在"破"和"疑"的基础上，还应有对信史的"立"和"信"。毕竟，历史研究还是以求真为最终目的的，我们不能因为已有的史料是不完善、不全面的，便放弃了对历史之真的求索。虽然我们不能回到历史的本体、本相，虽然历史记载总是带有后人的附会、想象，甚至有抵牾之处，但通过辨别、分析，我们还是可以发现某些基本的原型及其所反映的素地，历史研究的目的就是要通过这些原型、素地最大程度对历史做出还原和描述，并站在今日的立场对其做出诠释、理解和评

---

① 这样的评价很多，如钱玄同："'层累地造成的中国古史'一个意见，真是精当绝伦。"(《答顾颉刚先生书》，载《古史辨》第 1 册，第 67 页) 胡适："顾先生的'累层地造成的古史'的见解真是今日史学界的一大贡献。"(《古史讨论的读后感》，载《古史辨》第 1 册，第 191 页)"颉刚的'层累地造成的中国古史'一个中心学说已替中国史学界开了一个新纪元了。"(《介绍几部新出的史学书》，载《古史辨》第 2 册，上海古籍出版社，1982 年，第 338 页) 傅斯年："史学的中央题目，就是你这层累地造成的中国古史"，"颉刚是在史学上称王了"，"你们（指搞史学的朋友）无论再弄到什么宝贝，然而以他所据的地位在中央的原故，终不能不臣于他"(《与顾颉刚论古史书》，载《傅斯年选集》第 1 册，上海古籍出版社，1982 年，第 50 页)。郭沫若："顾颉刚的'层累地造成的古史'，的确是个卓识……他的识见委实是有先见之明……旧史料中凡作伪之点大体是被他道破了。"(《中国古代社会研究》，群益出版社，1951 年，第 348 页)

价。正是基于此，他对顾氏的形式化的疑古显然有所不满，批评其"疑古之过，乃并尧、舜、禹之人物而亦疑之，其于怀疑之态度及批评之精神不无可取，然惜于古史材料未尝为充分之处理也"①。

不过王国维也意识到，古史的情况较为复杂，它既有"确实性"之一面，也有后人缘饰附会的成分，不可一概而论，故说"上古之事，传说与史实混而不分，史实之中固不免有所缘饰，与传说无异，而传说中亦往往有史实为之素地，二者不易区别，此世界各国之所同也"②。因此，就古史研究而言，至少包含了两个方面，一是清理其缘饰附会之成分，这是"破"和"疑"；二是证明其确实性之原型、素地，这是"立"和"信"。这样，就需要对历史记载做出鉴别，判定其"确实性"成分和后人的缘饰附会。而做到这一点，最好的方法就是取未经后人篡改、相对可信的地下材料，以与纸上材料相比较，夫伪存真，既清除后人之缘饰附会，同时又证明其确实性之素地，这便是王国维的二重证据法。今人一般只知道王国维是"二重证据法"的倡导者，但往往忽略了其"二重证据法"实际是包括了"补正"与"证明"两个向度，既可以证明，也可以辨伪，具有"疑"与"信"、"破"与"立"两方面的功能。不过，出于对当时学界疑古风气的拨正，以及所见地下材料的局限，王国维在使用二重证据法时主要局限在"证明"或"立"与"信"上，而对"补正"或证伪则基本没有涉及或重视不够，这在其研究中明显地表现出来。

---

① 顾颉刚：《古史辨》第1册，第2页。
② 王国维：《古史新证——王国维最后的讲义》，第1页。

王国维二重证据法的代表性成果是《卜辞中所见先公先王考》，司马迁在《史记·殷本纪》中所记录殷商先公、先王的世系是否可信？在当时是个颇有争议的问题。在一些疑古学者看来，这一来历不明的古代世系无异于天方夜谭，根本没有可信性可言，王国维则通过地下之卜辞材料，证明这一世系基本可信。其结论是："右商之先公、先王及先正见于卜辞者，大率如此，而名字之不见于古书者不与焉。由此观之，则《史记》所述商一代世系，以卜辞证之，虽不免小有舛驳，而大致不误。可知《史记》所据之《世本》全是实录。"但是王国维的结论并不止于此，他更进一步推论道：

> 而由殷周世系之确实，因之推想夏后氏世系之确实，此又当然之事也……则经典所记上古之事，今日虽有未得二重证明者，固未可以完全抹杀也。①

那么，由殷商世系的证明，能否推出夏代世系也是可信的呢？对此，顾颉刚与王国维可能会有不同看法。顾颉刚后来笔记中有《不能以一部分之真证全部皆真》一条，可以说即是对王国维的回应："今人恒谓某书上某点已证明其为事实，以此本书别点纵未得证明，亦可由此一点而推知其为事实，言下好像只要有一点真便可证为全部真。其实，任何谬妄之书亦必有几点是事实。《封神榜》背谬史实之处占百分之

---

① 王国维：《古史新证——王国维最后的讲义》，第 52～53 页。

九十九，然其中商王纣、微子、比干、周文、武等人物与其结果亦皆与史相合。今本《竹书纪年》伪书也，而其搜辑古本《纪年》亦略备，岂可因一部之真而证实其为全部真耶？"①顾先生的回应可能缺乏针对性，王国维并不主张由一点之真即可以证明全部皆真，但他的确认为由一点之真可推论其他相类之点亦为真。用钱穆先生的话说，"司马迁为《殷本纪》，序列自契至汤十四世，今安阳出土甲骨颇多为之互证者；马迁《夏本纪》又载自禹至桀十四世，年世略与自契至汤相当。马迁论殷事可信，何以论夏事不可信？马迁记殷事有据，何以记夏事独无据？"②因此，虽然二重证据法也重实证，讲证据，但对证据的理解与顾颉刚有很大不同。同样的情况也反映在"禹"的证明上。

顾颉刚怀疑"禹为动物"曾是当时轰动一时的学术公案，王国维对此不仅不能认同且颇有微词。那么，又如何证明禹确为实有，而非后人的附会、杜撰呢？王国维举出两件春秋时期铜器《秦公敦》《齐侯镈钟》关于"鼏宅禹迹"和"处禹之堵"的铭文记载，以与《诗》《书》等纸上材料做二重证明。其结论是：

> 夫自《尧典》、《皋陶谟》、《禹贡》皆记禹事，下至《周书·吕刑》亦以禹为三后之一，《诗》言禹者尤不可胜数，固不待借他证据，然近人乃复疑之，故举此二器，知春秋之世，东西二大国无不

---

① 顾颉刚：《顾颉刚读书笔记》，联经出版事业公司（台北），1990年，第2340~2341页。
② 钱穆：《崔东壁遗书·序》（崔述撰著，顾颉刚编订），上海古籍出版社，1983年，第1048页。

信禹为古之帝王，且先汤而有天下也。①

王国维根据纸上材料和地下材料均有对禹的记载，说明其当为"有"，而不当为"无"；但在顾颉刚看来，《尧典》《禹贡》等文献本身可能就是后人的追述，而《秦公敦》《齐侯镈钟》不过是春秋时铜器，故这些材料最多只能证明春秋时人已有禹之观念，而不能证明历史上确有禹之存在。这里反映出顾、王二人不同的历史观和研究方法。顾颉刚持"层累说"，认为历史是可以被人虚构、伪造的，因此越是早期的历史越是不可信，故对禹这样的传说人物持怀疑态度，宁信其无，不信其有；王国维则持"素地说"，认为历史可以被人不断诠释，缘饰附会，但不可能无中生有，任意虚构。像禹这样的传说人物可能会被后人赋予了种种神迹，增添了不可信的内容，但禹及其事迹（如治水之类）必有其素地，否则何以解释"一家造谣，正诒别家以口实，何以别家全闭口无言，默示承认？"②何以解释一个时代的人为什么会共同作伪？顾颉刚着眼于"破"，故主张"不立一真，惟穷流变"，对古史记载一概怀疑；王国维则着眼于"立"，认为虽有流变，必有一真，"与其打倒什么，不如建立什么"③，故主张"古书之未得证明者，不能加以否定，而其已得证明者，不能不加以肯定"。从这一点看，我们也可以说王国维具有"信古"的倾向，只不过他不是盲目、非理性的信，而是理性、选择性

---

① 王国维：《古史新证——王国维最后的讲义》，第6页。
② 徐旭生：《中国古史的传说时代》（增订本），文物出版社，1985年，第24页。
③ 顾潮：《顾颉刚年谱》，中国社会科学出版社，1993年，第139页。

的信，是经过验证、证明的信。对于"信古"也不能一概否定，视为负面、落后的概念。其实只要研究古史，就离不开古人的种种记载，离不开"信"，关键在于以什么样的态度和方法去信。顾颉刚持"严格的证据原则"，主张"拿证据来"，尤其是第一时间的原始证据，如要证明禹的存在，就必须拿出禹时的证据，要说明夏商周的历史，就必须拿出夏商周的证据；王国维则持"非严格的证据原则"，认为没有必要也不可能对古书的全部内容都找出证据，做出证明，地下证据往往只能对古书的局部或某一点做出证明，但我们可以由此及彼，由一点推及相类的其他各点，这样便可间接地对古书做出证明。怀疑精神固然重要，但也应该是有可疑方去疑，至于无可疑之处，"今日虽有未得二重证明者，固未可以完全抹杀也"。

由此可见，顾颉刚、王国维二人实际代表两种不同的古史观和研究方法。今日学术界所谓的"走出疑古时代"，其实就是由顾颉刚式的"疑古"走向王国维式的"释古"①，由顾颉刚式的"破"走向王国维式的"立"，是一种研究范式和方法的调整。但需要说明的是，"走出疑古"只能是走出某种特定的疑古方式——片面化、形式化的疑古，而非否定疑古本身。今日学术界仍需要怀疑精神，需要一个健康、有活力的疑古

---

① 王国维没有自称为释古，但李学勤等释古派往往将其视为释古的先导，故暂取学术界通行的说法。不过疑古、释古不应视为古史研究的两个阶段，而应是具有不同倾向和侧重的研究方法包括学派。关于释古的内涵，参见梁涛：《如何理解"释古"》，《中国社会科学院院报》2006年2月16日，收入杨庆中、廖娟编：《疑古、出土文献与古史重建》，漓江出版社，2012年。

派，只不过"疑古"也应与时俱进，应对其理论预设和研究方法做出完善和调整。因此，二重证据法虽然为释古派所重，但并不是疑古、释古两派的根本分歧所在。首先，从历史上看，王国维、顾颉刚虽然学术理念和研究方法存在分歧，但并不是绝对对立的，某些方面也可以互补。如前面指出的，顾颉刚的疑古可能就影响到王国维的"二重证据法"。其次，王国维的二重证据法实际包含了"补正"和"证明"两个方面，既能证明，也能辨伪。我们不能因为王国维在实际的研究中侧重于证明——某种程度上，这恰恰是王国维的局限和不足，便忽略了二重证据法还有补正之一面。因此，将王国维的二重证据法仅仅理解为"'纸上之材料'与'地下之新材料'的互相结合，彼此印证"，显然是不够全面的，在实践上也会造成偏差，如学者所批评的，往往只是从结合、印证上用心着力，而多少忽略甚至排斥了怀疑精神。还有，王国维既然承认历史记载中有后人的缘饰附会，自然就应对其做出辨析、清理，二重证据法正可以发挥其辨伪、疑古的作用。近些年的出土文献研究，也证明了这一点。

第二节 二重证据法的应用：证明、证伪与补正

如前所述，王国维的二重证据法包括"补正"和"证明"两个方面，具体而言，又包括证明、纠正和补充三种情况。为了说明这一点，我们不妨对"材料"和"证据"两个概念做一分析。王国维认为二重证据法就是地下之材料与纸上之材料相比较、相结合，在他那里，材料与

证据两概念所指并不相同。一切关于古代历史的记载都可以是材料，但却不一定能成为证据，证据总是包含着一定的指向和目的。如司法审判中，有些材料可以作为证据，有些材料则不能成为证据；有些材料可以证明被告有罪，有些材料则可以证明被告无罪。材料之成为证据，除了其自身的特性外，还取决于它被用来证明什么。王国维主张二重证据，实际是要把地下材料和纸上材料都当作证据，这样便存在下面的情况：一是纸上材料记载基本正确、可靠，地下材料可以对其作出证明，这样二者可以成为证据；二是纸上材料记载存在错讹、附会或后人篡改的情况，地下材料证明其有伪，或不可靠，这样二者也能成为证据；三是纸上材料的记载有缺失、遗漏，地下材料可以对其做出补充或说明，故也能成为证据。从近年的出土文献研究来看，以上三种情况实际都存在，而尤以后一种情况居多。

第一种情况下，地下材料与纸上材料指向一致，前者作为证据可以"证明"后者的记载，这是王国维最为重视，也是我们最为熟悉的方法。但需要说明的是，它只是二重证据法的一种应用，并不等于其全部。由于地下材料一般没有经过后人的改动、篡改，保持着较为原始的面貌，同时又有相对确定的考古年代，故其作为证据具有较强的证明力和说服力，凭此往往可以判定是非，排疑解难。如前面提到的王国维《殷卜辞所见先公先王考》一文，利用卜辞证明殷代世系，可以说就是二重证据法之"证明"的典范。

受当时风气的影响，疑古派学者往往喜欢怀疑古书为伪，或是将其年代后推,造成了一批冤假错案;而这批冤假错案得以平反,靠的就是地下材料提供的证据。如《汉书·艺文志》记载有《齐孙子》和《吴孙子》,齐孙子为春秋时孙武,吴孙子为战国时孙膑。但由于后来《孙膑兵法》失传,故有学者怀疑《孙子兵法》实际源出于孙武而完成于孙膑,或干脆主张孙武在历史上根本不存在,《孙子兵法》是孙膑所作。但1972年山东临沂银雀山汉墓竹简出土,《孙子兵法》和《孙膑兵法》并列其中。这一发现不仅使失传了1700多年的孙膑著作得以重见天日,而且证明了《史记·孙子传》和《汉书·艺文志》关于两个孙子有两部兵法的记载是可信的,后人怀疑两部兵法的存在不能成立。如果不是这一地下材料和证据的发现,这一学术公案不知还要"公说公有理,婆说婆有理"争论到什么时候。又比如,学术史上一直有人怀疑《老子》一书晚出,认为在《庄子》之后,极端者甚至推至战国末年秦汉之际。但1993年出土的郭店竹简中有《老子》甲、乙、丙三组,两千余字,约相当于今本的五分之二。出土竹简的郭店一号楚墓年代约为公元前4世纪中期至公元前3世纪初,学者据相邻墓葬推断其为公元前300年左右,考虑到竹简的抄写和流传,《老子》的成书应该更早。虽然在郭店《老子》是摘抄本还是全本等问题上,学者间还有一些分歧,但随着郭店《老子》这一证据的出现,《老子》一书早出已为多数学者所接受。

第二种情况下,地下材料与纸上材料指向相反,二者作为证据不是证明而是证伪,王国维称之为"纠正",近年的出土文献研究中也不乏此例。如《大戴礼记》中的《五帝德》和《帝系》记载了以黄帝为始祖的大一统帝王世系，此说被司马迁写进《史记·五帝本纪》，在两千多年的历史上占有崇高地位，产生深远影响。当年顾颉刚先生从"打破民族出于一元的观念"出发，对这一帝王世系提出质疑，认为黄帝大一统帝王世系其实是战国以来各族不断融合、各国逐渐趋于统一的大形势的产物。"疆域的统一虽可使用武力，而消弭民族间的恶感，使其能安居于一国之中，则武力便无所施其技。于是有几个聪明人起来，把祖先和神灵的'横的系统'改成了'纵的系统'，把甲国的祖算做了乙国的祖的父亲，又把丙国的神算做了甲国的祖的父亲。"① 顾颉刚对五帝世系的怀疑，主要是根据史书中彼此矛盾的记载，而根据近年出土的地下证据也可以对这一世系做出"证伪"。

上博简第二册有《子羔》一篇，该篇记载子羔向孔子询问禹、契、后稷是天帝之子的说法，怀疑这三位其实是凡人所生，只不过其父地位卑贱，不为人所知而已。裘锡圭先生据此分析道："从《子羔》篇可以看出，在此篇写作的时代，作为大一统帝王世系重要组成部分的、契和后稷皆为帝喾之子以及禹为颛顼之孙鲧之子等说法尚未兴起。在此篇中，孔子完全是从禹、契、后稷都是天帝之子的角度，来叙述他们的降生神话的。从中一点也看不到上举那些说法（注：指禹、契、后稷为帝喾之子以及禹为颛顼之孙，即五帝同源的说法）的影响。子羔提问时，对禹、契、后稷的出身只说了其父为天帝或为'贱不足称'的凡人这两

---

① 顾颉刚：《古史辨》第4册，上海古籍出版社，1982年，《序》第5～6页。

种可能,从中也看不到那些说法的痕迹。""总之,这些说法应该是在进入战国时代以后才兴起的。大一统帝王世系的最后形成当然更晚,大概不会早于战国晚期。"① 裘先生用地下材料检讨大一统帝王世系,可以说正是二重证据法"辨伪"之例,同时说明二重证据法可以成为一种疑古、辨伪的方法,对纸上记载做出审查、纠正。

近年出土的地下材料中虽然有些可以与纸上材料形成对应,说明后者确为先秦古书,但二者相比较,可发现后者经过篡改,有明显"作伪"的痕迹。如《上海博物馆藏战国楚竹书(四)》中有《内礼》一篇,其内容多与《大戴礼记·曾子立孝》等篇有关。其首段说:

> 君子之立孝,爱是用,礼是贵。故为人君者,言人之君之不能使其臣者,不与言人之臣之不能事其君者;故为人臣者,言人之臣之不能事其君者,不与言人之君之不能使其臣者。故为人父者,言人之父之不能畜子者,不与言人之子之不孝者;故为人子者,言人之子之不孝者,不与言人之父之不能畜子者。故为人兄者,言人之兄之不能慈弟者,不与言人之弟之不能承兄者;故为人弟者,言人之弟之不能承兄者,不与言人之兄之不能慈弟者。故曰:与君言,言使臣;与臣言,言使君。与父言,言畜子;与子言,言孝父。与兄言,言慈弟;与弟言,言承兄。反此乱也。(第1—6简)

---

① 裘锡圭:《新出土先秦文献与古史传说》,载《北京大学中国古文献研究中心集刊》第4辑,北京大学出版社,2004年。

此段又见于《曾子立孝》而文词略有异，除了第一句《曾子立孝》作"君子立孝，其忠之用，礼之贵"，"爱"写作"忠"；及最后一句作"君子之孝也，忠爱以敬，反是乱也"，多出"君子之孝也，忠爱以敬"几字外，二者的主要区别是，《曾子立孝》略去了"故为人君者……""故为人父者……""故为人兄者……"等内容，将竹简中君臣、父子、兄弟间双向的、相互对待的"爱"和义务关系，转变为臣、子、弟下对上片面的职责，颇有"为尊者讳"的意涵。不过，由于《曾子立孝》保留了"故与父言，言畜子……与兄言，言顺弟……与君言，言使臣……"一段文字，仍依稀可以看到前面曾有讨论君、父、兄职责和义务的内容。所以《曾子立孝》"为人君""为人父""为人兄"三句应是在后来流传中被删除了，而被删除的原因可能与后来儒家君臣父子关系被绝对化，竹简要求君臣父子互"爱"、互"礼"的观点显得大逆不道、难以被接受有关。① 《汉书·艺文志》有《曾子》十八篇。注："名参，孔子弟子"，此书以后失传，但《大戴礼记》中保留有标有"曾子"的文章十篇，分别为《曾子立孝》《曾子立事》《曾子本孝》等。随着竹简《内礼》的出土，学者往往以二重证据法为据，认为《大戴礼记》的"曾子"十篇即来自《汉书·艺文志》的《曾子》十八篇，是可靠的先秦典籍。以往将其视为伪书，打入冷宫是疑古过头的表现。但我们在做出以上结论时，是否也应考虑到现存的"曾子"十篇中可能

---

① 梁涛：《"仁"与"孝"——思孟学派的一个诠释向度》，《儒林》2005年第1辑。梁涛：《郭店竹简与思孟学派》，第471～472页。

也存在类似《曾子立孝》这样被删改、作伪的情况？我们在"走出疑古"的同时，是否也应保持一种怀疑的精神，需要对文本做出审慎的批判和检讨？今日一些学者在考订古书时往往只在"不伪""有渊源"上用心，而对其明显违背事实、互相矛盾的内容却有意回避或视而不见，这是否也是矫枉过正，走向了另一个极端？我们不能因为有了某些出土文献的根据，便轻易断言某书是"先秦古籍"或"西汉已有"。毕竟古籍在流传过程中多有散佚、增删，后人窜入者不在少数，这同样是个需要认真对待的问题。[①] 二重证据法不应只用来证明，同时也可用来辨伪。

从近年出土的简帛材料看，更多的是第三种情况，即地下材料与纸上材料不是直接的对应关系，但前者可用补充、说明后者。如《荀子·非十二子》提到子思、孟轲"案往旧造说，谓之五行"，但没有说明思孟"五行"具体何指。后人对其做了种种推测，但始终不得其解。后马王堆帛书特别是郭店竹简《五行》篇出土，才知道原来思孟五行是指仁义礼智圣，并且还分为"形于内"的"德之行"和"不形于内"的"行"两种情况。这可以说正是地下材料补充纸上材料之例。

有学者认为，顾颉刚、王国维二人研究方法的显著差别在于，顾取早期的材料与晚期的材料做比较，从事历时性的观察；王则取同期（或

[①] 这种情况在竹简《文子》与今本《文子》中表现得尤为突出，参见张丰乾：《试论竹简〈文子〉与今本〈文子〉的关系——兼为〈淮南子〉正名》，《中国社会科学》1998年第2期。

时代最相近）的出土材料与纸上材料做比较，做共时性的互证。① 就顾、王二人的研究来说，此说大体可以成立。但需要注意的是，所谓历时性研究与同时性研究并不是截然对立的，从近年的出土文献研究看，也可将出土材料与纸上材料放在一起做历时性考察，通过这种二重证据，以补充或说明历史记载的某一缺环，使我们对某一事件或某一观念有更为全面的认识和了解。如顾颉刚先生曾著有《禅让传说起于墨家考》一文，认为禅让之说出于墨家，与儒家学说不合。故孟子对禅让采取曲解的方法，荀子则径直斥禅让为"虚言"，只不过由于禅让说十分流行，"儒家不能不屈伏于这横流的下面"，"于是禅让说在儒家经典里筑下了坚不可拔的基础"。② 顾氏之所以有这一看法，主要是由于其看到《孟子》《荀子》等儒家典籍都对禅让采取质疑和否定的态度，故大胆疑古，推论《尚书·尧典》和《论语·尧曰》记述尧舜禅让的内容晚出，是受了墨家的影响。但近年出土的郭店竹简《唐虞之道》和上博简《子羔》《容成氏》均是宣扬禅让的作品，其年代大致在孔子之后，孟子之前，为我们了解孔孟之间禅让思想的发展提供了重要材料。有学者据此提出，战国前期社会上实际出现了一个宣扬禅让的社会思潮，儒家、墨家、早期法家、纵横家等均参与其中。只不过由于燕王哙让国（公元前 316 年）失败，身死国亡，才使当时学者——包括孟子、荀子——转变了对禅让

---

① 叶国良：《二重证据法的省思》，载叶国良、郑吉雄等编：《出土文献研究方法论文集·初集》，台湾大学出版中心，2005 年，第 2～5 页。
② 顾颉刚：《禅让传说起于墨家考》，载《顾颉刚古史论文集》第 1 册，中华书局，1988 年，第 366 页。

的看法，一场轰轰烈烈的禅让思潮逐渐走向低潮。① 因此，禅让说并非起于墨家，而是有更早的源头，《尚书·尧典》即根据，《论语·尧曰》也并非晚出的内容，恰恰反映了孔子对禅让的看法。只不过儒家内部对于禅让的看法并非一成不变的，而是随着时代的变化，经历了肯定承认（孔子），积极宣扬（《唐虞之道》《子羔》的作者），再到怀疑排斥（孟子、荀子）的流变过程。

又比如，《孟子》一书中有孟子与告子辩论"仁内义外"的记载，故以往学者多认为，仁内义外是告子的观点，而孟子对其是持否定态度的。但郭店竹简公布后，其中有大量关于仁内义外的论述，如《语丛一》："人之道也，或由中出，或由外入。由中出者，仁、忠、信。由外入者，礼??。仁生于人，义生于道。或生于内，或生于外。"《尊德义》："故为政者，或论之，或义之，或由中出，或设之外，论列其类。"《六德》："仁，内也；义，外也……门内之治恩掩义，门外之治义斩恩。"由于这些新发现的地下材料，学者才意识到仁内义外说其实是早期儒家曾经普遍接受的观点，只不过郭店简的仁内义外说强调仁内与义外的统一，认为道德实践需要从仁内与义外两方面入手，做到二者的统一；而告子的仁内义外说则突出、强调仁内与义外的对立，认为"吾弟则爱之，秦人之弟则不爱也"（《孟子·告子上》），以一种悖论的形式将仁内义外说的内在矛盾揭示出来，而孟子可能正是受到与告子辩论的

---

① 梁涛：《战国时期的禅让思潮与"大同""小康"说——兼论〈礼运〉的作者与年代》，载《中国哲学与文化》第6辑。梁涛：《郭店竹简与思孟学派》，第172～177页。

启发，才对曾经被儒家学者广泛接受的仁内义外说进行了否定，并提出自己的仁义内在说。[①]因此在儒家内部，同样经历了从郭店竹简的仁内义外说到告子的仁内义外说，再到孟子的仁义内在说的流变的过程。这同样是地下材料补充、说明纸上材料之例。

综上所论，从近年的出土文献研究来看，二重证据法的运用虽然大体体现为王国维所概括的证明、纠正、补充几个方面，但就实际的运用来看，则已大大超越了王国维的时代。不仅今日发现的大量楚简、帛书是王国维所没有见到的，地下材料与纸上材料结合的复杂性，也是王国维所没有碰到的。二重证据法既被用来释古、证明，也被用来疑古、辨伪，同时，地下材料与纸上材料被放在一起做历时性考察，更接近顾颉刚的"惟穷流变"。其实，如果我们将"不立一真，惟穷流变"改为"虽有一真，亦有流变"的话，那么，它仍是一有意义的命题。因此，今天我们不应将二重证据法与疑古、辨伪对立起来，而应在对近年出土文献研究成果充分概括、总结的基础上，将二重证据法发展为疑古、释古两派都可以接受的研究方法。而做到这一点，就要对疑古、释古两派的基本理念和研究方法做出综合和调整。

第三节　二重证据法理论之建构：原型—意义流变说

有学者认为，王国维二重证据法的核心，主要集中在关于史料或证

[①] 梁涛：《孟子"四端"说的形成及其理论意义》，载《中国社会科学院历史研究所学刊》第一集，社会科学文献出版社，2001年。梁涛：《郭店竹简与思孟学派》，第317～318页。

据处理的问题上,基本上是以对事实的考订为史学的主要任务,而很少涉及对于历史的解释性研究。出土文献往往只是关于某一事件、某一制度、某一典籍的零星的记载,二重证据法之运用,至多只能是对细部的考证,至于宏大之文化史,则实无甚大作用。如此理解王国维的二重证据法,是否合适,可做进一步讨论;但将二重证据法仅仅理解为"细部的考证",是一种纯粹的实证研究,与理论预设无关,则显然是不全面的。从近年的出土文献研究来看,地下材料与纸上材料的结合,绝不仅仅是一种纯粹考证工作,理论预设或者说从什么角度去结合,往往直接影响到研究的结论与结果。例如,慎独的讨论表面上看似乎是二重证据法的一个典范,若不是简帛《五行》篇"能为一,然后能为君子,慎其独也"的发现,若不是出土文献与传世文献的结合、比较,人们恐怕还难以纠正"在独处无人注意时,自己的行为也要谨慎不苟"(《辞海》),或"在独处时能谨慎不苟"(《辞源》)的误读。然而仔细分析就会发现情况可能并非完全如此,慎独的材料发现于20世纪70年代的马王堆帛书《五行》篇,而关于慎独的集中讨论则是起于90年代郭店竹简《五行》出土之后,时间相差了整整二十年。另外,马王堆帛书《五行》有"经"有"说",关于慎独的几段重要文字,如"独,舍体也","舍其体而独其心"等,均出现于"说"之中;而郭店竹简《五行》有"经"无"说",就对于慎独的解读而言,其史料价值远不及帛书。那么,为什么慎独的讨论不是起于二十年前的马王堆帛书,而是二十年后的郭店竹简?回顾慎独的讨论可以发现,实际经历了从"不同说"到"相同说"

的转变，马王堆时期学者主张"儒书屡言慎独，所指不尽同"①，即《五行》的慎独与《大学》《中庸》的慎独内容所指不同；郭店时代学者则提出并非存在"两种不同的慎独，而是在同一个慎独的基本内涵下，存在不同的侧重和差别而已"②，正是由于这一理论预设的转变，才引发了人们对慎独问题的关注，纠正了郑玄、朱熹以来的误读，最终使慎独的原意得以呈现。

因此，二重证据法绝不是地下材料和纸上材料的简单结合、比较，还存在着"如何证"和"证什么"的问题，存在着一定的理论预设，这种理论预设往往对于两种材料的结合起着十分关键的作用。如果我们抱着盲目信古的态度，用地下材料、用考古发现去证明黄帝一元、三代同源的古史体系，或者出于现实功利的目的去争夺圣王的故里，这样的结合不仅没有科学性可言，而且会流向庸俗化、实用化，给严肃的学术研究造成伤害。同样，如果我们抱着片面、形式化的疑古态度，人为地制造所谓的"顾颉刚难题"③，恐怕也不是正确的态度和方法。对于古史研究而言，"信"和"疑"其实都是必要的，偏向任何一

---

① 庞朴：《帛书五行篇研究》，第 33 页。
② 梁涛：《郭店竹简与"君子慎独"》，《光明日报》2000 年 9 月 12 日。梁涛、斯云龙编：《出土文献与君子慎独》，漓江出版社，2012 年。
③ 有学者提出所谓"顾颉刚难题"实际包括两点：一是考古学提供的原始记录从数量上能否印证古代文献的全部内容，二是考古学能否提供第一时间的原始记录来印证古代文献的年代。并认为："上古实物特别是文字与文献的遗失，使得'以全部之真证全部皆真'为不可能，使得古史重建'拿证据来'为不可能，使得疑古'永远有理'。"（张京华：《顾颉刚难题》，《中国图书评论》2008 年第 2 期）其实，所谓"全部内容"和"第一时间"都是相对而言的，如果将怀疑和证据推到极致，都可能人为地制造出所谓"难题"，这已不限于"顾颉刚难题"，而是一切史学研究之难题。

方,都可能会出现错误和偏差。正确的态度只能是该信则信,该疑则疑,"不赞成预设的'信',也不同意预设的'疑'"[①],以实事求是的态度,对古书进行更严密、更深入的考订与审查。而做此考订、审查工作,二重证据无疑仍是重要的方法,只不过它不能仅限于证明,同时还应用来辨伪;不仅是疑古的方法,同时也是释古的方法。

在我看来,不论是顾颉刚的"层累说",还是王国维的"素地说",实际都只道出真理的一个方面,故与真理还有一步之遥。我们知道,所谓历史既指历史活动的过程本身,也指后人对历史活动的理解、追述、记忆,即史学。而史学中既有历史活动中的人物事件、时间地点,或是流传下来的文本观念等客观性的内容,也有后人对其的认识、理解、评价等主观性因素。一般而言,前者往往是相对客观、稳定的,在历史上有一定的根据——"素地",后人对其的记忆、追述往往也有相对稳定的结构——"原型"。但人们对历史活动的认识、理解、评价往往又是主观、变化的,由于立场、观点或时代的推移,后人对历史事件、人物活动的评价,或对某一学说观念的认知又是不断变化的。由于这一变化,人们在对历史活动(人物、事件、观念学说等)的叙述表达中,往往会自觉不自觉地放大增加,掩饰回避,甚至是伪造篡改某些细节、内容,根据自己的理解、愿望和想象对历史做出重新叙述,使其一定程度上出现扭曲、变形,呈现流动、变化的特征。

---

① 李学勤:《清路集》,团结出版社,2004年,第228页。

从史学的这一特征来看,"层累说"显然注意到了其流动、变化,尤其是"放大增加"的一面,却忽略了历史记载中的素地、原型,是片面、不完整的。另外,近年发现的地下简帛材料,大部分不见于传世文献,说明历史上大量文献在后来的传承中流失了,即便是《汉书·艺文志》所记载的古籍,大部分也不为我们所见,这种文献遗失显然不是层累,而是剥蚀。至于简帛文献与纸上文献个别文字、表述的不同,主要是文本的流变,而非内容的不断积累扩充,准确地说是一种流变,而不好笼统地归为层累。

更重要的是,"层累说"可能更适宜于神话、传说的研究,用于历史研究,则可能有局限。如学者所指出的,"层累说"关注的是古史知识的形成过程而不是古史本身的演变,它"所着重处理的,其实只是传说或故事版本的翻新变易,而非故事或传说本身所著录、附着或反映的原始事实"[1]。这样一来,往往使得学者以研究故事的眼光和方法去看待历史[2],将历史特别是人们所熟知的上古史还原为"故事""传说""神话"等体裁的文学作品,只注重对历史知识的发生、累积过程的研究,忽视了对"客观历史事实"这一"真"的追寻和探求,结果造成研究对象的错位。[3] 所以尽管顾颉刚主观愿望是建立真实的古史,主张破坏即建设,

---

[1] 许冠三:《新史学九十年》上册,香港中文大学出版社,1986年,第155页。

[2] 顾颉刚曾坦言道:"老实说,我所以敢大胆怀疑古史,实因从前看了二年戏,聚了一年歌谣,得到一点民俗学的意味的缘故。"(顾颉刚:《我的研究古史的计划》,载《古史辨》第1册,第214页)

[3] 黄海烈:《试论顾颉刚"古史层累说"》,复旦大学出土文献与古文字研究中心网站,2008-10-01,http://www.fdgwz.org.cn/Web/Show/517。

"破坏和建设，只是一事的两面"，但由于不重视或忽略了历史记载之素地，在旧的古史系统被推翻后，却面临新的古史系统无法建立起来的窘境，出现了古史研究的"真空"状态，这不能不引起人们的反思。因此，并非如某些学者所主张的，层累说是一个带有普遍意义的命题。相反，不论在内容和实践上，它都具有很大的局限。

王国维提出素地说，认为历史不同于神话、传说的地方就在于其有事实的根据，历史研究就是要对这些客观的事实做出辨析和证明，对于层累说而言，无疑是一个补充和完善。但只讲素地不讲流变，同样也有失片面，在研究中往往也会出现只关注事实、素地的证明，而忽视对于历史记载中缘饰附会成分的清理和辨伪，这种情况在王国维的研究中不能不说一定程度上是存在的。因此，对于今日的古史和出土文献研究来说，不应在要不要疑古上争来争去，也不应简单地将王国维与顾颉刚对立起来，而应在对其得失做出全面、客观的评价、总结的基础上，对二者的所得、所长做出结合。故我认为，对于古史和出土文献研究来说，更为合理的提法应该是"原型—意义流变说"，既承认历史记载有反映素地、客观因素的原型，也正视其在传承过程中出现的扭曲和变形，同时对导致这种流变的原因做出可能的说明。在研究中，既注重地下材料与纸上材料之客观性内容的相互结合与证明，也不忽视二重证据的审查、辨伪功能，同时将二者相结合，做"惟穷流变"的历时性考察，这同样是史学研究的一项重要内容。从这一点看，后人的"篡改"和"作伪"同样有其史料的价值。下面试以禅让为例解释、说明之。在传世文献《尚书·尧典》《论语·尧曰》以及郭店竹简《唐虞之道》中都有尧舜"禅而不传""利天下而弗利",让位于贤者的记载,然而汲郡古本《竹书纪年》却称:

> 尧之末年,德衰,为舜所囚。
>
> 舜囚尧,复偃塞丹朱,使不与父相见也。
>
> 舜囚尧于平阳,取之帝位。
>
> 舜篡尧位,立丹朱城,俄又夺之。①

那么,如何看待纸上材料与地下材料之间、地下材料与地下材料之间这种矛盾的记载和说法呢?是否由这种矛盾和对立就可否认尧舜禅让,认为其不过是后人的虚构和想象呢?顾颉刚有《禅让传说起于墨家考》一文,从层累说出发,对尧舜禅让持完全否定的态度,认为"这件故事不到战国时候是绝不会出现的,并且这件故事的创造也绝非儒家所能为的",向来被认为属于儒家的禅让说其实首倡于墨家,"我们一定要揭去尧舜禹的伪史实,才可以表现出墨家的真精神"。顾先生之所以反对尧舜禅让,主要是发现后世关于尧舜的相关记载与尧舜的时代往往不符,如舜为平民,而春秋以前实行世官制度,鲜有选拔、任用平民之例,到了战国时代,随着原来的阶级制度的基础渐渐动摇,"侯王们就不得不在平民中选拔真才以应时势的需要"。因此,"禅让说对于战国社

---

① 方诗铭、王修龄校注:《古本竹书纪年辑证》,上海古籍出版社,2005年,第170、65、63、159页。

会是有它的特殊使命的，我们只要抓住这个使命，自然可以明白它的真相和究竟是怎样的了"。[①] 其实仔细分析不难发现，历史上有关禅让的记载虽然彼此抵牾，但依然存在着共同的原型：尧舜是古代先后存在的两位天子；尧将权力转让给了舜。以上内容是人们都不否认的，这充分说明尧舜禅让确有其历史根据和素地，绝非某人或某个学派所能虚构的，而只能是当时各家、各派的共同历史记忆。顾颉刚先生认为不可简单拿战国时有关尧舜禅让的材料去理解唐虞时的社会，是合理的；但他将二者截然对立起来，将前者看作后人纯粹的虚构，认为有人说"禅让说是原始共产社会里酋长选举制的反映"，是以假造的故事为史料[②]，则有失片面。而这正是层累说的局限所在。从层累说出发，时代愈后，传说的古史期愈长，尧舜禹的真实性尚有待证明，怎么可能有关于他们的记载和传说呢？因此，相关材料只可归为虚构和伪造了。与此不同，根据"原型—意义流变说"，历史记载一方面包含了记述者的主观选择、价值取向，另一方面也直接或间接地反映了部分历史事实。因此，历史研究就要求我们透过错综复杂的材料去发现其基本原型及所反映的历史素地，同时也考察各种记载间的差异、变化，并从意义的角度对这一流变做出分析和说明。具体到禅让，如前面指出的，地下和传世文献均不否定尧舜间的权力转移，说明禅让说确实是有历史根据的，所不同者，只不过是对禅让的原因、细节做了不同的解释和描述而已。而这种不同，

[①] 顾颉刚：《禅让传说起于墨家考》，载《顾颉刚古史论文集》第1册，第363～366页。
[②] 同上书，第363页。

又与时代变化以及人们对禅让意义的不同理解有关。孔子虽然肯定尧舜禅让，但并不以禅让为改革社会的方案。而到了战国前期，社会上出现了一个宣扬禅让的社会思潮，墨、儒、法、纵横等家都大讲禅让，出现了"禅让尚贤"说（墨家）、"禅让贤德"说（儒家）、"禅让辞让"说（纵横家）等不同观点。但随着燕王哙让国失败，身死国亡，当时学者转变了对禅让的看法，不仅儒家内部的孟、荀转变了对禅让的态度，道家、后期法家也对"让天下"进行了讽刺、抨击，甚至提出"禅让篡逼"说。所以，虽然根据民族学、人类学等材料，禅让作为一种历史事件在古代社会曾经普遍存在过，尧舜禅让有其历史素地，但尧舜禅让的"具体面貌"，其所体现的"意义""价值"却是不断被赋予上去的，历史事件本身与人们对其的认识、评价是既有联系又有区别的。这样，通过"原型—意义流变说"，我们不仅发现禅让的原型及其历史上的素地，同时也考察了禅让学说的流变，以及这种流变背后政治、历史的变迁，后人对于禅让的缘饰附会和意义阐发，正好成为我们了解当时社会思想的重要材料。

综上所论，"原型—意义流变说"结合了顾颉刚的"层累说"与王国维的"素地说"，同时又有所发展。它既要求我们去发现文献记载所反映的原型及其在历史上的素地，同时也考察不同记载间的抵牾和流变，以及这种流变背后政治、历史的变迁。这样，后人对于同一原型的不同记载、缘饰附会和意义阐发，正好成为我们了解当时社会思想的重要材料。故"原型—意义流变说"的提出，既可以避免"层累说"的理论预设所导致的过分偏重疑古和"破坏",也不限于从"素地说"出发,在具体的研究中一味强调出土文献与传世文献的彼此印证、相互证明,而对"证伪"和"补证"有所忽略的倾向,从而为二重证据法提供一个更为合理、坚实的理论基础,并在"疑古"与"释古"之间建立起沟通、对话的桥梁,使二者形成健康、良性的互动。

第十八章　二重证据法与对古书的反思

第一节　"对古书的反思"的提出

学术界认为，现代学术史上有两次对于古书的集中反思。一次是20世纪20年代兴起的疑古派，其特点是以书本论书本，主旨是对古书的怀疑；另一次是20世纪80年代以来以李学勤先生为代表的"走出疑古"派，其特点是注重二重证据法，注重出土文献与传世文献的结合。因李学勤先生非常重视冯友兰"释古"之说，故也可约定俗成称之为释古派。其实，不论疑古派还是释古派，其对古书的反思都与出土文献有一定联系，例如疑古派健将顾颉刚就曾指出："古物出土愈多，时常透露一点古代文化的真相，反映出书籍中所写的幻相，更使人对于古书增高不信任的意念。"[①] 可见，顾氏的疑古也有其"二重证据"，只不过是更多强调了"疑"的一面。他们利用甲骨、金文的研究成果，试图为自己的理论寻找依据。随着"古史辨"逐渐走向"古书辨"，"古史辨"派学者

---

① 顾颉刚：《古史辨自序》上，河北教育出版社，2000年，第93～94页。

对古书进行了系统的辨伪工作，出现了大量的辨伪成果，如顾颉刚所编的《古史辨》四至六册，张心澂所著的《伪书通考》等，他们在继承传统辨伪思想和成果的基础上，将古书辨伪推到了一个前所未有的高度，一时间几乎无书不伪，无书不可疑。

相比较而言，王国维虽然提出著名的"二重证据法"，利用地下的卜辞材料写出《殷卜辞中所见先公先王考》《殷卜辞中所见先公先王续考》这样的名篇。但由于受当时地下出土材料的限制，其主要限于对古书、古史中某一点的证明，其工作也主要是"古史新证"，而非"古书新证"，尚没有对古书做出系统反思。虽然有学者对"古史辨"的研究方法有所反省，对其结论有所质疑——中国真有那么多的伪书吗？中国古书真是"无书不伪"吗？并且取得高水平的研究成果（如下文提到的余嘉锡所著《古书通例》一书），但在没有更多新出土材料的情况下，这些成果似仍难以冲破疑古之风的影响，没有得到学界的充分重视和肯定，故当时真正有影响的仍是以顾颉刚为代表的"古史辨"派。

幸运的是，从20世纪70年代起，相继出土公布的银雀山汉简、马王堆帛书、郭店简、上博简，正在逐步公布的清华简等，为我们再次反思古书提供了有利的条件。这些出土简帛在年代上，多属于战国到汉代早期；在形式上，多属于古代书籍，保持了古书的原貌；在内容上，多属于学术思想史的范围，其价值不容忽视，对于研究古书体例而言，更是弥足珍贵。正是在这一背景下，李学勤先生提出了"对古书的反思"的主张。

第二节　顾颉刚古书考证方法检讨

然而，正如上一次对古书的反思一样，同样是面对出土文献，释古派与疑古派却有着不同的立场和理解：释古派学者往往利用出土文献揭示、说明古书成书的特殊性及复杂的流传过程，以批驳疑古派缺乏对古书的了解，疑古过勇。疑古派学者则利用出土文献所显示的古书在流传过程中存在后人删节、增添甚至篡改等情况，来为疑古辩护，认为这恰恰证明了顾氏的"层累说"。分歧并未消除，争论依然存在。如李学勤先生提出：

> 辨伪有时会过了头，每每是由于对古书的形成传流没有足够的理解。在印刷术发明以前，我国的书都是用简帛抄写甚至依靠口传的，经过若干世代的流传，编次的变化，文句的更改，后世词语的羼入，都是可能的，或者是不可避免的。不能由于发现了这一类现象，就斥为伪书。①

同样是面对古书的流变现象，疑古派学者则针锋相对，提出了不同的看法：

> 熟悉《古史辨》的人应该记得，古书在形成和传流过程中其载体及所载信息发生的种种变化正是"层累说"成立的前提，也是"疑古派"对古书、古史的真实程度发生怀疑的根据……李先生既

---

① 李学勤：《李学勤集》，黑龙江教育出版社，1989年，第24页。

然发现了古书形成和传播过程中发生的种种流变现象，甚至还以实例证明有些经过后人"修改"的古书"不只是文字内容加多，而是在观点上有了根本性的变化"，那就应该承认，起码在穷其"流变"这一点上，他与"疑古"的"层累说"之间并非隔若鸿沟……面对共同认可的古书流变现象，"疑古"的顾颉刚"存疑"之后继之以"订疑"，方法是"立体地、一层一层地分析史料的形成时代。然后通过这种分析而确定每一层文献的历史涵义"……与此相反，"走出疑古"正是抓住古书的形成和传流过程这一点来祛除对古书的怀疑，平反古书冤狱。①

这一分歧的背后，实际涉及两个问题：一是出土文献是否证明古书是不断层累、叠加构成的？与之相关，顾颉刚等人是否主张古书一般都是层累形成的，并从层累的角度考察古书的形成？二是如何看待古书的成书与其在流传过程中出现的删节、改造、添加现象？是否应对二者做一区分？前者指古书的形成，后者指古书在流传过程中局部的失真或变化——在印刷术出现前，这是古书流传中较为普遍的现象——这样是否可以澄清或减少彼此认识上的分歧和争论？

首先，说古书一般或多数都是由不同时期的人"层累地"完成的，显然缺乏根据。地下的出土文献往往也不支持层累说。以《老子》为

---

① 杨春梅：《去向堪忧的中国古典学——"走出疑古时代"述评》，《文史哲》2006年第2期。

例，虽然从郭店竹简本《老子》到马王堆帛书本《老子》字数、内容有所增加，但由于竹简《老子》甲本和丙本 64 章的重复，说明竹简本更有可能是一个摘抄本，而非最早的完整本。《老子》并非出于不同时期的不同作者之手，而更有可能是某一时期作者的创作。再以简帛《五行》为例，竹简《五行》有"经"无"说"，帛书《五行》加了"说"的部分，似乎是一种层累，但"说"乃后人对"经"的解说、发挥，其本身是一个相对独立的整体，不必与"经"混为一谈。相反，竹简本与帛书本《五行》经文内容基本相同，恰恰说明就《五行》的经文而言，并非不同时期的层累，而是某一时期的创作。近年的出土文献中经常有书籍的单篇的情况，这主要是因为古人往往"因事为文"，"随时所作，即以行世"，"迨及暮年或其身后，乃聚而编次之"，其著作类似后世之文集，余嘉锡《古书通例》论之甚详，这显然与一般的层累说也有所不同。

其次，就顾颉刚而言，虽然有"不立一真，惟穷流变"之说，但是另有所指，并不能反映顾氏对古书的理解。真正反映顾氏思想的应该是伪造说，所以顾颉刚主要是从后人伪造而不是层累来看待古书的形成的。所谓顾氏"立体地、一层一层地分析史料的形成时代。然后通过这种分析而确定每一层文献的历史涵义"[①]，乃是指对不同时期文献、史料的内涵做流变性的历史考察，进而确定某一文献在这一流变序列中的

---

① 余英时：《顾颉刚、洪业与中国现代史学》，载陈其泰、张京华主编：《古史辨学说评价讨论集》，京华出版社，2001 年，第 516 页。

大致位置及形成时代，如要考证《尚书·尧典》的时代，便对作为《尧典》主要内容的禅让做一番历史性考察，通过对《论语》《孟子》《荀子》以及《墨子》等文献的相互对比，梳理出孔、孟、荀、墨等人对禅让态度的变化，进而推论《尧典》记述尧舜禅让的内容晚出，是受了墨家的影响。① 由此可见，所谓顾颉刚"立体地、一层一层地分析史料"的方法，与近年出土文献中出现的编辑增加、文本改善、后人解说，以及有意的删改等情况，根本不是一回事。相反，由于顾先生并不了解古书在传播中所存在的流变现象——这并非顾颉刚本人的局限，而是那个时代的局限——往往根据古书的某些"晚出"特征，以判定古书的时代。因此，在考订古书的年代时，存在着较为普遍的"向后拉"的倾向。顾颉刚等人之所以在古书辨伪中制造了一批冤假错案，这可以说是一个重要原因。在反思古史辨派对古书的反思时，应敢于正视其方法上的局限与不足，而不必刻意掩饰，甚至是曲解其说，否则一味意气之争，又如何能推动学术研究健康、良性的发展呢？

第三节　源与流：考证古书的基本方法

既然古书并非层累地构成的，但在其流传过程中往往又经历了歪曲或变化，那么就应该对古书的形成与流传做一区分，以避免不必要的分歧和争议，李学勤先生强调不要"以静止的眼光看古书"，又说"对古书形成和传流过程的新认识，使我们知道，大多数我国古代典籍是很难

---

① 顾颉刚：《禅让传说起于墨家考》，载《顾颉刚古史论文集》第1册，第366页。

用'真'、'伪'二字来判断的"①，恐怕就应从这一点去理解。因此，我们所谓的古书实际存在着这样一种情况：一方面它有一个大致确定的成书年代，另一方面又经过了后人的改动和增删。我们考察古书，也应从这两方面入手，既考订古书的成书年代，也考察其流传过程中的变形与失真。对于前者，古人的记载是一个重要信息，应充分重视，只要不存在明显的抵牾之处，就不应轻易否定；只要某种程度上能得到地下文献的证明，就应该认为是可信的。故李学勤先生认为：

> 我们不能企望古籍记述的所有事迹——取得地下的证据。能够保存到今天的文物，终究只能反映古代的一小部分。对于一种文献来说，如果其中某些关键的因素得到证明，或者许多要点反复经过印证，就应该相信这种文献整体大概是可信的。②

然而同样是面对这一问题，疑古派学者又一次针锋相对提出了不同意见：

> 他（注：指李学勤）觉得考古所不能全部证明的文献，应该由那些被"一小部分"文物证明了的"关键要素"和"要点"来确定其"整体大概是可信的"。但所谓"关键要素"和"要点"的标准是什么呢？如何确定文献中哪些是"关键要素"和"要点"，哪

---

① 李学勤：《李学勤集》，第 42～46 页。
② 同上书，第 24 页。

些不是？古文字的特点李先生比谁都了解，有时一字之差，甚至句读不同，对某句、某段、某篇，甚至某部书而言，都是至关重要之点，更不必说整句、整段、整篇的"变化"、"更改"和"孱入"。所有这些，岂能因为含糊难言的"关键要素"和"要点"的证明，就"相信"其"整体大概是可信的"？①

其实，只要明确了古书的成书与流传的区分，这种分歧和质疑就可迎刃而解。李先生讲的是古书的成书，而判断古书成书的重要依据是古人的记载，只要这些记载部分得到证明就应该是可信的。古史辨学者在考订古书时，往往轻视、怀疑古人的相关记载，更多的是从分析文本出发，提倡一种科学的研究方法，实践证明不仅不够科学，反而容易制造出冤假错案来，主要就是因为不了解古书的流变情况。因此，在考订古书的成书时，恐怕应该转换思路，由证明方举证转为由证伪方举证，对于古书的相关记载，只要没有证据证伪就不可简单否定，诚如王国维先生所言，"虽古书之未得证明者，不能加以否定，而其已得证明者，不能不加以肯定，可断言也"②。

不过如果换一个角度，不是从古书的形成而是从古书的流传来看的话，上述质疑仍有部分合理之处。毕竟，古书经过了一个形成、流传的复杂过程，不能仅仅停留在一句"是很难用'真'、'伪'二字来判断的"

---

① 杨春梅：《去向堪忧的中国古典学——"走出疑古时代"述评》，《文史哲》2006年第2期。
② 王国维：《古史新证——王国维最后的讲义》，第2～3页。

上，我们今天考订古书，既要从"源"上说明古书的形成与年代，更要从"流"上考察其流变甚或篡改。那么，如何做到这一点呢？答案很简单：二重证据法。当年王国维先生在提出"二重证据法"时曾指出："吾辈生于今日，幸于纸上之材料外，更得地下之新材料。由此种材料，我辈固得据以补正纸上之材料，亦得证明古书之某部分全为实录。"① 所谓"补正"，据王国维的解释，即补充、纠正，故二重证据法不仅可以用来证明，也可以用来辨伪，只不过由于所见地下材料的局限，王国维在使用二重证据法时，主要限于证明，而对于纠正则基本没有涉及，故往往使人们忘记了二重证据法还有辨伪的一面。今天大量地下材料的出土，使我们有条件利用二重证据法去考订古书的成书，同时也有可能去考察、说明古书在流传中的失真和变形。近年的出土文献研究中，不乏这样的例子，例如，《上海博物馆藏战国楚竹书（四）》中有《内礼》一篇，其内容多与《大戴礼记》中的《曾子立孝》等篇有关，故学者往往利用二重证据法，证明《大戴礼记》的"曾子"十篇是可靠的先秦典籍。但将《内礼》与《曾子立孝》等篇相比，又可以发现二者文字上存在着差别，主要是后者略去了"故为人君者……""故为人父者……""故为人兄者……"等内容，将竹简中君臣、父子、兄弟间双向的、相互对待的"爱"和义务关系，转变为臣、子、弟对君、父、兄片面的职责，颇有"为尊者讳"的意涵。说明《曾子立孝》在流传中曾被删改，而删

---

① 王国维：《古史新证——王国维最后的讲义》，第 2～3 页。

改的原因可能与后来儒家君臣父子关系被绝对化,竹简要求君臣父子互"爱"、互"礼"的观点显得大逆不道、难以被接受有关。①

再例如,郭店《老子》的出土,使越来越多的学者认识到,疑古派学者关于《老子》"晚出"的推测可能并不成立。而竹简本与通行本一些重要文句的差异,则使人们了解到《老子》文本的具体流变过程,如通行本十九章的"绝仁弃义,民复孝慈",竹简本作"绝为弃虑,民复季子",就透露出早期道家与儒家并没有后来所想象得那么对立或水火不容的"重大信息"。刘笑敢教授则通过考察五种地下和传世《老子》文本,发现其在漫长的演变过程中,存在着语言趋同和思想聚焦的现象,对《老子》文本的流变做了深入、具体的探讨和说明。

因此,对于"关键要素"和"整体大概可信"的质疑,还是应明确问题,转换思路,从"源""流"而不是静止的眼光去看古书的形成和演变,要做到这一点仍离不开二重证据法。以往学者在谈到二重证据法时总是将其与疑古对立起来,疑古学者往往也有意回避或质疑二重证据法的作用,均不可取。我们今天所要做的,恰恰是要将二重证据法发展为疑古、释古两派都能接受的方法,既是证明的方法,也是"穷其流变"和辨伪的方法。当今学术界仍需要一个健康、有活力的疑古学派,疑古派学者应该与时俱进,海纳百川,积极吸收释古派的最新成果,调整扬弃以往的研究范式,将二重证据法纳入自己的学说体系中,这样才

---

① 梁涛:《"仁"与"孝"——思孟学派的一个诠释向度》,《儒林》2005年第1辑。

能更好地发挥其存疑、辨伪、"惟穷流变"的功能和作用。疑古与释古派学者应寻找彼此的共识，而不是陷入情绪化的意气之争。

第四节 古书的体例与演变

在拥有新的出土材料的条件下，首先应该对古书有一个更为全面的认识，具体讲，就是要借助简帛古书的研究，对古书有一个新的结构性的认识，对古书的体例和演变有更为深入的了解，这是我们反思古书的前提，也是疑古、释古两派寻求共识的基础。其实，早在20世纪30年代，余嘉锡先生已经开始了这样的工作。针对疑古学派的辨伪书的理论，余嘉锡著《古书通例》一书，依靠传统目录学，以扎实的学术功底，利用传世文献的信息，对汉魏以前古书通例进行了一些归纳，提出了"诸史经籍志皆有不著录之书""古书不题撰人""古书单篇别行之例""古书不皆手著"等观点。由于疑古思潮的影响，余先生的观点并未引起较大的学术影响，但随着简帛古书的大量发现，学者愈来愈重视这部小书的价值所在，李零称赞"余先生读书多广，善于提炼，能由博返约，直探古人心曲，故验之以出土文献，若合符契"[①]。更有美国学者顾史考（Scott Cook），利用新近出土的简帛古书对《古书通例》所列的条目逐一进行验证，发现竟能得到充分的证明。我们今天拥有比余嘉锡先生更好的学术条件，尤其是接触到更多的简帛古书，自然应该在《古

[①] 李零：《出土发现与古书年代的再认识》，载《李零自选集》，广西师范大学出版社，1998年。

书通例》的基础上，通过更为深入的研究，更多地了解古书的通例和演变情况，对古书有更为全面的结构性认识。这样，才能真正跳出"疑古""信古"的魔咒，通过对古书的反思，为中国古史研究、中国传统文化研究提供一个坚实的文献基础。

如果我们了解了古书都有一个长期流传、演变的过程，如果我们通过二重证据法能够"穷其流变"，那么，后人的删节和篡改也有真实的史料价值。诚如陈寅恪所言："然真伪者，不过相对问题，而最要在能审定伪材料之时代及作者而利用之。盖伪材料亦有时与真材料同一可贵。……能考出其作伪时代及作者，即据以说明此时代及作者之思想，则变为一真材料矣。中国古代史之材料，如儒家及诸子等经典，皆非一时代一作者之产物。昔人笼统认为一人一时之作，其误固不俟论，今人能知其非一人一时之所作，而不知以纵贯之眼光，视为一种学术之丛书，或一宗传灯之语录，而断断致辩于其横切方面。此亦缺乏史学之通识所致。"① 或许更准确的说法应该是，古书的形成与流变，非一人一时之产物，但陈先生所言"伪材料"与"真材料"的关系，的确是处理古书失真、变形的一条重要原则。

---

① 陈寅恪：《〈中国哲学史〉审查报告三》，载冯友兰：《中国哲学史》。

第十九章　如何理解"释古"

第一节　"释古"还是"正古"？

20 世纪 30 年代，冯友兰先生曾撰文指出，"中国现在之史学界有三种趋势，即信古、疑古及释古"，"释古一派，不如信古一派之尽信古书，亦非如疑古一派之全然推翻古代传说"，"须知历史旧说，固未可尽信，而其'事出有因'，亦不可一概抹煞"。① 冯氏视"释古"为史学研究的新趋势、新方向，这一点曾被学界广泛接受。然而近些年来，有学者却对"释古"之说提出质疑。如廖名春先生认为，"'信古'也好，'疑古'也好，都是指对记载中国上古史的古书的认识。这种认识实质就是对作为中国上古史传统史料的古书的可靠性的认定。而'释古'虽然说是'信古'与'疑古''这两种态度的折衷'，认为'历史旧说，固未可尽信，而其"事出有因"，亦不可一概抹煞'，但落实到具体问题上，到底是'信'还是'疑'，总得有个说法。因此，'释古'离不开'信'或

---

① 冯友兰：《冯序》，载《古史辨》第 6 册，开明书店，1938 年 9 月。冯友兰：《中国近年研究史学之新趋势》，《世界日报》1935 年 5 月 14 日。

'疑'，没有对古书的'信'或'疑'，'释古'就无从'释'起"，"'释古'与'信古'、'疑古'并非同一层次上的同类问题，不具可比性"。① 郭沂先生也认为，"'释古'这个概念本身就有问题，它和'信古'、'疑古'并不是一个层面上的问题。所谓'信古'和'疑古'，都是对传统古史学可靠性的判断，而从'释古'一词本身则看不出这种判断。当然，冯对这个词是作过定义的，'即是将史料融会贯通'。我不禁要问，有哪一种史料研究不是'将史料融会贯通'呢？难道'信古'不是'释'古，不是'将史料融会贯通'？难道'疑古'不是'释'古，不是'将史料融会贯通'？"在郭沂先生看来，正确的提法应该是"正古"，"所谓'正古'，就是'修正'传统古史学。'修正'传统古史学，一方面意味着传统古史学基本上是可靠的，只需'修正'；另一方面意味着它也有缺陷，所以需要'修正'。这其实已包含了对传统古史学可靠性判断的意义，因而可以同'信古'、'疑古'相提并论"。② 看来，以什么样的态度看待"古"，是"正"，是"释"，是"信"，是"疑"？仍是个需要认真探讨的问题。

第二节 "释古"的准确含义

如学者指出的，"疑古"或"信古"的"古"字并非笼统地指过

---

① 廖名春：《试论冯友兰的"释古"》，载《原道》第 6 辑，贵州人民出版社，2000 年。廖名春：《中国学术史新证》，四川大学出版社，2005 年。

② 郭沂：《从"疑古"走向"正古"》，《光明日报》2002 年 7 月 16 日；全文又见《孔子研究》2002 年第 4 期。

去的东西，而是指"古史"，具体讲是指先秦历史。进一步追究，"古史"又包含两层含义：一是先秦时期的历史过程本身，二是关于先秦历史的记述和阐释，即"古史学"。事实上，通常所指的"古"是指古史学。而由于先秦历史的特殊性——年代久远，文献流传不易——历史知识的两个特点，即有限性和不确定性，在古史学中表现得尤为突出。所谓有限性，是指历史上的人物、事件由于种种原因只有有限的部分被记录、流传下来，因而我们对历史事实的了解是有限的，不全面的。所谓不确定性，是指历史知识往往带有记录者的主观理解、价值判断，因而同样的人物、事件在不同身份、不同时代的记载者那里，往往又呈现出不同的形象和面貌。所以，历史知识虽然具有时间、地点、人物（指人物的存在）和制度等这些"客观"因素，但人们由这些"客观"因素来构造、认识历史时，往往又带有"主观"的形式。因而对于古史学而言，简单的"信"和"疑"都不可取，正确的态度只能是"释"。所谓"释古"，在我看来，首先，指古史学本身就是古人解释、认识历史的产物，它虽然包含有时间、地点等"客观"因素，但又明显经过记录者的"主观"选择和剪裁。其次，它要求我们今人对于古史学不能采取简单"疑"或"信"的态度，而是利用其提供的材料去解释、理解、说明古代历史的一般发展，同时在对古代历史的认识、理解之上，对古史学的具体内容进行分析、评判，搞清历史旧说的"事出之因"，"将史料融会贯通"。因此，"释古"不是要脱离了具体的历史过程来进行抽象的"史料审查"，相反，它是要在具体的历史过程与反映该过程的古史学之间建立起辩证的联系。李学勤先生在提出"走出疑古"时，多次谈到唯物史观传入的重要作用①，究其原因，就在于后者借助民族人类学的材料，一定程度上帮助我们认识、了解了古代社会的组织结构和发展演变，而认识、了解了古代社会的组织结构，如部落联盟共推军事首领等，又使古史学中的种种记载，如尧舜禅让等，有了历史的根据。因此，将文献、考古、民族人类学的材料三者贯通，三者结合，去探寻古代历史的一般发展，才是"释古"的真正内涵所在，事实上也是"走出疑古"之后史学研究的趋势和方向。

廖名春先生认为"'释古'离不开'信'或'疑'"，郭沂认为"释古"一词看不出对古史学可靠性的判断，在我看来，都是没有真正理解"释古"的内涵所致。古史学涉及的范围如此之广，怎么可以简单地说是可信或可疑呢？正确的态度只能是该信则信，该疑则疑，根据证据去信，根据证据去疑。所以"释古"对于古史学的态度是"释"——通过解释、分析对其具体内容做出判断——而不是简单地去"信"或"疑"。郭沂先生认为"信古""疑古"也都是在"释"古，也都是"将史料融会贯通"，但在我看来，"信古""疑古"的"释"只是技术操作层面的，它们对古史学的态度则分别是"信"和"疑"，而"释古"的"释"则不仅是技术操作层面的，同时还包含了对古史学的认识和态度——古史

---

① 李学勤：《走出疑古时代》，《中国文化》第7辑、1993年。李学勤：《走出疑古时代》，辽宁大学出版社，1995年。李学勤：《谈"信古、疑古、释古"》，《原道》第1辑，1994年。李学勤：《古文献丛论》，上海远东出版社，1996年。值得注意的是，廖、郭两文均忽略了唯物史观这一点，其原因就在于他们都将史学理解为狭义的史料学。

学是古人记录、认识、理解历史的产物，它虽然包含某些客观性的内容，但也夹杂了记录者的价值判断、主观选择、假托附会甚至以讹传讹。更重要的，"释古"不仅是对历史史料的"释"，同时也是对历史活动和过程的"释"，是在二者之间进行"释"，这都是其高出或超出"信古"和"疑古"的地方所在。廖名春、郭沂二先生都十分重视王国维的"二重证据法"，强调要用"地下之新材料"以"补正纸上之材料"，但"二重证据法"可能只适用于诸如古籍的成书、事件的年代、地点以及制度等客观性较强的内容，而对于那些涉及主观形式的部分却未必有效。郭店简《缁衣》出土后，其记录的言论前均标明"子曰"而不是"子思曰"，难道就可以证明这些言论都属于孔子而与子思无关吗？上博简《容成氏》中有"[容成氏、……尊]卢氏、赫胥氏、乔结氏、仓颉氏、轩辕氏、神农氏、樟丨氏、垆跸氏"的帝王世系，难道因为它是出自地下的就可以证明这一帝王世系是真实可靠的吗？如果要"证古"的话，也只能证明战国时期流行的古史系统确实有后人附会增加的内容，而这恰恰是疑古派顾颉刚的观点。可见，"二重证据法"虽然重要，但并非万能。所以正确的方法只能是"释"，通过解释、分析以判断古史学中所记载的具体内容的可信与否，并通过解释、分析以说明这一记载的"事出之因"，及所折射的史影。

第二十章　疑古、释古与重写思想史
——评何炳棣《有关〈孙子〉〈老子〉的三篇考证》

第一节　《孙子兵法》真伪公案

1972年，英国剑桥新学院教授格芮菲司（Samuel B. Griffith）为翻译《孙子兵法》，向中国社会科学院询问有关《孙子兵法》的年代等问题，时任中国社会科学院院长的郭沫若在来函上做了批示，表达了《史记·孙武传》不可靠、《孙子兵法》是战国时著作的个人看法，并安排年已八十岁的顾颉刚先生书面答复。二十天后，顾颉刚做出了回答，据笔记，其结论是："《孙子》决不作于春秋时。既不作于春秋时，即与吴军攻楚入郢无关，《史记·孙武传》全不可信。……孙膑杀庞涓是前三四一年的事……但何以说他和吴国有关系？书中已两次提到越人，我们可以猜想：前三四一年，齐伐魏救韩，田忌为将，孙膑为军师；其后田忌奔楚，楚封田忌于江南，江南即吴境，说不定孙膑跟了田忌去，就在那里写出他的兵法。后人弄错了时代，说他是春秋时人，另外造出一个帮助阖闾伐楚的孙武来，这故事就为司马迁所采取了。"顾颉刚先生的结论可以分析为三项：第一，《史记·孙武传》全不可信；第二，《孙子兵法》绝不作于春秋时，而成书于战国时期；第三，《孙子兵法》的作者猜想是孙膑。然而在一番驾轻就熟的辨伪工作后，顾颉刚忽然感到一丝不安来，他在这条笔记的末尾写道："闻今年山东某地出土木简《孙子兵法》，视今本倍多，不知何时可见到。一九七二年八月廿三日陈金生君来谈及。"① 顾先生这里所说的正是 1972 年 4 月山东临沂银雀山西汉墓同时出土《孙子兵法》与《孙膑兵法》竹简的大事，这次发现不仅完全推翻了顾颉刚等人对《孙子兵法》及《史记·孙武传》的种种怀疑，而且引发了人们对疑古派古籍辨伪方法的深层反省。

众所周知，古史辨派辨伪古史（包括古籍）的指导思想是"层累地造成的古史观"，从这一思想出发，其辨伪古史又表现为：第一，对古代文献进行"有罪推定"，一概存疑。顾颉刚说："从此以后，我对于无论哪种高文典册，一例地看它们的基础建筑在沙滩上，里面的漏洞和朽柱不知道有多少，只要我们何时去研究它，就可以在何时发生问题，把它攻倒。"② 第二，以故事演绎的方法对"伪史"的成因进行解释说明，把有独立来源的文献记载看成故事流变中的不同版本。上文关于孙武被误传为孙膑的说明，即典型一例。古史辨派的这一套辨伪方法虽盛极一时，并产生大量的辨伪成果，然而其基础却是脆弱的。20 世纪 70 年代以来不断出现的考古发现，不仅一次次证伪了古史辨派的具体结论，同

---

① 印永清辑：《顾颉刚书话》，浙江人民出版社，1998 年，第 161～165 页。
② 顾颉刚：《古史辨》第 1 册，《自序》第 48 页。

时也暴露出其方法论上的严重不足。如有学者指出的，中国有规范、严密、长期不间断传承的史官系统，史书的传承是非常严肃的国之正事，与自由无序的故事传播完全不可同日而语，古史辨派用故事的眼光看待历史，用梳理故事传播的方式来处理历史文献，是混淆了两种不同的研究对象的结果。古史辨派的另一个不足，是他们缺乏对古书体例和成书情况的了解。近些年大量战国古籍的出土发现，使人们认识到古书的形成每每要有很长的过程，很多书在写定前，还有一段口传的过程，除了少数书籍立于学官，或有官本外，一般都要经过改动变化。同时，由于古人没有类似后世的著作权概念，古书的"作者""述者"还有"撰人"，时间可以拉得很长。因此，古书形成时间的远近与历史真实之间并没有必然关系。① 而古史辨派简单用古书出现的"早晚"来判定历史事实的"真伪"，难免会以偏概全，制造出种种"冤假错案"来。因此，古史辨派的失误并非个人的偶然原因，而是其方法论导致的必然结果。其实在我们看来，所谓"层累地造成的古史观"是只可以作为一个思想史的命题来看待的，即人们对历史事实的回忆、记录、认识和描述往往因观点、立场的不同而不同，历史事实的"意义"和"价值"是层累地造成的，这即孔墨"俱道尧舜，而取舍不同"的原因所在，而古史辨派由这种记录、描述的不同，转而怀疑事实本身的"有无"和"真伪"，这可以说是导致其片面"疑古"，并最终走向历史虚无主义的根本原因所在。

---

① 李学勤：《对古书的反思》，载《中国传统文化的再估计》，上海人民出版社，1987年。李零：《从简帛发现看古书的体例和分类》，《中国典籍与文化》2001年第1期。

走出"疑古",并非要重新回到"信古"的老路,也不是要放弃对史料的审查,而是要对审查史料的方法进行调整,这种调整主要表现为:第一,由"有罪推定"转变为"无罪推定",承认古代文献是在长期的传承中形成的,其中虽有某种"变形""失真",但应是基本可靠的,是我们研究古史的前提和必要条件。第二,由控告方转变为审判方,以"法官"客观的身份对史料的真伪进行裁决。这里古史辨派的成果可以重新拿来作为"控词",但允许被告有申诉的权利,凡申诉成功即无罪,反之则有罪。第三,二重证据法。利用出土的考古材料,重证据,不重推理。如果以上概括不错的话,这应该就是活跃于当今史坛、代表了史学发展方向的"释古派"的"辨伪"方法。令人可喜的是,这一方法已被一些前辈学者运用到古史研究的实践中,何炳棣先生近年关于《孙子兵法》一书的考辨,就是一个具体的例证。[①]

第二节 《孙子兵法》早出新证

本来对于孙武和《孙子兵法》,司马迁在《史记》中有明确记载,《汉书·艺文志》诸子略中也分别列有《吴孙子兵法》和《齐孙子》,但是由于属于孙膑的《齐孙子》隋唐以后失传,由此引起人们对孙武和《孙子兵法》的种种怀疑。据顾颉刚先生的总结,人们怀疑《孙子》一书的主要理由有:《左传》《国语》述吴国事甚详,而不载孙武;成书

[①] 何炳棣:《中国现存最古的私家著述:〈孙子兵法〉》,载《有关〈孙子〉〈老子〉的三篇考证》,台湾"中央研究院"近代史研究所,2002年。

于东汉的《越绝书》也很少记载孙武;《孙子》所述为战国战术,非三代战术;《孙子》讲权诈,与春秋时讲礼义不合;春秋时大国用兵不过数百乘,《孙子》称吴国"兴师十万""出征千里",不可信;春秋时各国都由卿率师出征,没有专任将军的,《孙子》多次提到"将",与春秋制度不合;孙武以妇女实验兵法不可信;春秋时大夫的家臣称大夫为"主",三家分晋和田氏代齐以后才称国君为"主",《孙子》称国君为"主",说明此书作于战国时;《孙子》内容与《战国策》中所载孙膑之言相似,说明孙子即战国时的孙膑;《孙子》有《势篇》,而《吕氏春秋·不二》说"孙膑贵势",说明孙子即战国时的孙膑;"弩"的广泛使用大概在公元前400年左右,而《孙子》中正有"弩"的记载。可以说,《孙子》一书之所以长期受到质疑,就是与以上的"指控"相关,但这些"指控"是否有事实根据,是否经过了必要的审查工作,却是一个被忽略了的问题。其实,稍一分析就可以发现,以上"指控"有些使用的是所谓的"默证",有些则是无意义的主观联想,根本不足为据。其中似乎较有说服力,且被人们反复引证的主要是将的职权功能、战争规模等各项,但若细加审查,其可靠性同样存在着问题。

比如,古今学人或以为《孙子》所论的"将"是能决定全部作战策略、享有统一指挥权力、承当全部胜败责任、十足专业化的将军,大异于文武不殊途、将帅共决策的传统,所以《孙子》应该是战国时期的著作。但何炳棣先生通过分析汉语无时态变化的特点指出,"所有《孙子》论将的词句决不能以通常陈述语气去解释,必须以建议、要求的语气去理解；而建议和要求的对象就是勇于创新的君主"；"孙武对将的理论与主张既有异于春秋的传统，又预期战国二三百年间的巨变；它所代表的时代过渡性是相当明显的。《孙子》久已被举世公认为古代军事最经典之作，其中论将的部分最能明示孙武的先驱认知"。① 可见以上"指控"之所以有误，是将思想创造混同于一般的事实描述，忽视了思想的预言性、前瞻性。其实思想家的最大特点是能敏锐地观察到事态的发展，并提出相应的建议和主张，故其思想主张往往要经过较长一段时期，才能逐渐为社会所接受，孙武对"将"的论述正是这种情况。试想，若《孙子》是完成于"将"的专业化已完成的时代，其中关于"将"的种种论述和要求岂不成了喋喋不休、毫无新意的陈词滥调？又如何能显示出独特的军事价值？又如何能引起人们的广泛关注，以至"藏孙、吴之书者家有之"？

又比如，一些学者见《孙子》中有"革车千乘，带甲十万""兴师十万，出征千里"等语，便推论《孙子》一书完成于战国时，因为在他们的印象中，春秋时代的战争远没有达到"兴师十万"的规模。其实这同样没有事实根据，我们只要对史实做一番审查，便会得出相反的结论。例如春秋中期的城濮之战（公元前633年），晋军已出车达七百乘，合士卒五万二千五百人②；鞌之战（公元前589年），晋军出车八百乘，合士卒六万人。到了春秋末、战国初期，军队的规模进一步扩大，如稷

---

① 何炳棣：《有关〈孙子〉〈老子〉的三篇考证》，第42～44页。
② 按杜预的计算方法，下同。

之战（公元前 505 年），秦楚联军出车约一千乘，合士卒七万五千人。这还不包括后勤徒役，若按每乘革车有徒役二十五人，千乘二万五千人计算，则稷之战秦楚联军的总人数恰好是十万人。所以对春秋步兵有深入研究的蓝永蔚先生说："春秋中期的战争规模还比较小，即使著名的大战，出军也还没有达到千乘，而战国中期以后，战争的规模则变得十分庞大，参战各方的军队一般都在二三十万以上，远非《孙子兵法》的'十万之师'所能望其项背。可见《孙子兵法》中所展示的作战部队的规模是与春秋末期的战争实况相一致的。"① 可见以上"指控"之所以无效，主要是忽略了必要的审查程序，而"审判程序"不合法，其结论自然也就不合法了。

在对《孙子》的各项"指控"逐一进行审查之后，何炳棣先生提出了自己的看法："《孙子》十三篇和《吴问》都可确定是撰成于吴王阖闾三年，孔子时年四十"，"《孙子》为中国现存最古的私人著述"。② 这个结论看似出人意料，实际却已隐含在各种文献记载之中，只不过由于种种成见，人们对其视而不见罢了。我们今天重新接受这一结论，并不是因为有了什么新的证据——如果司马迁的记载证据不足的话——也不仅仅是因为银雀山竹简的出土增加了我们对孙武作《孙子》的信心，而是因为我们实在拿不出《孙子》不是孙武所作的证据。在证据不足的情况下，我们与其随意猜测，任意联想，不如相信司马迁的记载是可靠的。

---

① 蓝永蔚：《〈孙子兵法〉时代特征考辨》，《中国社会科学》1987 年第 3 期。
② 何炳棣：《有关〈孙子〉〈老子〉的三篇考证》，第 68～69 页。

大史学家司马迁不仅更接近他所记录的时代，而且还拥有大量我们不可能拥有的资料、信息来源，在拿不出证据的情况下，我们有什么理由置他的记载于不顾，而凭借自己的演绎、推理来重新对历史进行解释和说明，实践已经证明这种做法其实是极容易犯错误的。

在讨论《孙子》的成书时，颇为流行的"集体创作"说也值得注意。一些学者虽然承认司马迁的记载，但又受"春秋无私家著述"的影响，认为《孙子》一书不可能是由孙武个人完成，而应是"孙子学派"军事思想的记录，其成书经历了从春秋末期到战国中期的较长时间。然而如我们前面所说，古书的形成往往有较长的一个过程，经过了许多人的传抄、记录、整理，如果说《孙子》一书经历了这样的形成过程，那么这不过是古书的通例，没有什么特别之处。但如果说许多人都参与到《孙子》的创作中，那么则是大有疑问的。读过《孙子》的人，都会感到其风格的统一和联系的紧密，这些都是《管子》《吕氏春秋》之类的"集体著作"所不具备的。"集体创作"说的逻辑是，像《孙子》这样具有创造性和思想价值的著作，绝不可能在那么早的时间由个人来完成，所以要拉长其创作时间，增加创作人数。然而思想的突破并不完全取决于时间的早晚和人数的多少，而是需要某种机缘，甚至是天才人物的出现，那种"直线式进化模式"并不符合思想发展的一般规律。其实真正的思想创造都是个人化的、不可重复的，如果没有李白、曹雪芹，就绝不可能会有那些千古吟唱的佳句和文学瑰宝《红楼梦》，同样，没有春秋末年的孙武，也就不可能会有举世公认的军事经典《孙子兵法》。

虽然俗话有云："三个臭皮匠，顶个诸葛亮。"但这实际只能适用于日常经验的范围，若扩大到哲学、思想、艺术等创造性领域则显然是不合适的。历史上的"臭皮匠"何其多也，而真正的思想家却寥若晨星，这正说明思想的创造是不能以量的多少来计算的。对《孙子》来说是如此，对其他古代典籍也是如此。

第三节 《老子》成书问题

如果说历史上关于孙武的记载相对一致的话，那么老子的情况则较为复杂，这也增加了问题的难度。古籍中关于老子至少有以下线索：第一，老子为周守藏史，年纪长于孔子，孔子曾向其问礼，见《史记》《庄子》以及属于儒家的《礼记》《孔子家语》等；第二，太史儋即老子，但"或曰非也，世莫知其然否"；第三，老子之子名宗，为魏将，封于段干；宗之子注，注子宫，宫玄孙假，假之子李解西汉时为胶西王卬太傅，见于《史记》所记老子后代的世系。那么，以上线索哪个更为可靠、更有理由作为我们的依据呢？在我看来，显然应该是第一点。这不仅是因为司马迁主要倾向这种观点，而且它还见于儒家的《礼记》《孔子家语》等著作中，这就更值得引起我们的重视。曾有学者以《礼记》《孔子家语》晚出为借口，否认孔子问礼于老子的可靠性。然而他们所谓晚出的汉代正处于"世之学老子者则绌儒学，儒学亦绌老子"（《史记·老庄申韩列传》）的形势，此时的儒生有何必要"扬彼抑己"，编造出自己的宗师问礼于老子的故事呢？其实，这些记载之所以保留在儒家典籍中，正说明孔老的关系和交往是有着事实根据的，是后世儒生自己也无法否认的，尽管这种"事实"在流传中会出现某种"变形"和"失真"。

至于第二点，虽说并非完全没有根据，但可信性显然较小——司马迁也不倾向这一观点——很可能是由于老子（名聃）、太史儋二人身份、名字的相近而造成的混淆和误传。学术史上影响颇大的"《老子》战国说"，虽也与这一线索有关，但学者们论证的依据却往往是"思想线索""文字文体""时代术语"等内在证据，然而这些"证据"其实也是未经审查、证明力有限的。张煦曾针对梁启超《论〈老子〉书作于战国之末》一义的指控辩护道：

> 查原告所称……仁义二字是《孟子》专卖品……《易·系辞下传》说："小人不耻不仁，不畏不义。"《左传》说："酒以成礼，不继以淫，义也；以君成礼，弗纳于淫，仁也。"仁义为并文，与老子所说"绝仁弃义"，"先仁而后义"有何不同？《史记》引周初所制谥法云："仁义之所往为王"，周初谥法篇义与此合，早以仁义联用，与老子"大道废而后有仁义"有何不同？《易·说卦传》说："立天之道，曰阴与阳，立地之道，曰柔与刚，立人之道，曰仁与义。"老子既说阴阳（如"万物负阴而抱阳"之类），又说刚柔（如"柔之胜刚"之类），为何独不能连说仁义？
>
> 原告说某诸侯在春秋后若干年始称王，才能"王侯"（《老子》

或本作"侯王")、"王公"连用,那话从何见得?考吴子寿梦在《春秋》绝笔前一百零四年已称王,稍后越亦称王,楚更在春秋前称王。老子原籍与楚接壤,或后竟为楚人,岂有不知楚王?在周作官,岂有不知周王(夏商周皆称王)?何以孔子同时的老子,不会用它?《易·蛊》之上九"不事王侯,高尚其事",不是早已"王侯"连用吗?《易·坎象》"王公被险以守其国",《离象》"六五之吉离王公也",不是"王公"连用吗?①

其辩护可谓痛快淋漓。郭店简《老子》出土后,其中的"绝圣弃智""绝仁弃义"写作"绝智弃辩""绝伪弃诈",证明《老子》一些启人疑窦之处,乃文本变动的缘故,与《老子》成书早晚并没有直接关系。何先生是相信《老子》战国说的,但他显然注意到思想、文句等证据的局限性,于是改从《史记·老子列传》中老子后代世系这一线索入手,经过详细考辨,推测该世系可能系青年司马谈留学齐都期间,亲获自李耳八世孙、胶西王卬太傅李解者,并由此推论,李耳生于公元前440年左右,《老子》完成于公元前360年左右。何先生的这个考证,多少让人感到疑惑。老子的身世扑朔迷离,而其后代的世系却言之凿凿,这本身就是值得怀疑的。更何况即使如何先生所言,老子后代的世系是司马谈亲获自李解处,也不能证明这个世系就一定是可靠的,难道李解所言

---

① 张煦:《梁任公提诉〈老子〉时代一案判决书》,载《古史辨》第4册,第316～317页。

的可靠性是可以由他自己来证明的吗？要知道当时人们为了抬高身价而造伪，实在是一个普遍的现象。另外，何先生似乎也没有充分考虑到郭店简《老子》的年代问题。据发掘报告，郭店一号楚墓的下葬年代当在公元前 4 世纪中期至公元前 3 世纪初，有学者据相邻墓葬推断为公元前 300 年左右，郭店《老子》的抄写当在此之前。若按何先生所说，《老子》是完成于公元前 360 年左右，那么在短短五六十年里，《老子》要经历完成、流传、抄录、下葬等一系列过程，这在通讯不发达的古代，虽说并非完全没有可能，但可能性显然极小。除非何先生相信郭店《老子》只是一个原始的传本，今本《老子》是太史儋在此基础上进一步完成的。但这种看法也存在着种种疑问，如果何先生坚持此说，似也应给予必要的论证和说明。

　　近年来随着简帛材料的大量涌现，重写学术史、思想史的呼声越来越高。但思想史如何重写，则是一个需要认真思考的问题。这里，重视实证，还是相信某种思想的理念、逻辑，不仅会导致不同的写法，而且会直接影响到我们对思想史的理解。何先生坦陈，自己是受了李泽厚古代中国辩证思维来源于军事经验，《老子》将《孙子》的军事辩证法提升到政治和形而上哲学观点的启发和影响，并以"从繁琐的考据以求证成《孙》为《老》源"，为"义不容辞的职责"。那么有没有可能，是这个已存在的先入之见，影响甚至左右了何先生对证据的选择与判断。这样讲恐怕并非只是一种推测之词，比如，何先生十分重视张岱年先生"郭店《老子》更像是摘抄本"的观点，并评论说："七十年来张先生一向认为《老子》是系统性极强的一本专书,不是纂辑,而近年居然有了很大的改变。这是《老子》研究上很有意义的新趋向。"① 其实,张岱年先生的"郭店《老子》更像是摘抄本",是说在郭店《老子》前已有个类似今本的《老子》存在,郭店《老子》是它的摘抄本,这等于承认《老子》成书较早,且是"系统性极强的一本专书",张先生的观点不仅不能支持何先生,而且正好与其相反。何先生对张岱年观点的不恰当引用,正是某种先入之见干扰、影响了其正常思路的表现。这里提出一个不成熟的想法,求教于何先生及各位读者。中国古代辩证思维来源于《周易》古经,孙子将其运用到军事领域,老子则发展到政治、社会领域,《孙子》《老子》是一种同源共生关系,而不一定是时间的先后关系。另外,《孙子》是一部兵书,由于游说君王,所以可能形成较早;《老子》则是一部哲学书,其内容起初只在少数人中流传,所以可能与《论语》一样,也是由老子的弟子、再传弟子编纂而成,但大概在战国早期已完成。不知何先生以为然否?

---

① 何炳棣:《有关〈孙子〉〈老子〉的三篇考证》,第28页。

图书在版编目（CIP）数据

出土文献与早期儒学 / 梁涛著 .— 北京：中国人民大学出版社，2023.9
（出土文献与早期中国思想世界 / 王中江主编）
ISBN 978-7-300-32055-7

Ⅰ.①出… Ⅱ.①梁… Ⅲ.①出土文物 - 文献 - 研究 - 中国 ②儒家 - 哲学思想 - 研究 - 中国 - 先秦时代 Ⅳ.① K877.04 ② B222.05

中国国家版本馆 CIP 数据核字（2023）第 147599 号

古文字与中华文明传承发展工程
国家出版基金项目
出土文献与早期中国思想世界
王中江　主编
出土文献与早期儒学
梁　涛　著
Chutu Wenxian yu Zaoqi Ruxue

出版发行	中国人民大学出版社			
社　　址	北京中关村大街 31 号	邮政编码	100080	
电　　话	010-62511242（总编室）	010-62511770（质管部）		
	010-82501766（邮购部）	010-62514148（门市部）		
	010-62515195（发行公司）	010-62515275（盗版举报）		
网　　址	http://www.crup.com.cn			
经　　销	新华书店			
印　　刷	涿州市星河印刷有限公司			
开　　本	890 mm × 1240 mm　1/32	版　次	2023 年 9 月第 1 版	
印　　张	18.875　插页 3	印　次	2023 年 9 月第 1 次印刷	
字　　数	386 000	定　价	99.00 元	

版权所有　侵权必究　印装差错　负责调换